图书在版编目（CIP）数据

战国策 /（西汉）刘向著；王学典编译 . — 南京：江苏凤凰科学技术出版社，2018.9（2022.5 重印）
ISBN 978-7-5537-8040-5

Ⅰ . ①战… Ⅱ . ①刘… ②王… Ⅲ . ①中国历史 – 战国时代 – 史籍②《战国策》– 译文 Ⅳ . ① K231.04

中国版本图书馆 CIP 数据核字（2017）第 041447 号

战国策

著　　者　【西汉】刘 向
编　　译　王学典
责任编辑　祝　萍
责任监制　方　晨

出版发行　江苏凤凰科学技术出版社
出版社地址　南京市湖南路 1 号 A 楼，邮编：210009
出版社网址　http://www.pspress.cn
印　　刷　天津旭丰源印刷有限公司

开　　本　718 mm × 1 000 mm　1/16
印　　张　20.5
插　　页　2
字　　数　368 000
版　　次　2018 年 9 月第 1 版
印　　次　2022 年 5 月第 2 次印刷

标准书号　ISBN 978-7-5537-8040-5
定　　价　42.80 元

图书如有印装质量问题，可随时向我社印务部调换。

前言

战国是我国历史上一个异彩纷呈的时期，群雄并起，逐鹿中原，各诸侯国在势均力敌的拉锯战中如何才能脱颖而出，成为霸主乃至统一中原，是各个诸侯国制定政策时考虑的中心问题。其国力的强大虽然起着主导性的作用，然而正确的决策更是成败的关键。在这一特殊时期，一种特殊的群体诞生了，这就是战国时期特有的人群——策士，又被称为纵横家。纵横家们凭借着自己的三寸不烂之舌，左右着诸侯们的决策，进而也左右了整个战国时期的历史进程，在中国的历史舞台上大放异彩。《战国策》便记载了纵横家这一特殊群体的一言一行，表现出相当的语言魅力。

作为中国古代的一部史学名著，《战国策》为国别体史书。原有《国策》《国事》《短长》《事语》《长书》《修书》等名称。全书按东周、西周、秦国、齐国、楚国、赵国、魏国、韩国、燕国、宋国、卫国、中山国来分国编写。《战国策》主要记述了战国时的纵横家的政治主张和策略，展示了战国时代的历史特点和社会风貌，是研究战国历史的重要典籍。

《战国策》是汇编而成的历史著作，作者不明。西汉末年，刘向校录群书时在皇家藏书中发现了六种记录纵横家的写本，但是内容混乱，文字残缺。于是刘向按照国别进行了编订。因此书所记录的多是战国时纵横家为其所辅之国设计的政治主张和外交策略，因此刘向把这本书名定为《战国策》。北宋时，《战国策》散佚颇多，经曾巩校补，成为今本《战国策》。

《战国策》语言表述铺张渲染、夸大其词，虽然习惯上将其归为历史著作，但它的情况与《左传》《国语》等有很大不同，许多记载比较夸张，不合史实，文学性大于史学性，因此作为史实来看是不可信的。《战国策》的思想观念，与《左传》等史书也有截然不同之处。刘向在作序时说："战国之时，君德浅薄，为之谋策者，不得不因势而为资，据时而为画。故其谋扶急持倾，为一切之权，虽不可以临教化，兵革救急之势也。”活跃在政治舞台上的纵横家们，也只是以自己的才智来换取功名利禄，朝秦暮楚自然也不足为奇。

《战国策》全书四百多章，共33卷，约2万字。由于内容庞杂，本书只选取了其中的精彩篇章加以注释、翻译，并配以精彩的读解，以期使读者对这部伟大作品的理解更加深入，同时领略传统国学的博大精深。

《战国策》的主角是来自各个国家的谋臣策士，他们共同的身份是说客，各自代表不同利益团体的利益。他们奔走于各个诸侯国之间，反映了战国时期各个诸侯国之间尖锐激烈的斗争情况，为我们展现了一幅鲜活生动、波澜壮阔的战国时期的美丽画卷。他们活跃在战国时期的历史舞台上，在一定程度上改变了各国的力量对比和外交政策，并在一定程度上左右着历史的发展趋势，推动了当时历史的发展进程。

而本应该是当时历史主角的各国国君，却退居了二线，他们不但大多自称愚笨或以前所采取的政策是错误的而要听从说客的计策，而且他们最终都被说服了。这也从一个侧面反衬出谋臣策士们高超的逻辑思维能力、语言驾驭能力、心理揣测能力、人性洞察能力和不凡的游说策略和技巧。

《战国策》记载的这些谋臣策士为我们提供了鲜活的游说案例，我们可以通过这些案例来学习借鉴游说、劝说别人的策略和技巧，并在我们的工作生活中加以灵活运用。为了进行更方便、更清楚地解读，可以从每个案例中归纳总结出一般要素，它们分别是：

游说主体，即游说者，也就是本书中的主角，一般是来自各个国家的谋臣和策士，他们充分展示了自己的机智、才华。

游说客体，即被游说的对象，一般是各个国家的国君或具有决策权的相国或其他重臣，他们最后全部被说服，改变了原来的决策或者采纳了游说主体的意见而制定了新的政策。

游说本体，是游说客体综合当时国家力量、国家利益、国家对外政策、文化环境、历史条件等各方面的客观情况，并在对人的心理、人的本性有一定了解的基础上，通过事先预设或随机应变所采取的游说策略和技巧，这是我们在学习《战国策》的论辩知识和技能的时候应该主要关注的方面。

游说场，是游说本体的外在客观条件，包括当时国家力量、国家利益、国家的对外政策、文化氛围、历史条件，以及当时的时间、地点、人的心理本性等各种条件。

我们读《战国策》的每个案例都可以从中找出以上这四个要素，通过这四个要素，就可以将这个案例看得清清楚楚。

目录

东周策

西周策

秦　策

齐 策

楚 策

赵　策

魏　策

韩　策

燕　策

宋卫策

中山策

东周策

秦兴师临周而求九鼎，周君患之，以告颜率。颜率曰："大王勿忧，臣请东借救于齐。"颜率至齐，谓齐王曰："夫秦之为无道也，欲兴兵临周而求九鼎，周之君臣，内自画计，与秦，不若归之大国。夫存危国，美名也；得九鼎，厚宝也。愿大王图之。"齐王大悦，发师五万人，使陈臣思将以救周，而秦兵罢。

秦兴师临周而求九鼎

※原文

秦兴师临周而求九鼎①，周君患之，以告颜率。颜率曰："大王勿忧，臣请东借救于齐。"颜率至齐，谓②齐王曰："夫秦之为无道也，欲兴兵临周而求九鼎，周之君臣，内自画计，与秦，不若归之大国。夫存危国，美名也；得九鼎，厚宝也。愿大王图③之。"齐王大悦，发师五万人，使陈臣思将以救周，而秦兵罢。

※注释

①九鼎：古代的一种烹饪器。又用为礼器。多以青铜铸成，三足（或四足）两耳。九鼎，相传夏禹收九州之金铸成，遂为传国之重器。②谓：对某人说。③图：考虑，计议。

※译文

秦国发动军队逼近洛阳城下，向东周朝廷索要九鼎，周君为这件事感到忧虑，就告诉大臣颜率，和他一起商量对策。颜率说："大王不必忧虑，请让臣往东去齐国借兵救援。"颜率来到齐国，对齐王说："秦国的这种行为残暴无道，想兴兵来周索要九鼎，周的君臣在朝廷里商量对策，认为与其将九鼎给秦国，不如将它送给贵国。能够挽救面临危亡的国家，将会给您留下美名；能够得到九鼎，将是厚重的宝物。请求大王考虑一下这件事。"齐王听了大为高兴，就发动了五万人的军队，派遣陈臣思做大将，前去救援东周，于是秦国的军队撤退了。

※原文

齐将求九鼎，周君又患之。颜率曰："大王勿忧，臣请东解之。"颜率至齐，谓齐王曰："周赖大国之义，得君臣父子相保也，愿献九鼎，不识大国何途之从而致之齐？"齐王曰："寡人将寄径于梁。"颜率曰："不可。夫梁之君臣欲得九鼎，谋之晖台之下、沙海之上，其日久矣。鼎入梁，必不出。"齐王曰："寡人将寄径于楚。"对曰："不可。楚之君臣欲得九鼎，谋之于叶庭之中，其日久矣。若入楚，鼎必不出。"王曰："寡人终何途之从而致之齐？"颜率曰："弊邑固窃为大王患之。夫鼎者，非效醯壶酱瓿耳，可怀挟挈以至齐者；非效鸟集乌飞，兔兴马逝，漓然①止于齐者。昔周之伐殷，得九鼎，凡一鼎而九万人挽之，九九八十一万人，士卒师徒，器械被具，所以备者称此。

今大王纵有其人，何途之从而出？臣窃为大王私忧之。”齐王曰：“子之数来者，犹无与耳。”颜率曰：“不敢欺大国，疾定所从出，弊邑迁鼎以待命。”齐王乃止。

※注释

①漓然：水渗流的样子。

※译文

齐国向东周索要九鼎，东周国君又为九鼎的事感到忧虑。颜率说：“大王不必忧虑，请让我再东去齐国解除您的忧虑。”于是颜率又来到齐国，对齐王说：“东周依靠齐国发兵相救的义举，才使得君臣父子能够保全，所以东周愿意献出九鼎，但不知道贵国将要走哪条道路，把九鼎从东周运送到齐国呢？”齐王说：“我打算向梁国借道。”颜率说：“大王您不能向梁国借道。梁国的君臣也都想要得到九鼎，他们在晖台和沙海谋划这件事情已经很久了。九鼎运入梁国的境内，必定不能再运出了。”齐王说：“我打算向楚国借道。”颜率回答说：“大王您也不能这样做，楚国的君臣也想要得到九鼎，他们在叶庭谋划，日子也很久了。如果九鼎运入了楚国境内，也必定运不出来了。”齐王说：“我到底要从哪条道路来把九鼎从东周运送到齐国呢？”颜率说：“我们东周的君臣也在私下里为大王忧虑这件事情。九鼎并不像醋瓶子或酱罐子之类的东西一样，能够揣在怀里、用胳膊夹着或者用手提着就带到了齐国；它也不像鸟群聚集或乌鸦飞散，兔子狂奔或骏马飞驰一样，顷刻之间就来到了齐国。过去西周讨伐殷商的时候，得到九鼎，就一只鼎都要九万人一起才能够抬动，总共用了九九八十一万人，用到的兵士和工匠，以及所需要准备的搬运工具和被服用具更是难以计数。现在大王即使有那么多的人，但从哪条道路运送呢？因此我私下里为大王忧虑这件事情。”齐王说：“你多次来到我齐国，还是不想把九鼎给我罢了。”颜率说：“不敢欺骗贵国，您快点决定从哪条道路来运送九鼎，我东周迁移九鼎只等待您的命令。”于是齐王取消了求取九鼎的想法。

※读解

九鼎相传是夏禹收九州之金而铸成的，后来成为“传国之重器”。它代表着周王室在各诸侯国中的宗主地位。

但是历史发展到了战国时期，礼崩乐坏，社会发生了巨大的变化，实质上已经没有哪个诸侯国再把周王室当作自己的宗主国而放在眼里。不过九鼎在周君以及其他诸侯国君的心目中，依然是中华国家政权的象征。战国时期诸侯割据称雄，征战攻伐，战国七雄都想得到九鼎，从而来统一其他诸侯国，成为天下新的霸主。秦国发动军队来索要九鼎，就是想要取代西周的宗主地位，统一各国，称霸天下。

九鼎的重量的确是非常大的。在2007年河南省郑州市举办的中原祭祖活动中所复制安放的九鼎，是用现代化的大型起重机来运送的，可见九鼎确实并不那么容易搬运。

当时东周王室的力量已经非常弱小，而秦国是一个强大的诸侯国，能够和它相抗衡的，也只有东边的齐国。所以颜率要到齐国去请求援兵。

本篇讲述了两件事，一是颜率（游说主体）游说齐王（游说客体），请求齐王派出军队吓退秦国军队。在国君面临给与不给的两难选择的时候，颜率挺身而出，他对当时的各个方面的利害关系明显是了然于胸的。所以他胸有成竹地毛遂自荐，要到齐国去搬救兵。他见到齐王，主要采取了两方面的游说策略（游说本体），首先称赞齐王派出军队挽救周王室的危难是义举，称赞齐国是大国。其次许诺将九鼎送给齐国。也就是说，他一方面用好听的话来赞美齐王，使齐王得到了心理上的虚荣和满足，听了这话，齐王已经有点飘飘然了。一方面颜率许诺齐王以现实的利益，使齐王有了派出军队这一决策的直接动力。而客观上，齐国又是能够和秦国军队相抗衡的，这在现实中是可行的，它能够实现让秦国军队退却的目的。有了这两方面实实在在的好处，于是"齐王大悦，发师五万人，使陈臣思将以救周，而秦兵罢"。

接着又讲述了第二件事，依然是颜率游说齐王，让齐王打消索要九鼎的念头。周王室依靠齐国军队的力量吓退了秦国军队之后，事情到这里并没有结束：齐王要求颜率兑现送给他九鼎的诺言。事情似乎又回到了起点。颜率又来见齐王，这次他主要采取的游说策略是，在答应送给齐王九鼎的前提下，摆出了运送九鼎面临的两个实际困难。一是运送路线无法解决。由于齐国和周之间隔了魏国和楚国，齐王先后提出了借道魏国和借道楚国的两条运送路线。颜率摆出了魏国君臣和楚国君臣都对九鼎觊觎已久的事实，否定了齐王借道运送九鼎的设想。二是搬运九鼎的人和设备难以解决。由于九鼎体积大重量大，搬运九鼎需要数万人，需要大量的搬运工具和后备物资，齐王同样都无法解决。通过这两个方面的探讨和反问，颜率巧妙地将皮球踢给了齐王，又一次化解了周君的危难。

秦攻宜阳

※原文

秦攻宜阳，周君谓赵累曰："子以为何如？"对曰："宜阳必拔也。"君曰："宜阳城方八里，材士[①]十万，粟支数年，公仲之军二十万，景翠以楚之众，临山[②]而救之，秦必无功。"对曰："甘茂羁旅也，攻宜阳而有功，则周公旦也；无功，则削迹[③]

于秦。秦王不听群臣父兄之议而攻宜阳，宜阳不拔，秦王耻之。臣故曰拔。”君曰：“子为寡人谋，且奈何？”对曰：“君谓景翠曰：‘公爵为执圭④，官为柱国⑤，战而胜，则无加焉矣，不胜则死。不如背秦，秦拔宜阳，公进兵，秦恐公之乘其弊也，必以宝事公；公中慕公之为己乘秦也，亦必尽其宝。’”

秦拔宜阳，景翠果进兵。秦惧，遽效煮枣，韩氏果亦效重宝。景翠得城于秦，受宝于韩，而德东周。

※注释

①材士：有本领、战斗力强的士兵。②山：指的是伏牛山。③削迹：被除去名字。④执圭：圭，玉圭。拿着玉圭上朝。借指官职，在本篇里指的是楚国最高的爵位。⑤柱国：肩负国家重任的大臣。

※译文

秦国攻打韩国的宜阳，周君对辅臣赵累说：“你认为这件事会怎样发展？”赵累回答说：“宜阳必将被秦国所攻破。”周君说：“宜阳城方圆八里，城里有十万勇敢善战的兵士，而且储备的粮食也足以支持好多年，宜阳附近还驻扎有韩国国相公仲的二十万军队，以及楚国大将景翠统率的军队，依靠山势驻扎，可以前去救援它，秦国必定不会攻破宜阳。”赵累回答说：“秦军统帅甘茂是客居在秦国的将领，如果他攻破宜阳就立下了功劳，就相当于周朝的周公旦；如果攻城不破，就会在秦国被革去官职。秦武王不听群臣和父兄们的意见，执意要进攻宜阳，如宜阳攻不下来，秦武王就会以此为耻辱。大势所趋，因此我断定宜阳一定能攻破。”周君说：“你为寡人谋划此事，我们国家应该怎么做？”赵累回答说：“请大王对楚国大将景翠说：‘你的爵位已经做到了执圭，你的官职也已经升到柱国，即使你这次战争获胜，你的官爵也无法再升了；但如果不获胜的话，那么你就会被判死罪。不如对抗秦国，待到秦国攻取了宜阳，你就出兵，秦国就会害怕你，趁着秦军疲惫的机会去袭击它，就一定会拿宝物献给你，韩国的相国公仲也会认为你乘虚攻打秦国是为了救援韩国，也一定会把宝物献给你。’”

秦军攻下宜阳之后，景翠果然发兵攻打秦国。秦国大为害怕，立刻把煮枣城献给景翠，韩国果然也献出珍贵的宝物。景翠不但从秦国那里得到了煮枣城，又从韩国那里得到了宝物，因此他很感激东周。

※读解

秦武王不顾群臣的反对，坚持任用甘茂做军队统帅，带兵攻打韩国的军事重镇宜阳。秦武王顶着压力做出这个决定，那么此次出征必须成功不许失败，否则就无法面对群臣，所以他对宜阳志在必得，没有后退的余地。

甘茂是客居在秦国的将领，他在仕途上的升迁只能依靠自己指挥军队冲锋陷阵，攻城略地，建立实实在在的功劳，而不能打败仗，否则就会撞到自己政治生涯中的冰山。并且这次出征，背后有秦武王的支持和期望，所以他对宜阳志在必得，没有后退的余地。

虽然韩国的“宜阳城方八里，材士十万，粟支数年，公仲之军二十万，景翠以楚之众，临山而救之”，但是事实上敌不过秦军必胜的决心，结果宜阳失守。

而楚国的大将景翠，率军队驻扎在伏牛山一带，可能参与到秦国和韩国的这场战争中来，对战争的胜负产生决定性的影响。

在这种情况下，周君和大臣赵累通过对与自己的国家本没有什么重要关系的秦韩之战的分析，决定参与到这场战争中来，通过游说能改变秦国和韩国之间力量对比的景翠，鼓动他参与进来。本篇讲述的是周国的国君游说楚国大将景翠，希望他能率领他的军队在秦军攻取宜阳之后，进攻得胜的秦军，来得到秦国和韩国双方面的财物和感激。游说策略是，首先为景翠分析在楚国已经具有的地位，让景翠明确即使再取胜也没有实质性的意义。其次，用现实的利益来诱惑他，鼓动他在秦军攻取宜阳之后，进攻得胜的秦军，这样不仅能够得到秦国献出煮枣城和宝物，而且能够得到韩国贡献的宝物和感激，真可以说是一举两得。赵累在这次游说中巧妙地利用了各个方面的矛盾关系，在景翠无法再升官加爵的情况下，从秦、韩两国的战争中获得了割地和财物。从景翠这方面看，他使用了三十六计中的“趁火打劫”，因此坐收渔翁之利。

东周欲为稻

※原文

东周欲为稻，西周不下水，东周患之。苏子①谓东周君曰：“臣请使西周下水，可乎？”乃往见西周之君曰：“君之谋过矣！今不下水，所以富东周也。今其民皆种麦，无他种矣。君若欲害之，不若一为下水，以病②其所种。下水，东周必复种稻；种稻而复夺之。若是，则东周之民可令一仰西周而受命于君矣。”西周君曰：“善。”遂下水。苏子亦得两国之金也。

※注释

①苏子：即苏秦，字季子，战国时期东周洛阳人，他是战国时期纵横家的著名代表人物之一。开始的时候主张连横，游说秦王但不被采纳，后主张合纵，被采纳。②

病：害，损害。

※译文

东周想要种水稻，但西周不放水，东周很忧虑这件事。苏子就对东周国君说：“请让臣去说服西周放水，好吗？”于是苏子就去拜见西周国君，说：“您的谋划错了！现在您不放水，因此会使东周富裕起来。现在东周的百姓都种植麦子，没有其他的可以种植了。您如果想要加害于东周，还不如一次为东周放水，来冲坏他们所种植的麦子。放水，东周必定再次种植水稻；种植水稻那么就再次停止放水，让它没有收成。如果是这样的话，那么可以让东周的百姓仰仗西周，因此就听命于您了。”西周君说：“很好。”于是就放水。苏子也得到了两个国家的赏金。

※读解

水稻是靠水才能生长的农作物，没有水就无法栽种成活。东周打算栽种水稻，但由于所处的地理位置相对西周来说是在黄河的下游，西周不放水，就没有水来栽种水稻。

文中的苏子就是苏秦。他是战国时代著名的说客和谋士，起初主张连横策略，以此去游说秦王，但不被秦王所采纳，落魄失意，回家后，苦心钻研合纵策略，然后游说崤山以东的六国，被采纳。他的发家过程是一个人通过自我努力，从最初一穷二白到后来享受荣华富贵的过程。因此，他被许多渴望得到权力、金钱和地位的人所崇拜。本篇是他在《战国策》中首次亮相，以三言两语就说服西周国君放水，不仅如此，他还得到了两国的赏赐，真不愧为谋略家。

本篇篇幅短小，记载的是苏子代表东周去游说西周国君，让西周放水，好使东周栽种水稻。游说策略是，直接指出西周的政策是错误的，利用西周想控制东周的心理，劝说西周国君利用地处黄河上游的优势，放水淹没东周的小麦，从而达到使西周放水以便东周种稻的目的。他采用的还是用现实的好处来说服游说的对象，从而有效地达到自己的目的。可见，在说服别人的时候，首先要了解对方现实的需要，并在接下来的劝说过程中想方设法满足他的现实需要，来使对方听从自己的意见，达到自己本来的目的。而对方的现实需要也就是他所希望得到的现实的国家利益。毕竟，只有国家利益才是能说服对方的最有力的武器，因为国家利益高于一切，所有政策措施的制定和改变都是在国家利益的指挥棒下引导出来的。

分析苏秦游说的言辞，最关键的就是他处处在为西周的国家利益考虑。在放水不放水的问题上，他要比西周国君看得远、看得全面。所以他能够充分利用两个国家的矛盾，站在对方的立场上考虑问题，给对方指明放水的现实好处，从而打动了西周国君，也达到了自己的目的。站在对方的立场上考虑问题，并通过自己提出的意见为对方带来现实利益，不仅达到了对方的目的，还为自己带来了现实的好处，“亦得两国之金也”。可见一条三寸不烂之舌，的确有很大的威力。

周文君免士工师籍

※原文

周文君免士工师籍，相①吕仓，国人不说②也。君有闵闵③之心。谓周文君曰：“国必有诽誉，忠臣令诽在己，誉在上。宋君夺民时以为台，而民非之，无忠臣以掩盖之也。子罕释相为司空，民非子罕而善其君。齐桓公宫中七市，女闾七百，国人非之。管仲故为三归④之家，以掩桓公，非自伤于民也？《春秋》⑤记臣弑君者以百数，皆大臣见誉者也。故大臣得誉，非国家之美也。故众庶成强，增积成山。”周君遂不免。

※注释

①相：任用某人为相国。②说：通“悦”，高兴，喜悦。③闵闵：忧愁的样子。④三归：管仲故意在自己家筑台，命名为“三归台”，以掩盖桓公罪过，表明非有意伤害民心。⑤《春秋》：东周时代鲁国的一部编年史，相传是孔子根据鲁国的历史修订而成的。

※译文

周文君免去了工师籍的职务，而改用吕仓做相国，周的百姓对这件事不高兴。周文君很担心。这时有人为吕仓来劝说周文君，说：“国家做出一个决策，人们必定会有诽谤和赞成两种态度，忠臣使诽谤全都加在自己的身上，而把赞美的话都加在君主的身上。宋国的君主贻误农时来建造娱乐用的高台，因此百姓都非议这件事，这是因为没有忠臣来为君主掩盖过错罢了。子罕辞掉了相位而改做司空，百姓非议子罕但褒扬他们的国君。齐桓公在宫中设立了七个市场和七百个国家妓院，国人非议这件事情。管仲因此故意在家里筑“三归台”，来掩盖齐桓公的过错，而不是自己有意伤害民心。《春秋》所记载的臣子杀国君的事例数以百计，这些臣子都是很受赞誉的大臣。所以说大臣受到赞誉，并不是国家的好事。由此看来，人越多力量就越大，积累微小的土石就能成为大山。”周君于是就没有免掉吕仓的职位。

※读解

本篇是吕仓的说客为了吕仓对周文君的劝说，劝说的策略是摆事实、讲道理，用正反两方面的事例来说服周文君不要忧虑，不要太在意百姓的意愿，不要免去吕仓的职务。首先他用一句话作为立论的基础，提出忠臣会将人们对国君的诽谤加在自己身上，而将人们赞美的话加在国君的身上；接下来分别列举了一个反面的例子和一个正面的例子，非常有力地证明了自己所提出的观点，达到了自己劝说的目的。

这样劝说，既有观点又有事实例证，是最有说服力的。最后将结论归结到《春秋》所记载的臣子杀国君的事例上来，似乎从这里强调了一下免去吕仓职务的严重性，因为国君这样做可能造成严重的后果，就像《春秋》中所记载的臣子杀国君的事例一样。在整个劝说的过程中，那位说客只字没有提到吕仓的事情，而只是在谈论君臣之间的关系，以及君臣关系状况对国家造成的影响。这样就说服了周文君，而继续让百姓不满的吕仓做相国。

在《战国策》中，有很多的游说和劝说都采用了例证法，也就是列举古代帝王或大臣的事例来证明自己的观点。古代的君王大多思慕远古时期帝王所建立的功业，那些前来劝说的谋臣策士往往抓住国君的这种心理进行说服，而这样的言论往往能够打动被劝说的国君。

事实胜于雄辩。在我们写文章或者说话的时候，应该学习这种方法，列举典型的、恰当的事例来为自己的论点提供论据，增强说服力。

温人之周

※原文

温人之周，周不纳，问曰："客耶？"对曰："主人也。"问其巷而不知也，吏因囚之。君使人问之曰："子非周人，而自谓非客，何也？"对曰："臣少而诵《诗》①，《诗》曰'普天之下，莫非王土；率土之滨，莫非王臣。'今周君②天下，则我天子之臣，而又为客哉？故曰主人。"君乃使吏出之。

※注释

①《诗》：即《诗经》，我国最早的诗歌总集。本称《诗》，到汉代，儒家尊为经典，故称。它大概是周初到春秋中叶的作品，编成于春秋时代，共三百零五篇，分为风、雅、颂三部分。②君：统治，治理。

※译文

温城有一个人到东周去，但东周人不收留他，并且还盘问他说："你是客人吗？"这个温城人回答说："我是主人。"东周人问他住在哪里，但他却回答不上来，官吏因此把他囚禁起来。国君派人去问他说："你不是我们东周人，却又自称不是客人，这是为什么呢？"温城人回答说："我年少的时候曾诵读《诗经》，《诗经》上说'普天之下，莫非王土；率土之滨，莫非王臣'，如今周君统治天下，那么我就是天子的臣民，哪里又是客人呢？所以说我是主人。"国君于是让官吏把他放了出来。

※读解

东周王室在战国时期如同黄昏时分的太阳，已经无法朗照天下，已经没有了过去号令天下、接受各国诸侯朝拜和进贡的威风。此时的天子已经形同虚设。各国诸侯征战攻伐，再没有人把天子放在眼里，甚至都想将天子取而代之。

《诗经》在那个时代的政治生活中是有很高的地位的。人们论说义理常引用《诗经》里的诗句来证明自己的观点，增加论说的说服力。

这个温城人不知道到东周要办什么事情，只是他在东周人拒绝他留在东周的情况下并不感到为难。其实，早在他被东周的官吏拦住盘问的时候，他就已经表明自己是主人，可见他对当时复杂的国际形势看得非常透彻，最重要的是他了解天子的心理。从这里推测，他在来东周之前就已经打定了主意，想好了应对东周官吏盘查的说辞。

本篇讲述的是温城人说服东周国君，来使东周国君将自己释放出来，并允许自己待在东周。说服策略是通过引用《诗经》上的诗句来重申、强调东周国君贵为天子的政治地位，满足了东周国君需要人们承认他的天子身份的心理。这个温城人所给予他的正是这种心理需要。不仅如此，他所引用的诗句和自己当时所处的困境又是密切相关的。在他看来，只要对方承认了自己提出的观点，就可以使自己获得自由以及在东周居住活动的权利。他的引用和推理，不仅满足了东周国君的心理需要，而且巧妙地达到了自己的目的。这可以说是一箭双雕、一石二鸟。

杜赫欲重景翠于周

※原文

杜赫欲重①景翠于周，谓周君曰："君之国小，尽君之重宝珠玉以事诸侯，不可不察也。譬之如张罗者，张于无鸟之所，则终日无所得矣；张于多鸟处，则又骇②鸟矣；必张于有鸟无鸟之际，然后能多得鸟矣。今君将施于大人，大人轻君；施于小人，小人无可以求，又费财焉。君必施于今之穷士不必且为大人者，故能得欲矣。”

※注释

①重：在这里的意思是使之被重视，受到敬重或重用。②骇：使受到惊吓。

※译文

杜赫想要让东周重用景翠，就对东周国君说：“您的国家很小，您用尽您的金银珠宝来侍奉、笼络诸侯的做法，不可不慎重考虑一下。这一点譬如张网捕鸟，如果把网铺设在没有鸟的地方，那么到天黑也捕不到一只鸟；如果把网铺设在鸟多的地方，那么就会惊吓了鸟；所以必须把网铺设在有鸟而鸟不多的地方，这样做之后就能捕获很多的鸟了。现在您将要把钱财花费在居高位的人身上，但居高位的人轻视您；把钱财花费在普通人的身上，但您又没有什么可以从普通人身上得到，又浪费了钱财。您必须把钱财花费在虽然现在没有地位但将来会成就大事的人身上，这样才能达到您的目的。”

※读解

杜赫的劝说预先将景翠定位在一个双方都明白的位置上，他既不是“大人”也不是“小人”，而是“今之穷士不必且为大人者”，并且将这种身份和东周国家的政策巧妙地结合起来，用张罗捕鸟做比，将道理说得既形象而又容易理解。

本篇是杜赫劝说东周国君，劝说策略是用他自己的话语为东周国君重新定位东周的形势，为东周国君分析当前所采用的政策是应该慎重考虑的。然后形象地比喻为东周国君说明现在的用人政策是需要再商量的，重宝珠玉应该使用在什么样的人身上，巧妙地将目标设定在他所希望让东周国君重用的人身上。整个劝说的过程都是在为东周国君的利益考虑，所以就不容东周国君不重视他的意见，而同时整个劝说又都是在为最后的落脚点作铺垫和埋伏，都是为“欲重景翠于周”。

宫他亡西周之东周

※原文

宫他亡①西周，之东周，尽输西周之情于东周。东周大喜，西周大怒。冯且②曰：“臣能杀之。”君予金三十斤。冯且使人操金与书，间③遗宫他。书曰：“告宫他：事可成，勉成之；不可成，亟亡来。事久且泄，自令身死。”因使人告东周之候④曰：“今夕有奸人当入者矣。”候得而献东周，东周立杀宫他。

※注释

①宫他：西周的大臣。亡：逃跑，逃亡。②冯且：西周大臣。③间：偷偷地。④候：古代在国境和道路上负责守望、侦察及迎送宾客的官吏。

※译文

西周大臣宫他逃离西周，去了东周，他把所知道的西周机密全都泄露给了东周国君。东周国君大为欢喜。西周国君得知这个情况后非常恼怒。西周的大臣冯且说："我能把宫他杀掉。"西周国君就给了冯且三十斤黄金。冯且派人拿着黄金和一封信，给宫他送去。信上写着："告宫他悉知：如果事情能够成功，你就尽力将它办成；如果不能成功就速速赶回。事情耽搁的时间过长并且泄露的话，你就自行了断性命。"然后又派人告诉东周的侦察兵说："今天晚上有奸细要进入国境。"东周的侦察兵果然捉住了送信的人，将他身上的书信献给东周国君，东周国君立刻就把宫他杀掉了。

※读解

无论是残酷的政治斗争、激烈的商业竞争，还是斗争的最高形式——军事战争，人们总是处在两个对立的利益集团中，代表着自己所在集团的利益，参与到斗争中来。每个利益集团的成员都有维护本集团利益，积极为本集团出谋划策或出力奔命的义务，这不仅是利益集团法定的义务，而且是为社会道德习惯所约束了的。如果有人破坏了这样的法定义务和社会道德，而将自己原来所在利益集团的机密泄露，为敌方服务的话，那么他就是一个叛徒或叫奸细。这种人在抗日战争时期叫作汉奸。

奸细对本集团的杀伤力是最大的，所以奸细最让人痛恨。他们是人们都想"得而诛之以后快"的一类人。宫他从西周逃亡到东周，向东周泄露了大量的西周情报。他是一个不折不扣的奸细，为西周所无法容忍。

奸细就是这么一类可悲可怜可恨的人，虽然他们可以得到一些眼前利益，但他们的人性实际上遭到普遍的怀疑和否定，甚至包括自己所投靠的人。所以他们的下场往往很悲惨。其实，正是他们恶劣的人性本质，决定了他们作为一个卑琐生命的悲惨结局。宫他就是一个毫不例外的例子。站在人性的立场上来观照，宫他死有余辜。

本篇使用的是一个反间计，也可以说是对东周方面所进行的一个特殊的游说。冯且让人带着给宫他的黄金和书信，故意让东周的侦察兵捉到，而书信中的内容将宫他放在西周集团的立场上，使宫他之前的所有努力都变了性质，从而也使他的人性在东周国君看来变了性质：宫他不再是站在自己的立场上，而依然是在敌对的立场上。这就把宫他置于两国斗争的风口浪尖上，因此在你死我活的政治斗争中，宫他是必死无疑的了。这就是奸细的可悲结局，是由他的恶劣人性早已决定了的。

西周策

薛公以齐为韩、魏攻楚，又与韩、魏攻秦，而借兵乞食于西周。韩庆为西周谓薛公曰："君以齐为韩、魏攻楚，九年而取宛、叶以北，以强韩、魏，今又攻秦以益之。韩、魏南无楚忧，西无秦患，则地广而益重，齐必轻矣。夫本末更盛，虚实有时，窃为君危之。君不如令弊邑阴合于秦，而君无攻，又无借兵乞食。

薛公以齐为韩魏攻楚

※原文

薛公①以齐为韩、魏攻楚，又与韩、魏攻秦，而借兵乞食于西周。韩庆②为西周谓薛公曰："君以齐为韩、魏攻楚，九年而取宛、叶以北，以强韩、魏，今又攻秦以益之。韩、魏南无楚忧，西无秦患，则地广而益重，齐必轻矣。夫本末更盛，虚实有时，窃为君危之。君不如令弊邑阴合于秦，而君无攻，又无借兵乞食。君临函谷而无攻，令弊邑以君之情谓秦王曰：'薛公必破秦以张韩、魏。所以进兵者，欲王令楚割东国以与齐也。'秦王出楚王以为和，君令弊邑以此忠秦，秦得无破而以楚之东国自免也，必欲之。楚王出，必德齐，齐得东国而益强，而薛世世无患。秦不大弱而处之三晋③之西，三晋必重齐。"薛公曰："善。"因令韩庆入秦，而使三国无攻秦，而使不借兵乞食于西周。

※注释

①薛公：薛，是齐国的封邑。即齐国的孟尝君，名田文。袭封地薛，所以称之为薛公。②韩庆：西周大臣。③三晋：指战国时期韩、赵、魏三国。春秋末，晋国被韩、赵、魏三家卿大夫瓜分，各立为国，史称三晋。

※译文

薛公利用齐国而为韩国和魏国攻打楚国，又联合韩国、魏国攻打秦国，并且向西周借兵借粮。韩庆代表西周对薛公说："你利用齐国为韩国和魏国攻打楚国，打了九年才攻取了宛和叶以北的地区，从而增强了韩国和魏国的力量，如今又攻打秦国来使它更加强大。韩国和魏国南面没有楚国侵扰的忧虑，西面没有秦国入侵的忧患，这样一来地域辽阔的两个国家就更加显得重要，因此齐国必然就受到轻视了。事物的根本和末梢是交替盛衰的，虚实是交替出现的，我私下里为你感到担心。你不如让敝国暗地里与秦国联合，你不发兵攻打秦国，也不向敝国借兵借粮。你率领军队到函谷关但不进攻，让敝国将你的情况告诉秦王说：'薛公必定攻破秦国来使韩国和魏国扩张势力。他之所以进兵，是想要让楚国割让东部地区来送给齐国。'秦王用释放楚王的条件来和楚国讲和，你使敝国因此获得秦国的感激，秦国得以免于被攻破，用楚国的东部地区使自己免除灾难，必然将会这样做。楚王被释放，必定感激齐国，齐国得到楚国的东部地区就会更加强大，而薛公地盘就会世世代代没有忧患了。秦国没有受到大的削弱，而处在三晋的西邻，三晋也必定会重视齐国。”薛公说：“很好。”于是派遣韩庆来到秦国，下令三国停止攻打秦国，从而使齐国不向西周借兵借粮。

※读解

战国时期的西周，可以说是在夹缝中生存。各国的军事行动都有可能使它成为受伤害的一方。但西周也有智慧超群的谋士，代表着西周的利益去游说各国，使得西周能够在夹缝中继续生存下去。

齐国是战国时期的大国，曾经一度和秦国并称为王，就是韩国和魏国也比西周的力量更为强大。薛公联合韩国和魏国攻打秦国，使西周再一次处在了夹缝当中，而它的弱小也真是让人可怜，连向它借兵借粮这样的事情它都承受不起了。但即使是这样弱小的国家，它也有在恶劣的生存环境里存在下去的能力。

本篇写的是韩庆游说薛公，韩庆的目的是让薛公取消向西周借兵借粮的打算，但他由于国家的弱小，而只能选择迂回曲折的游说方法。虽然如此，他还是靠着自己的智慧达到了目的。他没有从西周方面来讨论问题，甚至根本没有提到西周的问题。他自始至终是站在齐国的立场上来考虑和论述问题的。我们在劝说实践中，也应该学习这种迂回曲折的劝说方法，来达到我们的目的。劝说的过程也就是智慧的体现过程。在恶劣的生存环境中，我们选择这样的方法，也许看起来很无奈，但也正是这样的环境历练了我们的智慧，体验到好不容易取得成功的那份喜悦。

雍氏之役

※原文

雍氏[①]之役，韩征[②]甲与粟于周。周君患之，告苏代[③]。苏代曰：“何患焉？代能为君令韩不征甲与粟于周，又能为君得高都。”周君大悦曰：“子苟能，寡人请以国听。”

苏代遂往见韩相国公中曰：“公不闻楚计乎？昭应谓楚王曰：‘韩氏罢于兵，仓廪空，无以守城，吾收之以饥，不过一月必拔之。’今围雍氏五月不能拔，是楚病也。楚王始不信昭应之计矣，今公乃征甲及粟于周，此告楚病也。昭应闻此，必劝楚王益兵守雍氏，雍氏必拔。”公中曰：“善。然吾使者已行矣。”代曰：“公何不以高都与周？”

公中怒曰：“吾无征甲与粟于周，亦已多矣。何为与高都？”代曰：“与之高都，则周必折而入于韩，秦闻之必大怒，而焚周之节，不通其使，是公以弊高都得完周也，何不与也？”公中曰：“善。”不征甲与粟于周而与高都，楚卒不拔雍氏而去。

※注释

①雍氏：韩国城邑，在今河南禹县东北。②征：索取，求取。③苏代：苏秦的兄弟。

※译文

在雍氏之战中，韩国向西周征调士兵和粮食。西周国君对这件事情感到忧虑，将此事告诉苏代。苏代说：“这有什么值得忧虑的？我能让韩国不向西周征调士兵和粮食，又能让您得到高都。”西周国君大为高兴，说：“你如果能够做到这些，我就让你来管理国家政事。”

苏代于是前去拜见韩国的相国公中，说：“您没有听说楚国的计策吗？楚将昭应对楚王说：‘韩国疲于征战，国库已经空了，没有什么可以用来防守都城，我趁它饥饿的机会来攻打它，不超过一个月就必定能攻克。’如今它围困雍氏长达五个月都不能够攻克，这是楚国所感到棘手的。楚王开始不相信昭应的计策，如今您来征调西周的士兵和粮食，这是在告诉楚国，韩国已经处于危险境地了。昭应听说这些，必定会劝说楚王增兵防守雍氏，雍氏必定能够攻克。”公中说：“很好，但是我国的使者已经赶往西周了。”苏代说：“您为什么不将高都割让给西周呢？”

公中听了大为愤怒，说：“我不向西周征调士兵和粮食已经不错了，为何还要将高都割让给西周？”苏代说：“将高都给西周，那么西周必定转而投向韩国，秦国听说了必定大为恼怒，因而就会杀了西周的使节，不再派遣使者，因此您就可以用高都的代价来换取整个西周，为什么不给它呢？”公中说：“很好。”于是就不再向西周征调士兵和粮食，并且将高都割让给了西周，楚国军队因没能攻克雍氏而离去了。

※读解

当事情的发展还无法看出趋势的时候，有的人却已经知道了结果。当人们在事情面前不知所措的时候，有的人却善于在自己预测的基础上，积极地参与到事情当中去，通过自己的活动来引导事情的发展，使之朝向自己所预测的方向发展，而此前他所许下的诺言，必定会随着他的积极参与而得以实现。这就是谋士们的逻辑和才能。

本篇所述苏代在劝说韩国相国公中的过程就反映了这一点。在战国时期，他们的活动在某种程度上推动了历史的发展进程和方向。之所以这样，是因为他们非常善于思考和揣摩，因此他们对各个国家之间的关系有本质意义上的认识。所以说战国时期的谋臣和策士，是一群思想者，他们在思想上、对人性的认识上、对自己本身潜力的挖掘上都要比一般人深刻而充分。正是有了他们的存在，才使得战国时期的历史充满了智慧的闪光点，也使之有了更多的吸引力，并留下了更多的文化和历史的珍贵遗产，为我们所继承。

苏厉谓周君

※原文

苏厉①谓周君曰："败韩、魏，杀犀武②，攻赵，取蔺、离石、祁者，皆白起。是攻用兵，又有天命也。今攻梁，梁必破，破则周危，君不若止之。"

谓白起③曰："楚有养由基者，善射，去柳叶者百步而射之，百发百中。左右皆曰善。有一人过曰：'善射，可教射也矣！'养由基曰：'人皆曰善，子乃曰可教射，子何不代我射之也？'客曰：'我不能教子支左屈右。夫射柳叶者，百发百中，而不已善息，少焉气力倦，弓拨矢钩，一发不中，前功尽矣。'今公破韩、魏，杀犀武，而北攻赵，取蔺、离石、祁者，公也。公之功甚多。今公又以秦兵出塞，过两周，践韩而以攻梁，一攻而不得，前功尽灭，公不若称病不出也。"

※注释

①苏厉：苏秦的弟弟。②犀武：魏国的大将。③白起：秦国的将领，立了很大的军功，被封为武安君。

※译文

苏厉对周君说："击败韩、魏两国的联军，杀掉魏将犀武，攻占赵国的蔺地、离石、祁地的，都是秦将白起。这是他善于用兵，又得到上天帮助的缘故。现在，他要进攻魏都大梁，大梁必然会被攻克，大梁被攻破，西周就危险了，大王不如制止他进攻大梁。"

苏厉又对白起说："楚国有个叫养由基的人，擅长射箭，能距离柳叶百步远拉弓射箭，百发百中。旁边的人都说他的射箭技术很好。有一人从旁边经过，说：'射得很好，可以教你射（之道）了吧！'养由基说：'别人都说好，您却说可以教我射箭之道了吧！您为什么不替我射呢？'那人说：'我并不能教您左手拉弓，用力向前伸出，右手拉弦，用力向后弯曲那种射箭的方法。但是，您射柳叶能百发百中，却不趁着射得好的时候休息休息，过一会儿，当气力衰竭，感到疲倦，弓身不正，箭杆弯曲时，您若一箭射出而不中，岂不前功尽弃了吗！'如今您击败了韩、魏两国的军队，又杀了犀武，向北攻打赵国，夺取了蔺地、离石和祁地的都是您。您的功劳已很大了。现在又率领秦国的军队出塞，经过东、西两周，侵犯韩国，攻打魏国的都城大梁，如果进攻不能取得胜利，就前功尽弃了，您不如假装生病，不去攻打大梁。”

※读解

战国时期的西周所处的环境确实非常尴尬，但西周是个非常有忧患意识的国家。它密切关注着邻国的军事行动，而在关键的时刻，也总是有那些富有远见卓识的大臣在夹缝中努力求索，来保证西周国家的安全。

公元前280年，秦昭襄王派大将白起率领军队攻打大梁，苏厉看到了这件事对西周的不利影响。于是就将事情的严重性告诉了西周国君，西周国君于是就派苏厉去游说白起，从而取消这场战争，来赢得西周的安全。

本篇写的是苏厉劝说白起，目的是让他放弃攻打大梁来自保，从而使白起不去攻打大梁，确保西周的安全。苏厉所采用的还是迂回曲折的游说策略，来间接地达到自己的目的。不管苏厉的主观目的是什么，他的游说使一场即将爆发的战争得以平息。这些谋臣策士的活动，在客观上是有积极意义的。它使多少生灵免遭涂炭，而这只是凭借着两张嘴皮和一条三寸不烂之舌而已，所以不由得让人惊叹人类智慧和语言的神奇。

司寇布为周最谓周君

※原文

司寇布①为周最②谓周君曰：“君使人告齐王以周最不肯为太子也，臣为君不取也。函冶氏为齐太公买良剑，公不知善，归其剑而责③之金。越人请买之千金，折而不卖。将死，而属其子曰：‘必无独知。’今君之使最为太子，独知之契也，天下未有信之者也。臣恐齐王之谓君实立果而让之于最，以嫁之齐也。君为多巧，最为多诈，君何不买信货哉？奉养无有爱于最也，使天下见之。”

※注释

①司寇布：西周官做司寇、名叫布的大臣。司寇，主管刑狱的官职。布，人名。②周最，西周公子。③责：索要，求取。契：契约。古代把合同、总账、案卷、具结都称作“契”。一分两半，双方各执其一为凭证。

※译文

司寇布代表周最对西周国君说："您派使者告诉齐王周最不愿意做太子，我认为您不应该这样做。函冶氏为齐太公买一把好剑，但太公不知道这就是好剑，就把那把剑还给了函冶氏，并且要求退还他的金钱。越国有人请求要用千金买这把剑，函冶氏认为他出的价钱不够而不愿卖。函冶氏将要去世的时候，嘱咐他的子孙说：'一定不要只有自己知道剑好。'如今您让周最做太子，只是您自己知道，天下没有人相信这件事。我担心齐王认为您实际上要策立周果为太子却说周最自己不愿意做太子，来欺骗齐国。您的态度不坚定，而周最富于心计，您为什么不买大家都认可的好货呢？供养周最的财物不要吝啬，这要让天下的人都知道。"

※读解

文中的周最是周国的公子，太子死了之后，公子们都想当太子。周最和齐国的关系很好，所以就让齐国替他争取太子之位。但周君对于让周最当太子态度不明朗。司寇布就劝说周君，他列举了齐太公买良剑的故事。此故事说明了这样的一个道理：既然一件事物是价值很高的，就要让人们了解到它的价值，而不要隐藏起来，如果隐藏的话，人们就无从知道这件事物的价值。以此来劝说周君不要再犹豫，如果想让周最当太子的话就不要吝啬钱财，而要多多给予他，要让天下人都知道周最是太子。

秦策

苏秦始将连横，说秦惠王曰：“大王之国，西有巴、蜀、汉中之利，北有胡貉、代马之用，南有巫山、黔中之限，东有肴、函之固。田肥美，民殷富，战车万乘，奋击百万，沃野千里，蓄积饶多，地势形便，此所谓天府，天下之雄国也。以大王之贤，士民之众，车骑之用，兵法之教，可以并诸侯，吞天下，称帝而治。愿大王少留意，臣请奏其效。”

苏秦始将连横

※原文

苏秦始将连横①，说秦惠王曰："大王之国，西有巴、蜀、汉中之利，北有胡貉、代马②之用，南有巫山、黔中之限，东有肴、函③之固。田肥美，民殷富，战车万乘，奋击④百万，沃野千里，蓄积饶多，地势形便，此所谓天府，天下之雄国也。以大王之贤，士民之众，车骑之用，兵法之教，可以并诸侯，吞天下，称帝而治。愿大王少留意，臣请奏其效。"

秦王曰："寡人闻之，毛羽不丰满者不可以高飞，文章不成者不可以诛罚，道德不厚者不可以使民，政教不顺者不可以烦大臣。今先生俨然不远千里而庭教之，愿以异日。"

※注释

①连横：最著名的是战国时期张仪倡导的政治主张，也就是说崤山以东的六国侍奉秦国。苏秦最初主张"连横"，但不被秦惠文王采纳，后来改为主张"合纵"。这两者是相对的。"连横"又称"连衡"。②胡貉、代马：胡貉是北方游牧民族，分布在今内蒙古南部。代马指的是代郡和马邑，在今山西东北部。③肴、函：肴即崤山，在今河南洛宁以北。函即是函谷关，秦时所置，在今河南灵宝南。④奋击：奋勇攻击敌人的士兵。

※译文

苏秦最初主张连横，他游说秦惠文王说："大王的国家，西面有巴、蜀和汉中等地丰富物产的便利，北面有胡貉、代马两地提供的物资费用，南面有巫山、黔中作为天然的屏障，东面有崤山、函谷关这两个牢固的关塞。国家田地肥沃，百姓殷实富裕，战车万辆，兵甲百万，沃野千里，各种资源富饶，积蓄充足，地势险要，易守难攻，这真是天府之国，因此秦国可以称得上是能够称霸天下的强国。凭借着大王的贤能，国家众多的士卒和百姓，战车、骑兵的强大力量，兵法和谋略的运用，贵国完全可以吞并其他诸侯，统一天下，号称皇帝来统治全国。希望大王能考虑这样做的好处，请大王采纳臣所设计的方略。"

秦惠文王说："寡人听说，羽毛不够丰满的鸟儿不可以高飞，法令不完备不可以奖惩刑罚，道德不崇高的君主不可统治万民，政策教化不顺天意的君主不可以号令大臣。如今先生不远千里来当面登庭指教，军国大计还是希望等将来再说吧。”

※原文

苏秦曰：“臣固疑大王不能用也。昔者神农①伐补遂②，黄帝伐涿鹿而禽蚩尤，尧伐驩兜，舜伐三苗，禹伐共工，汤伐有夏，文王伐崇，武王伐纣，齐桓任战而伯天下。由此观之，恶有不战者乎？古者使车毂击驰，言语相结，天下为一；约从连横，兵革不藏；文士并饬，诸侯乱惑；万端俱起，不可胜理；科条既备，民多伪态；书策稠浊，百姓不足；上下相愁，民无所聊；明言章理，兵甲愈起；辩言伟服，战攻不息；繁称文辞，天下不治；舌弊耳聋，不见成功；行义约信，天下不亲。于是，乃废文任武，厚养死士，缀甲厉兵，效胜于战场。夫徒处而致利，安坐而广地，虽古五帝、三王、五伯，明主贤君，常欲坐而致之，其势不能，故以战续之。宽则两军相攻，迫则杖戟相橦，然后可建大功。是故兵胜于外，义强于内；威立于上，民服于下。今欲并天下，凌万乘，诎敌国，制海内，子元元，臣诸侯，非兵不可！今之嗣主，忽于至道，皆惛于教，乱于治，迷于言，惑于语，沈于辩，溺于辞。以此论之，王国不能行也。”

※注释

①神农：炎帝的号，为少典的儿子。②补遂：国名。

※译文

苏秦说：“我本来就怀疑大王不会听取我的意见，过去神农氏讨伐补遂，黄帝讨伐涿鹿而擒获蚩尤，尧帝征讨驩兜，舜帝征伐三苗，禹帝征伐共工，商汤征伐有夏，文王征伐崇侯，武王征伐殷纣，齐桓公凭战争而称霸天下。由此看来，哪有不运用战争的道理呢？古时候，出使的车辆络绎不绝，外交使节互结同盟，这是天下都一致的。即使这样，或言合纵，或言连横，但也从未停止过使用武力；当外交、军事同时并用，则诸侯混乱；各种问题同时发生，则来不及处理；法令条款齐备，百姓反而奸诈；政令繁多杂乱，百姓就无所适从；上下互相埋怨，百姓就无所依赖；空洞的道理虽在不厌其烦地讲述，而使用武力之事却在愈来愈频繁地发生；巧言善辩，奇装异服，战争却没有一日停息；书策繁乱，言辞驳杂，天下却不能治理。说的人说得舌烂，听的人听得耳聋，却不见什么成效；推行仁义，订立盟约，然而天下并不因此而亲善。于是，才废弃文治，使用武力，多养敢死之士，修缮铠甲，磨砺兵器，以取胜于战场。如果无所事事，无所作为，不进行战争，就想获利，扩充土地，即使五帝、三王、春秋五霸、明主贤君，总想坐待成功，却势难奏效，因此还得用战争继续解决问题。如果两军相距遥远，就互相进攻；相距迫近，就白刃交锋，然后才可以建立大功。所以，军队得胜于外，正义治强于内；威权建立于上，百姓服从于下。如今，想要吞并天下，控制大国，击败敌人，统治海内，爱护百姓，臣服诸侯，非战争不可。但是，现在的国君，偏偏忽视了这个极其重要的道理，他们都被那些众说纷纭的所谓治国的说教弄昏了头脑，迷惑于他们那些巧舌善辩的言辞，沉醉于他们那些夸夸其谈的空论之中。由此来看，大王必然不会采用我的主张。”

※原文

说秦王书十上而说不行。黑貂之裘弊，黄金百斤尽，资用乏绝，去秦而归。羸縢履蹻①，负书担橐②，形容枯槁，面目黧黑，状有归色。归至家，妻不下纴，嫂不为炊，父母不与言。苏秦喟叹曰：“妻不以我为夫，嫂不以我为叔，父母不以我为子，是皆秦之罪也！”乃夜发书，陈箧数十，得《太公阴符》③之谋，伏而诵之，简练以为揣摩④。读书欲睡，引锥自刺其股，血流至足。曰：“安有说人主不能出其金玉锦绣、取卿相之尊者乎？”期年揣摩成，曰：“此真可以说当世之君矣！”

于是乃摩燕乌集阙⑤，见说赵王于华屋之下，抵掌而谈。赵王大悦，封为武安君，受相印，革车百乘，绵绣千纯，白璧百双，黄金万镒⑥，以随其后，约从散横，以抑强秦⑦。故苏秦相于赵而关不通。

※注释

①羸，缠绕。縢，绑腿布。蹻，草鞋。②橐：一种口袋。③《太公阴符》：太公即姜太公，名望，又称吕望，字尚，一说字子牙，又称姜子牙。他是西周的开国功臣，辅佐周文王和周武王推翻商纣王的残暴统治，后被封于齐，是后来齐国的始祖。《太公阴符》相传是他所写的一部讲兵法权谋的书。④揣摩：《太公阴符》中有奇异的权谋，对此进行揣摩。揣摩联络诸侯使他们仇视秦国的方法，来实现六国的合纵，共同对付秦国。⑤燕乌集阙：古代的关塞名。⑥镒：重量单位，古代二十两为一镒。⑦约从散横，以抑强秦：约合崤山以东的六国，使他们联合，分散关中的连横，使秦国宾服。

※译文

苏秦游说秦王，一连十多次上表奏章，但他的建议始终都没能得到采纳。他穿的黑色貂皮衣服破了，带的一百斤黄金也花光了，花的用的都没有了，不得不离开了秦国回到洛阳老家。他腿上缠着绑腿布，脚上穿着草鞋，背着书籍，担着行囊，神情枯槁，面容憔悴，脸色黄黑，显得非常失意。回到了家里，他的妻子正在织布不理会他，嫂子不给他做饭，父母不和他说话。苏秦慨叹说：“妻子不认我是丈夫，嫂子不认我是小叔，父母不认我是儿子，这都是我苏秦的罪过啊！”于是，他晚上翻出他的藏书，打开了数十个书箱，找到了一本《太公阴符》的讲谋略的书，埋头攻读，找那些简练精要的地方反复揣摩。读书到了困倦的时候想要睡觉，他就拿来锥子自己刺自己的大腿，致使鲜血顺着腿流到脚底。他自言自语地说：“怎么可能游说各国的国君却不能使他们拿出金玉锦绣、得到卿相这样的尊位的呢？”过了一年终于揣摩成功，又自言自语地说：“这样一来就可以游说当世在位的各国国君了！”

于是苏秦取道燕乌集阙，被赵王召见，在华丽的宫殿里游说赵王，两人甚至握着手，谈得非常投机。赵王大为高兴，于是封苏秦为武安君，并授予他相印，一百辆革车，一千匹锦绣，一百双白璧，一万镒黄金，长长的车队尾随在他的身后，到各国去约定合纵，拆散连横，以此来压制强秦。因此，当苏秦在赵国做宰相时，秦国不敢出兵函谷关。

※原文

当此之时，天下之大、万民之众、王侯之威、谋臣之权，皆欲决苏秦之策。不费斗粮，未烦一兵，未战一士，未绝一弦，未折一矢，诸侯相亲，贤于兄弟。夫贤人在而天下服，一人用而天下从。故曰，式①于政，不式于勇；式于廊庙之内，不式于四境之外。

当秦之隆，黄金万镒为用，转毂连骑，炫熿②于道，山东之国，从风而服，使赵大重。且夫苏秦特穷掘门、桑户棬枢之士耳，伏轼撙衔③，横历天下，廷说诸侯之王，杜左右之口，天下莫之能抗。

将说楚王，路过洛阳。父母闻之，清宫除道，张乐设饮，郊迎三十里。妻侧目而视，倾耳而听。嫂蛇行匍伏，四拜自跪而谢。苏秦曰：“嫂，何前倨而后卑也？”嫂曰：“以季子之位尊而多金。”苏秦曰：“嗟乎！贫穷则父母不子，富贵则亲戚畏惧。人生世上，势位富贵，盖可忽乎哉！”

※注释

①式：用。②炫熿：照耀，辉映。③撙衔：控制马勒，使马就范。

※译文

就在这个时候，广大的天下、所有的老百姓、威武的王侯、掌握大权的谋臣，都想让苏秦出谋划策。因此，不用花费一斗粮食，没有征用一个兵卒，没有派遣一个大将，没有坏掉一把弓，没有折断一支箭，就使得各国诸侯和睦相处，甚至比亲兄弟之间还要亲近。所以说，只要有贤能的人掌握政权，天下就能够服从安定，只要有一个这样的人得到任用，老百姓就会顺从。因此说，只要能够运用政治手段解决的问题，就不必用武力来征服；只要在朝廷上能够通过外交手段来解决的问题，就不必到对方的国家境内作战。

当苏秦权势逐渐上升的时候，金帛万镒供他使用，而他所指挥的战车和骑兵接连不断，在道路上走路都显得权势显赫，崤山以东的各个诸侯国，都听从他的号令，这使赵国的地位得到提高。但苏秦当初只不过是一个极端贫穷、挖墙当门、用桑做窗、用弯曲的木头做门框的人罢了，而此时他却常常坐上华丽的车子，纵横游历天下，在各诸侯国的朝廷上游说君王，使各诸侯君王的亲信不敢开口，天下没有谁敢与他相抗衡了。

苏秦要去游说楚国国君，路过洛阳。父母知道了这个消息，就急忙清理居所、扫除道路，找来乐队吹打起音乐，准备好丰盛的酒席，迎接到郊外三十里远的地方。妻子敬畏他，斜着眼睛来观看他的威仪，而不敢正眼看他，并且侧着耳朵听他说话。嫂子跪在地上，像蛇一样在地上爬行，对苏秦一再地叩头请罪。苏秦问："嫂子，你对待我为什么以前傲慢，现在却这样的卑贱呢？"他的嫂子回答说："因为现在你有尊贵的地位和很多的钱财。"苏秦说："唉！一个人如果贫穷失意，连父母都不把他当儿子，然而一旦富贵显赫之后，亲戚朋友就都敬畏有加。一个人在世上活着，权势和富贵怎么能忽视不顾呢！"

※读解

本篇是《战国策》中的名篇，讲述的是苏秦的发迹过程。起初苏秦主张连横，但当他去游说秦惠文王的时候，他的主张并没有得到采纳。

战国末期，秦国经过商鞅变法使国家强大起来，国家实力超过了崤山以东的六国。国家经济军事实力的增强，必然使秦国产生了政治上的要求，那就是统一六国，称霸天下。正是在这样的背景之下，苏秦前去游说秦王，为秦王分析了秦国所具有的有利条件："大王之国，西有巴、蜀、汉中之利，北有胡貉、代马之用，南有巫山、黔中之限，东有肴、函之固。田肥美，民殷富，战车万乘，奋击百万，沃野千里，蓄积饶多，地势形便"，"大王之贤，士民之众，车骑之用，兵法之教"。但他的充满希望的言辞并没有得到秦王的认可，而是被秦王以毛羽未丰，统一天下的实际还没有成熟为借口而委婉地拒绝了。

游说秦王连横没有成功的苏秦落魄潦倒，"黑貂之裘弊，黄金百斤尽，资用乏绝，去秦而归。羸縢履蹻，负书担橐，形容枯槁，面目黧黑，状有归色"。更有戏剧性的是，当他回到家的时候，连家人也不接纳他了，"妻不下纴，嫂不为炊，父母不与言"让人心寒。

但苏秦并没有放弃努力，他从家里藏有的数十箱书籍中，找到了一本《太公阴符》，头悬梁，锥刺股，发愤苦读。终于，苦心人，天不负。苏秦转变了对天下形势的认识，改变了自己的主张，从主张连横转向主张合纵。

他先去游说赵王，主张得到了赵王的认可。从此他开始发迹，向各国的游说都获得了成功，一人佩带六国的相印，穿行于六国之间，协调六国合纵，共同来对付强大的秦国。

家人对成功的苏秦也改变了原来的看法，“父母闻之，清宫除道，张乐设饮，郊迎三十里。妻侧目而视，倾耳而听。嫂蛇行伏地，四拜自跪而谢”。这种对比鲜明的态度，体现了世态的炎凉，人情的冷暖，以及人性的复杂和善变。

张仪说秦王

※原文

张仪说秦王曰：“臣闻之，弗知而言为不智，知而不言为不忠。为人臣不忠当死，言不审亦当死。虽然，臣愿悉言所闻，大王裁其罪。臣闻，天下阴燕阳魏，连荆固齐，收余韩成从，将西南以与秦为难，臣窃笑之。世有三亡，而天下得之，其此之谓乎！臣闻之曰：‘以乱攻治者亡，以邪攻正者亡，以逆攻顺者亡’。今天下之府库不盈，囷仓空虚，悉其士民张军数千百万，白刃在前，斧质在后，而皆去走，不能死，罪其百姓不能死也，其上不能杀也。言赏则不与，言罚则不行，赏罚不行，故民不死也。

“今秦出号令而行赏罚，不攻无攻相事也。出其父母怀衽之中，生未尝见寇也，闻战顿足徒裼①，犯白刃，蹈煨②炭，断③死于前者比是也。夫断死与断生也不同。而民为之者是贵奋也。一可以胜十，十可以胜百，百可以胜千，千可以胜万，万可以胜天下矣。今秦地形，断长续短，方数千里，名师数百万，秦之号令赏罚，地形利害，天下莫如也。以此与天下，天下不足兼而有也。是知秦战未尝不胜，攻未尝不取，所当未尝不破也。开地数千里，此甚大功也。然而甲兵顿，士民病，蓄积索，田畴荒，囷仓虚，四邻诸侯不服，伯王之名不成，此无异故，谋臣皆不尽其忠也。

※注释

①裼：脱掉上衣，露出身体。②煨：灰烬，热灰。③断：决断，决心。

※译文

张仪游说秦王说：“我听说：‘不知道事情的缘由就开口发言是不明智的；明白事理、可以为事情的解决出谋划策却不开口，是不忠贞的。’作为一个臣子，对君王不忠诚就犯有死罪；说话不审慎也该犯有死罪。尽管事情的出路如此，但我仍然愿意把所见所闻都讲给大王听，请大王裁决定罪。我听说四海之内，北方的燕国和南方的魏国又在连接荆楚，巩固同齐国的联盟，收拾残余的韩国势力，形成合纵的联合阵线，面向西方，与秦国对抗。对此我私下不禁失笑。天下有三种亡国的情况，而天下终会有人来收拾残局，可能说的就是今天的世道！我听人说：'以治理混乱之国去攻打治理有序之国必遭败亡，以邪恶之国去攻打正义之国必遭败亡，以背逆天道之国去攻打顺应天道之国必遭败亡。'如今天下诸侯国储藏财货的仓库很不充实，囤积米粮的仓库也很空虚，它们征召所有人民，发动千百万计的军队，虽然是白刃在前，利斧在后，军士仍然都退却逃跑，不能和敌人拼死一战。其实并不是它们的人民不肯死战，而是由于统治者拿不出好办法进行教育。说奖赏而不给予，说处罚却不执行，赏罚都不兑现，所以人民才不肯为国死战。

"如今秦国的制度赏罚分明，有功无功都按照实际情况进行奖惩。人们离开父母的怀抱之前，从来就没有见过敌人，所以一听说要交战就跺脚、袒露胸膛，决心死战，迎着敌人的刀枪，勇往直前，赴汤蹈火，在所不惜，几乎全都决心要为国家死在战场上。大王知道：一个人决心要去战死，和决心要逃生是不同的，但秦国人仍然愿意去战死，就是由于重视奋战至死精神的缘故。一人可以战胜十人，十人可以战胜百人，百人可以战胜千人，千人可以战胜万人，万人可以战胜全天下。如今秦国的地势，截长补短方圆有数千里，强大的军队有几百万。而秦国的号令和赏罚，险峻有利的地形，天下诸侯都望尘莫及。用这种优越条件和天下诸侯争雄，全天下也不够秦国吞并的。由此可以知道，只要秦国作战，绝对会战无不胜，攻无不克，所向无敌，完全可以开拓土地几千里，那将是很伟大的功业。然而如今，秦国军队疲惫，人民穷困，积蓄用绝，田园荒废，仓库空虚，四邻的诸侯都不来臣服，霸业不能建立，出现这种情况并不是因为别的，主要是秦国谋臣不能尽忠的缘故。

※原文

"臣敢言往昔。昔者齐南破荆，中破宋，西服秦，北破燕，中使韩、魏之君，地广而兵强；战胜攻取，诏令天下；济清河浊，足以为限；长城、钜坊，足以为塞。齐五战之国也，一战不胜而无齐。故由此观之，夫战者，万乘之存亡也。

"且臣闻之曰：'削株掘根，无与祸邻，祸乃不存。'秦与荆人战，大破荆，袭郢，取洞庭、五都、江南①。荆王亡奔走，东伏于陈。当是之时，随荆以兵，则荆可举。举荆，则其民足贪也，地足利也。东以强齐、燕，中陵三晋。然则是一举而伯王之名可成也，四邻诸侯可朝也。而谋臣不为，引军而退，与荆人和。今荆人收亡国，聚散民，立社主，置宗庙，令帅天下西面以与秦为难，此固已无伯王之道一矣。天下有比志而军华下，大王以诈破之，兵至梁郭，围梁数旬，则梁可拔。拔梁，则魏可举。举魏，则荆、赵之志绝。荆、赵之志绝，则赵危。赵危而荆孤。东以强齐、燕，中陵三晋。然则是一举而伯王之名可成也，四邻诸侯可朝也。而谋臣不为，引军而退，与魏氏和，令魏氏收亡国，聚散民，立社主，置宗庙，此固已无伯王之道二矣。前者穰侯之治秦也，用一国之兵，而欲以成两国之功。是故兵终身暴灵于外，士民潞②病于内，伯王之名不成，此固已无伯王之道三矣。

※注释

①洞庭、五都、江南：都是楚国的城邑。②潞：通“露”，疲惫，衰弱。

※译文

“我愿用历史事实来加以说明。从前齐国往南击破荆楚，往东战败了宋国，往西征服了秦国，向北打败了燕国，在中原地带又指挥韩、魏两国的君主。土地广大，兵强马壮，攻城略地，战无不胜，号令天下诸侯，清清的济水和混浊的黄河都是它的天然屏障，巨大的长城足可以作它的防守掩体。齐国是一连五次战胜的强国，可是只战败一次，齐国就没有了，由此可见，用兵作战可以决定万乘大国的生死存亡。

“我还听说：‘斩草要除根，不给祸留下作为，祸才不会存在。’从前秦国和楚国作战，秦兵大败楚军，占领了楚国首都郢城，同时又占领了洞庭湖、五都、江南等地，楚王向东逃亡，藏在陈地。在那个时候，只要把握时机攻打楚国，就可以占领楚国的全部土地。而占领了楚国，那里的人民就足够使用，那里的物产就足可以满足物质需要，东面对抗齐、燕两国，中原可以凌驾在韩、赵、魏三国之上，如果这样就可以一举而完成霸业，使天下诸侯都来秦廷称臣。然而当时的谋臣不但不肯这样做，反而撤兵和楚人讲和，现在楚已收复了所有失地，重新集合逃散的人民，再度建立起宗庙和社稷之主，它们得以率领天下诸侯往西来跟秦国对抗。这样，当然秦国就第一次失去了建立霸业的机会。后来其他诸侯国同心一致、联合兵临华阳城下。幸亏大王用诈术击溃了他们，一直进兵到魏都大梁外。当时只要继续围困几十天，就可以占领大梁城；占领大梁，就可以攻下魏国；攻下了魏国，赵、楚的联盟就拆散了，赵国就会处于危难之地；赵国陷入危难之地，楚国就孤立无援。这样秦国东可以威胁齐、燕，中间可以驾驭三晋，如此也可以一举建立霸王功业，使天下诸侯都来朝贺。然而谋臣不但不肯这样做，反而引兵自退、与魏讲和，使魏国有了喘息的机会。如此就第二次失去了建立霸业的机会。前不久穰侯为相，治理秦国，他用一国的军队，却想建立两国才能完成的功业。即使军队在边境外风吹日晒雨淋，人民在国内劳苦疲惫，霸王的功业却始终不能建立，这也就第三次失去了建立霸业的机会。

※原文

“赵氏，中央之国也，杂民之所居也。其民轻而难用，号令不治，赏罚不信，地形不便，上非能尽其民力。彼固亡国之形也，而不忧民氓。悉其士民，军于长平之下，以争韩之上党，大王以诈破之，拔武安。当是时，赵氏上下不相亲也，贵贱不相信，然则是邯郸不守。拔邯郸，完河间，引军而去，西攻修武，逾羊肠，降代、上党。代三十六县，上党十七县，不用一领甲，不苦一民，皆秦之有也。代、上党不战而已为秦矣，东阳、河外不战而已反为齐矣，中呼池以北不战而已为燕矣。然则是举赵则韩必亡，韩亡则荆、魏不能独立。荆、魏不能独立，则是一举而坏韩、蠹①魏、挟荆，以东弱齐、燕，决白马之口，以流魏氏。一举而三晋亡，从者败。大王拱手以须，天下遍随而伏，伯王之名可成也。而谋臣不为，引军而退，与赵氏为和。

“以大王之明，秦兵之强，伯王之业，地曾不可得，乃取欺于亡国，是谋臣之拙也。且夫赵当亡不亡，秦当伯不伯，天下固量秦之谋臣一矣。乃复悉卒以攻邯郸，不能拔也，弃甲兵怒，战栗而却，天下固量秦力二矣。军乃引退，并于李下，大王并军而致与战，非能厚胜之也，又交罢却，天下固量秦力三矣。内者量吾谋臣，外者极吾兵力。由是观之，臣以天下之从，岂其难矣？内者吾甲兵顿，士民病，蓄积索，田畴荒，囷仓虚；外者天下比志甚固。愿大王有以虑之也。

※注释

①蠹：蛀蚀，损害。

※译文

“赵国在各国诸侯中地处中央，百姓五方杂居。赵国百姓轻浮而不好治理，以致国家号令无法贯彻，赏罚毫无信用。赵国的地理位置不利于防守，统治者又不能使人民的潜力全部发挥出来，这一切已是一种亡国的形势了。再加上不体恤民间疾苦，几乎把全国的老百姓都征发到长平战场，去跟韩国争上党。大王以计谋战胜赵国，攻克了武安。当时赵国君臣彼此不合，官民也互不信赖，这样邯郸就无法固守，如果秦军攻下邯郸，在河间休整军队，再率领军队往西攻打修武，经过羊肠险塞，降服代和上党。代有三十六县，上党有十七县，不用一副盔甲，不费一兵卒，就都为秦国所有。代和上党不经过战争就成为秦国土地，赵国的东阳和河外等地不经过战争将反归齐国，中呼池以北之地不经过战争将属于燕国。既然如此，攻下赵国之后，韩国就必然灭亡；韩国灭亡以后，楚、魏就不能独立；楚、魏既然不能独立，就可一举攻破韩国；这就伤害到魏国，然后再挟持楚国往东去削弱齐、燕，挖开白马津的河口来淹魏国。如此一举就可以灭三晋，而六国的合纵联盟也势将瓦解，大王只要拱手在那里等着，天下诸侯就会一个跟着一个来投降，霸王之名号即刻就可以建立。只可惜这一切都是假设，因为谋臣不但不这样做，反而自动退兵跟赵国讲和了。

“凭借大王的贤明和秦国军队的强盛，竟然建立不起天下霸主的基业，而且被即将灭亡的各诸侯国欺凌，这一切都由谋臣的愚昧笨拙所导致。赵国该灭亡而不灭亡，秦国该称霸而不能称霸，天下人已经看透了秦国谋臣的本领高低，这是我说的第一点。秦国曾用全国之兵，去攻打赵国的邯郸，不但没有攻下反而被敌人打得丢盔卸甲，将士们又气又怕地败下阵来，天下人已经看透了秦国将士的斗志，这是我说的第二点。军队退下来以后，都聚集在李下（地名），大王又重新编整努力督促将士们作战，可是并没有取得大胜，就纷纷罢兵撤退，天下人又都看透了秦国军队的战斗力，这是我说的第三点。在内看透了秦国的谋臣，在外看透了秦国的将士。由此可见，我认为天下的合纵力量，难道不是更难对付了？秦国的军队疲劳不堪，人民极端困顿，且积蓄用尽、田园荒芜、仓库空虚；而国外诸侯合纵，团结一致，甚为坚固，但愿大王能慎重考虑所面临的危机。

※原文

“且臣闻之，‘战战栗栗，日慎一日’。苟慎其道，天下可有也。何以知其然也？昔者纣为天子，帅天下将甲百万，左饮于淇谷，右饮于洹水，淇水竭而洹水不流，以与周武为难。武王将素甲三千领，战一日，破纣之国，禽其身，据其地，而有其民，天下莫不伤。智伯帅三国之众，以攻赵襄主于晋阳，决水灌之。三年，城且拔矣。襄主错龟数策占兆，以视利害，何国可降，而使张孟谈。于是潜行而出，反智伯之约，得两国之众，以攻智伯之国，禽其身，以成襄子之功。今秦地断长续短，方数千里，名师数百万，秦国号令赏罚，地形利害，天下莫如也。以此与天下，天下可兼而有也。

“臣昧①死望见大王，言所以举破天下之从，举赵，亡韩，臣荆、魏亲齐、燕，以成伯王之名，朝四邻诸侯之道。大王试听其说，一举而天下之从不破，赵不举，韩不亡，荆、魏不臣，齐、燕不亲，伯王之名不成，四邻诸侯不朝，大王斩臣以徇于国，以主为谋不忠者。”

※注释

①昧：冒死，冒犯死罪。

※译文

“而且我听说：‘战战兢兢，日慎一日。’如果谨慎合乎道理，可以占有全天下。怎么知道是这样呢？过去商纣王做天子，率领天下的百万大军，左边的军队还在淇谷饮马，右边的军队已到洹水喝水了，竟把淇水和洹水都喝干了。商纣王是用这么雄壮庞大的大军跟周武王作战，可是武王只率领了三千名穿着简单盔甲的战士，仅仅经过一天战斗就打败了纣王之军，俘虏了殷的全部臣民，拥有了殷的全部土地，天下竟没有一个人同情商纣王。以前智伯率领韩、赵、魏三国的兵众，前往晋阳去攻打赵襄子，智伯掘开晋水河采取水攻，经过三年之久的攻打，当晋阳城快被攻下时，赵襄子用乌龟进行占卜，看看自己国家命运的吉凶，预测双方到底谁败降。赵襄子又使用反间计，派赵国大臣张孟谈，悄悄出城，破坏韩、魏与智伯的盟约，结果争取到韩、魏两国的合作，然后合力来攻打智伯，终于大败智伯的军队，俘虏了智伯本人。张孟谈于是成为赵襄子的一大功臣。如今秦国的国土方圆几千里，善战的军队有几百万，号令严明赏罚分明，再加上地形的优势，天下诸侯没有能比得上的。如果凭这种优势，而与天下诸侯争胜，整个天下就可以被秦征服。

"我甘愿冒着死罪，希望见到大王，谈论秦国的战略以及怎样能够分散合纵联盟，灭赵亡韩，迫使楚、魏称臣，联合齐、燕加盟，建立霸王之业，让天下诸侯都来朝贡。请大王姑且采用我的策略，假如不能一举而瓦解天下合纵，攻不下赵，灭不了韩，魏、楚不称臣，齐、燕不加盟，霸王之业不能建立，天下诸侯不来朝贡，那就请大王砍下我的头，在全国各地轮流示众，来惩戒那些为君主谋划不忠诚的臣子。"

※读解

张仪主张连横政策，他和苏秦是同学，一起从学于鬼谷子。他和苏秦一样都是平民出身。苏秦先成功地游说赵国，通过激将法使张仪入秦，因此战国的分合治乱都在他们三寸不烂之舌的翻动之中被控制。

张仪的论说富有气势，酣畅淋漓，给人不得不接受他的观点的强大说服力。他善于引用古代的事例，用无可辩驳的事实来佐证连横政策的正确性和可行性。通过他游说各国的情况来看，他还善于巧妙地利用秦国的强大经济和军事力量来压服对方，从而为秦国赢得割地和朝贡等现实的好处。

司马错与张仪争论于秦惠王前

※原文

司马错与张仪争论于秦惠王前。司马错欲伐蜀，张仪曰："不如伐韩。"王曰："请闻其说。"

对曰："亲魏善楚，下兵三川①，塞轘辕、缑氏之口，当屯留之道，魏绝南阳，楚临南郑，秦攻新城、宜阳，以临二周之郊，诛周主之罪，侵楚、魏之地。周自知不救，九鼎宝器必出。据九鼎，按图籍，挟天子以令天下，天下莫敢不听，此王业也。今夫蜀，西辟之国，而戎狄之长也，弊兵劳众不足以成名，得其地不足以为利。臣闻‘争名者于朝，争利者于市。’今三川、周室，天下之市朝也。而王不争焉，顾争于戎狄，去王业远矣。”

※注释

①三川：三条河流的合称。东周以伊、洛、河为三川。

※译文

司马错与张仪在秦惠文王面前争论攻打蜀国和韩国的事。司马错认为秦国应该先去进攻蜀国，但张仪说：“不如先去进攻韩国。”秦惠文王说：“我想听听你的意见。”

张仪回答说：“我们先跟楚、魏两国结盟，然后再出兵三川，堵住镮辕和缑氏山的入口，挡住屯留的要道，这样魏国就断绝了和南阳的交通，楚军逼进南郑，秦兵进攻新城、宜阳，这样一来我们就可以发兵到东西二周的城外，惩罚二周君主的罪过，然后侵入楚、魏两国境内。周王知道自己的危险境地，一定会献出九鼎和珍宝。我们有了九鼎和珍宝，再按照地图户籍，假借周天子的名义号令诸侯，天下各国谁敢不听从我们的命令？这才是霸王之业。至于蜀国，那是一个偏远西方的国家，而且是戎、狄部落的首领，我们即使劳民伤财发兵进攻它，也不足以凭借这而建立霸业，得到了它的土地，也不足以凭借这就得到多少利益。我听说‘争名要到朝廷，争利要到市场。’如今的三川、周室，正是天下的朝廷和市场，大王不去争，反而争夺戎、狄等蛮夷的国家，这和霸王之业相距实在太远了。”

※原文

司马错曰：“不然，臣闻之，‘欲富国者，务广其地；欲强兵者，务富其民；欲王者，务博其德。三资者备，而王随之矣。’今王之地小民贫，故臣愿从事于易。夫蜀①，西辟之国也，而戎狄之长也，而有桀、纣之乱。以秦攻之，譬如使豺狼逐群羊也。取其地，足以广国也；得其财，足以富民缮兵。不伤众而彼已服矣。故拔一国，而天下不以为暴；利尽西海，诸侯不以为贪。是我一举而名实两附，而又有禁暴正乱之名。

“今攻韩，劫天子。劫天子，恶名也，而未必利也，又有不义之名，而攻天下之所不欲，危！臣请谒其故：周，天下之宗室也；齐，韩、周之与国也。周自知失九鼎，韩自知亡三川，则必将二国并力合谋，以因于齐、赵，而求解乎楚、魏。以鼎与楚，以地与魏，王不能禁。此臣所谓‘危’，不如伐蜀之完也。”

惠王曰：“善！寡人听子。”卒起兵伐蜀，十月取之，遂定蜀。蜀主更号为侯，而使陈庄相蜀。蜀既属，秦益强富厚，轻诸侯。

※注释

①蜀：今四川省一带。

※译文

司马错说：“事情不是张仪所说的那样，我听说过这样的道理，要想使国家富强，必须先扩张国家的领土；要想使兵力强大，必须先使人民生活富足；要想得到天下，一定要先广施仁政。这三个方面都做到以后，那么称王天下就是自然的事情了。如今大王疆域狭小并且百姓生活贫困，因此臣但愿大王先从容易的方面着手。蜀国是一个西方的偏僻小国，而且是戎、狄国家的首领，并且像夏桀、商纣在位时候一样混乱。如果用秦国的兵力去进攻蜀国，就好像使狼群去驱逐羊群一样简单。秦国得到蜀国的土地可以扩大版图，得到蜀国的财富可以富足百姓；即使用兵也不伤害老百姓。并且又让蜀国自动屈服。所以秦虽然灭掉了蜀国，诸侯也不会认为是暴虐；即使秦抢去蜀国的一切财富，诸侯也不会认为秦贪婪。可是我们只要做伐蜀一件事，就可以名利双收，甚至还可以得到除暴安良的美名。

“今天如果我们去攻打韩国，又劫持天子，得到的是恶名，而且也未必就能获得利益，反而落个不义的名声。干天下人不愿做的事情，实在是一件危险的事！我请求讲述其中的缘故：周天子是天下各国的共主，同时齐与韩是周的友邦，周自知将要失去九鼎，韩自己也清楚要失去三川，这样两国必定联合起来，共同联络齐、赵去解楚、魏的围困，两国会自动地把九鼎献给楚，把土地割让给魏，这些都是大王所不能制止的，这也就是臣所说的危险所在，所以说，攻打韩国不如先进攻蜀来得完满。”

秦惠文王说：“很好！我就采纳你的意见。”于是秦国最终出兵进攻蜀地，经过历时十个月的征讨，终于攻取了蜀地。秦惠文王将蜀主的名号更改为侯，并派大臣陈庄去任蜀地的相国。蜀地既已归属秦国，秦国就更加强大富足，而且更加轻视天下各诸侯国。

※读解

秦国在商鞅变法之后，国富兵强，经济和军事的强大开始让秦国有了政治上争霸的诉求。它开始准备侵略其他的国家。司马错和张仪的争论，是在这个前提下进行的。他们争论的核心问题是先去攻打哪个国家更为有利。

张仪认为应该攻打韩国，“亲魏善楚，下兵三川，塞辕、缑氏之口，当屯留之道，魏绝南阳，楚临南郑，秦攻新城、宜阳，以临二周之郊，诛周主之罪，侵楚、魏之地。周自知不救，九鼎宝器必出。据九鼎，按图籍，挟天子以令天下，天下莫敢不听”，而否定先去攻打不值得兴兵的蜀国。

而司马错认为此时的秦国还比较弱小，而且地理位置偏僻，认为“欲富国者，务广其地；欲强兵者，务富其民；欲王者，务博其德”，从三个方面来逐步实施秦国的称霸策略。他认为应该从容易攻打的国家入手，一步步来增强国家的实力。攻打蜀国，“取其地，足以广国也；得其财，足以富民缮兵”，因此他主张攻打蜀国。这样不仅可以“利尽西海”，还可以得到“禁暴正乱”的好名声。而如果像张仪所说的那样去攻打中原腹地，来“挟天子以令天下”，就会得到坏名声，并且还可能遭到中原各国的联合抵抗。

秦惠文王最后同意了司马错的主张。实践也证明，司马错的主张是正确的。攻取蜀国使秦国更加强大，为后来逐一灭掉六国奠定了基础。

楚攻魏张仪谓秦王

※原文

楚攻魏。张仪谓秦王曰：“不如与魏以劲①之。魏战胜，复听于秦，必入西河之外；不胜，魏不能守，王必取之。”

王用仪言，取皮氏卒万人，车百乘，以与魏。犀首战胜威王，魏兵罢弊，恐畏秦，果献西河之外。

※注释

①劲：强健，强而有力。这里是使动用法，指派出军队来加强魏国军队的力量。

※译文

楚国进攻魏国。张仪对秦王说：“大王不如帮助魏国，来增强魏国的势力。如果魏国能战胜，就会更加听命于秦国，必定会献出西河之外的地方；如果魏国战败，那魏国就无法守住边塞，大王就可以攻取魏国。”

于是秦王就采纳了张仪的计策，派遣皮氏的军队一万人和战车一百辆，用来帮助魏国。结果魏国战胜了楚威王的军队，但这时魏国军队已经疲惫不堪了，魏国害怕秦国，果然把西河之外的地方献给了秦国。

※读解

从张仪三言两语的分析中，我们就可以看到一个冷静观察、善于思考、准确判断、眼光独到的谋略家。之所以如此，是因为张仪善于利用各国之间的矛盾关系和力量对比，使秦国适时地参与到正在发生的矛盾变化中去，从中得到现实的国家利益。

楚国攻打魏国，这就给秦国带来了一个很好的机会，使它能够以很小的代价就可以"坐收渔翁之利"。从六国的角度来看，秦国的确如同一个虎视眈眈的虎狼之国，而它对六国战事的参与也是稳赢的。它派军队支持魏国，"魏战胜，复听于秦，必入西河之外；不胜，魏不能守，王必取之"，无论如何，它所想要的地方早已是志在必得。魏国虽然取得胜利，但"魏兵罢弊，恐畏秦"，果然献出了西河之外的土地，可见张仪果然预料得准确。

陈轸去楚之秦

※原文

陈轸去①楚之秦。张仪谓秦王曰："陈轸为王臣，常以国情输楚。仪不能与从事，愿王逐之。即复之楚，愿王杀之。"王曰："轸安敢之楚也。"王召陈轸告之曰："吾能听子言，子欲何之？请为子约车。"对曰："臣愿之楚。"王曰："仪以子为之楚，吾又自知子之楚。子非楚，且安之也！"

轸曰："臣出，必故之楚，以顺王与仪之策，而明臣之楚与不也。楚人有两妻者，人挑其长者，长者詈②之；挑其少者，少者许之。居无几何，有两妻者死。客谓挑者曰：'汝取长者乎？少者乎？'曰：'取长者。'客曰：'长者詈汝，少者和汝，汝何为取长者？'曰：'居彼人之所，则欲其许我也。今为我妻，则欲其为我詈人也。'今楚王明主也，而昭阳贤相也。轸为人臣，而常以国输楚王，王必不留臣，昭阳将不与臣从事矣。以此明臣之楚与不。"

※注释

①去：离开。②詈：骂。

※译文

陈轸离开楚国来到秦国。张仪就对秦惠文王说："陈轸是大王的臣子，却经常把秦国的国情泄露给楚国。我不愿跟这样的人同朝共事，希望大王能把他赶出朝廷。他要是想重回楚国，希望大王杀掉他。"秦惠文王说："陈轸哪里敢去楚国？"秦惠文王召见陈轸，对他说："寡人愿意尊重你的意见，你要去哪里，我为你准备车马。"陈轸回答说："我愿意去楚国。"秦惠文王说："张仪认为你会去楚国，我自己也知道你将去楚国。如果你不去楚国，又将在哪里安身呢！"

陈轸说："我离开秦国后，必定故意去楚国，以此来顺应大王和张仪所做出的判断，而且可以表明我和楚国的真正关系。楚国有一个人娶了两个妻子，有人去挑逗勾引他年长的妻子，年长的就大骂拒绝；勾引他年轻的妻子，她就顺从了。没过多久，这个有两个妻子的男人死了，有个客人问勾引者说：'在这两个寡妇当中，你娶那个年老的还是年轻的？'勾引者回答说：'我娶年长的！'客人问：'年长的骂过你，而年轻的服从了你，你为什么要娶年长的呢？'勾引者说：'当他们做别人妻子时，我希望她们迎合我的挑逗。如今做了我的妻子，我就要娶不迎合我挑逗的那个。'现在楚王是一位贤明的君主，而宰相昭阳也是一位贤明的大臣。我陈轸身为大王的臣子，如果经常把国事泄露给楚王，那么楚王必定不会收留我，而昭阳也不愿意跟臣同朝共事。所以以此来表明我到楚国去不是要帮助他们。"

※读解

战国时期不仅充斥着国家之间的斗争，也充斥着人臣之间的诋毁、进谗和去留，这也就是所说的钩心斗角的官场吧！从下一篇《齐助楚攻秦》篇我们可以看出，陈轸的才能和张仪相当。所以当陈轸回到了秦国，张仪很难容下他并和他在一起共事。张仪为了自己的利益，向秦王进了谗言，说陈轸的不是，建议秦惠文王杀掉陈轸。

张仪是秦惠文王面前的红人，秦惠文王很容易听信张仪的话，这样一来陈轸就处在了危险的境地。从《齐助楚攻秦》篇我们可以知道，陈轸是站在楚国这一边的。但当秦惠文王问他离开了秦国会去哪个国家的时候，他却明确地回答说要去楚国。陈轸并不傻，他之所以这样说，肯定是因为他心里有底，能够通过自己那三寸不烂之舌来为自己辩护，从而得到秦惠文王的信任。

在陈轸为自己辩护的言论里，他讲了一个小故事，以此来说明自己是忠于秦惠文王的。如果他在秦国做官，而又经常向楚国泄露秦国的秘密的话，那么他就是一个不忠于自己的国君的人。假如自己是一个不忠于自己国君的人，那么楚国又怎么会接受自己呢？

从逻辑角度来分析，陈轸的推论是这样的：所有国家都不会接纳不忠于国君的臣子，如果我是一个不忠于国君的臣子，那么楚国就不会接纳我。反过来说，我离开秦国去楚国，楚国接纳我，所以说我不是一个不忠于国君的臣子，也就是说我是一个忠于国君的臣子。一个忠于国君的臣子是不会将自己国家的秘密泄露给别的国家的。所以说我没有将国家秘密泄露给别的国家。这样就证明了自己是忠于秦惠文王的。

齐助楚攻秦

※原文

齐助楚攻秦，取曲沃。其后，秦欲伐齐。齐、楚之交善，惠王患之，谓张仪曰："吾欲伐齐，齐楚方欢①，子为寡人虑之，奈何？"张仪曰："王其为臣约车并币，臣请试之。"

张仪南见楚王，曰："弊邑之王所说甚者，无大大王②。唯仪之所甚愿为臣者，亦无大大王。弊邑之王所甚憎者，亦无先齐王。唯仪之甚憎者，亦无大齐王。今齐王之罪，其于弊邑之王甚厚，弊邑欲伐之，而大国与之欢，是以弊邑之王不得事令而仪不得为臣也。大王苟能闭关绝齐，臣请使秦王献商、於之地，方六百里。若此，齐必弱，齐弱则必为王役矣。则是北弱齐，西德于秦，而私商、於之地以为利也，则此一计而三利俱至。"

※注释

①齐楚方欢：齐国和楚国的关系正处于友好时期。②无大大王：意思是没有能够超过大王的了。

※译文

齐国帮助楚国进攻秦国，攻取了秦国的曲沃这个地方。后来秦国想要报此仇恨就攻打齐国。但由于齐、楚两国交好，秦惠文王为此感到很忧虑，就对张仪说："我打算攻打齐国，但现在齐楚两国的关系非常好，你为我谋划一下，应该怎么办？"张仪说："请大王为我准备车马和金钱，臣愿去南方尝试着游说楚王！"

张仪去南方楚国见楚怀王说："敝国国君最喜欢的人莫过于大王您了。我所喜欢做臣子的也莫过于大王您了。敝国国君最痛恨的人莫过于齐国的国君了，臣张仪最不愿侍奉的君主也莫过于齐国国君。如今齐国国君的罪恶深重，这对秦王来说是最严重的，因此秦国才准备进攻齐国，无奈贵国和齐国关系很好，以致敝国国君不能侍奉大王，而且也不能使臣张仪做大王的忠臣。如果大王跟齐国断绝关系，臣请求前去劝说秦王献出商、於方圆六百里的土地。如果这样，齐国就必定变得衰弱。齐走向衰弱以后，就必定会听凭大王的役使了。如果这样做，大王就能削弱北面的齐国势力，而又在西面讨好了秦国，同时更获得了商、於方圆六百里的土地，这真是一举三得的好计策。"

※原文

楚王大说，宣言之于朝廷，曰："不穀①得商、於之田，方六百里。"群臣闻见者毕贺，陈轸后见，独不贺。楚王曰："不穀不烦一兵不伤一人，而得商、於之地六百里，寡人自以为智矣！诸士大夫皆贺，子独不贺，何也？"陈轸对曰："臣见商、於之地不可得，而患必至也，故不敢妄贺。"王曰："何也？"对曰："夫秦所以重王者，以王有齐也。今地未可得而齐先绝，是楚孤也，秦又何重孤国？且先出地绝齐，秦计必弗为也。先绝齐后责地，且必受欺于张仪。受欺于张仪，王必惋之。是西生秦患，北绝齐交，则两国兵必至矣。"楚王不听，曰："吾事善矣！子其弭口无言，以待吾事。"楚王使人绝齐，使者未来，又重绝之。

※注释

①不穀：古代帝王的自称。

※译文

楚怀王听了大为高兴，就在朝廷上宣布，说："我得到了秦国的商、於六百里的土地。"群臣听了宣布之后，都来道贺，唯独陈轸最后才来晋见，却唯独他不道贺。楚怀王问："我没有征用一个兵卒，没有伤亡一个将士，就得到了商、於六百里的土地，我自己认为是很聪明的！朝中的文武百官都来给我道贺，唯独你一人不来道贺，这是为什么？"陈轸回答说："我认为，大王您不但得不到商、於六百里的土地，而且会招来灾祸，所以臣不敢随意地向大王道贺。"楚怀王问："为什么？"陈轸回答说："秦王之所以重视大王，是因为有齐国作为盟国。现在秦国还没有把土地割给大王，大王就先跟齐国断绝关系，这样就使楚国陷于孤立无援的处境，秦国又怎么会重视孤立的国家呢？况且如果先让秦国割让土地，而后再和齐国断绝关系，秦国一定不同意这样做。如果楚国先跟齐国断交，而后再向秦国要求割让土地，那么必然受到张仪的欺骗而得不到土地。受到张仪的欺骗，将来大王必定会后悔。这样西面生出秦国的祸患，北面又和齐国断绝关系，如此一来，秦、齐两国的军队都必定进攻楚国。"楚怀王不采纳他的意见，说："我的事情已经办妥当了！你就什么也不用多说，等待我将此事完成。"于是楚怀王就派使者到齐国去和齐国断绝关系，派出的使者还没有回来，楚怀王又派人去与齐国重申断绝关系。

※原文

张仪反，秦使人使齐，齐、秦之交阴合。楚因使一将军受地于秦。张仪至，称病不朝。楚王曰："张子以寡人不绝齐乎？"乃使勇士往詈齐王。张仪知楚绝齐也，乃出见使者曰："从某至某，广从①六里。"使者曰："臣闻六百里，不闻六里。"仪曰："仪固以小人，安得六百里？"

使者反报楚王，楚王大怒，欲兴师伐秦。陈轸曰："臣可以言乎？"王曰："可矣。"轸曰："伐秦非计也，王不如因而赂之一名都，与之伐齐，是我亡于秦而取偿于齐也。楚国不尚全乎？王今已绝齐，而责欺于秦，是吾合齐、秦之交也，国必大伤。"

楚王不听，遂举兵伐秦。秦与齐合，韩氏从之。楚兵大败于杜陵。故楚之土壤士民非削弱，仅以救亡者，计失于陈轸，过听于张仪。

※注释

①广从：方圆。

※译文

张仪回到秦国，秦王派使者出使齐国，秦、齐两国暗中联合。楚国派一个将军到秦国接收土地，张仪装作生病不上朝。楚王说："张仪认为我不是诚心和齐国断绝关系吗？"于是楚王派一名勇士到齐国去责骂齐王。张仪得知楚国和齐国确实断绝关系之后，才出来接见楚国前来索要土地的使臣，说："敝国赠送贵国的土地，是从某地到某地，方圆总共是六里。"使臣说："我来接收的是六百里，没听说是六里。"张仪说："我本是个小人物，哪有答应给六百里的权力？"

楚国使者返回到楚国，将这件事报告给楚王，楚王大怒，打算发兵攻打秦国。陈轸说："现在我可以说话了吗？"楚王说："可以。"陈轸说："楚国发兵去攻打秦国，不是一个很好的办法。大王不如趁着这个机会，贿赂秦国一个有名的城池，和秦国联合起来攻打齐国，这样一来就可以把损失在秦国的从齐国取回来，这不就等于楚国没有损失吗？大王现在已经跟齐国断绝关系，但又去责备秦国，这是在促使秦、齐两国联合，若真是这样，楚国必定要遭受重大的损失。"

楚王不采纳陈轸的意见，依然决定发兵攻打秦国。秦、齐两国联合，韩国也加入了联盟。楚军被三国联军在杜陵打得惨败。所以说楚国的土地不是比其他各国面积小，老百姓也并非比其他各国软弱，之所以会落到几乎要亡国的地步，就是因为楚王没有采纳陈轸的正确建议，而过分听信张仪的谎言。

※读解

国家之间"没有永远的朋友，只有永远的利益"，它不像人和人之间的交往。国家和国家之间的交好或者反目，会发生在顷刻之间，而各自所为的只是国家利益，所依靠的是国家之间的力量对比。

从本篇中，先是张仪游说楚王，以许诺割让给楚国方圆六百里的“商、於之地”为条件，来让楚王解散齐楚之间的交好关系。楚王轻易就答应了他的要求。不仅如此，楚王还在朝廷上宣布自己还没有得到的“战果”，而大臣们都来向他祝贺，所有的人都似乎是糊涂虫。这时，只有陈轸一人提出了反对意见，为这一群昏了头的君臣泼了一盆冷水。

接下来陈轸劝说楚王。陈轸为他清楚地指出了他所说的胜利是根本无法实现的。但可悲而又可叹的是楚王听不进他的话。读到这里，我们不免为楚王而感到揪心，同时又为他感到可悲。而这时我们也可以得出一个结论来，那就是楚王并不是一个够格的政治家，他看不到国家之间交往的诡诈和凶险，看不到自己的国家和别的国家交好的真正目的是什么，看不到自己的国家之所以暂时得到秦国的重视，暂时得到安全的国际环境的真正原因是什么，所以他轻易地相信了张仪的美好谎言。楚王在张仪的面前就像一个站在大人面前的小孩一样，对大人欺骗的话不假思索地就听信了。再回头看张仪游说楚王的言辞，表述得十分露骨，稍微有一点政治头脑的人都能从中听出说话人的险恶用心来。但偏偏是楚王，只听到了对方话语中的那方圆六百里的土地，而没有考虑国家分分合合所带来的重要意义。所以由此来看，楚王又是一个贪婪的国君。陈轸劝说楚王，也是将道理说得十分直白，但他还是听不进去，一心想着要得到那方圆六百里的土地，一厢情愿地打着自己的如意算盘，殊不知自己早已经被人算计了。由此看来，楚王又是一个听不进不同意见的性情固执的人。

所有这些造成了楚王几乎沦落到要亡国的地步。而张仪，正是一个洞察了人性的谋略家，他对楚王十分地了解，知道他不是一个合格的政治家，所以敢用十分露骨的话和他谈论国际关系；知道他人性中的贪婪本性，所以用了方圆六百里的土地作为诱饵，引诱他上钩；正因为他是贪婪的，所以他无法听从陈轸的劝说，而最终导致了后来的结局。

楚绝齐

※原文

楚绝齐，齐举兵伐楚。陈轸谓楚王曰：“王不如以地东解于齐，西讲于秦。”

楚王使陈轸之秦。秦王谓轸曰：“子，秦人也，寡人与子故也，寡人不佞①，不能亲国事也，故子弃寡人事楚王。今齐、楚相伐，或谓救之便，或谓救之不便，子独不可以忠为子主计，以其余为寡人乎？”陈轸曰：“王独不闻吴人之游楚者乎？楚王甚爱之，病，故使人问之，曰：‘诚病乎？意亦思乎？’左右曰：‘臣不知其思与不思，诚思，则将吴吟。’今轸将为王‘吴吟’。王不闻夫管与之说乎？有两虎诤②人而斗者，管庄子将刺之，管与止之曰：‘虎者，戾虫，人者，甘饵也。今两虎诤人而斗，小者必死，大者必伤。子待伤虎而刺之，则是一举而兼两虎也。无刺一虎之劳，而有刺两虎之名。’齐、楚今战，战必败。败，王起兵救之，有救齐之利，而无伐楚之害。计听知覆逆者，唯王可也。计者，事之本也；听者，存亡之机。计失而听过，能有国者寡也。故曰：‘计有一二者难悖也，听无失本末者难惑。’”

※注释

①不佞：佞，有口才，能言善辩。这里的意思是才能。不佞就是没有才能，这里是自谦的说法。②诤：通“争”。

※译文

楚国与齐国断绝关系后，齐国发兵攻打楚国。陈轸对楚怀王说：“大王不如割让土地，往东向齐国求得谅解，西面和秦国讲和。”

于是楚王派陈轸出使秦国。秦惠文王对陈轸说：“你本是秦国人，我和你是故交，但因为我不才，没有能够处理好国家大事，因此你离开我去侍奉楚王。如今齐、楚两国互相攻伐，有的人认为援助有利，有的人认为不援助有利。你难道不可以在为楚国效忠的同时，也为我出些主意吗？”陈轸说：“大王难道没听说过吴国人到楚国去做官的故事吗？楚王很喜欢他，有一次他病了，因此楚王派人去问候他，说：‘你真的生病了吗？还是心里思念吴国了呢？’左右的侍臣回答说：‘我不知道他是不是思念家乡了，如果真的是思念家乡的话，那他就要唱吴歌了。’现在我陈轸就准备为大王‘唱吴歌’。不知大王听没听说过管与的故事？说是有两只老虎，因为争吃人肉而打斗起来，管庄子准备去刺杀这两只虎，可是管与制止他说：‘老虎是贪婪凶狠的大虫，人肉是老虎最香甜的食物，现在两只老虎为争吃人肉而打斗，小虎必然斗不过大虎而死，大虎也一定会因打斗而受伤。你就等着去刺杀那只受伤的大虎吧，这样就能一举而杀两虎。不用浪费杀死一只老虎的辛苦，实际上却能兼得刺杀两只虎的英名。’现在齐、楚两国正在作战，既然作战，楚国就必然会战败。等楚国失败了，到那时大王再去援救，既能获得救齐的好处，而又没有攻打楚国的危害。是否听从我的计谋，能否预知事情的反复和逆顺，这就全凭大王自已决定了。计谋是成就大事的根本，是否善于听信好的计谋是国家存亡的关键。计谋有失误，或者听信了这样的计谋，却能保住国家的情形是很少的。因此说：‘计谋要反复再三地权衡得失才不会失策，听信不失去根本的计策才不会被迷惑。’”

※读解

陈轸说服秦惠文王，说服的策略是用讲故事的方法来类比，达到表达自己想法的目的。从本篇和《陈轸去楚之秦》等来看，陈轸是很善于讲故事的。用生动、形象而贴切的故事，可以说明那些单纯用直白的推论所无法表达清楚的道理。尤其是在有些话不方便明说的时候，举一个例子或者讲一个富有启发性的故事，能够收到意想不到的良好效果。

在本篇中，陈轸讲述了两个故事。第一个故事表达的是自己身为秦国人而在楚国做臣子，但是不被重用的处境，向秦惠文王委婉地解释了自己虽然仍然是楚国的臣子，却要为秦国出谋划策的原委；自己身为秦国人在楚国做官的思乡之情；自己对秦惠文王知遇之恩的感激等。故事的意蕴微妙而丰富。这种通过讲故事得来的效果是单纯的讲道理所无法达到的。

第二个故事就是著名的"坐山观虎斗"，和"鹬蚌相争，渔翁得利"的意思相同。他以两只老虎来类比齐、楚这两个国家，而秦国就是那个坐山观虎斗的人。静观坐待两只老虎相斗，等到它们都元气大伤或有一只死亡的时候再出击，可以轻而易举地得到两只老虎。

还值得一提的是，陈轸最后说的"计者，事之本也；听者，存亡之机。计失而听过，能有国者寡也。故曰计有一二者难悖也，听无失本末者难惑"。他在这里揭示出了计策的基本特征，以及计策与使用计策的主体及事情本身三者之间的相互关系，为我们认识古代的计策提供了一般的观点，有很重要的意义。

医扁鹊见秦武王

※原文

医扁鹊①见秦武王，武王示之病。扁鹊请除。左右曰："君之病，在耳之前、目之下，除之未必已也，将使耳不聪，目不明。"君以告扁鹊。扁鹊怒而投其石②："君与知之者谋之，而与不知者败之。使此知秦国之政也，则君一举而亡国矣。"

※注释

①扁鹊：姓秦名越人，春秋战国时期的神医，精通医术，救活了很多病人。

②石：砭石，治病用的工具。

※译文

医生扁鹊去见秦武王，秦武王把自己的病情告诉了扁鹊。扁鹊建议及早医治，可是左右的侍臣说："国君的病在耳朵的前面、眼睛的下面，就是医治的话也未必能治好，还可能使大王的耳朵听不见，眼睛看不清。"秦武王把侍臣的意见告诉了扁鹊。扁鹊听了生气地把治病的砭石丢到了地上，说："国君和懂医术的人商量治病，又同不懂医术的人讨论不要治疗。从这些就可以推知秦国的内政如果也是这样的话，那么国君将会一下子就亡国了。"

※读解

一个人的做事风格一旦形成，那么他分析问题做出决策的方式就会体现在其他各个方面。而我们通过他的一些小的言行就可以推测到他的其他方面的大致情况。正所谓"见一斑而窥全豹""见微知著""一叶知秋"等，这些都是以小见大的认识方法。

人们做决策，一般来说要有主见，同时要善于参考别人的意见，不至于闭目塞听、一意孤行，导致做错事。但参考别人的意见并不是说要失去自己的主见，以别人的意见来代替自己的决策权。

扁鹊是战国时期著名的神医，他通过给秦武王看病时秦武王对待治疗的态度，推测出了秦武王所治理的国家的政治状况，并为此表达了自己对这件事情的不满。

扁鹊以小见大，从治疗疾病这样一件小事情推测到了治理国家方面的政治情况，得出了国家将要"一举而亡"的结论。在人生道路上我们要接触到无数的人，要想和他们相处融洽、建立各种我们自己所希望的人际关系，我们就要学习扁鹊审视别人的深刻和洞察人性的敏锐，正所谓"知人者智"。

而当我们做决策的时候，需要有自己的主见，对要决策的事情有自己的看法和观点，必要的时候吸取别人的意见和建议，但最终做出决定的时候，必须是自己独立做出的判断，只有这样才能逐渐使我们变得智慧，丰富我们的人生阅历。

秦武王谓甘茂

※原文

秦武王谓甘茂曰："寡人欲车通三川，以窥周室①，而寡人死不朽乎？"甘茂对曰："请之魏，约伐韩。"王令向寿辅行。甘茂至魏，谓向寿："子归告王曰：'魏听臣矣，然愿王勿攻也。'事成尽以为子功。"向寿归以告王，王迎甘茂于息壤。

甘茂至，王问其故。对曰："宜阳，大县也，上党、南阳积之久矣，名为县，其实郡也。今王倍数限②，行千里而攻之，难矣。臣闻张仪西并巴蜀之地，北取西河之外，南取上庸，天下不以为多张仪而贤先王。魏文侯令乐羊将，攻中山，三年而拔之，乐羊反，而语功，文侯示之谤书一箧，乐羊再拜稽首曰：'此非臣之功，主君之力也。'今臣羁旅之臣也，樗里疾、公孙衍二人者，挟韩而议，王必听之。是王欺魏，而臣受公仲侈之怨也。

※注释

①周室：东周，都城在洛阳，在战国时期虽然实际上已经不再是各个诸侯国的宗主，但在名分上还是，所以想统一各国称霸的诸侯都希望代替东周国君来号令诸侯，成为新的天子。②限：险阻。

※译文

秦武王对甘茂说："我想出兵向东进攻三川，取代周王，如果这样的话，我就是死了也会流芳百世。"甘茂说："请让我去魏国和他们联合，共同攻打韩国。"于是，秦武王派亲信向寿做甘茂的副使出使魏国。甘茂来到魏国，对向寿说："您回去告诉武王，说：'魏王已经同意我的要求。但希望大王不要进攻韩国。'当大事成功之后，一切功劳全归于您。"向寿回到秦国，把这话告诉了秦武王，秦武王便在秦邑息壤迎接甘茂。

甘茂到了息壤，秦武王问他为什么不进攻韩国？甘茂回答说："宜阳是韩国的大城邑，是上党和南阳两郡间的交通要道。长期以来，在宜阳积聚了两郡的人力和财物，它名义上是县，实际上相当一个郡。现在大王面临重重险阻，要跋涉千里去进攻韩国，实在太难了啊！我听说，张仪西并巴、蜀，北取河西，南占上庸，诸侯并不因此就赞扬张仪的能耐，却称颂先王的贤明。魏文侯派乐羊为将，进攻中山，三年就灭掉了中山。乐羊返回魏国，称道自己的战功。魏文侯拿出一箱群臣指责攻击他的书信给他看，乐羊接受了魏文侯的批评，心悦诚服地拜谢说：'这不是我的功劳，完全是主君的功劳啊！'我现在只不过是客居在秦国的人，樗里疾、公孙衍他们都是韩国的近亲，倚仗和韩国的关系来进行非议，从中作梗，大王必会听从。如果这样，大王岂不落个'欺魏'之名，而我还要受韩相国公仲侈的怨恨吗？

※原文

昔者，曾子①处费，费人有与曾子同名族者而杀人，人告曾子母曰：'曾参杀人。'曾子之母曰：'吾子不杀人。'织自若。有顷焉，人又曰：'曾参杀人。'其母尚织自若也。顷之，一人又告之曰：‘曾参杀人。’其母惧，投杼②逾墙而走。夫以曾参之贤，与母之信也，而三人疑之，则慈母不能信也。今臣之贤不及曾子，而王之信臣又未若曾子之母也，疑臣者不适三人，臣恐王为臣之投杼也。”王曰：“寡人不听也，请与子盟。”于是与之盟于息壤。

果攻宜阳，五月而不能拔也。樗里疾、公孙衍二人在，争之王，王将听之，召甘茂而告之。甘茂对曰：“息壤在彼。”王曰：“有之。”因悉起兵，复使甘茂攻之，遂拔宜阳。

※注释

①曾子：即曾参，孔子的弟子，以孝著称。②杼：织布用的梭子。

※译文

过去，曾子住在费地，费地有个与曾子同名同姓的人杀了人。有人告诉曾子的母亲说：‘曾子杀了人。’曾子的母亲说：‘我的儿子不会杀人。’她照样织布。过了一会儿，又有人来说：‘曾子杀了人。’曾子的母亲仍然照样织布。又过了一会儿，一个人跑来说：‘曾子杀了人。’曾子的母亲便惊恐万状，扔掉梭子，翻墙逃跑了。曾参这样贤德的人，而曾参的母亲又对他那样信任，可是三个人猜疑他，就使曾参的母亲产生了疑惑，也不再信任他。现在我不如曾参贤能，大王相信我又不如曾子的母亲相信曾参那样，猜疑我的人更不止三人，我恐怕大王是会像曾参的母亲那样扔掉梭子逃跑的。”秦武王说：“我不听信别人的议论，让我们订立盟约吧。”于是秦武王和甘茂在息壤订立盟约。

后来甘茂攻打宜阳，五个月还不能攻下，于是樗里疾和公孙衍二人就在秦武王面前大进甘茂的谗言，秦武王几乎就要听信了，因而特别召回甘茂进行警告，甘茂对秦武王说：“息壤就在那里！”秦武王说：“很好！”这时秦武王才又坚定信心，动用了全部兵力，继续让甘茂指挥作战，最后终于攻下了宜阳。

※读解

甘茂向秦武王讲述了曾子杀人的事例，来劝说秦武王坚定自己的信念，而不要盲目听信别人的话。曾子杀人的事例，说明了这样的道理：人在语言和事实面前是需要选择的，但语言对事实会起到颠覆的作用，尤其是当大家都在说某种观点的时候，那就会成为事实本身。正所谓“三人成虎”。

领导者在交办事情的时候，要相信下属，并且不能盲目听信其他人的评判。许多事情需要通过一定的调查研究才能弄明白到底是怎么回事，所以一定的调查研究也是很有必要的。信任对于办成我们想要办成的事情是很重要的，从曾子杀人的故事，我们应该得到很多的启示和借鉴。

甘茂亡秦且之齐

※原文

甘茂亡秦且之齐，出关①遇苏子②，曰："君闻夫江上之处女乎？"苏子曰："不闻。"曰："夫江上之处女，有家贫而无烛者。处女相与语，欲去之。家贫无烛者将去矣，谓处女曰：'妾以无烛，故常先至，扫室布席，何爱③余明之照四壁者？幸以赐妾，何妨于处女？妾自以有益于处女，何为去我？'处女相语以为然而留之。今臣不肖，弃逐于秦而出关，愿为足下扫室布席，幸无我逐也。"苏子曰："善。请重公于齐。"

乃西说秦王曰："甘茂，贤人，非恒士也。其居秦，累世重矣，自崤塞、谿谷，地形险易尽知之。彼若以齐约韩、魏，反以谋秦，是非秦之利也。"秦王曰："然则奈何？"苏代曰："不如重其贽④，厚其禄以迎之。彼来则置之槐谷，终身勿出，天下何从图秦。"秦王曰："善。"与之上卿，以相迎之齐，甘茂辞不往。

苏代伪谓齐王曰："甘茂，贤人也。今秦与之上卿，以相迎之，茂德王之赐，故不往，愿为王臣。今王何以礼之？王若不留，必不德王。彼以甘茂之贤，得擅用强秦之众，则难图也！"齐王曰："善。"赐之上卿，命而处之。

※注释

①关：指函谷关。②苏子：即苏代。③爱：吝惜。④贽：古代人们见面的时候馈赠给对方的礼物。

※译文

甘茂从秦国逃了出来，打算到齐国去，出了函谷关，遇到了苏代，就对他说："您听说过江上女子的故事吗？"苏代说："没听说过。"甘茂说："在众多的江上女子中，有一个家里贫穷买不起蜡烛的女子。女子们在一起商量，要把家贫无烛的女子赶走。家贫无烛的女子准备离去了，她对其他女子们说：'我因为没有蜡烛，所以常常先到，打扫屋子，铺好席子。你们何必爱惜照在四壁上的那一点余光呢？如果赐一点余光给我，对你们又有什么妨碍呢？我自认为对你们还是有用的，为什么要赶我走呢？'女子们在一起商量，认为她说得对，就把她留下来了。如今我因为无才无德，被秦国驱逐，不得不出了函谷关，我愿意为您打扫屋子，铺设席子，希望不要把我赶走。”苏代说：“好，我将设法让齐国重用您。”

于是，苏代先西入关中游说秦王说：“甘茂是一个贤能的人，不是一般的人。他在秦国，几代都受到重用。从崤山到谿谷，秦国地形的险要和平坦，他都了如指掌。万一他通过齐国，联合韩、魏，反过来图谋秦国，这对秦国是不利的。”秦王说：“这该怎么办？”苏代说：“您不如多备厚礼，以高位重金聘他回国。他要是回来了，就让他守卫在槐谷，终身都不让他离开那里，天下各国又凭借什么来图谋秦国呢？”秦王说：“好。”于是，秦王给甘茂以上卿的高位，拿着相印到齐国去迎接他。甘茂推辞不去。

苏代为甘茂对齐王说：“甘茂是一个贤能的人。现在秦王给他上卿的高位，拿着相印去迎接他，甘茂感激大王的恩德，因此不去秦国，而愿意做大王的臣子。现在大王怎样来礼遇他呢？如果大王不挽留他，他一定不会再感激大王。就凭借甘茂的贤能，如果让他统率强秦的军队，秦国对齐国来说可就难以对付了。”齐王说：“很好。”齐王赐甘茂为上卿，下令让他留在了齐国。

※读解

世事无常，即使是身为一代名将的甘茂，也突然遭遇到不得不逃亡的无奈和落魄。每个人都会遇到人生的低谷，所不同的是人们在人生低谷中所表现出的人生态度，有的人自怨自艾、一蹶不振，从此沉沦下去；有的人顺其自然、逆来顺受，接受了命运的安排；但也有的人扼住了命运的喉咙，充分发挥主观能动作用，利用各种条件，毅然决然地从人生低谷走出来，走向了又一个人生的辉煌。

本篇所说的甘茂就是从低谷走向辉煌的人。他在秦昭襄王元年（公元前 306 年）受到大臣向寿等的谗毁而不得不离开秦国，准备逃亡到齐国去。恰在他逃亡的路上，遇到了苏代。他抓住机会，通过一个故事向苏代表达了自己愿意依附的愿望。他以家贫无烛的女子自比，表明了自己当时所处的困境，并希望苏代能够像江上女子对待家贫无烛的女子一样来帮自己一把。

于是苏代开始奔走在秦国和齐国之间，他先后游说秦王和齐王，巧妙地利用各种利害关系，使两个国家都开始重视甘茂，最后使他重新获得了官位。

他游说秦王，首先指出甘茂对于秦国的重要意义，说明他了解从崤山到谿谷的秦国地形，不如让他来终身守卫槐谷，然后说明他可能通过齐国来联合韩国和魏国，攻打秦国。这样就从两个方面表明秦国不但有必要给予甘茂官职，而且绝对不能无视他的存在，成功地说服了秦王。

他游说齐王，基本上采用了相同的游说策略，一是甘茂贤能，极力推荐；二是心理恐吓，极力威胁。他成功说服了齐王。

秦客卿造谓穰侯

※原文

秦客卿造[1]谓穰侯曰："秦封君以陶[2]，藉君天下数年矣。攻齐之事成，陶为万乘，长小国，率以朝天子，天下必听，五伯之事也；攻齐不成，陶为邻恤，而莫之据也。故攻齐之于陶也，存亡之机也。

"君欲成之，何不使人谓燕相国[3]曰：'圣人不能为时，时至而弗失。舜虽贤，不遇尧也，不得为天子；汤、武虽贤，不当桀、纣不王；故以舜、汤、武之贤，不遭时不得帝王。今攻齐，此君之大时也已。因天下之力，伐仇国之齐，报惠王之耻，成昭王之功，除万世之害，此燕之长利，而君之大名也。《书》云，树德莫如滋，除害莫如尽。吴不亡越，越故亡吴；齐不亡燕，燕故亡齐。齐亡于燕，吴亡于越，此除疾不尽也。以非此时也，成君之功，除君之害，秦卒有他事而从齐，齐、赵合，其仇君必深矣。挟君之仇以诛于燕，后虽悔之，不可得也矣。君悉燕兵而疾僭之，天下之从君也，若报父子之仇。诚能亡齐，封君于河南[4]，为万乘，达途于中国，南与陶为邻，世世无患。愿君之专志于攻齐而无他虑也。'"

※注释

①客卿：给予外来人士的高级爵位。造：人名。②陶：穰侯魏冉的封邑。在今山东定陶西北。③燕相国：燕国成安君公孙操。④河南：黄河以南地区。

※译文

秦国的客卿造对秦国相国穰侯说："自从秦王把陶邑封给您，到现在您在秦国已经掌权好多年了。如果您能攻下齐国的话，您的封地陶邑就能成为万乘大国，这样您也就可以成为一个小国家的领袖，率领他们朝见天子，天下都会听从，这样的事，功可以同春秋时代的五霸相比啊！如果攻打齐国不能实现，就会被邻国虎视眈眈，无所依靠了。所以进攻齐国，这对陶邑来说是存亡的关键。

"您如果想做成功这件事，何不派人出使燕国，对燕国相国说：'即使是圣人也不能创造时机，但只要时机来了就绝不把它放过。虞舜虽然贤德，如果他不遇到唐尧，他也不会成为天子；商汤、周武王虽然贤德，如果不是遇到昏君夏桀和商纣，他们也不会称王于天下。所以即使是贤德的虞舜、商汤和周武王，如果他们不遇到时机，也都不可能成为帝王。现在进攻齐国，这是您的大好时机啊！凭借着天下诸侯的力量，攻打敌对的齐国，既可以报复燕惠王的耻辱，又可以完成燕昭王的功业，还可以为燕国除掉万世之害，这是燕国长远的利益所在，也是您建立功名的大好时机。《尚书》上说：‘积累阴德越多越好，除去祸害越彻底越好。’当初吴国不乘势灭掉越国，越国却因此灭掉了吴国；齐国不乘势灭掉燕国，燕国却因此灭掉了齐国。齐国被燕国灭掉，吴国被越国灭掉，这都是因为除去祸害不彻底的缘故。您如果不抓住时机完成您的功业，除掉您的祸害，一旦秦国发生其他变故，而与齐国联合，或者齐国和赵国联合，您的敌人就更加强大了。联合您的仇敌讨伐燕国，到那时，后悔也来不及了。如果您动员燕国的兵力，马上消灭齐国，诸侯也一定会像儿子为父亲报仇那样作战。如果真的能够灭掉齐国，就将黄河以南一带作为您的封地，成为万乘之国，身居中原，四通八达，南与陶邑为邻，世代都没有祸患，希望您一心一意地进攻齐国吧，不要有其他的想法了。”

※读解

公元前270年，客卿造向秦国相国穰侯进言，主张攻打齐国，来扩大穰侯在陶邑的封地，他向秦国相国分析了燕国和齐国之间有世代相延的仇恨，他主张秦国应该联合燕国攻打齐国，来使陶邑的主人成为小国家的首领。

在劝说的过程中，客卿造提出关于时机的重要作用和把握时机的观点，指出“圣人不能为时，时至而弗失”，然后列举了舜、汤、武的史实，证明自己所提出的观点，很有说服力。并在此基础上鼓动秦国相国穰侯效法他所列举的帝王，把握有利的时机，来扩大自己的封地。

之后，他又列举了吴国在对待越国的态度上不坚决不彻底，后来遭遇到亡国命运的事例，从反面证明了自己的主张。“除害莫如尽”，这是从无数惨痛的历史教训中总结出来的真知灼见，在历史发展的过程中，也有无数的事例证明了这句话的正确。

燕惠王就在这一年被臣子成安君公孙操杀死，随后公孙操就掌握了燕国的政权。客卿造也就只有劝说公孙操，以期望能够和燕国联合。

范子因王稽入秦

※原文

范子①因王稽入秦，献书昭王曰：“臣闻明主莅正，有功者不得不赏，有能者不得不官；劳大者其禄厚，功多者其爵尊，能治众者其官大。故不能者不敢当其职焉，能者亦不得蔽隐。使以臣之言为可，则行而益利其道；若将弗行，则久留臣无为也。

“语曰：‘人主赏所爱而罚所恶；明主则不然，赏必加于有功，刑必断于有罪。’今臣之胸不足以当椹质，要不足以待斧钺，岂敢以疑事尚试于王乎？虽以臣为贱而轻辱臣，独不重任臣者后无反覆于王前耶？

“臣闻周有砥厄，宋有结绿，梁有悬黎，楚有和璞，此四宝者，工之所失也，而为天下名器。然则圣王之所弃者，独不足以厚国家乎？臣闻善厚家者，取之于国；善厚国者，取之于诸侯。天下有明主，则诸侯不得擅厚矣。是何故也？为其凋荣也。良医知病人之死生，圣主明于成败之事，利则行之，害则舍之，疑则少尝之，虽尧、舜、禹、汤复生，弗能改已。

“语之至者，臣不敢载之于书；其浅者，又不足听也。意者，臣愚而不阖②于王心耶？已其言臣者将贱而不足听耶？非若是也，则臣之志，愿少赐游观之间，望见足下而入之。”

书上，秦王说之，因谢王稽说，使人持车召之。

※注释

①范子：即范雎。战国时期魏国人，字叔，著名的辩士，得罪了魏国相国魏齐，遭受笞刑，几乎丧命，后来被郑安平所救，改名为张禄，由秦国使者王稽带到秦国，被封为应侯。他明确地为秦国提出了“远交近攻”的外交策略，为秦国统一六国做出了重大贡献。②阖：通“合”。

※译文

魏人范雎通过秦国使者王稽来到秦国，给秦昭王写了一封信，信上说：“我听说，英明的国君执政，对有功劳的人不得不给予奖赏，对有能力的人不得不安排做官；功劳大的人给的俸禄多，封的爵位高；能力强的人担任的官职就大，因此，没有能力的人就不敢随便任职，真正有能力的人，也不会埋没他的才能。如果您认为我的话正确，那么，依照执行就会更加有利于国家的政治；如果认为我的话不能实行，那么把我久留在秦国也是没有什么作用的。

“俗话说：‘昏庸的国君奖赏他所喜爱的人，惩罚他所憎恶的人。英明的国君就不是这样，奖赏一定要加给有功的人，刑罚一定要判给有罪的人。’现在，我的胸膛挡不住杀人用的垫板，我的腰板抵不住斧钺。我怎么敢拿模棱两可的政治主张，来轻易冒犯大王严峻的刑罚呢？虽然认为我卑贱就对我轻慢侮辱，难道对于推荐我的人，他对大王到底有无欺诳，您就能不予重视吗？

“我听说，周有砥厄，宋有结绿，梁有悬黎，楚有和氏，这是四种宝玉，虽然工匠起初不能辨识，可是它们最终成为天下有名的宝器。如此说来，明主所不要的，难道对国家就没有重大的用途吗？我听说，善于使家中富裕的，就要取之于国；善于使国中富有的，就要取之于诸侯。天下有了英明的国君，诸侯也就不可能独据富厚之利。这是什么缘故呢？因为昏庸的君主舍弃了杰出的人才，而不能任用他们。高明的医生，可以知道病人的生死，贤明的君王可以预见事情的成败，认为有利就该实行，认为有害就该舍弃，认为有怀疑就不妨稍加尝试，来探明根源。这些道理，即使是尧、舜、禹、汤活到现在，也是不能改变的。

“话说得深了，我又不敢写在信上；话说得浅了，又不值得听，因为我愚蠢无能，所说的话不能使大王中意，或者就是因为我地位低下，不足以听信。如果不是这样，那么希望大王能稍微抽出一点游览观赏的时间，我将当面进言。”

书信呈上秦昭王，秦昭王看了大为高兴，就采纳了王稽的建议，派人驱车将范雎接来。

※读解

范雎在魏国遭到陷害，心有余悸地通过王稽的引荐来到秦国。但他对秦王还不了解，尤其是秦王对自己的态度是什么样的，心里并没有底。所以他没有冒昧地立刻就去面见秦王，而是巧妙地先给秦王写了一封信。这封信表面上是在谈论国家的用人政策，但实质上是在试探秦王，并在字里行间向秦王推销自己，希望自己能够在秦国得到重用。

范雎至秦

※原文

范雎至秦，王①庭迎，谓范雎曰：“寡人宜以身受令久矣。今者义渠之事急，寡人日自请太后。今义渠之事已，寡人乃得以身受命。躬窃闵然不敏，敬执宾主之礼。”范雎辞让。是日见范雎，见者无不变色易容者。

秦王屏②左右，宫中虚无人。秦王跪而请曰：“先生何以幸教寡人？”范雎曰：“唯唯③。”有间，秦王复请，范雎曰：“唯唯。”若是者三。秦王跽曰：“先生不幸教寡人乎？”范雎谢曰：“非敢然也。臣闻始时吕尚之遇文王也，身为渔父而钓于渭阳之滨耳，若是者交疏也。已一说而立为太师，载与俱归者，其言深也。故文王果收功于吕尚，卒擅天下，而身立为帝王。即使文王疏吕尚而弗与深言，是周无天子之德，而文、武无与成其王也。今臣，羁旅之臣也，交疏于王，而所愿陈者皆匡君之事，处人骨肉之间，愿以陈臣之陋忠，而未知王心也，所以王三问而不对者是也。臣非有所畏而不敢言也，知今日言之于前，而明日伏诛于后。然臣弗敢畏也。大王信行臣之言，死不足以为臣患，亡不足以为臣忧，漆身而为厉，被发而为狂，不足以为臣耻。五帝之圣而死，三王之仁而死，五伯之贤而死，乌获之力而死，奔、育之勇焉而死。死者，人之所必不免也，处必然之势。可以少有补于秦，此臣之所大愿也。

※注释

①王：即秦昭襄王，公元前306年至前250年在位。②屏：屏退。③唯唯：即啊啊，敷衍的应答之语。

※译文

范雎来到秦国，秦王亲自到宫殿前面的庭院里迎接他，秦王对范雎说："我早就该聆听你的言论和教诲了。如今却又碰上要急于处理义渠国的事务，我每天又要亲自给太后问安。现在义渠的事已经处理完毕，我这才能够亲自聆听你的教诲了。我深深感到自己愚钝，现在让我来行宾主礼仪吧。"范雎表示了谦让。这一天，凡是见到范雎的人，没有不对他肃然起敬、另眼相看的。

秦王让左右的人退了出去，宫中只剩下了他们两个人。秦王跪着请求说："先生怎么来教导我呢？"范雎说："啊！啊！"过了一会儿，秦王再次请求，范雎又说："啊！啊！"就这样一连三次。秦王又拜请说："先生真的不教导我了吗？"范雎于是恭敬地说："我并不敢这样。我听说，当初吕尚与文王相遇的时候，他只是一个渔夫，在渭河钓鱼而已，那时，他们交情疏远。此后，当吕尚一进言，就被尊为太师，和文王同车回去，这是因为他谈得很深刻的缘故。所以文王终于因吕尚而建立了功业，最后掌握了天下的大权，自己立为帝王。如果文王当时疏远吕尚，不与他深谈，周朝就不可能有天子的圣德，而文王、武王也不可能成就帝王的事业。现在，我只是个旅居在秦国的宾客，与大王交情疏远，但是希望陈述的又都是纠正君王政务的大事，而且还将干预骨肉之亲。我本想陈述我的愚忠，可又不知大王的心意如何，所以大王三次问我，我都没有回答。我并不是有什么畏惧而不敢进言。我知道，今天在大王面前说了，明天随后就会遭到杀身之祸。但是，我并不畏惧，大王真能按照我的计谋去做，我即使身死，也不会以为是祸患；即使流亡，也不会以此为忧虑；即使不得已漆身为癞，披发为狂，也不会以此为耻辱。五帝是天下的圣人，但终究要死；三王是天下的仁人，但终究要死；五霸是天下的贤人，但终究要死；乌获是天下的大力士，但终究要死；孟贲、夏育是天下的勇士，但终究要死。死，是人人都不可避免的，这是自然界的必然规律。如果能够稍有补益于秦国，这就是我最大的愿望。

※原文

"臣何患乎？伍子胥[①]橐载而出昭关，夜行而昼伏，至于蔆水，无以饵其口，坐行蒲服，乞食于吴市，卒兴吴国，阖闾为霸。使臣得进谋如伍子胥，加之以幽囚，终身不复见，是臣说之行也，臣何忧乎？箕子[②]、接舆，漆身而为厉，被发而为狂，无益于殷、楚。使臣得同行于箕子、接舆，漆身可以补所贤之主，是臣之大荣也，臣又何耻乎？臣之所恐者，独恐臣死之后，天下见臣尽忠而身蹶也，是以杜口裹足莫肯即秦耳。足下上畏太后之严，下惑奸臣之态；居深宫之中，不离保傅之手，终身暗惑，无与照奸，大者宗庙灭覆，小者身以孤危。此臣之所恐耳！若夫穷辱之事、死亡之患，臣弗敢畏也。臣死而秦治，贤于生也。"秦王跽曰："先生是何言也！夫秦国僻远，寡人愚不肖，先生乃幸至此，此天以寡人慁[③]先生，而存先王之庙也。寡人得受命于先生，此天所以幸先王而不弃其孤也。先生奈何而言若此！事无大小，上及太后，下至大臣，愿先生悉以教寡人。无疑寡人也。"范雎再拜，秦王亦再拜。

※注释

①伍子胥：名员，字子胥。春秋末期吴国大夫，军事谋略家。②箕子：名胥余，因封国于箕（今山西太谷县东北），爵为子，故称箕子。箕子是殷商贵族，性耿直，有才能，在纣朝内任太师辅朝政。③慁：烦扰，打扰。

※译文

"我还有什么可忧虑的呢？伍子胥当年是躲藏在袋子里，逃出昭关的，他晚上出行，白天躲藏，到了蔆水，吃不上饭饿着肚子，双膝跪地，双手爬行，在吴市讨饭度日，但终于帮助阖闾复兴了吴国，使吴王阖闾建立了霸业。如果让我像伍子胥一样能呈献计谋，即使遭到囚禁，终生不再出狱，只要能实现我的计谋，我还有什么可忧虑的呢？当初殷商的箕子、楚国的接舆，漆身为癞，披发为狂，却终究无益于殷、楚。如果使我与箕子、接舆有同样的遭遇，也漆身为癞，只要有益于圣明的君王，这就是我最大的光荣，我又有什么可感到耻辱的呢？我所担心的是，我死了以后，人们见到我这样尽忠于大王，终究还是身死，因此人们都闭口不言，裹足不前，不愿意到秦国来。大王对上畏惧太后的威严，对下又迷惑于大臣的狡诈，住在深宫之中，不离保傅之手，终身迷惑糊涂，不能了解坏人坏事。这样，大而言之，则使得国家遭受灭亡之祸，小而言之，则使得自己处于孤立的危境。这就是我所担心害怕的。至于穷困、受辱这样的事，身死、流浪这样的不幸，并不是我所害怕的。如果我死了，秦国却治理得很好，这比我活着要好得多。"

秦王跪着说："先生怎么说出这样的话呢？秦国是个偏僻边远的国家，我又是个没有才能的愚人，先生能到敝国来，这是上天让我来请教先生，使得先王留下的功业不至于中断。我能接受先生的教导，这是上天要先生扶助先王，不抛弃我。先生怎么说出这样的话呢？今后事无大小，上至太后，下及大臣，所有一切，都希望先生给予教导，千万不要对我的决心有怀疑。”范雎于是再次拜谢，秦王也再次回拜。

※原文

范雎曰：“大王之国，北有甘泉、谷口，南带泾、渭，右陇、蜀，左关、阪，战车千乘，奋击百万。以秦卒之勇，车骑之多，以当诸侯，譬若驰韩卢而逐蹇兔也，霸王之业可致。今反闭而不敢窥兵于山东者，是穰侯为国谋不忠，而大王之计有所失也。”

王曰：“愿闻所失计。”雎曰：“大王越韩、魏而攻强齐，非计也。少出师，则不足以伤齐；多之则害于秦。臣意王之计，欲少出师而悉韩、魏之兵，则不义矣。今见与国之不可亲，越人之国而攻，可乎？疏于计矣！昔者，齐人伐楚，战胜，破军杀将，再辟千里，肤寸之地无得者，岂齐不欲地哉？形弗能有也。诸侯见齐之罢露①，君臣之不亲，举兵而伐之，主辱军破，为天下笑。所以然者，以其伐楚而肥韩、魏也。此所谓藉贼兵而赍②盗食者也。

“王不如远交而近攻，得寸则王之寸，得尺亦王之尺也。今舍此而远攻，不亦缪乎？且昔者，中山之地方五百里，赵独擅之，功成、名立、利附，则天下莫能害。今韩、魏，中国之处，而天下之枢也。王若欲霸，必亲中国而以为天下枢，以威楚、赵。赵强则楚附，楚强则赵附。楚、赵附则齐必惧，惧必卑辞重币以事秦。齐附，而韩、魏可虚也。”

※注释

①罢露：人力物力遭到很大的消耗。②赍：把东西送给别人。

※译文

范雎说：“大王的国家，北方有甘泉、谷口，南绕泾水、渭水，西面有陇中、蜀地，东面有函谷关、崤山，拥有战车千辆、精兵百万。凭着秦国有这么勇敢的士兵，这么多的车辆马匹，来抵挡诸侯国，就像让良犬追逐跛兔，轻而易举就能够造就霸王的功业。现在您却闭门锁国，没有指挥兵卒窥视崤山以东的勇气，这是穰侯为秦国谋划不忠诚，从而导致了大王的失策啊！”

秦王说：“希望能够听你说说失策在哪里。”范雎说：“大王越过韩、魏的国土去进攻强大的齐国，这不是好计策。派出的军队少了，就不足以挫伤齐国；而派出的军队多了，就会对秦国有害。我来为大王考虑这个计谋，如果秦国少派兵力，而让韩、魏派出全部的兵力，这样做就显得不够道义。现在显而易见的是，盟国之间不可以亲近，却越过他们的国土去进攻别的国家，这样做合适吗？很显然是谋划得过于粗疏了！过去的时候，齐国进攻楚国，并战胜了楚国，攻破了楚国的军队，擒杀了它的将帅，两次把疆域拓展到千里之远，但到最后连哪怕一寸土地也没得到，这难道是齐国不想得到土地吗？是因为当时的形势使它无法拥有。诸侯见齐国军队疲惫不堪，君臣之间不和睦相处，就发兵来攻打它，于是国君遭到侮辱，军队也被攻破，遭到天下人的耻笑。之所以得到这样的下场，就是因为齐国攻打楚国却使韩、魏两国获得土地从而变得强大起来。这就是所谓的借给强盗兵器而资助小偷粮食啊！

“大王不如联合距离远的国家而进攻较近的国家，得到一寸土地就是大王的一寸土地，得到一尺土地就是大王的一尺土地。现在放弃距离近的国家来攻打远方的国家，这难道不是错误吗？况且过去的时候，中山国的土地，方圆有五百里，赵国单独把它吞并了，功业也成就了，声名也树立了，利益也得到了，而且各国也没有谁能损害到赵国。如今韩、魏的形势，地处各诸侯国的中央，是各国的交通枢纽。大王如果想要成就霸业，一定先要亲近地处中部的国家而用它做通往各国的交通枢纽，从而来威胁楚国和赵国。赵国强大了，那么楚就要依附秦国；楚国强大了，那么赵国就要依附秦国。楚、赵两国有一国来依附秦国，齐国都必然会感到恐慌；齐国恐慌肯定会言辞谦卑，用厚重的财物来侍奉秦国。如果齐国归附，那么韩、魏两国就有机可乘了。”

※原文

王曰：“寡人欲亲魏。魏，多变之国也，寡人不能亲。请问亲魏奈何？”范雎曰：“卑辞重币①以事之。不可，削地而赂之。不可，举兵而伐之。”

于是举兵而攻邢丘，邢丘拔②而魏请附③。曰：“秦、韩之地形，相错如绣。秦之有韩，若木之有蠹，人之病心腹。天下有变，为秦害者莫大于韩。王不如收韩。”王曰：“寡人欲收韩，不听，为之奈何？”范雎曰：“举兵而攻荥阳，则成皋之路不通；北斩太行之道，则上党之兵不下；一举而攻荥阳，则其国断而为三。魏、韩见必亡，焉得不听？韩听而霸事可成也。”

王曰：“善。”

※注释

①卑辞重币：谦卑的言辞和丰厚的财物。②拔：攻取。③附：归附。

※译文

秦王说："我想亲近魏国，但魏国的态度经常变化不定，我无法亲近它。请问怎么办才能亲近魏国呢？"范雎说："用谦卑的言辞、厚重的财物侍奉它。如果这样不行的话，就割让土地来贿赂它。如果这样还不行，就发兵进攻它。"

于是秦国就发兵来攻打魏国的邢丘，攻陷了邢丘之后，魏国果然请求归附。范雎说："秦、韩两国的地形，相交纵如同锦绣一般。秦国的旁边有韩国，就像树木生了蠹虫，人的心腹里有疾病一样。天下如果有变化，能够危害秦国的，没有比韩国更大的了。大王不如使韩国归附于秦国。"秦王说："我想要让韩国来归附，如果韩国不听从，这该怎么办呢？"范雎说："起兵攻打荥阳，那么成皋的道路就不通了；北部截断太行的道路，那么上党的兵也就不能南下了；一举攻取荥阳，那么韩国就会被分成孤立的三块。韩国看到国家都要灭亡了，怎么还会不听从呢？韩国一顺从，那么霸业就可以成功了。"

秦王说："很好！"

※读解

范雎是继张仪之后主张连横的谋士，他以旷世奇才曾经侍奉过魏国大夫须贾，被魏国相国魏齐所羞辱，被抛弃到茅厕中，受到人们的便溺。后来被郑安平救回，在秦国使者王稽的引荐之下来到秦国，为秦昭襄王提出了著名的"远交近攻"的外交策略，使秦国在对外策略上有了明确的目标和手段。后来秦国在三代帝王的不懈努力之下，逐步灭掉了崤山以东的六国，统一了天下。

虽然范雎在和秦昭襄王的谈话中明确提出了远交近攻的对外策略，但远交近攻并不是范雎所独创。早在春秋时期，诸侯之间就为了称霸而互相攻打讨伐。在这个过程中，各种斗争策略逐渐积累丰富和发展成熟，这在史书中有大量的记载。到了战国时期，苏秦最初倡导连横，向秦王进献连横策略，但由于所处的时期稍微早了些，没有得到秦王的采纳，后来苏秦就转而主张合纵。苏秦的同学张仪与之一起就学于鬼谷子，张仪主张的就是连横。但这个时期，连横依然没有到最有利的时机，所以秦国的对外策略还是不明确。到了范雎所处的时期，他就独得天时，在前人的基础上明确提出了远交近攻的对外策略，并得到秦王的采纳和有效的实行，使他为秦国统一天下，也为我国历史的发展立下了彪炳史册的功绩。

在本篇中，范雎初见秦王，向秦王分析了秦国的优势，明确提出了远交近攻的外交策略，"王不如远交而近攻，得寸则王之寸，得尺亦王之尺也"，这在战略上和实践的结果来看都是正确的。在错综复杂的战国关系中，范雎为秦王指明了方向，为秦国统一天下奠定了基本的方略。读了本篇我们可以得出这样的结论，要想成就伟大的事业，必须有范雎这样的旷世奇才辅助。

范雎的成功，正是天时、地利、人和的结果，世界上的大事莫不是如此。天时地利自不必说，这两点是可遇不可求的，而人和这一点却是人们可以通过主观的努力能够达到的。首先要磨炼自己本身的才能，使自己能够为国家、为这个世界所用。范雎是在前人的基础上成长起来的，所以他的游说本领要高于前人，无论是在和秦王建立怎样的君臣关系上，还是自己的游说策略、自己所站的立场以及个人的口才上都要比苏秦和张仪等人高明。苏秦和张仪两人与帝王建立的是纯属君臣之间的关系，而范雎却做起了秦王的老师，通过自己的三寸不烂之舌和过人的智慧使得秦王对自己的策略言听计从，这是苏秦和张仪所达不到的境界。

天下之士

※原文

天下之士，合从相聚于赵而欲攻秦。秦相应侯曰："王勿忧也，请令废之。秦于天下之士非有怨也，相聚而攻秦者，以己欲富贵耳。王见大王之狗，卧者卧，起者起，行者行，止者止，毋相与斗者；投之一骨，轻起相牙①者，何则？有争意也。"

于是唐雎载音乐②，予之五千金，居武安，高会相与饮，谓："邯郸人谁来取者？"于是其谋者固未可得予也，其可得与者，与之昆弟矣。

"公与秦计功者，不问金之所之，金尽者功多矣。今令人复载五千金随公。"唐雎行，行至武安，散不能三千金，天下之士，大相与斗矣。

※注释

①牙：名词作动词用，撕咬。②音乐：乐工乐器。

※译文

天下的策士都聚集在赵国商讨合纵的事情，想要联合六国攻打秦国。秦国的相国——应侯范雎对秦王说："大王您不必为此事忧虑，请让我来废除掉他们合纵的盟约。秦国对于天下的策士，并不是有怨恨，他们之所以要聚在一起谋划攻打秦国的事情，是因为他们自己想借此得到富贵罢了。请大王看看大王养的狗，现在睡着的都好好地睡着，站着的都好好地站着，走着的都好好地走着，停着的都好好地停着，互相没有任何争斗。可是只要投给它们一块骨头，所有的狗都会马上冲上去，互相撕咬争夺。这是为什么呢？因为所有的狗都起了争夺的意念。"

于是范雎就派秦臣唐雎用车载着乐工乐器，又让他带了五千两黄金，在赵国的武安大摆宴席，并且对外宣布说："邯郸人谁愿意来拿黄金呢？"就这样，那些人当中为首的固然没有来拿黄金，但那些已得到黄金的人，已经和秦国人就像亲兄弟一样亲密了。

应侯又告诉唐雎说："你为秦国立下功劳，不用管黄金究竟给了哪些人，只要你把黄金都送给人就完成任务了，现在再派人载五千金给你。"于是唐雎又用车拉着大量的黄金出发，又来到武安，结果还没分完三千金，那些商讨合纵的天下谋士就互相争夺打斗起来了。

※读解

远交近攻的策略本质上就是成就连横而分散合纵。连横和散纵是这一策略的两个方面，相辅相成，互相补充。范雎的主张被秦王采纳之后，他就被封为应侯，开始主持远交近攻策略的具体实施。他实行连横的同时，也在密切地观察着各国的动向。当天下的士人聚集在赵国商议攻打秦国的时候，他略施小计，就粉碎了这些仇视秦国的士人的阴谋。而这件事本身读来让人感慨，也使人从中领悟到许多关于人性的真谛。

天下的士人聚集在赵国商议合纵联盟的事情，从这可以看出，这些所谓的士人也在积极地参与国家的大事，也想通过自己的才华和努力来改变国家之间的格局。貌似如此，但范雎深深地了解这些士人的真正目的。所以他投其所好，用了几千两黄金就瓦解了这些士人的合纵联盟。这让我们看到了金钱的巨大作用，也看到了人性的丑陋。再看范雎的计策，可以说是一个出奇制胜的策略，但却是他在洞悉人性本质的基础上实行的，所以能够收到奇效。

没有金钱参与的时候，人们互相许诺，满口的豪言壮语，个个如同践诺如命的季布，一旦金钱参与进来了，人们就露出了本来的面目，什么诺言，什么联盟，都不如金钱来得实惠、有实际的意义。这也就是人性中自私的一面。

蔡泽见逐于赵

※原文

蔡泽①见逐于赵，而入韩、魏，遇夺釜鬲于涂②。闻应侯任郑安平、王稽，皆负重罪，应侯内惭。乃西入秦，将见昭王，使人宣言以感怒应侯，曰："燕客蔡泽，天下骏雄弘辩之士也。彼一见秦王，秦王必相之而夺君位。"

应侯闻之，使人召蔡泽。蔡泽入，则揖应侯。应侯固不快，及见之，又倨。应侯因让之曰：“子尝宣言代我相秦，岂有此乎？”对曰：“然。”应侯曰：“请闻其说。”蔡泽曰：“吁！君何见之晚也。夫四时之序，成功者去。夫人生手足坚强，耳目聪明，而心圣知，岂非士之所愿与？”应侯曰：“然。”

※注释

①蔡泽：燕国人，战国时期游说之士。②釜：古代的蒸锅。鬲：空足的鼎。涂：通“途”，在路上。

※译文

蔡泽被赵国驱逐，逃亡到韩、魏，在路上又被人抢去了炊具。他听说秦国的相国应侯范雎任用郑安平、王稽，但后来这两个人都犯下了大罪，因此范雎心里惭愧。蔡泽就决定向西到秦国，去拜见秦昭襄王，但事先故意派人宣扬大话来激怒范雎，说：“燕国客卿蔡泽，是天下善于雄辩的豪杰之士。只要他一见到秦王，秦王必定任命他为相国，取代范雎的地位。”

范雎听说之后，就派人召见蔡泽。蔡泽见到范雎，只是向他作了个揖。范雎见了很不高兴，他和蔡泽说话的时候，蔡泽更是倨傲无礼，于是就责问他说：“你曾经宣扬，说你将取代我的秦国相国的职位，有没有这回事呢？”蔡泽回答说：“有的。”范雎说：“请你说说这其中的道理？”蔡泽说：“唉！您为什么这样见识迟钝呢！按照四时的顺序，一个季节结束了就会像功成身退一样让位给后面的季节。一个人活在这个世界上，四肢都很强壮，听觉灵敏，眼睛明亮，头脑圣智，这不是每个人都期望得到的吗？”范雎说：“是的。”

※原文

蔡泽曰：“昔者，齐桓公九合诸侯，一匡天下，至葵丘之会，有骄矜之色，畔者九国。吴王夫差无敌于天下，轻诸侯，凌齐、晋，遂以杀身亡国。夏育、太史启叱呼骇三军，然而身死于庸夫。此皆乘至盛不及道理也。

“夫商君为孝公平权衡、正度量、调轻重，决裂阡陌，教民耕战，是以兵动而地广，兵休而国富，故秦无敌于天下，立威诸侯。功已成，遂以车裂。楚地持戟百万，白起率数万之师，以与楚战，一战举鄢郢①，再战烧夷陵，南并蜀、汉，又越韩、魏攻强赵，北坑马服，诛屠四十余万之众，流血成川，沸声若雷，使秦业帝。自是之后，赵、楚慑服，不敢攻秦者，白起之势也。身所服者，七十余城。功已成矣，赐死于杜邮。吴起为楚悼罢无能，废无用，损不急之官，塞私门之请，壹楚国之俗，南攻杨越，北并陈、蔡，破横散从，使驰说之士无所开其口。功已成矣，卒支解。大夫种为越王垦草[②]创邑，辟地殖谷，率四方士，上下之力，以禽劲吴，成霸功。勾践终棓而杀之。此四子者，成功而不去，祸至于此。此所谓信[③]而不能诎[④]，往而不能反者也。范蠡知之，超然避世，长为陶朱。

※注释

①鄢郢：鄢，今湖北宜城东南十五里。郢，楚国的都城，今湖北江陵北十里。②垦草：开垦荒地。③信：通“伸”。④诎：屈曲。

※译文

蔡泽说：“过去，齐桓公九次会合诸侯，矫正不良风气，使得天下焕然一新，到了葵丘之会的时候，桓公就开始有了骄纵的情形，先后有九个国家背叛了他。吴王夫差，自认为天下无敌，因此就轻视诸侯，欺凌齐、晋两国，到后来国破身杀。夏育、太史启，他们曾经一声叱咤能使三军震撼，然而他们本人却死于一般人的手中。这都是仗恃威权而不深思事物道理的缘故。

“商鞅为秦孝公主持变法，他统一度量衡，废除井田制度、重新划分土地，教导百姓努力耕种以备作战，这样一来，军队一出发就能够拓展国家的疆域，军队凯旋就使国家更加富强，所以秦国的军队能够天下无敌，在诸侯之间树立了国威。可是等到变法成功之后，商鞅竟惨遭五马分尸的刑罚。而当时的楚国拥有雄兵百万，然而秦将白起只是率领为数几万的秦国军队，一次作战就攻陷了楚国的鄢和郢，再战焚烧了夷陵，往南吞并了蜀、汉，然后又越过韩、魏两国的土地进攻强大的赵国，在北方屠杀马服，诛杀了四十多万名士兵，致使血流成河，哀号的声音如同雷声震天，为建立秦国的霸业立下了汗马功劳。从此以后，赵、楚两国被秦国的强大力量所慑服，再也不敢进攻秦国，这都是依靠白起军队的军势。白起所攻下的城池共有七十多座。他虽然为秦国立下了很大的战功，但最终还是被秦王赐死在杜邮。吴起为楚悼王改革朝政，罢免无能的朝臣，撤销虚设的国家机构，裁撤多余的官吏，杜绝私人请客吃饭的风气，改良楚国的社会风俗，往南攻打杨越，往北攻打陈、蔡，摧毁连横政策，解散合纵盟约，使得前来游说的人没有开口说话的机会。他也成功了，但最后他本人却死于楚国人的乱箭之中，然后又被分尸。越大夫文种，为越王勾践开疆拓土，发展农业，率领四方军队和全国上下的人民，击败吴国，生擒吴王夫差，完成了越国霸王功业，可是最后被勾践杀了。这四位贤臣，都是因为功成而不退，才为自己招来了杀身之祸，这就是所谓‘伸而不能屈，往而不能返’。只有范蠡深知明哲保身的道理，于是功成身退，远离人间的是非之地，驾轻舟渡海遁世，隐姓埋名，一心经商，所以成为后来有名的陶朱公。

※原文

“君独不观博者乎？或欲大投，或欲分功①。此皆君之所明知也。今君相秦，计不下衽席，谋不出廊庙，坐制诸侯，利施三川，以实宜阳，决羊肠之险，塞太行之口，又斩范、中行之途，栈道千里于蜀、汉，使天下皆畏秦。秦之欲得矣，君之功极矣。此亦秦之分功之时也！如是不退，则商君、白公、吴起、大夫种是也。君何不以此时归相印，让贤者授之，必有伯夷之廉；长为应侯，世世称孤，而有乔、松之寿。孰与以祸终哉！此则君何居焉？”应侯曰：“善。”乃延入坐，为上客。

※注释

①或欲大投，或欲分功：有的人想孤注一掷，有的人想和赌胜的人分钱。

※译文

“难道您没有见到过赌博的人吗？有时想孤注一掷，有时想和赢家分钱。相信阁下是最清楚的。如今阁下当了秦国相国，为了谋划国家大事而终日忙碌，为了制定策略而不走出朝廷，坐在朝中控制诸侯，威仪施行于三川，借以充实宜阳，打开羊肠之险，封闭太行要塞，切断三晋的道路，修栈道千里通往蜀汉之地，使天下诸侯都畏惧秦国，秦王的欲望得到了满足，您的功勋已无可复加，正是分功的时候，这个时候还不知及时隐退，就会走商鞅、白起、吴起、文种的老路了。您何不就在现在交还相印，把相国的位子让给别人，这样既可博取伯夷一样的美名，又可长享富贵，世代称孤，更能和仙人王子乔、赤松子一样长寿。这些和以后的遭受惨祸，是有天壤之别的啊！对于这个问题您又是怎么看的呢？”范雎说：“您说得太好了。”于是请蔡泽入座，把他作为自己的上客。

※读解

《道德经》说：“功成而弗居，是以不去。”蔡泽正是采用了这句话所蕴含的精义来劝说范雎要在适当的时候退去，不要居功，否则就会引来杀身之祸。

蔡泽被赵国驱逐，正在落魄失意的时候，他得知范雎由于任用郑安平、王稽而出了差错，正在感到害怕和忧虑。于是他就借着这件事情来见范雎，向他提出了一个在后来的历史发展过程中屡次为功臣从正面和反面反复证明的命题。

应侯范雎为秦国统一六国立下了非常大的功劳，因此范雎的仕途和人生正处在顶峰。但从古代朴素的辩证观点来看，盛极而衰是事物发展的必然趋势，而乐极就会生悲。蔡泽深明这其中的道理，就决定去用这个道理来启发范雎，借此来为自己寻找谋生发达的机会。

范雎所采用的求见范雎的方法很独特。他先扬言可取代范雎，也只有这样才能使位居高位的应侯来接见一个失意落魄的人吧。事实证明他的方法是有效的。范雎接见了这个口出狂言的人。而蔡泽的狂言也正是他立论的基础，也是劝说应侯所想要达到的目的所在。

见到范雎之后，他首先向范雎说到人们所共同拥有的理想，“人生手足坚强，耳目聪明圣知”，这是人之常情，所以得到范雎的认可。这也就为他后面的论说奠定了基础。接下来，蔡泽列举了齐桓公、吴王夫差、夏育、太史启的事例，说明了人们在人生仕途达到鼎盛的时候就容易仗恃威权而不深思事物道理的现象。然后，又列举了商鞅、白起、吴起、文种四个人的事例，进一步说明了功成而不退，就会为自己招来杀身之祸的道理，指出这就是所谓的“伸而不能屈，往而不能返”。而且还列举了一个正面的例子，就是范蠡深知明哲保身的道理，功成身退，远离人间的是非之地，后来隐姓埋名，一心经商，成为富有的陶朱公，得到了善终。这样就从反面和正面两个角度来证明了人要想“人生手足坚强，耳目聪明圣知”，达到善终，就要懂得事物矛盾转化的道理，在人生的顶峰时期要想到可能一落千丈，在人生最得意的时候，可能引来杀身之祸。以此来劝说应侯该退隐的时候就要退隐。

后来应侯听从了蔡泽的劝说，把他举荐给秦王，因此蔡泽得以代替范雎做了秦国的相国，蔡泽出任相国没几个月，就有人诽谤他，由于恐怕招来杀身之祸，就称病辞官，被封为刚成君。他在秦国十多年，侍奉秦昭襄王、秦孝文王、秦庄襄王，最后为秦始皇朝臣，还曾经出使燕国，三年之后让燕太子丹到秦国做质子。

秦昭王谓左右

※原文

秦昭王谓左右曰：“今日韩、魏，孰与始强？”对曰：“弗如也。”王曰：“今之如耳、魏齐，孰与孟尝、芒卯之贤？”对曰：“弗如也。”王曰：“以孟尝、芒卯之贤，帅强韩、魏之兵以伐秦，犹无奈寡人何也！今以无能之如耳、魏齐，帅弱韩、魏以攻秦，其无奈寡人何，亦明矣！”左右皆曰：“甚然。”

中期推琴对曰：“王之料天下过矣。昔者六晋①之时，智氏最强，灭破范、中行，帅韩、魏以围赵襄子于晋阳。决晋水以灌晋阳，城不沉者三板耳。智伯出行水，韩康子御，魏桓子骖乘。智伯曰：‘始，吾不知水之可亡人之国也，乃今知之。汾水利以灌安邑，绛水利以灌平阳。’魏桓子肘韩康子，康子履魏桓子，蹑其踵。肘足接于车上，而智氏分矣。身死国亡，为天下笑。今秦之强，不能过智伯；韩、魏虽弱，尚贤在晋阳之下也。此乃方其用肘足时也，愿王之勿易也。”

※注释

①六晋：指晋国的六个大臣韩氏、赵氏、魏氏、范氏、中行氏、智氏，后来韩氏、赵氏、魏氏三家分晋。

※译文

秦昭襄王问左右的侍臣说：“你们看现在的韩、魏两国和当年相比什么时候强大啊？”左右的侍臣回答说：“不如当年强大。”秦昭襄王又问：“现在的韩国大臣如耳、魏国大臣魏齐，与当年的田文、芒卯相比谁更贤能呢？”左右的侍臣说：“不如田文、芒卯贤能。”秦昭襄王说：“当年，田文与芒卯率领强大的韩魏联军前来攻打秦国，依然没有把我怎么样！如今换了没有什么才能的如耳、魏齐做了统帅，率领疲弱的韩、魏两国军队来进攻秦国，他们更不能奈何我了！”左右的侍臣都说：“大王说得非常对。”

这时有个叫中期的大臣推开面前的琴，回答说：“大王对各国的情况预料错了。过去晋国拥有六个卿相的时候，其中智氏最为强大，后来智氏灭掉了范氏、中行氏，并且率领韩、魏联军，把赵襄子围困在了晋阳。决开晋水来淹晋阳，只差三块木板的高度就要把全城淹没。当智伯坐战车出去巡视水势时，韩康子给他驾着马车，魏桓子陪他坐在马车上。这时智伯说：‘当初我不知道水可以灭掉他人的国家，现在我知道了。汾水便于淹魏都安邑，而绛水便于淹韩都平阳。’于是，魏桓子就用肘碰了碰韩康子，韩康子用脚踩了踩魏桓子，踢了踢他的脚跟。他们就在车上碰碰肘、踢踢脚的工夫，就决定了智伯国家的分裂命运。后来智伯身死国亡，被天下人耻笑。现在秦国的强大还没有超过智伯，韩、魏两国即使衰弱，却也仍然胜过赵襄子被围困在晋阳的时候。所以现在就是韩、魏碰肘踢脚的时候，但愿君王不要轻易忽视。”

※读解

秦昭襄王和左右大臣的对话显示出他已经开始有了骄傲自负的思想，但左右的大臣都附和他，没有人为他指出骄傲自负思想的害处。秦昭襄王是从韩国和魏国与当年的对比中得出自己的国家已经很强大的结论的。但有一个名叫中期的大臣觉察出了秦昭襄王的思想变化和大臣们的附和态度，于是就推开面前的琴，向秦昭襄王提出了忠言。

中期列举了一个事例，说明了秦昭襄王骄傲自负思想所可能带来的重大危害。他所列举的就是韩国、赵国和魏国三家分晋的事例，指出晋国之所以被三个国家瓜分，根源就在于智氏的骄傲自负，使自己遭到了身死国亡的下场。智氏是极端愚蠢和自负的，他居然当着敌人的面说出自己攻打敌人的策略，可以说骄狂至极。

人们取得一点成绩是很平常的事情，但如果因此就忘乎所以，那他肯定不会再有大的发展，而灾祸也就在不远的地方等着他了。所以说，无论什么时候人都要有自知之明，有了自知之明才会清楚自己所做的事情是不值得到处宣扬的，有了这样的认识，他也就会不满足现状，继续努力，做出更大的业绩来。

秦王欲见顿弱

※原文

秦王①欲见顿弱②，顿弱曰："臣之义不参拜，王能使臣无拜，即可矣。不，即不见也。"秦王许之。于是顿子曰："天下有有其实而无其名者，有无其实而有其名者，有无其名又无其实者。王知之乎？"王曰："弗知。"顿子曰："有其实而无其名者，商人是也。无把铫推耨③之势，而有积粟之实，此有其实而无其名者也。无其实而有其名者，农夫是也。解冻而耕，暴背而耨，无积粟之实，此无其实而有其名者也。无其名又无其实者，王乃是也。已立为万乘，无孝之名；以千里养，无孝之实。"秦王悖然而怒。

※注释

①秦王：即秦始皇嬴政。②顿弱：秦国游说之士。③铫：古代的锄。耨：古代锄草的工具。

※译文

秦王想要召见顿弱，顿弱说："按照我的道理，我不对君王行参拜礼。如果大王能允许我不行参拜礼，我就去见大王；否则的话，我就不见大王。"秦王答应了他的要求。就这样顿弱进入宫中，见了秦王说："天下有有实无名的人，有有名无实的人，还有无名无实的人，大王知道这些吗？"秦王说："我不知道。"顿弱说："有实无名的人，指的是商人，不用耕作的劳苦，却有积蓄满仓的粮食，这就是有实无名的人。有名无实的人，指的是农夫。他们冒着春寒耕地，顶着烈日耘田，却没有积蓄的粮食，这就是有名无实的人。无名无实的人，指的就是大王您，您身为万乘之尊，却没有行孝之名；坐拥千里，却无行孝之实。"秦王听了勃然大怒。

※原文

顿弱曰："山东①战国有六，威不掩于山东，而掩于母，臣窃为大王不取也。"秦王曰："山东之战国可兼与？"顿子曰："韩，天下之咽喉；魏，天下之胸腹。王资臣万金而游，听之韩、魏，入其社稷之臣于秦，即韩、魏从。韩、魏从，而天下可图也。"秦王曰："寡人之国贫，恐不能给也。"顿子曰："天下未尝无事也，非从即横也。横成，则秦帝；从成，即楚王。秦帝，即以天下恭养；楚王，即王虽有万金，弗得私也。"秦王曰："善。"乃资万金，使东游韩、魏，入其将相。北游于燕、赵，而杀李牧。齐王入朝，四国必从，顿子之说也。

※注释

①山东：山，即崤山。崤山以东。

※译文

顿弱说："崤山以东有六个大国，大王的威权不能施加在它们之上，却施加于自己母后身上，我私下里认为，大王这样做是不可取的。"秦王说："你看我能吞并山东六国吗？"顿弱说："韩国扼住天下的咽喉，魏国处在天下的胸腹。大王如果愿意给我万两黄金去游说的话，我愿向东到韩、魏两个国家，使两国的大臣听命于秦国，从而使韩、魏两个国家臣服，然后就可以图天下。"秦王说："我的国家贫穷，恐怕拿不出黄金万两来给你东游韩、魏。"顿弱说："天下现在并非平安无事，各国不是缔结合纵的盟约，就是采取连横的策略。如果连横的策略能够成功，那么秦国就会称王天下；如果合纵的盟约实现，那么楚国就会称王天下。秦王成为帝王，就能富有整个天下；如果楚王成为帝王，那么大王即使拥有万两黄金，也无法独自享有。"秦王说："很好。"于是就给了顿弱万两黄金，让他到山东游说韩、魏，笼络两国执政的大臣。向北游说燕、赵两国，施行反间计，除掉了赵国大将李牧。后来齐王入秦，燕、赵、魏、韩四国也都归附了秦国，这都是顿弱游说的结果啊！

※读解

顿弱对战国时期的国家力量对比是很清楚的，他指出"横成，则秦帝；从成，即楚王"，这在当时是国家力量和国际关系发展的两大趋势。后来的历史发展也证明这一论断是正确的。

看到顿弱劝说秦王的言辞非常尖锐和直接，我们可能会为他的生命安全担忧，会认为作为臣子胆敢这样和君王说话，肯定会被君王一怒之下杀掉。但这种担忧是不必要的。因为在战国时期，君王和臣子之间的关系是有些民主的成分的。这个时期的君臣关系，并不像中央集权等国家政权建立之后所形成的君臣关系那样等级森严。所以说顿弱在秦王要召见自己的时候，要求不对秦王行君臣之间的礼数，并且他还敢于直接指出秦王的缺点，指责他不孝。这样的劝说方法，比较能够引起君王的注意。

顿弱的劝说，主要涉及两个方面的内容。一方面，他指出秦王不孝顺他的母后，所以他希望秦王能够孝顺他的母后。另一方面，他为秦王分析了各个国家所处的地理位置和国家之间的力量对比，为他指出了统一天下的战略方针，并主动要求秦王能够给他万两黄金，代表秦国出使六国，从而分散六国的合纵联盟。

顿弱不辱使命，为秦国立下了非常大的功劳。公元前229年，秦国派大将王翦率领军队进攻赵国，赵国派大将李牧抵抗。由于李牧是赵国的著名将领，指挥赵国军队抵抗秦军，所以秦国无法攻下赵国。战场上无法取得胜利，于是秦国就使用反间计，除掉了大将李牧，也就除掉了秦国统一六国道路上的一大障碍，这从瓦解和分散六国合纵的角度来看，也起到了非常大的作用。

顷襄王二十年

※原文

顷襄王二十年，秦白起拔楚西陵，或拔鄢、郢、夷陵，烧先王之墓。王徙东北，保于陈城。楚遂削弱，为秦所轻。于是白起又将兵来伐。

楚人有黄歇①者，游学博闻，襄王以为辩，故使于秦。说昭王曰："天下莫强于秦、楚，今闻大王欲伐楚，此犹两虎相斗而驽犬受其弊，不如善楚。臣请言其说。臣闻之：'物至而反，冬夏是也。致至而危，累棋是也。'今大国之地半天下，有二垂，此从生民以来，万乘之地未尝有也。先帝文王、武王，王之身，三世而不接地于齐，以绝从亲②之要。今王三使盛桥守事于韩，成桥以北入燕。是王不用甲，不伸威，而出百里之地，王可谓能矣。王又举甲兵而攻魏，杜大梁之门，举河内，拔燕、酸枣、虚、桃人，楚、燕之兵云翔不敢校，王之功亦多矣。王休甲息众二年，然后复之，又取蒲、衍、首垣，以临仁、平丘，小黄、济阳婴城③，而魏氏服矣。王又割濮、磨之北属之燕，断齐、秦之要，绝楚、魏之脊。天下五合、六聚而不敢救也，王之威亦惮矣。王若能持功守威，省攻伐之心而肥仁义之诚，使无复后患，三王不足四，五伯不足六也。

※注释

①黄歇：即春申君，姓黄名歇，出身于战国晚期的楚国贵族。曾担任楚国令尹，

对外穷兵黩武，纵横捭阖，对内辅国持权、广招宾客。后受制于奸佞小人，惨死于乱刀之下。②从亲：崤山以东的六国之间合纵联盟。③婴城：环城而守。

※译文

顷襄王二十年，秦将白起攻下楚国的西陵，另外一支秦军攻下鄢、郢、夷陵，放火焚烧楚国先王的陵墓，楚顷襄王被逼迁都到东北的陈城，来保存社稷。楚国从此日渐削弱，被秦国轻视。就在这个时候，白起又率领军队攻打楚国。

楚国有个名叫黄歇的人，到各地游学，博学多闻，楚顷襄王认为他是辩才，因此派他出使秦国，去游说秦王。黄歇到秦国后对秦昭襄王说："天下诸侯实力，没有比秦、楚两国再强大的了，如今听说大王想要攻打楚国，我以为这样无异于两虎相争，最终说不定会让猎犬占了便宜，大王倒不如与楚国修好。请允许我说说其中的缘由。我听说：'物极必反，正如冬夏相替；安极而危，好比堆叠棋子。'如今秦国据有天下一半的土地，西北两方都达到极边远的地方，有史以来，没有哪个大国能和秦国比肩而立。从先帝孝文王、武王，到大王共历三代，从未忘记开疆拓土以求与齐接壤共边，从而切断诸侯合纵抗秦的交通之道。大王多次派盛桥到韩国担任监国要职，盛桥不负所托，并北燕之地入秦国，这样大王不用劳师动众，不费吹灰之力就可以拓地百里。大王再发兵攻魏，封锁大梁城，占领河内，攻取南燕、酸枣、虚、桃人等地，楚、燕两国军队只是在旁边观看，不敢和秦军交锋，大王之功也算不小了。这时候如果大王能休兵两年，再出兵攻取蒲、衍、首垣，兵临仁、平丘，那么小黄、济阳这些地方将只有守城的份儿，魏氏俯首臣服。大王再割濮、磨以北的土地给燕国，那么掌握齐、秦之间的通道，斩断楚、魏之间的联系，这样一来，崤山以东的各国即使合纵联盟，也无法挽救它们灭亡的命运了。眼下大王威名正盛，如果能守住成业，停止攻伐而施行仁义，不仅免除后患，而且那三王就不愁变成四王，而五霸也不难变成六霸了。

※原文

"王若负人徒之众，材兵甲之强，壹毁魏氏之威，而欲以力臣天下之主，臣恐有后患。《诗》云：'靡不有初，鲜克有终①。'《易》曰：'狐濡其尾。'此言始之易，终之难也。何以知其然也？智氏见伐赵之利，而不知榆次之祸也；吴见伐齐之便，而不知干隧之败也。此二国者，非无大功也，设利于前，而易患于后也。吴之信越也，从而伐齐，既胜齐人于艾陵，还为越王禽于三江之浦。智氏信韩、魏，从而伐赵，攻晋阳之城，胜有日矣，韩、魏反之，杀智伯瑶于凿台之上，今王妒楚之不毁也，而忘毁楚之强韩魏也。臣为大王虑而不取。《诗》云：'大武远宅不涉。'从此观之，楚国，援也；邻国，敌也。

“《诗》云：‘他人有心，予忖度之。跃跃毚兔，遇犬获之。’今王中道而信韩、魏之善王也，此正吴信越也。臣闻，敌不可易，时不可失。臣恐韩、魏之卑辞虑患，而实欺大国也。此何也？王既无重世之德于韩、魏，而有累世之怨矣。韩、魏父子兄弟接踵而死于秦者，累世矣。本国残，社稷坏，宗庙隳，刳腹折颐，首身分离，暴骨草泽，头颅僵仆，相望于境；父子老弱系虏，相随于路；鬼神狐祥无所食，百姓不聊生，族类离散，流亡为臣妾，满海内矣。韩、魏之不亡，秦社稷之忧也。今王之攻楚，不亦失乎！且王攻楚之日，则恶出兵？王将藉路于仇雠之韩、魏乎？兵出之日而王忧其不反也，是王以兵资于仇雠之韩、魏。王若不藉路于仇雠之韩、魏，必攻随阳、右壤。随阳、右壤，此皆广川大水，山林溪谷不食之地，王虽有之，不为得地。是王有毁楚之名，无得地之实也。

※注释

①靡不有初，鲜克有终：语出《诗经·大雅·荡》，意思是说人们做事情大多都有一个很好的开头，但很少能够有个圆满的结果。鲜：少。克：能够。

※译文

“反之，如果大王倚仗兵威，乘着击败魏国的余锐威服天下诸侯，我担心秦国从此以后就会后患无穷。《诗经》说：‘凡事都有一个很好的开始，却少有圆满的结局。’《易经》中也有类似的例子：‘狐狸涉水过河，开始时小心翼翼，生怕弄湿了尾巴，可是由于多种原因，到达对岸时还是把尾巴弄湿了。’这些都说明了开始容易而结尾难的道理。凭什么断定事理必然如此呢？智伯只看到攻打赵国很有利，可惜却没有注意到榆次之祸；吴王发现攻打齐国有利可图，可惜料不到有干隧之败。这两个国家都曾战功赫赫，只是由于贪图眼前利益，最终不免灭国亡身。吴王相信越国，放心地全力攻齐，取得了艾陵大捷，胜利归来却被越王擒杀于三江之浦；智伯轻信韩、魏，与之合力攻赵，围攻晋阳，不料大胜在即，韩、魏两军阵前倒戈杀智伯于凿台之上。如今大王念念不忘灭掉楚国，却没有注意到楚国的覆灭会增强魏国的实力。臣因而替大王深感忧虑。《诗经》中说：‘有威望的大国，不必征战，自能怀敌附远。’由此可见，地处僻远的楚国应当是秦国的盟友，邻近之国才是肘腋之患。

“《诗经》说：‘别人有害我之心，我应时刻提防，再狡猾的兔子，也躲不过猎犬的追捕。’如今大王为韩、魏所惑而加以轻信，无异于吴王轻信越国，到头来将后悔莫及。我听说：‘敌人不可轻视，时机不容错过。’我认为韩、魏两国是担心亡国灭族才卑躬屈膝臣服于大王的，并非真心臣服，为什么？积怨甚深，韩、魏两国人民的父子兄弟，历代死于秦人手中的不可胜数，国家残破，宗庙坍塌，百姓被剖腹毁容，身首异处，暴尸于荒野，触目可见，而父子老弱被掳掠押送的，相随于路。鬼神无人供奉，而百姓无法生存，族人离散的、沦落为别人奴仆臣妾的，遍布诸侯各国。韩、魏不亡，秦国则永难安枕无忧，此时大王却全力攻楚，难道不是大大的失策吗？何况大王出兵伐楚，将取道何处呢？大王不会向仇敌韩、魏借道吧？恐怕出兵之日，大王就开始担忧能否再回秦国了。借道两国，无异于大王把大批兵马拱手赠予仇敌韩、魏。如果大王不向两国借道，那只能攻打楚国的随阳、右壤。而随阳、右壤都是高山大河、森林溪谷，人烟稀少，大王即使占有这些地方，又有什么用？徒有灭楚之名，而无得地之实。

※原文

“且王攻楚之日，四国必悉起应王。秦、楚之构而不离，魏氏将出兵而攻留、方与、铚、胡陵、砀、萧、相，故宋必尽。齐人南面，泗北必举。此皆平原四达，膏腴之地①也，而王使之独攻。王破楚以肥韩、魏于中国而劲齐，韩、魏之强足以校于秦矣。齐南以泗为境，东负海，北倚河，而无后患，天下之国，莫强于齐。齐、魏得地葆利，而详事下吏，一年之后，为帝若未能，于以禁王之为帝有余。夫以王壤土之博，人徒之众，兵革之强，一举众而注地于楚，诎令韩、魏，归帝重于齐，是王失计也。

“臣为王虑，莫若善楚。秦、楚合而为一，临以韩，韩必授首。王襟以山东之险，带以河曲之利，韩必为关中之候。若是，王以十成郑，梁氏寒心，许、鄢陵婴城，上蔡、召陵不往来也。如此，而魏亦关内候矣。王一善楚，而关内二万乘之主注地于齐，齐之右壤可拱手而取也。是王之地一注两海，要绝天下也。是燕、赵无齐、楚，齐、楚无燕、赵也。然后危动燕、赵，持齐、楚，此四国者，不待痛而服矣。”

※注释

①膏腴之地：肥沃的土地。

※译文

“况且大王攻打楚国的时候，齐、赵、韩、魏四国势必乘虚而入。秦国军队陷于对楚国的战争，无暇顾及，魏国必定攻取留、方与、铚、胡陵、砀、萧、相等地，宋国故地尽属于魏国。齐国南下攻取泗北之地，这里地处中原交通便利，土地肥沃，而大王却让他独自享用。大王出兵击溃楚国，不料让他人坐收渔人之利，既使韩、魏扩张了国土，又增强了齐国实力。韩、魏两国强大起来，就会与秦分庭抗礼。而齐国以泗水为西境，东临大海，北靠黄河，再无后顾之忧，将成为诸侯中的最强者。齐、魏获得土地葆有利益，再加上官吏的悉心治理，一年之后虽然尚无能力称帝，但有足够的力量阻拦大王建号称帝。以大王疆土之广，民众之多，兵革之强，出兵与楚国结怨，反倒让韩、魏支持齐王称帝，这是大王失策之处。

“我诚心为大王考虑，最好是和楚国言归于好，和睦相处。秦楚一体，兵临韩境，韩必俯首称臣。大王据定崤山之险，据河曲之利，韩国必然成了替秦伺察天下诸侯动静的吏属。这时大王以十万大兵进逼郑地，魏国必然震恐，许和鄢陵两城马上会闭城自守，上蔡、召陵都不和魏国往来。这样，魏国也就成为秦在东方的侦察官。大王一旦与楚国修好，韩、魏两万乘大国自会戮力攻齐，齐国右方的土地大王就唾手可得。这时秦之土地，自西海至东海，横绝天下。燕、赵与齐、楚相互隔绝，然后加以胁迫，四国不待出兵攻打，便会臣服于秦。”

※读解

秦国展开对六国的战争，秦国著名将领白起，攻占了楚国的部分领土之后，稍事休整，又率领军队前来攻打。楚国派出春申君到秦国去劝说秦王停止对楚国的战争。

春申君从秦国的实际利益出发，侧重分析了秦国的地位和实力，为秦国指出了一条名利双收的道路，从而想从客观上来避免秦国对楚国的战争，实现秦国和楚国之间的友好交往。他在论说的过程中切实地为秦国的利益考虑，并列举了史实加以佐证秦国发动对楚作战的潜在危险，从正反两方面来竭力阻止秦国的穷兵黩武。

或为六国说秦王

※原文

或①为六国说秦王②曰：“土广不足以为安，人众不足以为强。若土广者安，人众者强，则桀、纣之后将存。昔者，赵氏亦尝强矣。曰赵强何若？举左案齐，举右案魏，厌案③万乘之国二，由千乘之宋也。筑刚平，卫无东野，刍牧薪采莫敢窥东门。当是时，卫危于累卵。天下之士相从谋曰：‘吾将还其委质，而朝于邯郸之君乎？’于是天下有称伐邯郸者，莫不令朝行。魏伐邯郸，因退为逢泽之遇④，乘夏车，称夏王，朝为天子，天下皆从。

※注释

①或：有人。②秦王：即秦昭襄王。③厌案：压制。厌，通“压”。④逢泽之

遇：魏惠王主持的在魏国都城大梁附近的逢泽召开的会议。

※译文

有人代表六国游说秦王说："国土辽阔不足以永保安定，人民众多不足以逞强恃能。如果土地辽阔就能够国家安定，人民众多就能够国家强盛的话，那么夏桀、商纣的后代至今还应该存在。过去，赵氏也曾经强盛啊。要说赵国强大到什么程度？它向东可以压制齐国，向西可以控制魏国，控制这两个万乘大国，就如同控制千乘之国的宋国一样。赵国人修建起刚平城，就使得卫国都城的东门几乎没有郊野，卫国人连放牧打柴的都不敢出东门。在那个时候，卫国如同累卵，岌岌可危。各国的士人在一起谋划说：'我们怎甘心做邯郸的质子，向它赵国俯首称臣？'就这样有人提议要攻打赵国的邯郸，各国便群起响应，晚上才发出命令，第二天早上就行动起来。魏国出兵攻破邯郸，在逢泽这个地方主持诸侯会盟，他乘坐夏车，自称夏王，率领诸侯朝见周天子，各国诸侯都跟从。

※原文

"齐太公闻之，举兵伐魏，壤地两分，国家大危。梁王身抱质执璧①，请为陈侯臣，天下乃释梁。郢威王闻之，寝不寐，食不饱，帅天下百姓，以与申缚遇于泗水之上，而大败申缚。赵人闻之，至枝桑，燕人闻之，至格道。格道不通，平际绝。齐战败不胜，谋则不得，使陈毛释剑掫，委南听罪，西说赵，北说燕，内喻其百姓，而天下乃齐释。于是夫积薄而为厚，聚少而为多，以同言郢威王于侧牖之间。臣岂以郢威王为政衰谋乱以至于此哉？郢为强，临天下诸侯，故天下乐伐之也！"

※注释

①抱质执璧：质，礼品。璧，中间有小孔的圆形玉器。

※译文

"齐太公听说了这回事，出兵讨伐魏国。魏国国土被分作两半，国家处在灭亡的边缘。魏惠王不得已，带上礼物和玉璧，向齐太公请罪，表示愿意俯首称臣。各国诸侯这才放过了魏国。楚威王听说了这件事情，睡不好觉、吃不好饭，就率领天下的百姓，与齐将申缚大战于泗水之上，结果大败齐军。赵人得知了消息，乘机占领了枝桑，燕人听到了消息，乘机占领了格道。格道不通了，就隔绝了齐国平际的道路。齐国想要作战不能胜，想要另谋出路也不得，只好派陈毛为使者，命令军队放下武器，撤除警戒，南下向楚王请罪，还游说西面的赵国和北面的燕国，并在国内安抚百姓，这样天下诸侯才放过齐国。由此看来，积薄为厚，积少成多，天下各国共同商议如何来讨伐楚威王。我怎么能认为这是因为楚威王政治衰败、谋略失误才造成这样的结果的呢？楚王恃能逞强，来威胁天下各国诸侯，因此天下就乐于讨伐他啊！”

※读解

战国时期，七雄争霸。经历过一段时期的混战攻伐，诸侯国之间的关系逐渐形成了两种趋势。一种是秦国要统一六国，称霸天下。另一种是崤山以东的六国联合起来对抗秦国。而且后一种趋势是在前一种趋势的基础上应运而生的。与此相对应，在各国交往中也出现了连横和合纵两种对立的策略主张。主张连横的人，认为国家要突出于其他国家，采取远交近攻的策略攻打别的国家，逐步实现天下的统一。而主张合纵的人，他们的观点就与此相反。他们不仅互相联合结成同盟，而且居然有人到秦国去游说秦王，劝说他放弃称霸天下的想法，从而以此自保。

公元前 288 年，齐国和秦国并称为帝。谋士苏秦劝说齐闵王放弃帝王的称号，来防止自己成为各个国家攻击的对象。齐国放弃帝王称号之后，本文中的说客去秦国劝说秦王也放弃帝王的称号。

依据这个说客的观点，一个国家是不应该太过突出的，如果一个国家称王称霸，那么就会遭到其他国家的反对甚至仇恨，进而遭到国破人亡的命运。从此可以看出，这个说客是代表六国的利益前来劝说秦王的。他首先提出自己的观点：“土广不足以为安，人众不足以为强。”然后进行假设论证，认为如果自己的观点不成立的话，那么桀、纣的后代就会将王位保持到现在，而事实上并不是这样的。接着，他就在这个立论的基础上进一步列举了赵国曾经强盛一时，但后来遭到其他国家的反对和讨伐。然后又列举齐国和楚国也曾经意欲称霸，最终还是遭到其他国家的反对。以此来劝说秦王放弃称霸的想法。

谓秦王

※原文

谓秦王[①]曰：“臣窃惑王之轻齐易楚，而卑畜韩也。臣闻王兵胜而不骄，伯主约而不忿。胜而不骄，故能服世；约而不忿，故能从邻。今王广德魏、赵，而轻失齐，骄也；战胜宜阳，不恤楚交，忿也。骄忿非伯主之业也。臣窃为大王虑之而不取也。

“《诗》云：‘靡不有初，鲜克有终。’故先王之所重者，唯始与终。何以知其然？昔智伯瑶[②]残范、中行，围逼晋阳，卒为三家笑；吴王夫差栖越于会稽，胜齐于艾陵，为黄池之遇，无礼于宋，遂与勾践禽，死于干隧；梁君伐楚胜齐，制赵、韩之兵，驱十二诸侯以朝天子于孟津，后子死，身布冠而拘于秦。三者非无功也，能始而不能终也。”

※注释

①秦王：即秦武王，秦惠王的儿子，名荡。②智伯瑶：即知伯，春秋末期人，晋国六卿之一。公元前458年，灭范氏和中行氏，后被韩氏、赵氏、魏氏所灭。

※译文

有人对秦武王说：“我私下里疑惑大王为什么轻视齐国小看楚国，而且把韩国看得很卑下。我听说王者的军队战胜了但并不骄傲，霸主的军队战败了但并不愤恨。胜而不骄，所以能服众；败而不愤，所以能和其他各国和睦共处。现在大王对魏、赵两国广施恩德，但却淡薄与齐国的交往，这可是骄傲的表现；在宜阳之战中取得胜利，就疏远了楚国，这是愤恨的表现。骄傲和愤恨让您难以成就霸业，我私下里认为大王应当加以考虑，不该这样做啊。

“《诗经》上说：‘人们做事情总是有个好的开头，但很少有善始善终的。’因此先王所特别注重的，就只有事情的开头和结束。如何知道是这样的呢？过去智伯灭掉范氏、中行氏，又围攻晋阳，以求灭赵氏，结果为韩、赵、魏三家所灭；吴王夫差把越王勾践围困在会稽山上，又在艾陵之战中大败齐国，后来他在黄池主持诸侯会盟，对宋国无礼，最后却被勾践擒杀，死在干隧这个地方；魏惠王当年攻打楚国，战胜齐国，打败了韩、赵两国的军队，还邀集十二家诸侯在孟津朝见天子，最后太子在马陵之战中死去，自己素衣布冠被秦国囚禁。这三人当初都有赫赫战功，之所以会遭到后来的惨败，是因为他们都能做到善始但不能做到善终。”

※原文

“今王破宜阳，残三川，而使天下之士不敢言，雍天下之国，徙两周之疆，而世主不敢交阳侯之塞；取黄棘，而韩、楚之兵不敢进。王若能为此尾，则三王不足四，五伯不足六。王若不能为此尾，而有后患，则臣恐诸侯之君，河、济之士，以王为吴、智之事也。

“《诗》云：‘行百里者，半于九十。’此言末路之难。今大王皆有骄色，以臣之心观之，天下之事，依世主之心，非楚受兵，必秦也。何以知其然也？秦人援魏以拒楚，楚人援韩以拒秦，四国之兵敌，而未能复战也。齐、宋在绳墨之外以为权，故曰先得齐、宋者伐秦。秦先得齐、宋，则韩氏铄①；韩氏铄，则楚孤而受兵也。

楚先得齐，则魏氏铄；魏氏铄，则秦孤而受兵矣。若随此计而行之，则两国者必为天下笑矣。”

※注释

①铄：削弱。

※译文

“如今秦国攻破宜阳，占领三川，使得天下的策士都闭口不敢说话，隔绝诸侯之间联系，多次更改东、西二周的疆界，使各路诸侯不敢聚集策划攻打秦国的事情；还攻取了黄棘，使韩、楚两国的军队不敢西进。大王已经取得这么大的成就，您如果能够善始善终，称霸天下的大业就指日而待了。但如果大王能够善始但不能善终的话，就会后患无穷。我担心各国的诸侯，河、济一带的有识之士，就会让大王走夫差和智伯的老路。

“《诗经》上说：‘走一百里路，即使走了九十里还只是完成了一半。’这句话说的是最后一段道路是十分难走的。如今大王常常有骄傲的情绪，以我的观点看来，现在的天下之事，根据各国诸侯的想法，不是联合起来攻打楚国，就是联合起来进攻秦国。如何知道是这样的呢？秦国支援魏国抵抗楚国，楚国支援韩国抵抗秦国，四个国家的军队势均力敌，正处在相持不下的局面。而齐、宋两国在这四个国家之外，就变得非常重要了，所以说秦、楚两国谁先争取到齐、宋两国，谁就能取得最后的成功。秦国如果争得齐、宋支援，就能遏制削弱韩国；韩国受到遏制，那么楚国就孤立无援而遭到攻击；如果楚国先得到齐国的援助，魏国就会衰败，魏国衰败之后，秦国就会陷入孤立境地，被动挨打。如果按照这条计策实行的话，那么秦、楚两国必然有一国将遭到灭国之辱而遭天下人耻笑。”

※读解

战国时期，孔孟之道还没有成为国家的意识形态，所以没有流行。国家之间混战不已，社会也没有什么统一的意识形态，人们的言论相当自由。君臣之间也没有纲纪的约束，所以做臣子的都敢于向做国君的直言不讳，这样轻松自由的氛围很有助于人们讨论更好的治国策略，使国家能够得到更加有效的治理。

公元前 307 年，秦国军队攻取了韩国的重镇宜阳，使秦国完成了多年以来的战略目标，所以秦武王非常高兴。但正在这个时候，楚国派军队援助韩国，因此，秦国和楚国之间的关系紧张起来，这时候，就有人来游说秦武王，虽然取得了战争的暂时胜利，但也不能高兴得太早，更不能骄傲自负，而应该和楚国搞好外交关系，从而防止别的国家钻空子。

秦国之所以能够灭掉六国，统一天下，一个很重要的原因就是秦国吸纳了大量优秀的人才，这些人才当中，不乏像张仪、范雎、蔡泽、顿弱、王翦等大量著名的贤能勇武之士，还有许多像本篇中的无名之辈，也为秦王提出了见解独到、富有说服力的意见，直接指出秦国政策上的得失，甚至秦王本人性格和做法上的缺点，也建议秦王加以改正。

濮阳人吕不韦贾于邯郸

※原文

濮阳人吕不韦贾①于邯郸，见秦质子②异人③，归而谓父曰："耕田之利几倍？"曰："十倍。""珠玉之赢几倍？"曰："百倍。""立国家之主赢几倍？"曰："无数。"曰："今力田疾作，不得暖衣余食；今建国立君，泽可以遗世。愿往事之。"

秦子异人质于赵，处于廓城。故往说之曰："子傒有承国之业，又有母在中。今子无母于中，外托于不可知之国，一日倍约，身为粪土。今子听吾计事，求归，可以有秦国。吾为子使秦，必来请子。"

※注释

①贾：做买卖。②质子：做抵押的人质，多为诸侯王的儿子。③异人：秦孝文王的儿子，在赵国做质子，后来在吕不韦的帮助下继承王位为庄襄王。

※译文

濮阳人吕不韦在邯郸做生意，见到了在赵国做质子的秦国公子异人。回到家里，吕不韦对他的父亲说："耕田种庄稼能获得几倍的利益啊？"他父亲回答说："十倍。"吕不韦问："珠宝生意能获得几倍的利益啊？"他父亲回答说："一百倍。"吕不韦问："让一个人做了国君能获得几倍的利益啊？"他父亲回答说："无数倍。"吕不韦说："现在我即使努力地种田，勤奋地劳作，依然不能达到衣食无忧，而现在有一个机会来拥立国君，恩泽可以流传到后世。我愿意做这笔生意。"

秦国公子异人正在赵国做质子，居住在廓城里。因此吕不韦前去游说他，说："公子傒有资格继承王位，再加上他的母亲也在宫中。但是现在公子没有母亲在宫中照应，自身又处于祸福难料的国家，一旦秦国背弃盟约，和赵国打起来的话，公子就如同粪土一样了。如果公子按照我的计策行事，我就有办法让您回到秦国，还可以继承秦国的王位。我为公子出使秦国，必定会回来接您回国。”

※原文

乃说秦王后弟阳泉君曰：“君之罪至死，君知之乎？君之门下无不居高尊位，太子门下无贵者。君之府藏珍珠宝玉，君之骏马盈外厩，美女充后庭。王之春秋①高，一日山陵崩，太子用事，君危于累卵，而不寿于朝生。说有可以一切而使君富贵千万岁，其宁于太山四维，必无危亡之患矣。”阳泉君避席，请闻其说。不韦曰：“王年高矣，王后无子，子傒有承国之业，士仓又辅之。王一日山陵崩，子傒立，士仓用事，王后之门，必生蓬蒿。子异人贤材也，弃在于赵，无母于内，引领西望，而愿一得归。王后诚请而立之，是子异人无国而有国，王后无子而有子也。”阳泉君曰：“然。”入说王后，王后乃请赵而归之。

※注释

①春秋：年龄。

※译文

于是吕不韦到秦国，游说秦王王后华阳夫人的弟弟阳泉君说：“您有死罪，您知道吗？您门下的宾客无不位高势尊，但太子门下没有一个尊贵的人。并且您的府里藏有珍珠宝玉，您的骏马充满了外面的马厩，后宫里有很多美女。现在大王的年事已经很高，有朝一日驾崩了，太子继承了王位执掌了政权，您就危如累卵了，生死就在朝夕之间了。我这里有一个计策，能够使您保全富贵千万年，稳定就如同太山的四个柱子，必定没有危亡的忧患。”阳泉君听了，离开座席，站起来请求听听吕不韦的计策。吕不韦说：“大王年事已高，王后没有子嗣，子傒有资格继承王位，他继位后一定重用士仓。大王有朝一日驾崩了，子傒继承了王位，士仓掌握了实权，到那个时候，王后的门庭里一定会长满蓬蒿野草。公子异人是一个贤才，现在正在赵国做质子，没有母亲在宫中保护，翘首向西眺望自己的家乡，非常想回到自己的国家。如果王后能够请求大王把异人立为太子，这样即使异人不该继承王位的也能拥有国家，而华阳夫人本来没有儿子也有了儿子可以依靠了。”阳泉君说：“你说得很有道理！”就进了王宫说服王后，王后就请求秦王，要求赵国将公子异人遣返到秦国。

※原文

赵未之遣①，不韦说赵曰：“子异人，秦之宠子也，无母于中，王后欲取而子之。使秦而欲屠赵，不顾一子以留计，是抱空质也。若使子异人归而得立，赵厚送遣之。

是不敢倍德畔施，是自为德讲。秦王老矣，一日晏驾，虽有子异人，不足以结秦。”赵乃遣之。

异人至，不韦使楚服而见。王后悦其状，高其知，曰：“吾楚人也。”而自子之，乃变其名曰“楚”。王使子诵，子曰：“少弃捐在外，尝无师傅所教学，不习于诵。”王罢之。乃留止。间曰：“陛下尝轫车②于赵矣，赵之豪杰，得知名者不少。今大王反国，皆西面而望。大王无一介之使以存之，臣恐其皆有怨心。使边境早闭晚开。”王以为然，奇其材。王后劝立之。王乃召相，令之曰：“寡人子莫若楚。”立以为太子。子楚立，以不韦为相，号曰文信侯，食蓝田十二县。王后为华阳太后，诸侯皆致秦邑。

※注释

①未之遣：倒装用法，正常语序应是“未遣之”。②轫车：停车。轫，阻止车轮滚动的木头。

※译文

但是赵国并不愿意遣返异人，吕不韦游说赵王说：“公子异人是秦王所宠爱的儿子，但没有母亲在宫里照顾，现在华阳王后想要让他做自己的儿子。如果秦国想要侵略赵国，是不会因为一个公子的原因而耽误国家的重大计策的，这样赵国就徒有一个人质了。但是赵国如果让异人回国继承王位，并以厚礼把他送回去。这样一来，公子是不会忘记大王的大恩大德的，这是以礼相待的做法。再说现在秦王已经年老了，有朝一日驾崩了，赵国即使依然有异人做质子，也不足以和秦国结盟了。”于是赵王遣返异人回秦国。

公子异人回到秦国，吕不韦让他穿着楚国的衣服去见华阳夫人。原本是楚国人的华阳夫人见到他的穿戴十分高兴，认为他很聪明，说：“我是楚国人。”于是华阳夫人认公子异人为自己的儿子，还将他的名字改为“楚”。秦王让异人诵读诗书。异人说：“我从小就生长在外国，没有师傅教育，没有学习过诵读诗书。”秦王也就作罢，让他留宿在宫中。有一次，异人对秦王说：“陛下也曾羁留赵国，赵国有许多豪杰之士都知道陛下的大名。现在陛下回到秦国做了国君，他们都很想念您，但是陛下不曾派遣一个使臣去看望他们，我担心他们都会心生怨恨。希望陛下将边境城门早闭晚开，来确保边境的安全。”秦王认为他说的话很有道理，惊奇于他的才能。华阳夫人趁机劝秦王将他立为太子。秦王于是招来丞相，下令说：“寡人的儿子当中没有比楚更有才能的。”于是立异人做了太子。

公子楚继承了秦国的王位以后，任用吕不韦做丞相，封他为文信侯，将蓝田十二个县分封给他。而王后改称华阳太后，之后各个诸侯也都向秦奉送了土地。

※读解

吕不韦的生意居然做到了“立国家之主”上，获得了政治、经济两个方面的最为长远的利益，因此说他是历史上最成功的商人也不为过。他所做的“立国家之主”的生意，是中国历史上最大的一宗买卖，不但使他本人得到了终生的荣华富贵，而且也影响了战国末期的历史进程，在我国历史上是最为可圈可点的一笔。

吕不韦有敏锐的商业眼光，当他看到秦国的质子异人在赵国的时候，他就立刻觉察到这是一个非常好的商机。于是他回家和父亲商量，比较了商人的几个层次，认识到立国家之主是层次最高、获利最多的生意。

他首先找到了质子异人，向他分析了他的处境：公子傒有资格继承王位，并且有他的母亲在宫中照应；而异人没有母亲在宫中照应，自身又处于祸福难料的国家，一旦秦国背弃盟约，和赵国发生战争，那么异人虽然贵为公子，身价也将如同粪土一样了。以此来征得异人的同意。然后他来到秦国，找到秦王王后华阳夫人的弟弟阳泉君，连说服带恐吓地使他乖乖地为自己完成第二步的计划，也就是求得王后的同意和帮助，让王后劝说秦王通过外交手段让赵国放异人回国。但赵国并不同意放人，这时候，还是靠着吕不韦的三寸不烂之舌，说服了赵王放人。为了讨得王后欢心，吕不韦让异人穿上了王后家乡的衣服去拜见。利益加上感情分，事情就基本上办妥了。为了更加赢得秦王的信任和好感，异人还结合自己的经历主动提出了他对于边境安全问题的看法，从而最终完成了异人由质子到太子的转变，虽然名称看来只差了一个字，但意义重大。它代表着吕不韦终于完成了他这笔生意的成本投资。

这笔生意虽然做得可能比任何一笔都艰难，但它的收益也是任何一笔生意所无法比拟的。后来公子楚不仅做上了秦王，而且成为后来纵横捭阖统一中国的秦始皇嬴政的父亲。而吕不韦为自己留下了流芳百世的身后名。他做了秦国的丞相，被封为文信侯，对中国历史的贡献意义已经不同凡响了；他还组织门客编写了以他的姓氏命名的书籍《吕氏春秋》，为保存战国时期的有关史料做出了伟大的贡献。

文信侯欲攻赵

※原文

文信侯①欲攻赵，以广河间，使刚成君蔡泽事燕三年，而燕太子质于秦。文信侯因请张唐相燕，欲与燕共伐赵，以广河间之地。张唐辞曰：“燕者，必径于赵，赵人得唐者，受百里之地。”文信侯去而不快。少庶子甘罗②曰：“君侯何不快甚也？”文信侯曰：“吾令刚成君蔡泽事燕，三年，而燕太子已入质矣。今吾请张卿相燕，而不肯行。”甘罗曰：“臣行之。”文信君叱去曰：“我自行之而不肯，汝安能行之也？”甘罗曰：“夫项橐③生七岁而为孔子师，今臣生十二岁于兹矣！君其试臣，奚以遽言叱也？”

※注释

①文信侯：秦相吕不韦。②甘罗：战国末期秦国下蔡（今属颍上县甘罗乡）人。甘茂之孙，战国时著名的少年英雄。③项橐：传说中的神童。

※译文

文信侯吕不韦想要进攻赵国，来扩大他在河间的封地，他派刚成君蔡泽侍奉燕国，经过三年时间的努力，燕太子丹来到秦国做质子。文信侯又请秦国的张唐到燕国做丞相，想联合燕国进攻赵国，来扩大他在河间的封地。张唐推辞说：“到燕国去必定要经过赵国，而且赵国人正在悬赏捉拿我，抓住我的会得到方圆百里的土地。”文信侯让他退下，心里很不高兴。少庶子甘罗说：“君侯您为了什么事情这么不高兴啊？”文信侯说：“我让刚成君蔡泽侍奉燕国，三年过去了，现在燕国的太子丹已经来到我朝做了质子。今天我请张唐到燕国去做丞相，他竟然不愿意去。”甘罗说：“我能让他去。”文信侯大声呵斥说：“我亲自请他他都不愿意去，你有什么办法能让他去呢？”甘罗说：“过去项橐七岁的时候就能做孔子的老师，何况我今年都十二岁了，君侯何不让我试试，为何没来由地就呵斥我呢？”

※原文

甘罗见张唐曰：“卿之功，孰与武安君？”唐曰：“武安君战胜攻取，不知其数；攻城堕邑，不知其数。臣之功不如武安君也。”甘罗曰：“卿明知功之不如武安君欤？”曰：“知之。”“应侯之用秦也，孰与文信侯专？”曰：“应侯不如文信侯专。”曰：“卿明知为不如文信侯专欤？”曰：“知之。”甘罗曰：“应侯欲伐赵，武安君难之，去咸阳七里，绞而杀之。今文信侯自请卿相燕，而卿不肯行，臣不知卿所死之处矣？”唐曰：“请因孺子而行！”令库具车，厩具马，府具币，行有日矣。甘罗谓文信侯曰：“借臣车五乘，请为张唐先报赵。”见赵王，赵王郊迎。谓赵王曰：“闻燕太子丹之入秦与？”曰：“闻之。”“闻张唐之相燕与？”曰：“闻之。”“燕太子①入秦者，燕不欺秦也；张唐相燕者，秦不欺燕也。秦、燕不相欺，则伐赵，危矣！燕秦所以不相欺者，无异故，欲攻赵而广河间也。今王赍臣五城以广河间，请归燕太子，与强赵攻弱燕。”赵王立割五城以广河间，归燕太子。赵攻燕，得上谷三十六县，与秦什一②。

※注释

①燕太子：战国末燕王喜太子，名丹。秦灭韩前夕，在秦国做质子，因不受礼遇，怨而逃归。秦灭韩、赵之后，丹于公元前227年派荆轲往秦，借献督亢（今河北涿州、易县、固安一带）图，交验樊於期（逃亡在燕的秦将）头的机会，伺机行刺秦王政。事败后，秦急发兵攻燕，拔蓟（今北京）。他率部走保辽东，被燕王喜斩首，奉献秦国。②什一：十分之一。

※译文

甘罗见到了张唐，说：“您认为您的功劳和武安君相比怎么样呢？”张唐说：“武安君战无不胜，攻无不取，取得的胜利，不可胜数，攻下的城池不计其数。我的功劳不如武安君啊。”甘罗说：“您的确认为您的功劳不如武安君吗？”张唐说：“确实认为不如他啊。”“当年应侯范雎执掌秦国的政权，和如今的文信侯相比，哪一个权力更重呢？”张唐说：“应侯不如文信侯的权力重。”甘罗说：“您的确认为应侯不如文信侯的权力重吗？”张唐说：“确实认为不如他啊。”甘罗说：“当年应侯想要进攻赵国，但武安君阻拦他，结果应侯在离咸阳七里的地方，用绞刑杀死了武安君。现在文信侯亲自请您去燕国做丞相，而您不愿意去，我不知道您会死在哪里啊？”张唐说：“请您跟文信侯说我张唐愿意去燕国做丞相。”于是他让管库房的人准备好车，喂马的人准备好马匹，管账的人准备好了费用，选择日子起程。甘罗又去对文信侯说：“请您为我准备好五辆车子，让我先去赵国替张唐疏通关节。”于是甘罗就去见赵王，赵王听说之后亲自到郊外迎接他。甘罗对赵王说：“大王听说燕国的太子丹到秦国做质子的事情了吗？”赵王说：“我已经听说了这件事。”甘罗问：“听说过张唐要来燕国当丞相吗？”赵王说：“听说了。”“燕国的太子丹到秦国做了质子，说明燕国不敢背叛秦国；张唐在燕国做丞相，秦国就不会欺辱燕国。秦、燕两国不互相欺骗，目的就是为了攻打赵国，赵国已经危险了！秦燕两国之所以不互相欺骗，没有其他的原因，只是想要攻打赵国，从而来扩大河间的地盘罢了。如今大王如果能送给我五座城池来扩大河间的地盘，就能让秦国遣返燕国的太子丹，并联合赵国一起攻打燕国。”赵王马上就割让五座城池来扩大河间的地盘，秦国也遣返了太子丹回到了燕国。赵国攻打燕国，得到上谷的三十六个县，分给秦国十分之一的土地。

※读解

俗话说得好，有志不在年高，自古英雄出少年，小甘罗年仅十二岁，就凭借着聪明才智参与到国家政治生活当中来。他的故事，让人读来耳目一新。他的智慧，让我们不由得心生羡慕。他十二岁所做的事情，恐怕我们成年人也做不来。

从他的故事我们可以看出，他对人性的理解之深刻，远远超过了大人对人性的理解。大凡人性当中，有两个方面的取向。有时，人们表现出积极的态度，这时候就要用激励的方式来劝说他做你想让他做的事情。而成功说服他的手段，就是利诱，用实实在在的利益和名声来促使他去做事情。有时，人们表现出消极的态度，这时候就要用恐吓、威胁的方式，促使他去做事情。甘罗对传统和历史有很清楚的了解，他拿过去的人和事来类比，通过恐吓手段促使张唐乖乖地答应到燕国去做丞相。

小甘罗对事情有全面而深刻的把握，他知道说服张唐去燕国做丞相还没有完成整个事情。他又主动请缨，要求出使赵国，靠着自己的智慧和口才，不仅使秦国得到了想要的城邑，扩大了河间的地盘，而且只是凭借和风细雨的谈话就解决了原本需要动用武力覆军杀将血流成河才能完成的事情。由此可见，三寸不烂之舌要顶得上千军万马。

从小甘罗的故事中，我们也可以得到这样的启示：在青少年的教育问题上，我们不应该管得太死，要相信和挖掘孩子的潜力，而不能一切都要依据年龄标准来评判。

文信侯出走

※原文

文信侯出走，与司空马之赵，赵以为守相。秦下甲而攻赵。司空马说赵王曰："文信侯相秦，臣事之，为尚书，习秦事，今大王使守小官，习赵事。请为大王设秦、赵之战而亲观其孰胜。赵孰与秦大？"曰："不如。""民孰与之众？"曰："不如。""金钱粟孰与之富？"曰："弗如。""国孰与之治？"曰："不如。""相孰与之贤？"曰："不如。""将孰与之武？"曰："不如。""律令孰与之明？"曰："不如。"司空马曰："然则大王之国，百举而无及秦者，大王之国亡。"赵王曰："卿不远赵，而悉教以国事，愿于因计。"

司空马曰："大王裂赵之半以赂秦，秦不接刃而得赵之半，秦必悦。内恶赵之守，外恐诸侯之救，秦必受之。秦受地而却兵，赵守半国以自存。秦衔赂以自强，山东必恐；亡赵自危，诸侯必惧。惧而相救，则从事可成。臣请大王约从。从事成，则是大王名亡赵之半，实得山东以敌秦，秦不足亡。"

赵王曰："前日秦下甲攻赵，赵赂以河间十二县，地削兵弱，卒不免秦患。今又割赵之半以强秦，力不能自存，因以亡矣。愿卿之更计。"司空马曰："臣少为秦刀笔①，以官长而守小官，未尝为兵首，请为大王悉赵兵以遇。”赵王不能将。司空马曰：“臣效愚计，大王不用，是臣无以事大王，愿自请。”

※注释

①刀笔：主办文书的官吏，又称刀笔吏。

※译文

文信侯吕不韦被罢免了相国的职位，和司空马一起逃到赵国，赵王让他做了代理相国。秦国调集军队正准备进攻赵国。司空马游说赵王说：“文信侯担任秦国相国的时候，我是侍奉他的下属，做过尚书，因此熟悉秦国的情况。如今大王让我做代理小官，我也熟悉赵国的情况，请大王假设一下秦赵两国之间的战争，来看看哪个国家会取得胜利。依大王看来，赵国和秦国相比而言，哪一个国家强大？”赵王说：“赵国不如秦国强大。”司空马说：“两国的人口相比而言，哪一个国家的人口多？”赵王说：“赵国不如秦国的人口多。”司空马说：“两国的粮食钱币相比而言，哪一个国家更富有？”赵王说：“赵国不如秦国富有。”“两国相比，哪一个国家政治清明、社会安定？”“赵国不如秦国。”“两国的宰相哪一个国家的贤明？”“赵国不如秦国。”“两国的将军哪一个国家的更勇武？”“赵国不如秦国。”“两国相比，哪一个国家的政令更严明？”“赵国的政令不如秦国的政令严明。”司空马说：“既然这样的话，大王的国家在各个方面没有能够比得上秦国的，那么大王的国家要灭亡了。”赵王说：“请先生不要远离赵国而去，请教国家大事，我愿意听从先生的计策。”

司空马说：“如果大王用一半以上的国土来贿赂秦国，秦国兵不血刃就得到半个赵国，必然会非常高兴。对内担心赵国军队的死死防守，对外恐怕各个诸侯国前来救援赵国，秦王一定迫不及待接受割让的土地。秦国得到土地，就会退兵，赵国虽然只剩下了半壁江山，但还可以凭借着自存。秦国得到贿赂的土地就会更加强大，山东各国必然十分恐慌；如果赵国灭亡就会使它们陷入危险的境地，它们一定会惊恐不安，从而出兵援救赵国，这样一来合纵抗秦的事情就可以形成。我请求为大王联络各路诸侯。如果联络成功的话，那么大王虽然名义上失去了半壁江山，但是实质上却得到山东各国的援助来共同抗击秦国，秦国也不难被灭亡了。”

赵王说：“前日秦国派出军队进攻赵国，我为了求得自保，就拿河间十二个县贿赂秦国，国土减少，兵力削弱，最终也免不了秦国军队的患难。现在你又建议割让我一半的国土，来使秦国变得更加强大，赵国更加无力自保，难免因此就会遭受亡国之灾。你还是再想一个别的计策吧。”司空马说：“我年少的时候做过刀笔小吏，做了那么多年了，还是尚书小官，从来没有做过将帅，我请求带领赵国的全部军队去抗击秦国大军。”赵王不肯让司空马做将帅。司空马说：“我只有进献这个愚蠢的计策，大王不愿意采用，这样的话我也没什么能够侍奉大王的了，请允许我离开赵国吧。”

※原文

司空马去赵，渡平原。平原津令郭遗劳而问：“秦兵下赵，上客从赵来，赵事何如？”司空马言其为赵王计而弗用，赵必亡。平原令曰：“以上客料之，赵何时亡？”司空马曰：“赵将武安君，期年而亡；若杀武安君不过半年。赵王之臣有韩仓者，以曲合于赵王，其交甚亲，其为人疾贤妒功臣。今国危亡，王必用其言，武安君必死。”

韩仓果恶之，王使人代。武安君至，使韩仓数①之，曰：“将军战胜，王觞②将军。将军为寿于前而捍匕首，当死。”武安君曰：“缲③病钩，身大臂短，不能及地，起居不敬，恐获死罪于前，故使工人为木材以接手。上若不信，缲请以出示。”出之袖中，以示韩仓，状如振捆，缠之以布。“愿公入明之。”韩仓曰：“受命于王，赐将军死，不赦。臣不敢言。”武安君北面再拜赐死，缩剑将自诛，乃曰：“人臣不得自杀宫中。”过司空马门，趣甚疾，出諔门也。右举剑将自诛，臂短，不能及，衔剑征之于柱以自刺。武安君死。五月赵亡。

平原令见诸公，必为言之曰：“嗟乎，司空马！”又以为司空马逐于秦，非不知也；去赵，非不肖也。赵去司空马而国亡。国亡者，非无贤人，不能用也。

※注释

①数：责备，列举罪状。②觞：向人敬酒。③缲（zuǒ）：病名，臂短屈不能伸。

※译文

司空马离开赵国，从平原津渡过。平源津的长官郭遗得到了消息，就热情地接待了他，并向他问道：“听说秦国的军队正在进攻赵国，您从赵国来，请问战况进行得怎样了啊？”司空马对郭遗讲述了一遍他为赵王出谋划策但又不被赵王采纳的经过，并预料赵国必定要走向灭亡。郭遗说：“那么您预料这件事，赵国到什么时候灭亡啊？”司空马说：“赵王如果能够坚持让武安君李牧做将帅的话，赵国就能支持一年的时间；如果赵王杀掉了武安君，那么赵国不到半年就要灭亡。赵王的大臣当中有个叫韩仓的，对赵王阿谀奉承、曲意逢迎，和赵王非常亲近。他为人妒贤嫉能，常进谗言毒害功臣。现在赵国正处在生死存亡的关头，赵王一定会听信韩仓的话，如果真是这样的话，那么武安君就必死无疑啊。”

韩仓果然对赵王进了谗言，赵王派人取代了李牧将帅的职位。武安君回到了国都之后，赵王就派韩仓前去指责李牧，说："将军在战场上取得了胜利，大王向你敬酒庆祝，但是将军回敬大王的时候，袖套里藏有匕首，犯下这样的罪过应该被处死。"武安君说："我胳膊患了痉挛的疾病，无法伸直，并且我的身躯高大，跪拜的时候双手不能够到地面，我深恐对大王不敬而触犯了死罪，因此就让木工做了一个假臂，大王如果不相信的话，请让我拿出来让大王看看。"于是从袖中取出假肢给韩仓看。那假肢状如木橛，用布条缠着。李牧恳求韩仓向赵王解释一下。韩仓说："我也只是受到大王的差遣，大王赐将军死，绝不赦免，我不敢替你说话。"李牧面朝北方，拜了几拜，感谢赵王赐死，抽出宝剑就准备自杀，但又说："做人臣的不能在宫中自杀。"于是他快步走出宫殿，路过司空马住所的门前。当他前行走出门之后，用右手拿剑打算自杀，但由于他胳膊太短，宝剑无法刺透，于是以嘴咬着剑，将剑柄抵在柱子上自刺而死。李牧死后才过了五个月，赵国就灭亡了。

平原令郭遗见到他的朋友，为司空马而叹惜不已，说："可惜啊！司空马！"司空马为秦所放逐，不是因为他不智慧；离开赵国，也不是因为他不贤能。赵国走了一个司空马，导致国家灭亡，可见国家灭亡，并不是因为没有贤能的人才，原因在于有贤能的人才不被任用罢了。

※读解

本篇的题目是"文信侯出走"，但主角却是司空马，他劝说赵王割让赵国的半壁江山来求得国家的暂时安全，不被接受，于是不得不出走，所以说本篇实际出走的是司空马。面对敌人力量的强大和赵国力量的相对弱小，司空马一心为赵国着想，看透了形势发展的趋势，所以为赵王提出了暂时委曲求全的对外策略，这在当时的形势之下是不得已而为之的。但这样近乎苛刻的条件，是赵王所无法接受的。所以说，司空马是懂得政治的，而赵王却并不懂得。所以赵王只能走上亡国的宿命。

在对赵国和当时各国形势的认识上，司空马表现出了惊人的政治眼光和冷静头脑。也许正所谓"当局者迷，旁观者清"，赵王听信奸臣的话，没有等到敌人来杀，自己就先把能够抵抗强敌的大将杀死。而司空马和赵王在同一个问题上表现出了截然不同的政治观点，这也许和自己所处的地位有关。赵王是国君，国家就是他所以称为国君的基础，要说服他将半壁江山送给敌国，那是很难办到的。而司空马是来自外国的臣子，提出这样的观点也着实让人难以接受。

自古以来，忠臣少有能够善终的，他们一生为国家殚精竭虑，征战沙场，但最终大多死在皇帝的屠刀之下，给历史留下无尽的哀歌。比如李牧，以及后来的韩信、岳飞，等等。

四国为一

※原文

四国[①]为一，将以攻秦。秦王召群臣宾客六十人而问焉，曰："四国为一，将以图秦，寡人屈于内，而百姓靡于外，为之奈何？"群臣莫对。姚贾[②]对曰："贾愿出使四国，必绝其谋，而安其兵。"乃资车百乘，金千斤，衣以其衣，冠带以其剑。姚贾辞行，绝其谋，止其兵，与之为交以报秦。秦王大悦。贾封千户，以为上卿。

※注释

①四国：根据下文可知是燕、赵、吴、楚四国。②姚贾：魏国人，秦始皇的时候在秦国做官。

※译文

燕、赵、吴、楚四个国家联合起来，准备进攻秦国。秦王召集众位大臣和宾客总共六十多人，向他们询问对策。秦王说："现在四个国家联合进攻我国，而我国正处于财力衰竭的时候，外面的战争又接连失利，应该怎么办呢？"大臣们都不知道如何回答。这时姚贾回答说："我愿意替大王出使四个国家，必定能破坏掉他们的阴谋，使他们停止进兵。"于是秦王就给了他战车百辆，黄金千斤，并让他穿戴自己的衣冠，佩带自己的宝剑。姚贾辞别秦王，游说四国，破坏了四个国家联合进攻秦国的谋划，使联军停止进兵，并且和四国建立了友好的外交关系来报效秦国。秦土大为高兴，就封给姚贾一千户的城邑，并让他做了上卿。

※原文

韩非知之，曰："贾以珍珠重宝，南使荆、吴，北使燕、代之间三年，四国之交未必合也，而珍珠重宝尽于内。是贾以王之权、国之宝，外自交于诸侯，愿王察之。且梁监门子，尝盗于梁，臣于赵而逐。取世监门子、梁之大盗、赵之逐臣，与同知社稷之计，非所以厉群臣也。"

王召姚贾而问曰："吾闻子以寡人财交于诸侯，有诸？"对曰："有。"王曰："有何面目复见寡人？"对曰："曾参[①]孝其亲，天下愿以为子；子胥[②]忠于君，天下愿以为臣；贞女工巧，天下愿以为妃；今贾忠王而王不知也。贾不归四国，尚焉之？使贾不忠于君，四国之王尚焉用贾之身？桀听谗而诛其良将，纣闻谗而杀其忠臣，至身死国亡。今王听谗则无忠臣矣。”

※注释

①曾参：鲁国人，孔子的弟子，以孝闻名。②子胥：楚国人，在吴国做官，为吴王夫差进忠言，不被采纳，后为夫差所杀。

※译文

秦国的大臣韩非知道了这件事情，在秦王的面前进言说：“姚贾带着珍珠重宝，向南出使荆、吴两国，向北出使燕、代等地，期间耗费时间长达三年，这四个国家未必真心实意地与秦国结盟，但是我国国库中的珍宝却已经被他分散完了。这实际上是姚贾借大王的权势和我们秦国的珍宝，在外面私自结交各国的诸侯，请求大王对这件事情明察。更何况姚贾不过是魏国国都大梁的一个守门人的儿子，曾经在大梁做过盗贼，虽然他在赵国做过大臣，但是后来被赵国驱逐了。让这么一个看门人的儿子、大梁的盗贼、赵国的逐臣，来和我们秦国的大臣们一起参与商讨国家大事，不是用来勉励群臣的好方法！”

于是秦王招来姚贾，问他说：“我听说你用我秦国的珍宝在外面结交各国诸侯，有这样的事情吗？”姚贾回答说：“有这样的事。”秦王说：“既然有这样的事情，那你还有什么脸面再来见我呢？”姚贾回答说：“过去曾参孝顺他的父母，天下的人都希望有曾参这样的儿子；伍子胥对国君忠诚不贰，天下的诸侯都希望用他这样的臣子；贞女的女工做得精巧，天下的男人都希望娶她这样的女子做妻子。如今我效忠于大王，但大王并不知道，我不把财宝分送给那四个国家，哪还能让他们归服谁呢？如果我对大王不忠诚的话，四个国家的国君凭什么这么信任我呢？夏桀听信谗言就杀死了他的良将关龙逢，纣王听信谗言就杀死了他的忠臣比干，导致了身死国亡。如今大王听信了谗言，就没有忠臣了。”

※原文

王曰：“子监门子，梁之大盗，赵之逐臣。”姚贾曰：“太公望①，齐之逐夫，朝歌之废屠，子良之逐臣，棘津之雠不庸，文王用之而王。管仲②，其鄙人之贾人也，南阳之弊幽，鲁之免囚，桓公用之而伯。百里奚，虞之乞人，传卖以五羊之皮，穆公相之而朝西戎。文公用中山盗，而胜于城濮。此四士者，皆有诟丑，大诽天下，明主用之，知其可与立功。使若卞随、务光、申屠狄，人主岂得其用哉！故明主不取其污，不听其非，察其为己用。故可以存社稷者，虽有外诽者不听；虽有高世之名，而无咫尺之功者不赏。是以群臣莫敢以虚愿望于上。”

秦王曰："然。"乃可复使姚贾而诛韩非。

※注释

①太公望：即姜尚，被周文王发现于渭水边，拜为军师，辅佐周灭商。后被封于齐。②管仲：管夷吾，辅佐齐桓公成为春秋初霸。

※译文

秦王又说道："我听说你是看门人的儿子、大梁的盗贼、赵国的逐臣。"姚贾说："姜太公吕望，只是一个被老婆赶出家门的齐国人，曾在朝歌卖肉，肉都臭了也卖不出去的屠夫；他也是被子良驱逐的家臣，在棘津时出卖劳力但没有人雇用他。文王任用他做自己的辅佐大臣，最终建立了王业。管仲，不过是齐国边邑的一个小商贩，在南阳的时候非常贫穷，在鲁国时曾经做过囚犯，齐桓公任用他辅佐自己，就建立了霸业。百里奚，原来是虞国的一个乞丐，用五张羊皮就被买走了，秦穆公任用他做秦国的丞相，使西戎向秦国朝贡。过去晋文公任用中山国的盗贼，最终在城濮之战中取得胜利。这四个人，都是出身卑贱，身背丑陋的名声，被天下人看不起，但是英明的君主任用他们，是因为他们知道这些人能够为国家立下功劳。如果人人都像卞随、务光、申屠狄那样，做国君的谁任用他们呢？所以英明的君主不会计较做臣子的过去干过什么，不听信别人对他们的非议，而只考察他们是否对自己有用。所以能够安邦定国的英明君主，即使有人在面前诽谤进谗，也不听信他们；有的大臣即使有清高的名声，如果他们没有建立丝毫的功劳，也不会赏赐他们。这样所有做大臣的都不敢用虚名来对大王提出什么要求了。"

秦王说："很好。"于是仍然让姚贾出使各个国家，而诛杀了韩非。

※读解

这是一篇读来让人扼腕和深思的文字，其中涉及了几个重要的命题。

首先是从秦王的立场来说，涉及的是用人的问题。作为一个领导者，在决定任用一个人之前要做一定的考察，从而来保证所任用的人在道德修养上值得信任，在个人能力上能够胜任所交办的工作。既然任用他了，那么就要对他深信不疑，正所谓"疑人不用，用人不疑"。秦王任用姚贾，在心理上应该是相信他的。在能力上，姚贾不负众望，"绝其谋，止其兵，与之为交以报秦"，圆满地完成了任务，避免了秦国遭到四国的联合攻打。

其次是关于嫉妒者的问题。诽谤者是阴险而无耻的，他们的内心被嫉妒的毒蛇所咬噬，万般痛苦。为了解决内心难以忍受的痛苦，于是就想转嫁这种痛苦，因此想出很多恶毒的理由来诽谤他所嫉妒的人，当那人遭到厄运，他们内心才得到一种变态扭曲的快感。韩非就是这样的人，但他的痛苦并没有被成功地转嫁，他在遭受毒蛇咬噬的同时，又被秦王诛杀，死于非命。诽谤的人遭遇到了他本来应该得到的下场。

再者是怎样对待诽谤的问题。从姚贾的角度来说，是本人遭到别人诽谤如何应对的问题。如何化解自己被别人诽谤之后可能遭遇到的灾祸呢？姚贾为我们提供了一个范例。他通过自己的智慧和口才，成功地为自己的正当利益辩护，挽救了自己的生命。从秦王的角度来说，则是领导者如何应对一个下属对另外一个下属进行诽谤的问题。秦王的做法为我们提出了一个范例。他也可能相信了韩非的话，但在姚贾为自己辩护之后，他从中看出了真相，使诽谤者和被诽谤者各得其所：继续相信姚贾而杀死了韩非。

齐策

靖郭君将城薛，客多以谏。靖郭君谓谒者无为客通。齐人有请者曰："臣请三言而已矣！益一言，臣请烹。"靖郭君因见之。客趋而进曰："海大鱼。"因反走。君曰："客有于此。"客曰："鄙臣不敢以死为戏。"君曰："亡，更言之。"对曰："君不闻大鱼乎？网不能止，钩不能牵，荡而失水，则蝼蚁得意焉。今夫齐，亦君之水也。君长有齐阴，奚以薛为？夫齐，虽隆薛之城到于天，犹之无益也。"君曰："善。"乃辍城薛。

靖郭君将城薛

※原文

靖郭君①将城②薛③，客多以谏。靖郭君谓谒者无为客通。齐人有请者曰："臣请三言而已矣！益一言，臣请烹。"靖郭君因见之。客趋而进曰："海大鱼。"因反走。君曰："客有于此。"客曰："鄙臣不敢以死为戏。"君曰："亡，更言之。"对曰："君不闻大鱼乎？网不能止，钩不能牵，荡而失水，则蝼蚁得意焉。今夫齐，亦君之水也。君长有齐阴，奚以薛为？夫齐，虽隆薛之城到于天，犹之无益也。"君曰："善。"乃辍城薛。

※注释

①靖郭君：齐国大臣田婴，封号靖郭君。②城：筑城墙。③薛：靖郭君的封邑，今山东省滕县南四十里。

※译文

靖郭君田婴打算在薛地修筑城墙，很多门客去进谏阻止他。田婴下令负责接待引见的人不许为前来进谏的门客通报。有个齐人门客请求拜见田婴，说："我只说三个字就走，如果多一个字，我情愿领受烹刑。"田婴于是就接见了他。门客快步走到他面前，说："海大鱼。"然后转身就走。田婴赶忙问："先生有话就在这里说吧。"门客说："我不敢拿性命当儿戏。"田婴说："没有的事情，你有话就说。"门客回答说："您不知道海里的大鱼吗？渔网无法让它停止游动，钓钩无法钓到它，但是如果游到了海水之外失去了海水，那么就是小小的蝼蚁也能将它吃掉。同样，现在的齐国也就是您的水。如果您永久地掌管了齐国，就是再有了薛地还能做什么呢？您如果没有了齐国，即使将薛邑的城墙筑到天上去，也起不到什么作用。"田婴说："你说得很对。"于是就停止了在薛地筑城墙的工程。

※读解

本篇为我们提出了一个关于如何劝说不愿意听从别人劝谏的人的问题。劝说这样的人，就不能用一般的方法，而要采用特殊的方法，引起劝说对象的注意和重视。这就需要很高的智慧和巧妙的劝谏方式了。

靖郭君打算大兴土木，加强薛城的城防建设。这一举动引起了邻国的恐惧，同时也引起了身边人的质疑。所以，前来劝阻他的人非常多。但这些人无疑采用的都是一般的劝谏方法，所以无法让态度坚决的靖郭君采纳。

这时候，有个人用一种特殊的方式来劝谏。他求见靖郭君的方式就很特殊，要求只说三个字，多说一个字就情愿领受刑罚。这就引起了靖郭君的注意，想要知道他所要说的三个字是什么。接下来，这个人为靖郭君打了一个比方。他将靖郭君和海里的大鱼类比，用海里的大鱼可能遭到的情况来类比靖郭君可能遭到的情况，这样就把那些曾经来劝谏的人都说过的道理以巧妙的比喻说到了靖郭君的心里，达到了劝谏的目的。这也就应了一句话："以正合，以奇胜。"

靖郭君善齐貌辨

※原文

靖郭君善①齐貌辨。齐貌辨之为人也多疵，门人弗说。士尉以证②靖郭君，靖郭君不听，士尉辞而去。孟尝君又窃以谏，靖郭君大怒，曰："刬而类，破吾家。苟可慊齐貌辨者，吾无辞为之。"于是舍之上舍，令长子御，旦暮进食。

数年，威王薨③，宣王立。靖郭君之交，大不善于宣王，辞而之薛，与齐貌辨俱留。无几时，齐貌辨辞而行，请见宣王。靖郭君曰："王之不说婴甚，公往，必得死焉。"齐貌辨曰："固不求生也，请必行。"靖郭君不能止。

※注释

①善：喜欢，善待。②证：进谏。③薨：古代称诸侯或大官的死叫"薨"。

※译文

靖郭君宠待门客齐貌辨。但齐貌辨为人不拘小节，所以门客们都讨厌他。有个士尉曾劝说靖郭君赶走齐貌辨，靖郭君没有接受他的建议，士尉辞别离去。后来孟尝君田文也在私下里劝说驱逐齐貌辨，没想到田婴却大为生气，说："即使将来有人铲除我的家族、破坏我的家业，只要能够对齐貌辨有好处，我也宁可让他去做。"从那以后田婴给齐貌辨上等的馆舍居住，并且派他的长子为他驾车，朝夕侍候他。

几年以后，齐威王死了，田婴的异母兄宣王继承王位，但田婴和宣王关系不好，于是就离开都城来到了自己的封地薛地，齐貌辨也和他一起来到薛地。没过多久，齐貌辨决定辞别田婴，请求回到齐国去见宣王。田婴说："大王既然非常讨厌我田婴，你这次去见他，必定会被他杀掉。"齐貌辨说："我本来就不求苟且偷生，请您一定要让我去。"田婴无法阻止他，就让他去见宣王。

※原文

齐貌辨行至齐，宣王闻之，藏怒以待之。齐貌辨见宣王，王曰：“子，靖郭君之所听爱夫！”齐貌辨曰：“爱则有之，听则无有。王之方为太子之时，辨谓靖郭君曰：‘太子相不仁，过颐豕视，若是者信反。不若废太子，更立卫姬婴儿郊师①。’靖郭君泣而曰：‘不可，吾不忍也。’若听辨而为之，必无今日之患也。此为一。

“至于薛，昭阳请以数倍之地易薛，辨又曰：‘必听之。’靖郭君曰：‘受薛于先王，虽恶于后王，吾独谓先王何乎！且先王之庙在薛，吾岂可以先王之庙与楚乎’，又不肯听辨。此为二。”宣王太息，动于颜色②，曰：“靖郭君之于寡人一至此乎！寡人少，殊不知此。客肯为寡人来靖郭君乎？”齐貌辨对曰：“敬诺！”

※注释

①郊师：卫姬的儿子，宣王的庶弟。②颜色：脸色。

※译文

齐貌辨来到齐国的都城，宣王听说齐貌辨要来见自己，就掩饰起自己的愤怒来等待齐貌辨。齐貌辨来到宫里拜见宣王，宣王说：“你是靖郭君手下的得意门客，靖郭君是不是什么都听你的呢？”齐貌辨说：“我的确是靖郭君的得意门客，但要说靖郭君什么都听我的，根本没有这样的事。大王还是太子的时候，我对靖郭君说：‘太子的长相不仁，下巴过长，看起来就像一头猪，如果让他做了国君，掌管国家大事的话必然违背正道。所以不如把太子废掉，改立卫姬的儿子郊师做太子。’但是靖郭君哭着说：‘不能这样做，我不忍心这样做啊！’如果靖郭君什么都听我的话，那么靖郭君必定不会有现在这样的遭遇，这是我说的第一个例子。

“至于靖郭君的封地薛地，楚国的相国昭阳请求用几倍的土地来换薛地，我又对靖郭君说：‘您一定要接受这个请求。’靖郭君说：‘从先王那里接受薛地，现在即使和后王的关系不好，却把薛地换给别的国家，将来我死后怎样向先王交代啊？更何况先王的宗庙就在薛地，我难道能将先王的宗庙送给楚国吗？’他又不肯听从我的建议。这是我所说的第二个例子。”齐宣王听了之后不禁长叹一声，脸色也变了，说：“靖郭君对我的感情竟然深到这种程度啊！我太年轻了，对这些事情还是不了解。你愿意替我把靖郭君请回来吗？”齐貌辨回答说：“敬遵王命！”

※原文

靖郭君衣威王之衣，冠舞其剑①，宣王自迎靖郭君于郊，望之而泣。靖郭君至，因请相之。靖郭君辞，不得已而受。七日，谢病强辞。靖郭君辞不得，三日而听。当是时，靖郭君可谓能自知人矣！能自知人，故人非之不为沮②。此齐貌辨之所以外生乐患趣难③者也。

※注释

①衣威王之衣，冠舞其剑：穿上先王齐威王赐的衣服，戴着齐威王赐的帽子，佩着齐威王赐的宝剑。②沮：止。③乐患趣难：乐解人之患，趋救人之难。

※译文

靖郭君穿着齐威王赐给他的衣服，戴着赐给他的帽子，佩着赐给他的宝剑，去见齐宣王，齐宣王亲自到郊外迎接他，望见靖郭君就开始哭泣。靖郭君来到宫里，齐宣王就请他做国相。靖郭君一开始推辞不做，后来推辞不掉就接受了。过了七天，又说自己身体有病坚决要求辞职。一开始还是不被批准，三天之后齐宣王才批准他辞职。到了这个时候，可以说靖郭君是有知人之明的了！自己能够了解别人，所以即使有人非议那个人，他也不会放弃自己的判断。这也就是齐貌辨能够不顾生死、乐于为他排解忧患、迎难而进的原因。

※读解

本篇提出了一个关于如何知人善任的问题。

靖郭君有一个门客叫齐貌辨，靖郭君善待他，但他在其他人当中人缘并不好。所以很多人都来劝谏靖郭君，不要信任齐貌辨，但都被靖郭君骂了回去。

后来靖郭君遭到了现任齐王的冷落，君臣关系破裂。齐貌辨为了报答主子的厚遇之恩，就去拜见齐王，对齐王进行了一番劝说，终于使靖郭君重新得到齐王的信任，缓解了君臣关系。所以从这一点来看，只有靖郭君了解齐貌辨，而其他人都不了解他。

齐貌辨劝说齐王，采用的是抑己扬人的方法，用自己的卑鄙和自私来衬托靖郭君对齐王的忠诚，从而打动了齐王，成功地为靖郭君找回了昔日的恩宠。

成侯邹忌为齐相

※原文

成侯邹忌为齐相，田忌为将，不相说。公孙闬谓邹忌曰："公何不为王谋伐魏？胜，则是君之谋也，君可以有功；战不胜，田忌不进，战而不死，曲桡而诛。"邹忌以为然，乃说王而使田忌伐魏。

田忌三战三胜，邹忌以告公孙闬，公孙闬乃使人操十金[1]而往卜于市，曰："我，田忌之人也，吾三战而三胜，声威天下，欲为大事，亦吉否？"卜者出，因令人捕为人卜者，亦验其辞于王前。田忌遂走。

※注释

①十金：二十两为一金。

※译文

成侯邹忌是齐国的相国，田忌是齐国的将帅，两人关系不好。公孙闬对邹忌说："您为什么不让大王下令，让田忌去率兵攻打魏国？如果打了胜仗，那是您策划得好，您就借此立了大功；如果战败了，田忌即使不战死，回国也必定会被军法处死。"邹忌认为他说得有道理，于是就劝说齐威王下令派田忌去攻打魏国。

田忌三战三胜，邹忌把这件事告诉了公孙闬，公孙闬于是派人带着十斤黄金到市场上找先生占卜，说："我是田忌的属下，现在将军三战三胜，名扬天下，想要谋划大事，不知道吉利不吉利？"前来占卜的人离开后，公孙闬派人逮捕了那个占卜的人，又让他在齐王的面前验证了刚才占卜的卦相。田忌听说之后极为害怕，于是逃走避祸。

※读解

本篇文字非常简短，但却讲述了齐国将相田忌和邹忌之间的恩恩怨怨。从邹忌和门客对田忌的算计，我们看到了身居高位的危险，看到了人性的阴险和丑恶。在既得利益的面前，一些人人性中的狰狞就流露出来，为了利益而不惜置对手于死地而后快。他们为了利益，真是无所不用其极，施展口舌之功，搬弄是非，甚至无中生有。

田忌亡齐而之楚

※原文

田忌亡齐而之楚，邹忌代之相齐，恐田忌欲以楚权复于齐。杜赫曰："臣请为君留楚[1]。"谓楚王曰："邹忌所以不善楚者，恐田忌之以楚权复于齐也。王不如封田忌于江南，以示田忌之不返齐也，邹忌以齐厚事楚。田忌亡人也，而得封，必德王。若复于齐，必以齐事楚。此用二忌之道也。"楚果封之于江南。

※注释

①为君留楚：为邹忌留田忌于楚国，不让他返回齐国。君即邹忌。

※译文

田忌遭到邹忌的诬陷，逃离齐国，来到楚国，邹忌代替他兼任了将军的职位。但他恐怕有一天田忌将要借助楚国的权力，重又回到齐国掌握大权。杜赫对他说："请让我为您将田忌留在楚国。"杜赫对楚宣王说："齐国的相国邹忌之所以不想和楚国交好，是因为他恐怕田忌借助楚国的权力重又回到齐国掌握了大权。大王不如把田忌封官到江南，借此向邹忌表明田忌不会再返回到齐国。邹忌因此感激大王，必定会让齐国善待楚国。田忌是个逃亡避祸的人，如果能够得到封地，必然会非常感激大王。如果他能回到齐国重新掌握大权，也必定会让齐国善待楚国。这就是充分利用邹忌和田忌的完美计策啊！"楚王果然将田忌封到江南。

※读解

田忌遭到邹忌的陷害不得不逃亡到楚国，然而既然如此，还是不被放过。邹忌还是想彻底消除自己的政治对手。可见，政治是非常危险的东西，特别是没有一定智慧的人，是断然不可以跌入到政治的旋涡中的，否则就很可能遭到杀身之祸。田忌驰骋疆场，三战三胜，所向披靡，但他在另外一个战场却并不善战，甚至不曾觉察战争无时无刻不在进行。在政治战场上，他是一个失败者，但在这两种战场上我们都不可以用简单的是非和对错的标准来评判。问题的根源都在我们的人性当中。

邹忌修八尺有余

※原文

邹忌修①八尺有余②，身体昳丽③。朝服衣冠窥镜，谓其妻曰："我孰与城北徐公美？"其妻曰："君美甚，徐公何能及公也！"城北徐公，齐国之美丽者也。忌不自信，而复问其妾曰："吾孰与徐公美？"妾曰："徐公何能及君也！"旦日，客从外来，与坐谈，问之客曰："吾与徐公孰美？"客曰："徐公不若君之美也。"

明日，徐公来。孰视之，自以为不如；窥镜而自视，又弗如远甚。暮，寝而思之曰："吾妻之美我者，私我也；妾之美我者，畏我也；客之美我者，欲有求于我也。"

※注释

①修：长，身高。②八尺有余：这里的尺是周朝的标准，一尺约为二十厘米。③昳丽：光艳美丽。

※译文

邹忌身高八尺多，身体匀称，神采奕奕，长相俊美。一日早晨，他正在穿衣服戴帽子，看着镜子，问他的妻子说："你看我和城北的徐公相比，谁长得更好看？"他的妻子说："您更好看，徐公怎么能和您相比！"城北的徐公，是齐国有名的美男子。邹忌不自信，又去问他的妾说："我和徐公相比谁长得更好看？"他的妾回答说："徐公怎么能和您相比呢！"第二天，有位客人来家中做客，邹忌坐着和他谈话，他又问客人那个问题说："我和徐公相比谁长得更好看？"客人说："徐公没有您长得好看。"

第二天，徐公来邹忌家，邹忌仔细地观察他，自己认为没有徐公长得好看；对着镜子又看看自己，更加觉得自己长得远不如徐公好看。到了晚上，他躺在床上考虑这个问题，说："我的妻子夸我好看，这是她偏爱我；妾夸我好看，这是她害怕我；客人夸我好看，这是他有求于我啊！"

※原文

于是入朝见威王曰："臣诚知不如徐公美，臣之妻私臣，臣之妾畏臣，臣之客欲有求于臣。皆以美于徐公。今齐地方千里，百二十城，宫妇左右，莫不私王；朝廷之臣，莫不畏王；四境之内，莫不有求于王。由此观之，王之蔽甚矣！"王曰："善。"

乃下令："群臣吏民，能面刺①寡人之过者，受上赏；上书谏寡人者，受中赏；能谤议于市朝，闻寡人之耳者，受下赏。"令初下，群臣进谏，门庭若市。数月之后，时时而间进。期年之后，虽欲言，无可进者。燕、赵、韩、魏闻之，皆朝于齐。此所谓战胜于朝廷。

※注释

①刺：指责，讽刺。

※译文

于是邹忌进宫拜见齐威王，说："我的确明白自己没有徐公长得好看，但是我的妻子偏爱我，我的妾害怕我，我的客人有求于我，所以他们都说我长得比徐公好看。

现在齐国疆域方圆千里，有一百二十个城邑，宫中的妃子和左右的侍臣，没有不偏爱大王的；朝中的大臣没有不畏惧大王的；全国上下没有不有求于大王的。由此可见，大王被蒙蔽得非常厉害啊！”齐威王说：“你说得很有道理。”

于是齐威王发布诏令说：“无论是官员还是普通百姓，能当面指责我的过失的，给予上等的赏赐；能上书劝谏寡人的，给予中等的赏赐；能在市场公众中批评朝政得失的，只要我知道的，给予下等的赏赐。”诏令刚颁布的时候，大臣们都来进谏，朝堂前门庭若市。过了几个月之后，时不时地还有来进谏的。但一年之后，即使想来进谏，也没什么可说的了。燕、赵、韩、魏四国听说了这件事，都来齐国朝见。这就是所说的要战胜别的国家，只需要本国政治修明！

※读解

邹忌的确是个富有手腕的政治家，他之所以能够将田忌玩弄于股掌之中，也许是因为他善于思考和揣摩人的心理，从普通的现象中看到一般人所看不到的东西。也正是这些揣摩让他成为不一般的人。

城北徐公和邹忌都是美男子，但不知道两个人谁更俊美一些。一天早晨，邹忌在照镜子的时候突然想到了这个问题。通过询问身边的妻子和小妾，以及前来拜访的客人，他得到了相同的答案：城北徐公比不上自己。而他从这个司空见惯的奉承中，得到了一般的心理学结论来。不仅如此，他还将这个问题联系到国君身上，这可能是他作为臣子整天在揣摩的问题。不过本篇中他的揣摩有正面的意义，不仅通过自己的劝谏使齐王懂得了一个道理，也给我们留下了一段美谈，臣子善于进谏，国君善于纳谏，为后世的君臣和领导下属树立了一个良好的榜样。

秦假道韩魏以攻齐

※原文

秦假道韩、魏以攻齐，齐威王使章子将而应之。与秦交和而舍①，使者数相往来，章子为变其徽章，以杂秦军。候者言章子以齐入秦，威王不应。顷之间，候者复言章子以齐兵降秦，威王不应。而此者三。有司请曰：“言章子之败者，异人而同辞。王何不发将而击之？”王曰：“此不叛寡人明矣，曷为击之？”

※注释

①交和而舍：和，军门。舍，驻扎。指两军相对驻扎并不开战。

※译文

秦军要借道韩、魏两国来攻打齐国，齐威王派章子率领军队迎战秦军。齐国军队和秦国军队对阵驻扎，使者频繁往来，章子把士兵的穿戴变换成秦国士兵的样子，混进秦国军队当中。这时齐国的侦察兵说章子率领齐国军队投降秦国了，齐威王听了之后没有表态。不一会儿，侦察兵又来报告，章子已经率领齐军投降秦国，齐威王听了之后还是没有表态。像这样连续三次。有个官员请求齐威王说："来报告说章子打了败仗的人不同，但他们说的都一样。大王为什么不再派将军发兵攻打他？"齐威王说："章子不会背叛我，这是很明显的，为什么要去攻打他呢？"

※原文

顷间①，言齐兵大胜，秦军大败，于是秦王拜西藩之臣而谢于齐。左右曰："何以知之？"曰："章子之母启得罪其父，其父杀之而埋马栈之下。吾使章子将也，勉之曰：'夫子之强，全兵而还，必更葬将军之母。'对曰："臣非不能更葬先妾也。臣之母启得罪臣之父。臣之父未教而死。夫不得父之教而更葬母，是欺死父也。故不敢。'夫为人子而不欺死父，岂为人臣欺生君哉？"

※注释

①顷间：少时，片刻。

※译文

就在这个时候，侦察兵又来报告，说齐军大获全胜，秦军大败，于是秦惠文王只好自称是西藩的臣子，派使者来向齐国谢罪讲和。齐威王左右的侍臣说："大王怎么知道章子不会投降秦国呢？"齐威王说："章子的母亲启，因得罪了他的父亲，被他的父亲杀死了，埋在马棚下面。我任命章子做将军的时候，曾经勉励他说：'将军的本领强大，过几天大获全胜带兵凯旋之后，一定要改葬将军的母亲。'章子回答说：'我并不是不能改葬先母。只因臣的先母得罪了先父。我的父亲没有说要改葬先母就去世了。如果没有得到父亲的允许就改葬先母，这是欺骗先父的在天之灵。所以我不敢为先母改葬。'作为人子的却不敢欺骗死去的父亲，难道他作为人臣还能欺辱活着的国君吗？"

※读解

本篇说的也是一个关于如何知人善任的问题。齐威王的做法值得我们借鉴。

孝和忠是古代的两大命题，这两大命题之间在古人看来有必然的内在联系。《孝经》认为，孝顺父母的人就一定会忠诚于国君。这一点，在齐威王看来是坚信不疑的。也正是出于这样的认识，他抵挡住了许多人对章子的诋毁和诽谤，一直坚信章子对自己、对国家是忠诚的。因此使诋毁和诽谤的话到他这里就烟消云散了。也正是他的信任，才保证了战场上的胜利，君臣相处，理应如此。

作为现代职场中的领导者，应该学习齐威王知人善任的做法，用正确的态度处理诋毁和诽谤。首先要坚定自己的立场，对所任用的人绝对信任。其次要对流言加以明辨，并置之不理，一切诋毁和诽谤将会自然消除，不会为工作带来不利的影响。

秦伐魏

※原文

秦伐魏，陈轸①合三晋而东，谓齐王曰："古之王者之伐也，欲以正天下而立功名，以为后世也。今齐、楚、燕、赵、韩、梁六国之递甚也，不足以立功名，适足以强秦而自弱也，非山东之上计也。能危山东者，强秦也。不忧强秦，而递相罢弱，而两归其国于秦，此臣之所以为山东之患。天下为秦相割，秦曾不出力；天下为秦相烹，秦曾不出薪②。何秦之智而山东之愚耶？愿大王之察也。

※注释

①陈轸：齐国人，游说之士，曾经在秦国、楚国、魏国做官。②薪：柴火。

※译文

秦国进攻魏国，陈轸联合韩、赵、魏三国的军队之后往东到齐国，对齐王说："古代的圣王发动军队征伐，是想要匡正天下建立功名，是为了造福后世。现在齐、楚、燕、赵、韩、魏六国之间互相攻伐，不但不足以建立功名，而且会让秦国强大起来，而使本国走向衰弱，这绝对不是崤山以东各个诸侯国所应该采取的好计策。能够灭亡崤山以东各个诸侯国的，是强大的秦国。如今六国不但不为强大的秦国感到忧虑，反而彼此之间互相削弱，必定两败俱伤，最终被秦国吞并，这是我为崤山以东六国所忧虑的原因所在。各国的诸侯竞相割让土地给秦国，而秦国不用耗费力量；各国的诸侯竞相为秦国烹煮自己，而秦国连柴火都不必出。秦国是多么聪明，而崤山以东的六国又是多么愚蠢啊！希望大王能清晰地认识到这一点。

※原文

"古之五帝、三王、五伯①之伐也，伐不道者。今秦之伐天下不然，必欲反之，主必死辱，民必死虏。今韩、梁之目未尝干，而齐民独不也，非亲齐而韩、梁疏也，齐远秦而韩、梁近。今齐将近矣！今秦欲攻梁绛、安邑②，秦得绛、安邑以东下河，必表里河而东攻齐，举齐属之海，南面而孤楚、韩、梁，北向而孤燕、赵，齐无所出其计矣，愿王孰虑之。

“今三晋已合矣，复为兄弟约，而出锐师以戍梁绛、安邑，此万世之计也。齐非急以锐师合三晋，必有后忧。三晋合，秦必不敢攻梁，必南攻楚。楚、秦构难，三晋怒齐不与己也，必东攻齐。此臣之所谓齐必有大忧，不如急以兵合于三晋。”齐王敬诺，果以兵合于三晋。

※注释

①五帝、三王、五伯：五帝，相传上古有五位帝王，说法不一。一种说法认为是伏羲、神农、黄帝、尧、舜；一种说法认为是黄帝、颛顼、帝喾、尧、舜。三王，传说中的上古部落酋长，有多种说法：伏羲、神农、燧人氏；伏羲、神农、黄帝；伏羲、神农、女娲等。五伯，即五霸，指春秋时期势力最大、相继称霸的五个诸侯，也有不同的说法，通常指齐桓公、晋文公、秦穆公、宋襄公、楚庄王。②绛、安邑：绛，春秋时期晋国的都城新田，今山西省曲沃县西南的侯马镇。安邑，魏国的故都，今山西省夏县西北。

※译文

“古时候的五帝、三皇和五霸所进行的征伐，讨伐的都是无道的君王。但是如今秦国征伐天下却不是这样的，却和古时候恰恰相反，这样一来，亡国的国君必定死于屈辱，亡国的百姓必定死于俘虏。现在韩、魏两国百姓的眼泪还没有流干，只有齐国的百姓还没有惨遭秦国的掳掠，但这并不是因为齐国和秦国关系好，而韩、魏与秦国关系不好所造成的，只是因为齐国离秦国远，而韩、魏两国离秦国近。如今齐国离遭遇战祸也已经越来越近了！因为现在秦国正想要攻打魏国的绛邑和安邑，秦国攻取了绛邑和安邑，再继续沿黄河往东进兵，必定进攻齐国，占据齐国的土地直到东海边上，接着向南进兵，使韩、魏、楚三国陷于孤立，向北进兵使燕、赵两国陷于孤立，这样一来，齐国就无计可施了，希望大王慎重考虑这件事。

“如今韩、魏、赵三国已经联合在一起了，重新成为兄弟盟国，而且相约共同派出精兵去保卫魏国的绛邑、安邑，这都是长远的计策啊！齐国如果不马上也派出精兵联合韩、赵、魏三国的军队，那么齐国必定会有后顾之忧。韩、赵、魏三国军队联合，秦国必然不敢攻打魏国，而是往南攻打楚国，楚、秦一旦爆发战祸，那么韩、赵、魏三国怨恨齐国不肯支援自己，必然出兵进攻齐国。这就是我所说的齐国必有大忧患，所以说齐国不如马上派军队联合韩、赵、魏三国。”齐宣王郑重地采纳了陈轸的计策，果然派军队联合韩、赵、魏三国。

※读解

战国后期，秦国实行远交近攻的外交策略，统一六国已经成为其既定的战略目标。从历史发展的规律来看，全国的统一也是不可阻挡的大趋势。秦国发动对六国的战争，有步骤地消灭六国，实现其战略目标。远交近攻的战略，具体来说就是联合东方的齐国，攻打与秦国相邻的韩、魏等国。

作为六国，在秦国强大的攻势之下，只有合纵，联合起来共同抵抗强秦的虎狼之师才能求得国家的生存。

公元前 298 年，秦国攻打魏国，陈轸在魏国任职。他主张合纵，代表魏国的利益联合了韩、赵、魏三国的军队之后，进而向东，打算继续联合齐国的军队，壮大抗秦队伍。于是他就去游说齐王，使他派军队加入联军。但齐王并不同意派兵。

陈轸就列举了三种截然不同的战争，来让齐王认识到派兵的重大意义。这三种战争分别是：一是古代帝王为了讨伐无道而发动的战争，可以“正天下而立功名”。二是六国之间的互相征伐攻打，这无异于自相残杀，然后让秦国来坐收渔翁之利。三是秦国所发动的侵略战争，使六国“主辱而民死”。他在此基础上指出，如果秦国攻下了韩国和魏国，那么齐国就危险了。然后又为齐王分析了不派兵加入联军的危害，恐吓齐王听信了他的计策。

苏秦为赵合从说齐宣王

※原文

苏秦为赵合从，说齐宣王曰：“齐南有太山，东有琅琊，西有清河，北有渤海，此所谓四塞之国也。齐地方二千里，带甲数十万，粟如丘山。齐车之良，五家之兵，疾如锥矢，战如雷电，解若风雨，即有军役，未尝倍[①]太山、绝清河、涉渤海也。临淄之中七万户，臣窃度之，下户三男子，三七二十一万，不待发于远县，而临淄之卒，固以二十一万矣。临淄甚富而实，其民无不吹竽、鼓瑟、击筑、弹琴、斗鸡、走犬、六博、蹹踘[②]者；临淄之途，车毂击，人肩摩，连衽成帷，举袂成幕，挥汗成雨；家敦而富，志高而扬。夫以大王之贤是与齐之强，天下不能当。今乃西面事秦，窃为大王羞之。

※注释

①倍：通"背"。这里说背对泰山，即越过的意思。②蹴鞠：类似现代的足球的一种运动，流行于战国时期。蹴鞠用皮做成，里面填满毛发。

※译文

苏秦为赵国推行合纵策略，到齐国游说齐宣王说："齐国南面有泰山，东面有琅琊山，西面有清河，北面有渤海，这就是所说的四周有要塞的国家。齐国土地方圆两千里，拥有几十万的兵力，粮食多得堆积如山。齐国战车精良，又有五国军队的支援，投入战斗就像射出去的箭一样快，拼杀起来就像雷电一样迅猛，解散撤退就像风收雨住一样利索；即使发生对外战争，敌军也从没有越过泰山、渡过清河、跨过渤海。临淄有百姓七万户，我私下里估算了一下，平均每户有三名男子，三七就是二十一万，不需要征调远方的兵力，而临淄一城的士卒就可以组成二十一万人的大军。临淄的百姓非常富有，这里的百姓没有不会吹竽、鼓瑟、击筑、弹琴、斗鸡、斗犬、赌博、蹴鞠的；临淄的道路上穿行的车辆车轴相碰、来往的行人摩肩接踵，把衣襟连起来可成帷帐，把衣袖举起来可成幔幕，大家都挥一把汗就如同下雨；每一家生活都殷实富裕，人们都士气高昂。就凭借着大王的贤明和齐国的富强，天下的诸侯都不敢跟齐国相抵抗。但现在却要到去侍奉西面的秦国，我私下里真是为大王感到羞愧。

※原文

"且夫韩、魏之所以畏秦者，以与秦接界也。兵出而相当，不至十日，而战胜存亡之机决矣。韩、魏战而胜秦，则兵半折，四境不守；战而不胜，以亡随其后。是故韩、魏之所以重与秦战而轻为之臣也。

"今秦攻齐则不然，倍韩、魏之地，至闱阳晋之道，径亢父[①]之险，车不得方轨，马不得并行，百人守险，千人不能过也。秦虽欲深入，则狼顾，恐韩、魏之议其后也。是故恫疑虚猲，高跃而不敢进，则秦不能害齐，亦已明矣。夫不深料秦之不奈我何也，而欲西面事秦，是群臣之计过也。今无臣事秦之名，而有强国之实，臣固愿大王少留计。"

齐王曰："寡人不敏，今主君以赵王之教诏之，敬奉社稷以从。"

※注释

①亢父：卫国的城邑，在今山东省郓城西。

※译文

“更何况韩、魏两国之所以畏惧秦国，是因为他们跟秦国接壤。秦国发动军队攻打韩、魏，用不了十天的时间，战争胜败国家存亡的命运就已经决定了。如果韩、魏两国能够战胜秦军，那么韩、魏两国的军队必然要损失一半，四面的边境也就无法防守；如果韩、魏两国的军队战败了，那么接下来就是灭亡了。这样一来，韩、魏两国就不敢轻易地和秦国开战，而是轻易地向秦国称臣了。

“如果现在秦国进攻齐国，就不是这个样子了，因为在秦国的背后有韩、魏两国扯秦的后腿，同时秦军必然经过卫地阳晋的要道和亢父的险阻，在那里车马不能并行，只要有一百个人守住天险，即使一千个人也无法通过。秦国军队即使想要深入进去，但是还必须顾及后方，恐怕韩、魏两国的军队从后面商量着偷袭它。所以秦兵只能虚张声势说要攻打齐国，但是实际上却犹疑不决不敢进攻，可见秦国不会对齐国造成伤害，这也已经是很明显的了。大王不深入地估量秦国其实奈何不了齐国，却要往西去侍奉秦国，这是群臣在谋划上的失误。如今齐国没有像附属国一样侍奉秦国的义务，而是具有强国的实力，我请求大王稍微加以考虑。”

齐宣王说：“寡人不聪敏，今天你拿赵王的诏命赐教，我愿敬奉国家听从你的计策。”

※读解

战国时期，齐国是六国当中的大国，曾经和秦国分别称霸。而对于合纵派来说，齐国的加入对增强合纵联盟的力量有非常大的作用，所以苏秦为了实现他合纵联盟的理想，前来游说齐王，想让齐国加入联盟，共同抵抗秦国。

《战国策》中有一篇苏秦游说秦国实行连横政策和几篇游说六国参加合纵联盟的文字，所用的游说策略大体上是相同的，都体现了苏秦极尽铺张渲染之能事，充分展现了语言和修辞的巨大力量。除了劝说秦王实行连横政策由于时机不到没有成功之外，他劝说六国参加合纵基本上都成功了。苏秦的演说，为我们学习劝说别人的技巧和提高我们的论辩能力提供了范例。

张仪为秦连横齐王

※原文

张仪为秦连横齐王曰：“天下强国无过齐者，大臣父兄殷众富乐，无过齐者。然而为大王计者，皆为一时说而不顾万世之利。从人①说大王者，必谓齐西有强赵，南有韩、魏，负海之国也，地广人众，兵强士勇，虽有百秦，将无奈我何！大王览其说，而不察其至实。

※注释

①从人：主张合纵政策的人。

※译文

张仪为了秦国的连横策略，到齐国游说齐宣王说："天下的强国没有能超过齐国的，大臣和宗亲都殷实众多富足安乐，这没有哪个国家能超过齐国的。然而为大王出谋划策的人，都在谈论眼前一时的安定，却不顾齐国长远的利益。那些主张合纵而游说大王的人，必定说齐国是一个西面有强大的赵国，南面有韩国和魏国，东面背靠大海的国家，土地辽阔，百姓众多，兵士勇猛善战，即使有一百个秦国，也不能奈何得了齐国。大王只是看到了他们所说的那些，却没有看到事情的实质所在。

※原文

"夫从人朋党比周①，莫不以从为可。臣闻之，齐与鲁三战而鲁三胜，国以危，亡随其后，虽有胜名而有亡之实，是何故也？齐大而鲁小。今赵之与秦也，犹齐之与鲁也。秦、赵战于河漳之上，再战而再胜秦；战于番吾之下，再战而再胜秦。四战之后，赵亡卒数十万，邯郸仅存。虽有胜秦之名，而国破矣！是何故也？秦强而赵弱也。今秦、楚嫁子取妇，为昆弟之国；韩献宜阳，魏效河外，赵入朝黾池②，割河间以事秦。大王不事秦，秦驱韩、魏攻齐之南地，悉赵涉河关，指搏关，临淄、即墨非王之有也。国一日被攻，虽欲事秦，不可得也。是故愿大王孰计之。"

齐王曰："齐僻陋隐居，托于东海之上，未尝闻社稷之长利。今大客幸而教之，请奉社稷以事秦。"献鱼盐之地三百于秦也。

※注释

①朋党比周：朋党指同类的人为了私利结合成小集团。后世专指政治斗争中结合而成的派别、团体。如唐朝中叶有牛僧孺、李德裕的朋党之争，宋仁宗时，欧阳修、尹洙、余靖等也被人视为朋党。比周，结党营私。②黾池：地名，即现在的河南省渑池县。

※译文

"主张合纵的人都互相结党，没有认为合纵的策略不好的。我听说，齐国和鲁国打了三次，而鲁国胜了三次，但鲁国紧随其后地灭亡了。即使有了战胜的名声，却陷入了灭亡的事实，这是什么原因呢？因为齐国大而鲁国小。如今赵国和秦国相比，就如同鲁国和齐国。秦、赵两国的军队在漳水之上交战，打了两次，两次都战胜了秦国；后来又在番吾山之下交战，还是打了两次，两次都战胜了秦国。但四次战争之后，赵国损失了几十万士兵，仅仅剩下都城邯郸了。即使有了战胜秦国的名声，但是赵国却因此走向衰败。这是什么原因呢？是因为秦国强大而赵国弱小。现在秦、楚两国之间互通婚姻，结成兄弟盟国；韩国献出宜阳，魏国献出河外给秦国，赵国到秦邑渑池去给秦国朝贡，并且割让河间侍奉秦国。如果大王不侍奉秦国，秦国就会驱使韩、魏两国攻打齐国的南部地区，然后还将全部征调赵国之兵渡过河关，长驱直入进攻搏关，这样一来临淄和即墨就不归大王所有了。国家一旦被攻破，即使想要再侍奉秦国，也是不可能的了。因此希望大王慎重考虑这件事。”

齐宣王说：“齐国地处边远偏僻的地方，而且东临大海，还没有考虑过国家的长远利益。今天有幸得到贵客的赐教，寡人愿意奉国家来侍奉秦国。”于是齐国割让出产鱼盐的土地方圆三百里给秦国。

※读解

继苏秦游说齐王之后，主张连横的张仪又代表秦国的利益来游说他，希望齐国放弃合纵政策，亲善秦国。

苏秦自从促成六国合纵联盟之后，知道虽然取得了荣华富贵，但要想长期占据要位，长期保持荣华富贵的生活，却需要能够有人和他的合纵政策相抗衡，使自己长期得到六国的需要。所以他寻找能够破坏合纵政策的对手。当他游说燕国和赵国成功之后，就开始担心秦国会突然袭击赵国，破坏了自己经过努力终于促成的联盟。但另一方面他又担心合纵政策一旦实现，就没有什么事情可做了。于是他找来同学张仪，想让他到秦国去，推迟秦国向六国发动战争的时间，将张仪培养成为自己的对手。

当时的张仪还是一介平民，在苏秦的邀请之下，到苏秦那里谋求富贵。张仪来到苏秦那里，苏秦对他百般刁难和侮辱。在苏秦的激将法之下，张仪羞愤而去，来到秦国，向秦国献连横破纵的计策，和苏秦唱起了对台戏。

本篇写的是张仪来到齐国，游说齐王。张仪向齐王强调了国家力量的重要意义，强调国家力量要比一两次战争的胜败更为重要。他极力宣扬秦国力量的强大，要求齐国向秦国称臣，割地以求得国家的安全。

张仪一边论证秦国连横政策，以及其他国家在和秦国的斗争过程中逐渐失去了强国的地位，逐渐衰落下去的事实，一边不忘分散合纵，攻击合纵政策的错误和不合时宜。

随着秦国力量的逐渐增强，张仪的游说态度也越来越强硬，一边拉拢，一边恐吓威胁。最后，齐王不得不慑服于秦国的淫威，通过割地来取得暂时的安全。

张仪事秦惠王

※原文

张仪事秦惠王。惠王死，武王立，左右恶张仪，曰："仪事先王不忠。"言未已，齐让①又至。

张仪闻之，谓武王曰："仪有愚计，愿效之王。"王曰："奈何？"曰："为社稷计者，东方有大变，然后王可以多割地。今齐王甚憎张仪，仪之所在，必举兵而伐之。故仪愿乞不肖身而之梁，齐必举兵而伐之。齐、梁之兵连于城下，不能相去，王以其间伐韩，入三川，出兵函谷而无伐，以临周，祭器②必出，挟天子，案图籍③，此王业也。"王曰："善。"乃具革车三十乘，纳之梁。

※注释

①让：责问，责备。②祭器：祭祀时用的器具。③图籍：地图和户籍。

※译文

张仪侍奉秦惠文王。秦惠文王死后，继承王位的秦武王左右的侍臣向他诋毁张仪，说："张仪侍奉先王不忠诚。"这件事情还没有过去，齐国的使者又前来谴责秦武王的罪过，指责他不应该重用张仪。

张仪听说这件事情，对秦武王说："我有一条愚计，愿意进献给大王。"秦武王说："什么计策？"张仪说："为国家社稷考虑，崤山以东的六国发生大的变动，这样之后大王多获得六国的割地。如今齐王憎恨我，无论我在哪里，他必然会发动军队来攻打到哪里。所以我愿意乞求以我这不肖之身到魏国去，齐国必定发动军队攻打魏国。当齐、魏两国的军队在大梁城下开战，都无法脱身的时候，大王可趁机攻打韩国，进入三川，使秦兵虽然发动军队出函谷关时能够无所阻拦，逼近两周边境，天子的祭器必然要献出来，然后挟天子，按图籍，称王天下，这是成就帝王霸业的好机会啊！"秦武王说："好。"于是派出三十辆兵车，将张仪送到魏国的都城大梁。

※原文

齐果举兵伐之。梁王大恐。张仪曰："王勿患，请令罢齐兵。"乃使其舍人冯喜之楚，藉使之齐。齐、楚之事已毕，因谓齐王：“王甚憎张仪，虽然，厚矣王之托仪于秦王也。”齐王曰：“寡人甚憎张仪，仪之所在，必举兵伐之，何以托仪也？”

对曰：“是乃王之托①仪也。仪之出秦，固与秦王约曰：‘为王计者，东方有大变，然后王可以多割地。齐王甚憎仪，仪之所在，必举兵伐之。’‘故仪愿乞不肖身而之梁，齐必举兵伐梁。梁、齐之兵连于城下不能去，王以其间伐韩，入三川，出兵函谷而无伐，以临周，祭器必出，挟天子，案图籍，是王业也。’秦王以为然，与革车三十乘而纳仪于梁。而果伐之，是王内自罢而伐与国，广邻敌以自临，而信仪于秦王也。此臣之所谓托仪也。”王曰：“善。”乃止。

※注释

①托：抬举。

※译文

齐王果然发动军队攻打魏国。魏王大为惊恐。张仪说：“大王不要忧虑，请允许我让齐国退兵。”于是张仪派他的门客冯喜到楚国去，冯喜以楚国使者的身份出使齐国。冯喜处理完齐、楚之间的事务，就对齐王说：“大王十分憎恨张仪，既然如此，大王为什么还要在秦王面前这么抬举张仪呢？”齐王说：“我非常憎恨张仪，张仪在哪里，我一定攻打到哪里，你怎么说我抬举张仪呢？”

冯喜说：“这正是大王抬举张仪。张仪离开秦国的时候，本来就和秦武王密谋说：‘为大王考虑，崤山以东的六国发生大的变动，这样之后大王多获得六国的割地。如今齐王非常憎恨我，无论我在哪里，他必然会发动军队来攻打到哪里。’‘所以我愿意乞求以我这不肖之身到魏国去，齐国必定发动军队攻打魏国。当齐、魏两国的军队在大梁城下开战，都无法脱身的时候，大王可趁机攻打韩国，进入三川，使秦兵虽然发动军队出函谷关时能够无所阻拦，逼近两周边境，天子的祭器必然要献出来，然后挟天子，按图籍，称王天下，这是成就帝王霸业的好机会啊！’秦王认为他说得很有道理，就用三十辆兵车将张仪送到了大梁。而大王果然发动军队来攻打魏国，这样一来，就使贵国百姓疲弊，并攻打自己的盟国，树立了很多的敌人，而使自己陷入了不利的境地，而且使张仪更加受到秦王的宠信。这就是我所说的抬举张仪。”齐王说：“说得对。”就下令停止攻打魏国。

※读解

张仪凭借自己的努力和三寸不烂之舌，在秦国取得了荣华富贵，但同时遭到了同僚的嫉妒。秦惠文王死后，秦武王继位。张仪的势力和地位受到威胁。除了来自同僚在新王面前的诽谤和诋毁，同时他也遭到了来自其他诸侯国的指责。

张仪是靠自己的能力取得现有的荣华富贵的，虽然由于秦国朝廷政治的变化给自己带来不利影响，但他还是靠着自己的努力保全了自己所取得的一切，并进一步取得了新王的信任。

昭阳为楚伐魏

※原文

昭阳①为楚伐魏，覆军杀将得八城。移兵而攻齐。陈轸为齐王使，见昭阳，再拜贺战胜，起而问："楚之法，覆军杀将，其官爵何也？"昭阳曰："官为上柱国②，爵为上执圭③。"陈轸曰："异贵于此者何也？"曰："唯令尹耳。"陈轸曰："令尹贵矣！王非置两令尹也，臣窃为公譬可也。楚有祠者，赐其舍人卮酒。舍人相谓曰：'数人饮之不足，一人饮之有余。请画地为蛇，先成者饮酒。'一人蛇先成，引酒且饮之，乃左手持卮，右手画蛇，曰：'吾能为之足。'未成，一人之蛇成，夺其卮曰：'蛇固无足，子安能为之足。'遂饮其酒。为蛇足者，终亡其酒。今君相楚而攻魏，破军杀将得八城，又移兵，欲攻齐，齐畏公甚，公以是为名居足矣，官之上非可重也。战无不胜而不知止者，身且死，爵且后归，犹为蛇足也。"昭阳以为然，解军而去。

※注释

①昭阳：楚国的大将，掌管军事大权。②上柱国：官名，楚国最先设立，为国家最高武官。唐朝以后，为勋官称号。③上执圭：先秦时诸侯国最高爵位名。圭，上尖下长方形的贵重玉器。

※译文

楚国的大将昭阳率领楚国军队进攻魏国，打败了魏国的军队，杀了魏军的将领，攻取了八座城池。然后，又调动军队转战攻打齐国。陈轸担任齐王的使者，会见昭阳，拜了两拜之后，向他祝贺楚军取得的胜利，起来向昭阳问道："依照楚国的法律，打败敌军杀死敌将会封什么官爵？"昭阳说："官可以被封为上柱国，爵可以被封为上执圭。"陈轸说："比这更尊贵的官爵还有什么？"昭阳说："那就只有令尹了。"陈轸说："令尹是最尊贵的官位啊！但是楚王是不会设置两个令尹的，我私下可以为将军打个比方。楚国有个贵族祭祀祖先，把一壶酒赐给他的门客。门客商量说：‘只有一壶酒，几个人不够喝，一个人喝不完。请大家都在地上画一条蛇，谁先画成谁一个人喝这壶酒。’其中有一个门客先完成了，把酒壶拿在手里正准备喝，左手拿着酒，右手还在地上画蛇，说：‘我还能为蛇添上脚呢。’蛇足还没有添完，另外一个门客的蛇也画好了，夺过他手中的酒壶，说：‘蛇本来是没有脚的，你怎么能硬给它添上脚呢？’说完就将酒喝完了。而画蛇脚的那个门客最终也没有喝到酒。如今将军辅佐楚王攻打魏国，打败了魏国的军队，杀了魏军的将领，攻取了八座城池，又转战想要攻打齐国，齐国人非常害怕您，就凭这些，将军足以立身扬名了，而在官位上是不会再有什么加封的。战无不胜却不懂得适可而止的人，只会招来杀身之祸，官爵也将被别人所占有，就像画蛇添足一样！”昭阳认为他说得有道理，就撤兵离去了。

※读解

本篇提到了一个著名的寓言故事：画蛇添足。做事情要掌握适度的原则，如果在取得一定成绩之后不知道适可而止，那么在前面等待你的可能就是失败和灾祸。

公元前323年，楚国大将昭阳率领楚国军队打败了魏国军队，取得了进攻胜利之后，他似乎上了瘾，转而又攻打齐国。陈轸代表齐国的利益前去劝说昭阳停止军事行动，适可而止，不要做画蛇添足的事情。从本篇我们可以得到这样的启示，在劝谏别人的时候，如果讲一个贴切的寓言故事，往往要比单纯地讲道理更能深入人心，也能取得更好的效果。

秦攻赵长平

※原文

秦攻赵长平，齐、燕救之。秦计曰：“齐、燕救赵，亲，则将退兵；不亲，则且遂攻之。”赵无以食，请粟于齐，而齐不听。周子①谓齐王曰：“不如听之以却秦兵，不听则秦兵不却，是秦之计中，而齐、燕之计过矣。且赵之于燕、齐，隐蔽也，犹齿之有唇也，唇亡则齿寒。今日亡赵，则明日及齐、楚矣。且夫救赵之务，宜若奉漏瓮，沃焦釜。夫救赵，高义也；却秦兵，显名也。义救亡赵，威却强秦兵，不务为此，而务爱粟，则为国计者过矣。”

※注释

①周子：《战国策》中以周子指称苏秦。

※译文

秦国攻打赵国的长平，齐、燕两国发兵援救赵国。秦王分析说："齐、燕两国来救赵国，如果它们联合作战，我就退兵；如果他们不联合在一起，我就趁势攻打它。"赵军没有了粮食，派人向齐国借粮，但是齐王不答应借粮。周子对齐王说："大王不如把粮米暂借赵国，让他击退秦兵，如果不借的话，秦国就不会退兵。这样一来就中了秦国的计谋，而齐、燕两国的计策就落空了。而且赵对于燕、齐两国来说，正是阻挡秦国的天然屏障，这正如同牙齿和嘴唇的关系一样，没有了嘴唇，牙齿就会感到寒冷。今天赵国遇到亡国的灾祸，明天亡国的灾祸就会降临到齐、楚两国头上。因此救援赵国就如同捧着漏瓮来浇灭烧焦的锅一样，是当务之急啊！再说救赵是一种高尚的义举，能打退秦国，也可以使名声显耀。仗义援救面临危亡的赵国，以我国的威力打退强大的秦国军队，若不来做这件事，却只是吝啬粮食，这是国家战略决策的失误啊！"

※读解

秦国攻打赵国的长平，按照合纵联盟的约定，齐国和燕国来救援赵国。秦国针对这种情况，决定采取灵活的策略，如果齐国和燕国联合作战，就退兵，否则的话就继续攻打。在战争进行过程中，赵国的军队断了粮食，要向齐国借。但是齐国并不想借粮食给赵国。在这种情况下，齐国的谋臣周子劝谏齐王，希望齐王将粮食借给赵国，以此来保全赵国。他指出，赵国和齐国是嘴唇和牙齿的关系，如果齐国不借粮食给赵国，就会使赵国亡国；赵国一旦亡国，那么秦国下一个侵略的目标就是齐国。

"唇亡齿寒"的比喻生动而贴切，恰如其分地表明了赵国和齐国之间的地理位置关系。所以也就有效地起到了说服的作用，使齐王答应了借给赵国粮食，通过保全赵国来保全齐国。现在，"唇亡齿寒"已经成为一个成语，形容两件事物之间相互依附、不可分割的关系。

楚王死

※原文

楚王死①，太子在齐质。苏秦谓薛公②曰："君何不留楚太子以市其下东国③？"薛公曰："不可，我留太子，郢中立王，然则是我抱空质④而行不义于天下也。"苏秦曰："不然，郢中立王，君因谓其新王曰：'与我下东国，吾为王杀太子，不然，吾将与三国共立之。'然则下东国必可得也。"

苏秦之事，可以请行；可以令楚王亟入下东国；可以益割于楚；可以忠太子而使楚益入地；可以为楚王走太子；可以忠太子，使之亟去；可以恶苏秦于薛公；可以为苏秦请封于楚；可以使人说薛公以善苏子；可以使苏子自解于薛公。

※注释

①这里的楚王是楚怀王，被张仪所欺骗，到秦国和秦武王相会，被秦国挟持，死在秦国。②薛公，即孟尝君田文。③下东国，楚国的东部城邑，靠近齐国。④抱空质，意思是说楚自立国君，楚国在齐国的质子就没有用处了。

※译文

楚怀王死在了秦国，而这个时候太子正在齐国充当质子。苏秦就对担任齐国相国的孟尝君田文说："您为什么不扣留楚国太子，用他和楚国交换下东国的土地呢？"孟尝君说："我不能这样做，如果我扣留了楚国太子，而楚国又册立了新的国君，这样的话我就白白挟持了一个质子，还会落下不义的名声。"苏秦说："事情不是这样的，楚国一旦册立新的国君，您就可以挟持着太子对新册立的楚王说：'如果楚国能割让下东国的土地，我就为大王杀掉太子，如果不这样的话，我就要联合秦国、韩国和魏国，共同拥立太子做楚国的国君。'这样下东国的土地必定能够得到。"

仔细考虑苏秦的计谋，它可以请求出使楚国；可以迫使楚王尽快割让下东国的土地给齐国；可以继续让楚国割让更多的土地给齐国；可以假装忠于太子，迫使楚国增加割让土地的数量；可以替楚王赶走太子；可以假装替太子着想而让他离开齐国；可以借此事在孟尝君那里诋毁自己趁机取得楚国的封地；也可以让人说服孟尝君善待苏秦，也可以用苏秦自己的计谋来解除孟尝君对自己的戒心。

※原文

苏秦谓薛公曰："臣闻'谋泄者事无功，计不决者名不成'。今君留太子①者，以市下东国也。非亟得下东国者，则楚之计变，变则是君抱空质而负名与天下也。"薛公曰："善。为之奈何？"对曰："臣请为君之楚，使亟入下东国之地。楚得成，则君无败矣。"薛公曰："善。"因遣之。

谓楚王曰："齐欲奉天子而立之。臣观薛公之留太子者，以市下东国也。今王不亟入下东国，则太子且倍王之割而使齐奉己。"楚王曰："谨受命。"因献下东国。故曰可以使楚亟入地也。

谓薛公曰："楚之势，可多割也。"薛公曰："奈何？""请告太子其故，使太子谒之君，以忠太子，使楚王闻之，可以益入地。"故曰可以益割于楚。

谓太子曰："齐奉太子而立之，楚王请割地以留太子，齐少其地。太子何不倍楚之割地而资齐，齐必奉太子。"太子曰："善。"倍楚之割而延齐。楚王闻之恐，益割地而献之，尚恐事不成。故曰可以使楚益入地也。

※注释

①太子，楚怀王的儿子。

※译文

苏秦对孟尝君说："我听说，'计谋泄露所做的事情就不会成功，遇事犹豫不决就难以成名'。现在您扣留太子，是为了得到下东国的土地，如果不尽快行动，恐怕楚人会另有算计，您便会处于白白扣留质子而身负不义名声的尴尬境地。"孟尝君说："您说得很对，但是我该怎么办呢？"苏秦回答说："我愿意为您出使楚国，游说它尽快割让下东国的土地。一旦得到土地，您就成功了。"孟尝君说："好吧。"于是派苏秦出使楚国。

苏秦来到楚国，对新册立的楚王说："齐国人想要奉太子为楚国的国君。我看孟尝君想要用太子来交换贵国下东国的土地。现在大王如果不尽快割让下东国的土地给齐国，那么太子就会用比大王多出一倍的土地来换取齐国人对自己的支持。"楚王说："我谨遵命令！"于是献出下东国的土地。可见苏秦的计策能使楚王马上割让土地。

苏秦回到齐国，对孟尝君说："看楚国的态势，还可以割取更多的土地。"孟尝君说："那该怎么办？"苏秦回答说："请让我把内情告诉太子，让他前来见您，您假意表示支持他回国执政，然后故意让楚王知道，这样可以让楚国割让更多的土地。"可见苏秦的计策可以从楚国割取更多的土地。

苏秦去见楚国太子，对他说："齐国拥立太子为楚王，可是新立的楚王却以土地贿赂齐国来扣留太子。齐国嫌得到的土地太少，太子为什么不用更多数的土地许诺齐国呢？如果这样的话，齐国人一定会支持您。"太子说："好。"太子就把比楚王割让的多出一倍的土地许诺给齐国。楚王听到这个消息，非常恐慌，就割让更多的土地，即使这样还是恐怕事情不能成功。可见苏秦的计策可以让楚王割让更多的土地。

※原文

谓楚王曰："齐之所以敢多割地者，挟太子也。今已得地而求不止者，以太子权王也。故臣能去太子。太子去，齐无辞，必不倍于王也。王因驰强齐而为交，齐辞，必听王。然则是王去仇而得齐交也。"楚王大悦，曰："请以国因。"故曰可以为楚王使太子亟去也。

谓太子曰："夫剬[1]楚者王也，以空名市者，太子也，齐未必信太子之言也，而楚功见矣。楚交成，太子必危矣。太子其图之。"太子曰："谨受命。"乃约车而暮去。故曰可以使太子急去也。

苏秦使人请薛公曰："夫劝留太子者，苏秦也。苏秦非诚以为君也，且以便楚也。苏秦恐君之知之，故多割楚以灭迹也。今劝太子者，又苏秦也，而君弗知，臣窃为君疑之。"薛公大怒于苏秦。故曰，可使人恶苏秦于薛公也。

又使人谓楚王曰："夫使薛公留太子者，苏秦也；奉王而代立楚太子者，又苏秦也，割地固约者，又苏秦也；忠王而走太子者，又苏秦也；今人恶苏秦于薛公，以其为齐薄而为楚厚也。愿王之知之。"楚王曰。"谨受命。"因封苏秦为武贞君。故曰可以为苏秦请封于楚也。

又使景鲤[2]请薛公曰："君之所以重于天下者，以能得天下之士，而有齐权也。今苏秦天下之辩士也，世与少有。君因不善苏秦，则是围塞天下士，而不利说途也。夫不善君者且奉苏秦，而于君之事殆矣。今苏秦善于楚王，而君不蚤[3]亲，则是身与楚为仇也。故君不如因而亲之，贵而重之，是君有楚也。"薛公因善苏秦。故曰可以为苏秦说薛公以善苏秦。

※注释

①剬：制约。②景鲤，姓景名鲤，楚怀王的相国。③蚤：通"早"。

※译文

苏秦又来到楚国，对楚王说："齐人之所以胆敢割取楚国那么多的土地，是因为他们挟持了太子。如今虽然得到了土地，但还在那里要求割让土地，不知休止，这还是有太子作要挟的缘故。我愿意设法赶走太子，太子一走，齐国就没有了人质，必然再不敢向大王索要土地了。大王趁着这个机会和齐国达成一致协议，与之结交，齐国人一定会接受大王的要求。这样一来，既消除了让大王寝食难安的政敌，还结交到了强大的齐国。"楚王听了十分高兴，说："寡人将楚国托付给先生了。"可见苏秦的计策可以替楚王早日赶走太子。

苏秦又来见太子，对他说："如今掌握国家政权的是楚王，太子您不过是空有虚名，齐国人未必相信太子的许诺，而新楚王已经割让土地给了齐国。一旦齐、楚两国交好，太子就有可能成为其中的牺牲品，请太子早做打算。"太子说："谨听您的命令。"于是太子准备好车辆，乘车连夜逃走了。可见苏秦的计策能尽早打发太子离开齐国。

苏秦又派人对孟尝君说："劝您扣留太子的，是苏秦。但他不是忠诚于您的人，他其实在为楚国的利益而奔忙。他唯恐您察觉这件事，就通过多割让楚国土地的做法以掩饰自己的真实目的。这次劝说太子连夜逃走的也是苏秦，可您又不知道，我私下里为您怀疑他的用心。"孟尝君非常生气，恼恨苏秦。可见苏秦的计策可以使人到孟尝君那里诋毁自己。

苏秦又派人对楚王说："让孟尝君扣留太子的是苏秦，奉王而代立楚太子的也是苏秦，割地来达成协议的是苏秦，忠于大王而驱逐太子的依然是苏秦。现在有人在孟尝君那里诋毁苏秦，说他厚楚而薄齐，一心为大王效劳，希望大王能知道这些情况。"楚王说："我知道了。"于是封苏秦为武贞君。可见苏秦的计策能为自己得到楚国的封赏。

苏秦又通过景鲤对孟尝君说："您之所以名重天下，是因为您能延揽天下有才能的人士，从而控制齐国的政局。如今苏秦乃是天下出类拔萃的辩说之士，当世少有。阁下如果不加以接纳，一定会闭塞吸纳贤才的道路，也不利于开展游说策略。万一您的政敌重用苏秦，您就会产生危机了。现在苏秦很得楚王的宠信，如果不及早结交苏秦，就很容易和楚国结下仇恨。所以说您不如顺水推舟，和他亲近，给他荣华富贵，您就能得到楚国的支持。"于是孟尝君和苏秦言归于好。可见苏秦的计策可以说服孟尝君善待自己。

※读解

本篇充分展示了苏秦作为谋臣的风范，凭借着他三寸不烂之舌，使齐国和楚国之间的关系千变万化，而这一切似乎都掌握在他一个人的手中。

一件事情有许多的发展趋势和可能，但它具体朝向哪个方向发展，人们只能在一定程度上进行控制。这种程度，可以很大，也可以很小。而正是这种程度大小的区别，区别出了人的因素在参与事件的过程中的作用大小。

在本篇所叙述的事件中，苏秦发挥了巨大的影响，自始至终控制着事态的发展。本篇可以让人们领略到了纵横家的智慧是多么高深，他们能够游刃有余地操纵和掌握某些历史事件的进程。

孟尝君将入秦

※原文

孟尝君①将入秦，止者千数而弗听。苏秦欲止之，孟尝曰："人事者，吾已尽知之矣；吾所未闻者，独鬼事耳。”苏秦曰：“臣之来也，固不敢言人事也，固且以鬼事见君。”

孟尝君见之。谓孟尝君曰：“今者臣来，过于淄上，有土偶②人与桃梗③相与语。桃梗谓土偶人曰：‘子，西岸之土也，挺子以为人，至岁八月，降雨下，淄水至，则汝残矣。’土偶曰：‘不然。吾西岸之土也，吾残，则复西岸耳。今子，东国之桃梗也，刻削子以为人，降雨下，淄水至，流子而去，则子漂漂者将何如耳。’今秦四塞之国，譬若虎口，而君入之，则臣不知君所出矣。”孟尝君乃止。

※注释

①孟尝君：薛公靖郭君田婴的儿子，名文，号孟尝君。②土偶：泥塑的偶像。③桃梗：用桃木制作的木偶。旧俗认为桃木可以避邪，往往置桃梗于门前。

※译文

孟尝君准备到秦国去，前来劝阻他的人非常多，但他一概不听。苏秦也想劝阻他，孟尝君说：“关于人的事情，我已经都知道了；我所没有听说过的，只有鬼的事情了。”苏秦说：“我这次来，本来就没有打算谈人的事情，本来就是打算和您谈论鬼的事情才来见您的。”

孟尝君接见了他。苏秦对孟尝君说：“我这次来齐国，路经淄水，听见一个土偶和一个桃人在说话。桃人对土偶说：‘你原是西岸的土，被捏成人的模样，到八月的时候，天降大雨，淄水冲过来，你就会被冲得残缺不全了。’土偶说：‘你说得不对。我是西岸的土，即使我残缺不全了，那也是仍旧在西岸。但是你呢，你是东国的桃木，被雕刻成人的模样，大降大雨，淄水冲过来，就会把你给冲走，那么你还不知漂流到哪里去呢？’现在秦国四面都是险山要塞，就像虎口一样，您进去了，我不知道您是不是能够出得来。”孟尝君于是就不去秦国了。

※读解

孟尝君将要到秦国去，但他的势力全在齐国。所以得知他将要到秦国去，前来进谏的人数以千计。苏秦也来进谏。无疑只有苏秦的劝说起到了作用，使孟尝君取消了到秦国去的念头。而苏秦信口胡编寓言的能力也让人不得不佩服。但他的寓言非常贴切，也深入人心，从结果看，孟尝君从这个寓言中悟到了苏秦所要讲述的道理。

从这段文字中我们也可以得到这样的启示，那就是一个人在社会中求得生存和发展，需要有一定的人际关系和施展能力的环境。突然放弃已经经营得很好的领域，转而到另一个完全陌生的地方求得生存和发展，这就需要慎重考虑了。

孟尝君舍人

※原文

孟尝君舍人，有与君之夫人相爱者。或以问孟尝君曰："为君舍人而内与夫人相爱，亦甚不义矣，君其杀之。"君曰："睹貌而相悦者，人之情也，其错之勿言也。"居期年①，君召爱夫人者而谓之曰："子与文游久矣，大官未可得，小官公又弗欲。卫君与文布衣交，请具车马皮币，愿君以此从卫君游。"于卫甚重。

※注释

①居期年：期，一周年。即过了一年，第二年。

※译文

在孟尝君门客当中，有个门客喜欢孟尝君的夫人。有人把这事告诉孟尝君，说："做您的门客却喜欢您的夫人，这个人太不仗义了，您要杀了他。"孟尝君说："看到别人长得好看而心生爱慕之心，这是人之常情，你就不要再说这个事了。"过了一年，孟尝君找来那个喜欢他的夫人的门客，对他说："你在我这里已经很长时间了，一直没能为你安排大的官职，小的官职你又不愿意做。卫君和我是布衣之交，我给你准备了车马和盘缠，你乘车带上盘缠去投到卫君门下吧。"这个门客到了卫国以后，卫君很器重他。

※原文

齐、卫之交恶，卫君甚欲约天下之兵以攻齐。是人谓卫君曰："孟尝君不知臣不肖，以臣欺君。且臣闻齐、卫先君，刑马压羊①，盟曰：'齐、卫后世无相攻伐，有相攻伐者，令其命如此。'今君约天下之兵以攻齐，是足下倍先君盟约而欺孟尝君也。愿君勿以齐为心。君听臣则可；不听臣，若臣不肖也，臣辄以颈血湔②足下衿。"卫君乃止。齐人闻之曰："孟尝君可谓善为事矣，转祸为功。"

※注释

①刑马压羊：杀马宰羊。压，也是杀的意思。②湔：通"溅"。溅洒。

※译文

后来齐、卫两国关系恶化，卫君非常想约合各国诸侯去进攻齐国。那个门客对卫君说："孟尝君不知道我无德无能，把我推荐给大王。而且我听说，过去齐、卫两国的国君杀马宰羊，共同立下盟约：'齐、卫两国的后代不互相攻打，如果违背誓言互相攻打的，就让他如同这马和羊！'如今大王约集天下诸侯，准备进攻齐国，正是大王您违背了先王的盟约，而且还欺骗了孟尝君。我希望大王不要再把齐国放在心上。大王听从臣的劝告也就罢了，如果不听的话，就是我这样不肖的，也会把自己脖颈里的血溅到您的衣襟上！"卫君于是取消了攻打齐国的计划。齐国人听到这件事，说："孟尝君真可以说是善于待人处事啊，不杀他的门客，使齐国不受到攻打。"

※读解

孟尝君是战国四君子之一，他的门下养了许多门客。他之所以能够领导和管理好众多的门客为他服务，一个很重要的方面就是他有很宽广的胸怀和度量。正所谓"宰相肚里能撑船"，孟尝君的这个优点使他成就了一世英名和盖世的事业。

有个门客居然喜欢自己的夫人，这在许多男人心里都是无法容忍的事情。但孟尝君就不把他放在心上。之所以这样，是因为他对人性有更多的了解，他认为"睹貌而相悦者，人之情也"。这和我们现在所说的"爱美之心，人皆有之"，有异曲同工之妙。在这个认识的基础上，他又有宽宏大量的胸怀，所以一件在旁人看来都无法容忍的事情，在孟尝君看来，根本就不算什么，和门客相安无事。后来由于诸侯国间关系的变化，孟尝君将那个门客派到了卫国。孟尝君的胸怀宽广在这个时候发挥了作用，齐卫息战这件事情也得到了齐国人的高度评价。

从这段文字我们可以看出，做领导的一定要具有宽广的胸怀，要有容人的肚量。只有这样才能吸引和管理好更多的人才为自己服务。金无足赤，人无完人。做领导的需要人才所做的只是专业方面的贡献，如果要对人才进行全面的严格的要求，那么也就没有几个人可以为自己所用了。

孟尝君出行五国

※原文

孟尝君出行五国，至楚，楚献象床。郢之登徒直使送之，不欲行。见孟尝君门人公孙戍曰："臣，郢之登徒也，直送象床。象床之值千金，伤此若发秒①，卖妻子②不足偿之。足下能使仆无行，先人有宝剑，愿得献之。"公孙曰："诺。"

※注释

①发秒：发梢。比喻细微。②妻子：古代指妻子和孩子。现代只指妻子。

※译文

孟尝君出巡五国，来到了楚国，楚王要送给他一张象牙床。郢都一个姓登徒的人正好值班负责送象牙床给孟尝君，但他不想去。于是找到孟尝君的门客公孙戍说："我是郢人登徒，如今我负责护送象牙床。象牙床价值千金，如果稍有损坏，即使卖掉了妻室儿女也赔不起。您不如设法替我取消这个差使，我的先人留下来一口宝剑，我愿意拿它来回报您。"公孙戍说："好的。"

※原文

入见孟尝君曰："君岂受楚象床哉？"孟尝君曰："然。"公孙戍曰："臣愿君勿受。"孟尝君曰："何哉？"公孙戍曰："五国所以皆致相印于君者，闻君于齐能振达贫穷，有存亡继绝之义。五国英杰之主，皆以国事累君，诚说君之义慕君之廉也。君今到楚而受象床，所未至之国，将何以待君？臣戍愿君勿受。"孟尝君曰："诺。"

公孙戍趋①而去。未出，至中闺，君召而返之，曰："子教文无受象床，甚善。今何举足之高，志之扬也？"公孙戍曰："臣有大喜三，重之宝剑一。"孟尝君曰："何谓也？"公孙戍曰："门下百数，莫敢入谏，臣独入谏，臣一喜；谏而得听，臣二喜；谏而止君之过，臣三喜。输象床，郢之登徒不欲行，许戍以先人之宝剑。"孟尝君曰："善。受之乎？"公孙戍曰："未敢。"曰："急受之。"因书门版曰："有能扬文之名，止文之过，私得宝于外者，疾入谏。"

※注释

①趋，小步快走。

※译文

于是公孙戍到孟尝君的住处去见他，说："贤公准备接受楚王送给您的象牙床吗？"孟尝君说："是的。"公孙戍说："我希望您不要接受。"孟尝君说："为什么呢？"公孙戍说："五国之所以都拿相印授予您，只是因为听说您在齐国能赈济贫穷的善行，有存亡继绝的义举。五国英明杰出的国君，都将国家大事交给您，这实在是仰慕您的廉洁。今天您来到楚国接受了贵重的象牙床，还未到的其他国家，又拿什么礼物送给您呢？所以我希望您不要接受楚国的礼物。"孟尝君说："好的。"

公孙戍快步退了出去，还没有离开，刚走到中门，孟尝君又把他叫了回来，说：

“你叫我不要接受象牙床，这是一条很好的建议。但现在你为什么把脚抬得这么高，又这么神采飞扬呢?”公孙戍说：“我有三件大喜事，还有一把宝剑。”孟尝君说：“你所说的是什么意思?”公孙戍说：“您有门客几百人，但没有人敢前来进谏，我独自来了，这是我的一大喜事；进谏又被采纳，这是我的第二大喜事；进谏又能阻止您的过失，这是我的第三大喜事。负责送象牙床的郢人登徒，不愿意来送床，他答应我如果取消了他的差使，就送我一把先人留下的宝剑。”孟尝君说：“很好。你接受了吗?”公孙戍说：“没有得到您的允许，我没敢接受。”孟尝君说：“赶快收下！”因为这件事，孟尝君在门板上写道：“谁能宣扬田文的名声，阻止田文犯错误，即使私自在外获得珍宝，也可迅速来进谏。”

※读解

孟尝君来到楚国，楚国要送给他一张象牙床作为礼物。但负责运送象牙床的差人担心万一将象牙床弄坏，就是卖掉自己的妻子孩子也赔偿不起，所以就干脆不冒这个风险。但作为差人，又不能不执行命令。无奈只好向公孙戍求救，并以自家的祖传宝剑来作为报酬。

公孙戍贪恋这位差人家的祖传宝剑，就欣然答应了他的请求，决定为他跑一趟。公孙戍成功地劝谏孟尝君放弃接受象牙床礼物，但离开孟尝君寓所的时候露出了马脚，又被孟尝君叫了回来，说明他失态的原因。公孙戍随机应变，向孟尝君报告说有三件喜事，另外还有一把祖传的宝剑作为他劝谏成功的报酬。孟尝君鼓励他赶紧收下。

公孙戍之所以能够劝谏成功，也是因为孟尝君是一个善于纳谏的人，这在他后来在门板上写下“有能扬文之名，止文之过，私得宝于外者，疾入谏”就可以证明。

齐欲伐魏

※原文

齐欲伐魏，淳于髡谓齐王曰：“韩子卢①者，天下之疾犬也。东郭逡②者，海内之狡兔也。韩子卢逐东郭逡，环山者三，腾山者五，兔极于前，犬废于后，犬兔俱罢，各死其处。田父见而获之，无劳倦之苦，而擅其功。今齐、魏久相持，以顿其兵，弊其众，臣恐强秦、大楚承其后，有田父之功。”齐王惧，谢将休士也。

※注释

①韩子卢：善跑的狗的名字。②东郭逡：善跑的兔子的名字。

※译文

齐王打算攻打魏国。淳于髡对他说："韩子卢是天下跑得最快的狗，东郭逡是海内跑得最快的狡兔。韩子卢追逐东郭逡，绕着大山跑了三圈，翻山跑了五个来回，前面的兔子筋疲力尽，后面的狗也筋疲力尽，兔子和狗都累得跑不动了，倒在地上累死了。有个老农夫看见它们，毫不费力就得到了一只兔子和一条狗。如今齐、魏两国相持不下，双方士兵百姓都疲惫不堪，我就担心秦、楚两个强大国家就会抄在后面偷袭我们，就像那个农夫一样坐收现成利益。"齐王听后觉得害怕，就下令将士们都停下来，不再说攻打魏国的事情了。

※读解

我们对"鹬蚌相争，渔翁得利"的寓言都很熟悉，本篇淳于髡劝谏齐王所引用的寓言和"鹬蚌相争，渔翁得利"有异曲同工之妙。它们所蕴含的是同样的道理。

最实惠的收获莫过于不劳而获，在现实的各种竞争当中我们要学会这种最实惠的收获。要善于发现和利用对手之间的矛盾，甚至设法扩大对手的矛盾，从而坐收渔翁之利。但我们更应该注意的是，要警惕不要成为别人手中的鹬和蚌。当我们陷入了惨烈的竞争之后，不但没有成功，而且还被人轻而易举地掠去性命。这是最悲惨的失败。

齐人有冯谖者

※原文

齐人有冯谖者，贫乏不能自存，使人属孟尝君，愿寄食门下。孟尝君曰："客何好？"曰："客无好也。"曰："客何能？"曰："客无能也。"孟尝君笑而受之曰："诺。"左右以君贱之也，食以草具。

居有顷，倚柱弹其剑，歌曰："长铗[①]归来乎！食无鱼。"左右以告。孟尝君曰："食之，比门下之鱼客。"居有顷，复弹其铗，歌曰："长铗归来乎！出无车。"左右皆笑之，以告。孟尝君曰："为之驾，比门下之车客。"于是乘其车，揭其剑，过其友，曰："孟尝君客我。"后有顷，复弹其剑铗，歌曰："长铗归来乎！无以为家。"左右皆恶之，以为贪而不知足。孟尝君问："冯公有亲乎？"对曰："有老母。"孟尝君使人给其食用，无使乏。于是冯谖不复歌。

※注释

①铗：剑柄。

※译文

齐国有个名叫冯谖的人，家境贫寒无法养活自己，托人请求孟尝君，愿意在他的门下当门客。孟尝君说："你有什么爱好吗？"冯谖说："我没有什么爱好。"孟尝君说："你有什么才能？"冯谖说："我也没有什么才能。"孟尝君就笑了笑把他收纳下来，说："好的。"孟尝君身边的人因为主人轻视冯谖，就让他吃粗茶淡饭。

在这里待了不久，冯谖倚着柱子，弹剑打着节拍，唱道："长剑呀，咱们回去吧！吃饭没有鱼。"左右的人就把这件事告诉孟尝君。孟尝君吩咐说："给他鱼吃，待遇和其他的门客一样。"又待了不久，冯谖又弹着他的剑，唱道："长剑呀，我们还是回去吧！出门没有车坐。"孟尝君说："给他车坐，待遇和其他门客一样。"于是冯谖坐着车子，带着他的剑，去拜访他的朋友，向他们夸耀说："孟尝君把我当作上客。"又过了一段时间，冯谖又弹着他的剑，唱道："长剑呀，咱们回去吧！没有什么可以用来养家。"左右的人都讨厌他，认为他贪得无厌。孟尝君问："冯先生的父母还健在吗？"答道："老母亲健在。"孟尝君于是就派人给他家送去吃的和用的，不使他母亲穷困。于是冯谖从此就不再唱歌了。

※原文

后孟尝君出记，问门下诸客："谁习计会①，能为文收责②于薛者乎？"冯谖署曰："能。"孟尝君怪之，曰："此谁也？"左右曰："乃歌夫'长铗归来'者也。"孟尝君笑曰："客果有能也，吾负之，未尝见也。"请而见之谢曰："文倦于事，愦于忧，而性懧愚，沉于国家之事，开罪于先生。先生不羞，乃有意欲为收责于薛乎？"冯谖曰："愿之。"于是约车治装，载券契而行，辞曰："责毕收，以何市而反？"孟尝君曰："视吾家所寡有者。"驱而之薛，使吏召诸民当偿者，悉来合券。券徧合，起，矫命以责赐诸民，因烧其券，民称万岁。

※注释

①计会：会计，总计收入。②责：债。

※译文

后来，孟尝君出了一个告示，问门下的食客说："哪一位懂得会计，能为我到薛地收债呢？"冯谖署上自己的名字说："我能。"孟尝君看了感到奇怪，说："这是哪一位呀？"左右的人回答说："就是那个唱'长剑呀，我们回去吧'的那个人。"孟尝君笑着说："这个门客果然有才能，我真对不起他，还没有见过他的面呢！"于是请他来相见，向他道歉说："我整天被琐事缠身，劳累忧心，神昏意乱，而且性情愚笨，只因政务缠身，而怠慢了先生。所幸先生不怪我，先生愿意替我到薛地收债吗？”冯谖说：“愿意效劳。”于是孟尝君叫人为他准备好车马和行装，让他载着债券契约出发，告别的时候，冯谖问：“收完债后，买些什么回来？”孟尝君说：“先生看我家里缺少什么东西，就看着买吧。”冯谖赶着马车到了薛地，叫官吏把欠账该还的百姓都叫来，核对债券。债券都核对好之后，冯谖站起身来，假托孟尝君的名义将债款赏给这些百姓，并烧掉券契文书，百姓感激高呼万岁。

※原文

长驱到齐，晨而求见。孟尝君怪其疾也，衣冠而见之，曰：“责毕收乎？来何疾也！”曰：“收毕矣。”“以何市而反？”冯谖曰：“君云‘视吾家所寡有者’。臣窃计，君宫中积珍宝，狗马实外厩，美人充下陈①。君家所寡有者，以义耳！窃以为君市义。”孟尝君曰：“市义奈何？”曰：“今君有区区之薛，不拊爱子其民，因而贾②利之。臣窃矫③君命，以责赐诸民，因烧其券，民称万岁。乃臣所以为君市义也”孟尝君不说，曰：“诺，先生休矣！”

※注释

①下陈：堂下的庭院。②贾：谋取。③矫，假传。

※译文

冯谖直接驱车返齐，一大早就求见孟尝君，孟尝君很奇怪他这么快就回来了，穿戴好衣帽然后接见了他，说：“债都收完了吗？为什么回来得这么快啊？”冯谖说：“都收完了。”孟尝君问：“先生替我买了些什么东西回来啊？”冯谖说：“您说过‘买些家中所缺少的东西’。我私下里考虑，您宫中珍宝堆积，犬马满厩，美女成行。您家中所缺少的，只有仁义罢了！因此我自作主张为您买了仁义回来。”孟尝君说：“你怎么买仁义的呢？”冯谖说：“殿下封地只有小小的薛地，不体恤薛地的百姓，反而在他们身上榨取利益。我就私下里假传您的命令，将所有的债务都免去了，并烧掉了所有的债券，百姓都高声欢呼万岁，这就是我为您买的仁义呀！”孟尝君很不高兴，说：“我知道了，先生退下去休息吧！”

※原文

后期年，齐王谓孟尝君曰：“寡人不敢以先王之臣为臣。”孟尝君就国于薛。未至百里，民扶老携幼，迎君道中。孟尝君顾谓冯谖：“先生所为文市义者，乃今日见之。”冯谖曰：“狡兔有三窟，仅得免其死耳。今君有一窟，未得高枕而卧也。请为君复凿二窟。”孟尝君予车五十乘，金五百斤，西游于梁，谓惠王曰：“齐放其大臣孟尝君于诸侯，诸侯先迎之者，富而兵强。”于是梁王虚上位，以故相为上将军，遣使者，黄金千斤，车百乘，往聘孟尝君。冯谖先驱，诫孟尝君曰：“千金，重币也；百乘，显使也。齐其闻之矣。”梁使三反，孟尝君固辞不往也。

※译文

过了一年，齐闵王对孟尝君说：“我不敢用先王的旧臣来做我的臣子。”孟尝君回到封地薛，还有一百里没有到，当地的百姓就扶老携幼，在路两旁迎接孟尝君。孟尝君回过头来对冯谖说：“先生为我买的仁义，今天才看到。”冯谖对孟尝君接着进言说：“狡兔有三窟，才能够免掉一死啊。现在您只有一个洞穴，还不能做到高枕无忧，我愿为您再凿两个洞穴。”孟尝君就给了他五十辆车、五百斤黄金往西去游说魏国。冯谖来到了魏国，对魏惠王说：“齐国放逐了大臣孟尝君，诸侯当中谁能够先得到他，谁就能富国强兵。”于是魏王空出相位，让原来的相国做上将军，派出使节，以千斤黄金、百乘马车去聘请孟尝君。冯谖先赶回薛地对孟尝君说：“千斤黄金是很贵重的聘礼，百乘马车是很隆重的使节。齐国应该已经知道这件事了。”魏国的使者连续来了三次，但是孟尝君坚决推辞不去任职。

※原文

齐王闻之，君臣恐惧，遣太傅赍黄金千斤，文车①二驷，服剑一，封书谢孟尝君曰：“寡人不祥，被于宗庙之祟，沉于谄谀之臣，开罪于君，寡人不足为也。愿君顾先王之宗庙，姑反国统万人乎？”冯谖诫孟尝君曰：“愿请先王之祭器，立宗庙于薛。”庙成，还报孟尝君曰：“三窟已就，君姑高枕为乐矣。”孟尝君为相数十年，无纤介之祸者，冯谖之计也。

※注释

①文车：雕刻有花纹的彩车。

※译文

齐王听到了这件事情，君臣上下都感到恐惧，就派遣太傅带着一千斤黄金，两乘四马花车，并带着一把宝剑，写了一封书信，向孟尝君道歉说：“我遭遇到不祥的兆头，被祖宗降下祸患，听信了谄谀大臣的谗言，得罪了先生，我愧为国君。请您看在先王宗庙的份上，暂且回国执掌政务好吗？”冯谖告诫孟尝君说：“请您将先王的祭器请来，将宗庙立在薛地。”宗庙落成之后，冯谖向孟尝君报告说：“三窟都已经造成，您可以高枕无忧享受安乐了。”孟尝君做了几十年的相国，连一个小的祸患都没有，所凭借的正是冯谖的计策啊！

※读解

我们可以把本文看作描写冯谖的一篇传记。冯谖是孟尝君的一个门客，起初贫困潦倒，后来投奔到孟尝君的门下。本篇就讲述了他为孟尝君焚券市义，为他凿就了三窟，使孟尝君一生免遭祸患的传奇经历。

冯谖是一个行为有些怪异的门客，但正是因为他的行为怪异，才使这个人物形象有了传奇的迷人魅力。他的歌声“长铗归来乎！食无鱼”，“长铗归来乎！出无车”，“长铗归来乎！无以为家”，我们读来如闻其声，为他的个性所慑服的同时，也不禁慨叹他的身世，担忧他在众多的门客当中，该怎样立足，并长期在孟尝君的门下待下去。

冯谖是一个才华不外现的门客。他焚烧债券为孟尝君购买仁义的举动让我们感到惊奇，但更令人惊奇和佩服的是他那长远的战略眼光。我们可以想象他是这样一个人，他把所有欠账的老百姓都集中到一起，收回债券和契约，并将它们付之一炬。我们也可以想象当时的老百姓弄明白他的真实意图的时候，欢欣鼓舞，高兴得不知所以。我们还可以想象，当孟尝君官场失意，被遣回封地的时候，许多老百姓携儿带女，夹道欢迎的场面。这样的故事就好像发生在我们身边一样。

随后，冯谖出使到魏国，为孟尝君开凿第二个藏身之地。他说服了魏国国君，为孟尝君在魏国谋到了丞相的官位。正当魏国使者带着厚重的聘礼来请他赴任的时候，第三窟也应运而生了。齐王看到魏国的举动，发现自己决策的失误，因此就重新礼遇孟尝君，从此孟尝君的官运亨通，到死没有遇到丝毫的祸患。

“狡兔三窟”的典故就来源于这篇文字，它充分显示了冯谖高瞻远瞩的战略眼光和不以常理出牌的做事风格，给我们留下了鲜明生动的形象和无尽的思考。

齐宣王见颜斶

※原文

齐宣王见颜斶，曰：“斶前！”亦曰：“王前！”宣王不悦。左右曰：“王，人君也。斶，人臣也。王曰‘斶前’，斶亦曰‘王前’，可乎？”斶对曰：“夫斶前为慕势，王前为趋士。与使斶为慕势，不如使王为趋士。”王忿然作色曰：“王者贵乎？士贵乎？”对曰：“士贵耳，王者不贵。”王曰：“有说乎？”斶曰：“有。昔者秦攻齐，令曰：‘有敢去柳下季垄五十步而樵采者，死不赦。’令曰：‘有能得齐王头者，封万户侯，赐金千镒。’由是观之，生王之头，曾不若死士之垄①也。”宣王默然不悦。

※注释

①死士之垄：这里指已经死去的贤士的坟墓。

※译文

齐宣王召见颜斶，对他说：“颜斶你上前来。”颜斶也说：“大王您上前来。”齐宣王听了不高兴。左右的侍臣都责备颜斶说：“大王是一国之君，而你颜斶，只是区区一介臣民，大王唤你上前，你也唤大王上前，这样做成何体统？”颜斶说：“如果我上前，那是贪慕权势，而大王过来则是谦恭待士。与其让我蒙受趋炎附势的恶名，倒不如让大王获取礼贤下士的美誉。”齐宣王恼怒得变了脸色说：“是君王尊贵，还是士人尊贵？”颜斶说：“士人尊贵，而君王不尊贵。”齐宣王问：“这话怎么讲？”答道：“以前秦国征伐齐国，秦王下令：‘有敢在柳下惠坟墓周围五十步内打柴的，一概处死，绝不宽赦！’又下令：‘能取得齐王首级的，封侯万户，赏以千金。’由此看来，活国君的头颅，比不上死贤士的坟墓。”齐宣王哑口无言，内心极不高兴。

※原文

左右皆曰：“斶来！斶来！大王据千乘之地，而建千石钟，万石簴。天下之士，仁义皆来役处；辩知①并进，莫不来语；东西南北，莫敢不服。求万物不备具，而百无不亲附。今夫士之高者，乃称匹夫，徒步而处农亩，下则鄙野、监门、闾里，士之贱也，亦甚矣！”

斶对曰：“不然。斶闻古大禹之时，诸侯万国。何则？德厚之道，得贵士之力也。故舜起农亩，出于野鄙，而为天子。及汤之时，诸侯三千。当今之世，南面称寡者，乃二十四。由此观之，非得失之策与？稍稍诛灭，灭亡无族之时，欲为监门、闾里，安可得而有乎哉？

※注释

①辩知：擅长论辩的人和智慧的人。

※译文

左右侍臣都指责说：“颜斶！颜斶！大王据有千乘之国，重视礼乐，四方仁义辩智之士，仰慕大王圣德，都争相投奔效劳；四海之内，都来臣服；万物齐备，百姓心服。现在是最清高的士人，也自称为不过是普通民众，徒步而行，耕作为生。至于一般士人，则居于鄙陋穷僻之处，以看守门户为生涯，应该说，士的地位是十分低贱的。”

颜斶回答说：“这话不对。我听说上古大禹之时有上万个诸侯国。为什么呢？道德淳厚的世道得力于重用士人。由于尊贤重才，虞舜出身于乡村鄙野，得以成为天子。到商汤之时，诸侯尚存三千，时至今日，只剩下二十四。由此来看，难道不是因为政策的得失才造成了天下治乱吗？当诸侯面临亡国灭族的威胁时，即使想成为乡野穷巷的寻常百姓，又怎么能办到呢？

※原文

“是故《易传》不云乎。‘居上位，未得其实，以喜其为名者，必以骄奢为行。据慢骄奢，则凶从之。是故无其实而喜其名者削，无德而望其福者约，无功而受其禄者辱，祸必握。’故曰：‘矜功不立，虚愿不至。’此皆幸乐其名，华而无其实德者也。是以尧有九佐，舜有七友，禹有五丞，汤有三辅，自古及今而能虚成名于天下者，无有。是以君王无羞亟问，不愧下学；是故成其道德而扬功名于后世者，尧、舜、禹、汤、周文王是也。故曰：‘无形者，形之君也。无端者，事之本也。’夫上见其原，下通其流，至圣人明学，何不吉之有哉！老子①曰：‘虽贵，必以贱为本；虽高，必以下为基。’是以侯王称孤、寡、不谷②，是其贱之本与！非夫孤寡者，人之困贱下位也，而侯王以自谓，岂非下人而尊贵士与？夫尧传舜，舜传禹，周成王任周公旦，而世世称曰明主，是以明乎士之贵也。”

※注释

①老子，姓李名耳，字聃，苦县人，今河南省周口鹿邑县人。曾任周朝史官，著《道德经》五千言，后世称之为道家创始人物。②孤、寡、不谷：都是古代帝王和诸侯的自称。

※译文

“所以《易传》不就这样说吗，‘身居高位而才德不济，只一味追求虚名的，必然骄奢傲慢，最终招致祸患。无才无德而沽名钓誉的会被削弱；不行仁政却妄求福禄的要遭困厄；没有功劳却接受俸禄的会遭受侮辱，祸患深重’。所以说，‘居功自傲不能成名，光说不做难以成事’，这些都是针对那些企图侥幸成名、华而不实的人。正因为这样，尧有九个佐官，舜有七位师友，禹有五位帮手，汤有三大辅臣，自古至今，还未有过凭空成名的人。因此，君主不以多次向别人请教为羞，不以向地位低微的人学习为耻，以此成就道德，扬名后世的，唐尧、虞舜、商汤、周文王都是这样的人。所以又有‘见微知著’这样的说法。若能上溯事物本源，下通事物流变，睿智而多才，怎么还有不吉祥的事情发生呢？《老子》上说：‘虽贵，必以贱为本；虽高，必以下为基。’所以诸侯、君主都自称为孤、寡或不谷，这大概是他们懂得以贱为本的道理吧。孤、寡指的是生活困窘、地位卑微的人，可是诸侯、君主却用以自称，难道不是屈己尚贤的表现吗？像尧传位给舜、舜传位给禹、周成王重用周公旦，后世都称他们是贤君圣主，这足以证明贤士的尊贵。”

※原文

宣王曰：“嗟乎！君子焉可侮哉，寡人自取病耳！及今闻君子之言，乃今闻细人之行，愿请受为弟子。且颜先生与寡人游，食必太牢①，出必乘车，妻子衣服丽都。”

颜斶辞去，曰：“夫玉生于山，制则破焉，非弗宝贵矣，然夫璞②不完。士生乎鄙野，推选则禄焉，非不得尊遂也，然而形神不全。斶愿得归，晚食以当肉，安步以当车，无罪以当贵，清静贞正以自虞。制言者王也，尽忠直言者斶也。言要道已备矣，愿得赐归，安行而反臣之邑屋。”则再拜辞去也。斶知足矣，归反朴，则终身不辱也。

※注释

①太牢：古代祭祀宴会时，牛、羊、豕三牲具备为太牢。②璞：含有玉的石头，未经雕琢的玉。

※译文

宣王说：“可叹呀！怎么能够侮慢君子呢？我这是自取其辱呀！今天听到君子高论，才明白轻贤慢士是小人行径。希望先生能收我为弟子。如果先生与我相从交游，食必美味，行必乘车，先生的妻子儿女也必然锦衣玉食。”

颜斶听到宣王的话，就要求告辞回家，对宣王说：“美玉产于深山，一经琢磨则破坏天然本色，不是美玉不再宝贵，只是失去了它本真的完美。士大夫生于乡野，经过推荐选用就接受俸禄，这也并不是说不尊贵显达，而是说他们的形神从此难以完全属于自己。臣只希望回到乡下，晚一点进食，即使再差的饭菜也一如吃肉一样津津有味；缓行慢步，完全可以当作坐车；无过无伐，足以自贵；清静无为，自得其乐。纳言决断的，是大王您；秉忠直谏的，则是颜斶。我要说的，意思已经很明显了，请大王准许我回乡，让我安步返回家乡。”于是，再拜而去。颜斶可以说是知足的人了，返璞归真，那就终生不会受到羞辱。

※读解

颜斶通过对齐宣王的傲慢无礼的态度和桀骜不驯但非常有道理的言辞，给齐宣王上了一课，让他明白了作为国君要善待贤能之士的道理。正如《道德经》所说："江海所以能为百谷王，以其善下之，故能为百谷王。是以圣人欲上人，必以言下之。"作为领导者，要想激励下属的积极性和创造力，就必须"善下之"。

颜斶的劝谏是以自己的身体行为和犀利言辞来实现的，从这里我们也可以看出战国时期的君臣关系是相当宽松的。他通过自己的方式，向齐宣王表明作为君王应该怎样来礼贤下士，并用富有说服力的论说，列举无可辩驳的事例和引用经典的论断，增强了说服力。我们可以借鉴的是他善于引经据典，这样在无形之中就将对方引入自己的观点当中，让对方不得不信服。

先生王斗造门而欲见齐宣王

※原文

先生王斗造[1]门而欲见齐宣王，宣王使谒者延入。王斗曰："斗趋见王为好势，王趋见斗为好士，于王何如？"使者复还报。王曰："先生徐之，寡人请从。"宣王因趋而迎之于门，与入，曰："寡人奉先君之宗庙，守社稷，闻先生直言正谏不讳。"王斗对曰："王闻之过。斗生于乱世，事乱君，焉敢直言正谏？"宣王忿然作色，不说。

※注释

①造：至，到。

※译文

王斗先生来到王宫，想要求见齐宣王。齐宣王派负责接待的人将他引进来。王斗说："我快步赶上前去见大王是趋炎附势，而大王快步来接见我，就是礼贤下士，不知大王怎么看待？"负责接待的人将他的话如实地报告给齐宣王。齐宣王说："先生先别进来，我亲自去迎接！"齐宣王于是快步来到门外，迎接王斗，并和他一起进宫。齐宣王说："我继承了先王的宗庙，奉守社稷，平时听说先生能正言进谏，直言不讳。"王斗回答说："大王听错了，我生在乱世，侍奉一个胡乱非为的国君，怎么敢直言进谏？"齐宣王愤然变了脸色，很不高兴。

※原文

有间①，王斗曰："昔先君桓公所好者五，九合诸侯，一匡天下，天子受籍，立为大伯。今王有四焉。"宣王说，曰："寡人愚陋，守齐国，惟恐失抎②之，焉能有四焉？"王斗曰："否。先君好马，王亦好马。先君好狗，王亦好狗。先君好酒，王亦好酒。先君好色，王亦好色。先君好士，是王不好士。"宣王曰："当今之世无士，寡人何好？"王斗曰："世无骐骥騄③耳，王驷已备矣。世无东郭逡、卢氏之狗，王之走狗已具矣。世无毛嫱、西施，王宫已充矣。王亦不好士也，何患无士？"王曰："寡人忧国爱民，固愿得士以治之。"王斗曰："王之忧国爱民，不若王爱尺縠也。"王曰："何谓也？"王斗曰："王使人为冠，不使左右便辟而使工者何也？为能之也。今王治齐，非左右便辟无使也，臣故曰不如爱尺縠也。"宣王谢曰："寡人有罪国家。"于是举士五人任官，齐国大治。

※注释

①有间：过了一会儿。②失抎：抎，通"陨"，坠落。丧失的意思。③骐骥騄：千里良马的名字。

※译文

过了一会儿，王斗说："过去先王齐桓公，所喜欢的有五样，后来九合诸侯，一匡天下，周天子赐给他封地，承认他是诸侯中的霸主。现在大王所喜欢的有四样和先王是相同的。"齐宣王听了很高兴，说："我愚笨浅陋，执守齐国的大业，唯恐有所过失，所喜欢的哪里能有先王的四样？"王斗说："大王说得不对。先王喜欢马，大王也喜欢马；先王喜欢狗，大王也喜欢狗；先王喜欢酒，大王也喜欢酒；先王喜欢美色，大王也喜欢美色；先王喜欢士，但是大王却不喜欢。"齐宣王说："当今世上没有士，我怎样喜欢他们呢？"王斗说："当世没有骐骥騄这样的骏马，大王的良马已经够用了；当今之世没有东郭逡、卢氏那样的良犬，大王的猎狗已经够用的了；当今之世没有毛嫱、西施这样的美女，可大王的后宫已经充盈了。大王只是不喜欢贤士而已，哪里是因为当世没有贤士？"齐宣王说："我忧国爱民，本来就希望得到贤士来治理齐国。"王斗说："我以为大王忧国爱民远不如爱惜一尺绉纱。"齐宣王问道："你说的是什么意思？"王斗说："大王做帽子，不用身边的人而请能工巧匠，是什么原因？这是因为他们有很高超的技艺。可是现在大王治理齐国，不是左右的人就不加以重用，故我说大王忧国爱民还不如爱惜一尺绉纱。"齐宣王向王斗道歉说："我对国家有罪。"于是就选拔了五位贤士，委任他们官职，使齐国得到很好的治理。

※读解

王斗劝谏齐宣王选拔和任用贤能之士，并指出齐宣王的一些缺点。虽然战国时期的君臣关系是比较缓和的，不像后来中央集权政治制度建立之后那么等级森严，但齐宣王和王斗之间毕竟是君臣的关系，所以要想劝谏取得实实在在的成效，那就必须在心理上得到齐宣王的重视，让他正视自己所劝谏的问题。

在宗法制社会里，能够让君王慑服的只有先王的威力。所以王斗就列举了先王齐桓公的事迹，并拿齐桓公和齐宣王做比较，得出齐宣王不喜欢士人的缺点。

他们之间的讨论，涉及了一个关于发现人才和正确对待人才的问题。战国时期人们谈论治国问题，很喜欢追溯到三皇五帝的伟大事迹，对三皇五帝充满了景仰和崇敬之情。有了这样的传统，人们在意识里总是认为古代的名人才是真正的人才，而纵观当代，发现没有能够和古代那些贤能的人相比的人才，所以大多都会像齐宣王那样哀叹当今的时代没有士人。这是因为在他的心里，是非常想将国家治理好的，也非常希望得到贤能的人来辅佐他治理国家。由于对人才的渴望，所以就使他在潜意识里为古代的贤能之人戴上了光环，再看当代的人，实在是没有人能够和古代的贤能之人相比的，所以就有了当今的时代没有士人的哀叹。

实际上，江山代有才人出。任何时代都有英雄人物，只是选拔人才的人缺乏发现的眼光。这也正是王斗劝谏齐宣王，让齐宣王重新认识到的一点。只有承认当代是有贤能之人的这个观点，才能看到身边人们身上所具有的优点，才能选拔出真正的人才来。在王斗的劝说之下，齐宣王转变了以前的思维定式和陈腐观念，于是就选拔了五个贤能之人，给予他们官职，使齐国得到很好的治理。

齐王使使者问赵威后

※原文

齐王①使使者问赵威后②。书未发，威后问使者曰："岁亦无恙耶？民亦无恙耶？王亦无恙耶？"使者不说，曰："臣奉使使威后，今不问王，而先问岁与民，岂先贱而后尊贵者乎？"威后曰："不然。苟无岁，何以有民？苟无民，何以有君？故有舍本而问末者耶？"乃进而问之曰："齐有处士曰钟离子，无恙耶？是其为人也，有粮者亦食，无粮者亦食；有衣者亦衣，无衣者亦衣。是助王养其民也，何以至今不业③也？

※注释

①齐王：指齐襄王，姓田名法章，齐闵王的儿子。②赵威后：赵惠文王的妻子，

公元前266年，赵惠文王死，他的儿子孝成王继位，由于孝成王尚幼，所以赵威后摄政。③业：使他创有功业。

※译文

齐襄王派遣使者问候赵威后。还没有打开书信，赵威后就问使者说："今年的收成可好？百姓还安居乐业吗？你们的大王也可好？"使者听了不高兴，说："我奉大王的差遣来向太后问好，您不先问我们大王可好，却先问今年的年成和百姓是否安居乐业，这难道不是先卑后尊吗？"赵威后说："事实不是这样的。如果没有好的年成，怎么会有百姓的安居乐业？如果没有百姓的安居乐业，大王又怎能称君道寡？哪里有舍弃根本而询问末梢的道理啊？"她接着又问使者说："齐国有个隐士叫钟离子的，他还好吧？他这个人，有粮食的人让他们有饭吃，没粮食的人也让他们有饭吃；有衣服的给他们衣服，没有衣服的也给他们衣服，他这是在帮助你们的大王来养活他的百姓，你们的大王为什么到现在还没有重用他呢？

※原文

"叶阳子无恙乎？是其为人，哀鳏寡，恤孤独①，振困穷，补不足。是助王息其民者也，何以至今不业也？北宫之女婴儿子无恙耶？彻其环瑱，至老不嫁，以养父母。是皆率民而出于孝情者也，胡为至今不朝也？此二士弗业，一女不朝，何以王齐国，子万民乎？於陵子仲②尚存乎？是其为人也，上不臣于王，下不治其家，中不索交诸侯。此率民而出于无用者，何为至今不杀乎？"

※注释

①鳏：老而无妻。寡：老而无夫。孤：老而无子。独：幼年丧父。②於陵子仲：齐国的隐士。

※译文

"叶阳子还好吧？他这个人，认为应该怜恤鳏寡孤独，振济困顿贫穷的人，他这是在为大王存恤安息他的百姓啊，为什么到现在还不任用他呢？北宫家的女儿婴儿子还好吗？她摘去自己的耳环首饰，到现在还没有出嫁，来奉养自己的父母。她这是用孝道来为百姓做出孝敬老人的榜样，为什么到现在还没有得到朝廷的嘉奖呢？这样的两位隐士不受重用，一位孝女不被重视，你们的大王怎么能治理好齐国、抚恤老百姓呢？於陵的子仲还活在世上吗？他在上对君王不行臣道，在下不能治理好自己的家业，中不和诸侯来往，他这是在为百姓做无所用处的榜样啊，你们的大王为什么到现在还不杀掉他呢？”

※读解

这是一篇记载我国古代民本思想的文字，也强调了任用和表彰贤德之人在治理国家过程中的重要意义。

公元前266年，赵惠文王死，太子赵孝成王即位。由于赵孝成王还小，他的母亲赵威后执政。齐襄王派使臣问候赵威后。赵威后还没有拆开齐襄王的问候信，就首先问使臣：“岁亦无恙耶？民亦无恙耶？王亦无恙耶？”正是这三个问题的先后顺序，让我们看出赵威后已经认识到了人民在国家中的根本作用和地位，具有了朴素的民本思想。

赵威后提出了年成、百姓和君王这三个在国家治理过程中需要正确处理的关系要素。齐国的使者心里是没有这样的思想高度的，所以他错误地认为治理国家国君是第一位的，赵威后礼节性的询问必须先问国君的情况，然后再说其他的方面。赵威后给这位本末颠倒的使者上了一课。她通过两个反问表明她对三个要素之间关系的认识，“苟无岁，何以有民？苟无民，何以有君”，指出年成是百姓生活的根本，而百姓是国家的根本。赵威后能够在战国时期就提出这样的观点，实在是难能可贵的。

接下来，赵威后又问及齐国对待几个贤德之人的情况。她推崇钟离子、叶阳子、婴儿子，认为他们是齐国的贤德之人，应该对他们进行任用和表彰。然而，子仲是齐国的一个隐士，“上不臣于王，下不治其家，中不索交诸侯”，是一个败坏社会风气的人，应该杀掉他。这里也可能有担心子仲出来做官会对赵国不利的考虑。

赵威后对于贤德之人的观点，在治理国家过程中也是值得采用的。她提出了树立好的典型对倡导良好的社会风气的重要作用，这即使是现代管理群体也应该效仿的。

齐人见田骈

※原文

齐人见田骈，曰：“闻先生高议，设为不宦，而愿为役。”田骈曰：“子何闻之？”对曰：“臣闻之邻人之女。”田骈曰：“何谓也？”对曰：“臣邻人之女，设为不嫁，行年三十而有七子，不嫁则不嫁，然嫁过毕矣。今先生设为不宦，赀①养千钟，徒百人，不宦则然矣，而富过毕也。”田子辞。

※注释

①赀：通“资”，钱财。

※译文

有个齐国人去见田骈，说：“听说先生道德高尚，不愿意入仕做官，而愿意为百姓出力。”田骈问：“你是从哪里听来的？”那人回答说：“我是从我邻家的一个女子那里听来的。”田骈问：“你说这话是什么意思啊？”那人回答说：“我邻居家的女子立志不嫁，年龄刚到三十岁却已经有了七个子女，不嫁就不嫁吧，却比出嫁还要严重。如今先生不入仕，却有俸禄千钟，仆役百人，说的是不入仕做官，现在却比做了官还要富有啊！”田骈听了很惭愧。

※读解

这位齐人讽谏田骈，先是对田骈进行称赞，“闻先生高议，设为不宦，而愿为役”，但接下来就转而通过讲述邻人之女的故事来类比田骈，指出他名不副实的做法。他宣称不做官，而愿意为百姓服务，但实际上，他所聚敛的钱财要超过做官的人，所以这是一种欺世盗名的行径。类比之后，他又直接指出田骈的虚伪而矫情的做法。面对这样德高望重的“社会名人”，这位齐人敢于直接对他进行讽谏，他的勇气实在是令人佩服。

苏秦说齐闵王

※原文

苏秦说齐闵王曰：“臣闻用兵而喜先天下者忧，约结而喜主怨者孤。夫后起者藉也，而远怨者时也。是以圣人从事，必藉于权而务兴于时。大权藉者，万物之率也；而时势者，百事之长也。故无权藉，倍时势，而能事成者寡矣。今虽干将、镆铘[①]，非得人力，则不能割刿矣。坚箭利金，不得弦机之利，则不能远杀矣。矢非不铦，而剑非不利也，何则？权藉不在焉。何以知其然也？昔者赵氏袭卫，车不舍人不休传，卫国城刚平，卫八门土而二门堕矣，此亡国之形也。卫君跣[②]行，告诉于魏。魏王身被甲底剑，挑赵索战。邯郸之中骛，河、山之间乱。卫得是藉也，亦收余甲而北面，残刚平，堕中牟之郭。

※注释

①干将、镆铘：古代的宝剑名。相传春秋吴国人干将和他的妻子镆铘善铸剑，铸成雌雄二剑，一把名字叫干将，一把名字叫镆铘，献给吴王阖闾。后来以“干将”指宝剑。②跣：赤脚。

※译文

苏秦游说齐闵王说："我听说率先挑起战争的人必然后患无穷，而不顾招人忌恨，带头缔结盟约来攻打其他国家的最终要陷于孤立境地。后发制人就能有所凭借，顺应时势就可以远离仇怨。因此圣贤之人做事情，必定借势而为，顺天而动。借助形势，有利于展开步骤；倚重天时，则是做任何事情取得成功的关键。因此，不懂得借势顺天之理，能成就大事的人实在是太少了。现在即使有干将、镆铘一类的宝剑，如果没有施加人的力量，那么也不能割断毫发；再坚硬的箭矢，如果不借助于弓弩，那么也无法杀伤远处的敌人。箭并不是不锐利，剑也并不是锉钝，那是什么缘故呢？只是由于没有借力之物。为什么这样说呢？过去赵国进攻卫国，车不停歇，人不喘息，一下子就包围了卫国都城，在刚平筑起土城来加以控制。当时卫都八个城门都被堵塞，两个城门被摧毁，亡国的灾祸迫在眉睫。卫国国君在形势紧急的情况下，光着脚逃奔到魏国去请求援助。魏武侯亲自披甲带剑，帮助卫国，向赵国挑战。邯郸大乱，黄河与太行山之间也无法收拾。卫国趁机重整旗鼓，北向攻打赵国，夺取了刚平，攻下了赵邑中牟的外城。

※原文

"卫非强于赵也，譬之卫矢而魏弦机也，藉力于魏而有河东之地。赵氏惧，楚人救赵而伐魏，战于州西，出梁门，军舍①林中，马饮于大河。赵得是藉也，亦袭魏之河北，烧棘沟，坠黄城。故刚平之残也，中牟之堕也，黄城之坠也，棘沟之烧也，此皆非赵、魏之欲也。然二国劝行之者，何也？卫明于时权之藉也。今世之为国者不然矣。兵弱而好敌强，国罢而好众怨，事败而好鞠之，兵弱而憎下人也，地狭而好敌大，事败而好长诈。行此六者而求伯，则远矣。臣闻善为国者，顺民之意，而料兵之能，然后从于天下。故约不为人主怨，伐不为人挫强。如此，则兵不费，权不轻，地可广，欲可成也。昔者，齐之与韩、魏伐秦、楚也，战非甚疾也，分地又非多韩、魏也，然而天下独归咎于齐②者，何也？以其为韩、魏主怨也。且天下遍用兵矣，齐、燕战，而赵氏兼中山，秦、楚战韩、魏不休，而宋、越专用其兵。此十国者，皆以相敌为意，而独举心于齐者，何也？约而好主怨，伐而好挫强也。

※注释

①舍：驻扎。②归咎于齐：归罪于齐国。

※译文

"卫国并不比赵国强大，只是有了魏国的支持。如果把卫国比作箭，而魏国就好比机弩和弓弦，卫国借助魏国的力量攻占了黄河以东的土地。这时赵国非常恐惧，楚国就援救赵国而讨伐魏国，双方在州西这个地方进行决战，楚国穿越魏国都城大梁的城门，驻军林中而使马饮于黄河。赵国军队得到楚国的援助，也去攻打魏国河北的地方，纵火焚烧了棘沟而夺取了黄城。毁掉刚平、攻破中牟、攻陷黄城、焚烧棘沟，这并非是赵国、魏国的本意，然而当初他们都相互支持进行战斗，这却是为什么呢？这是因为卫国善于利用时机，明白攻占决胜，必须依靠时势。现在执国施政的国君就不是这样了，自己军队弱小却喜欢挑斗强敌；国家疲惫却又要触犯众怒；败局已定了却仍然一意孤行；没有相当的实力，却不能屈志甘居下位；自己地盘小人数少，却要和大国抗衡为敌；事情失败却不改诈伪之心。犯下这六种错误还企求建立霸业，其实离霸业是越来越远了。我听说善于治理国家的君主，应该顺应民心，如实地估计自己的兵力，然后才能联合其他诸侯来实现自己的抱负。所以缔约时不为他人承担怨怒，作战时不替他人去抵抗强敌。这样就能保全自己的兵力来控制全局，而且可以实现拓展疆土的愿望。以前，齐王联合韩、魏两国讨伐秦、楚两国，作战的时候不是特别卖力，分得的土地又不比韩、魏两国多，可是天下要将战争的责任归咎于齐国，为什么呢？因为齐国率先倡导讨伐秦、楚两国，触犯了众怒。再说那时天下正混战不已，齐、燕两国争斗，赵国图谋中山国，秦、楚两国与韩、魏两国之间不断发生冲突，而宋、越两国专门进行攻伐。这十个国家，互相攻伐，然而天下只埋怨齐国，这又是什么道理呢？因为在缔约的时候，齐国喜欢充当联盟的领袖，两军开始交战的时候喜欢攻打强敌的缘故。

※原文

“且夫强大之祸，常以王人为意也；夫弱小之殃，常以谋人为利也。是以大国危，小国灭也。大国之计，莫若后起而重伐不义。夫后起之藉与多而兵劲，则事以众强适罢寡也，兵必立也。事不塞天下之心，则利必附矣。大国行此，则名号不攘而至，伯①王不为而立矣。小国之情，莫如谨静而寡信诸侯。谨静，则四邻不反；寡信诸侯，则天下不卖，外不卖，内不反，则摈祸朽腐而不用，币帛矫蠹而不服矣。小国道此，则不祠而福矣，不贷而见足矣。故曰：祖仁者王，立义者伯，用兵穷者亡。何以知其然也？昔吴王夫差以强大为天下先，袭郢而栖越，身从诸侯之君，而卒身死国亡，为天下戮者，何也？此夫差平居而谋王，强大而喜先天下之祸也。昔者莱、莒好谋，陈、蔡好诈，莒恃越而灭，蔡恃晋而亡，此皆内长诈，外信诸侯之殃也。由此观之，则强弱大小之祸，可见于前事矣。

※注释

①伯：通“霸”。诸侯的盟主。

※译文

“再说强国招致祸患，往往是因为一心想凌驾在他国之上；而弱国遭受灾殃，往往是由于它想图谋别的国家来夺取好处。所以强国陷入危险，小国也要覆灭。为大国考虑，不如后发制人，派大军来讨伐那些不讲道义的国家。后发制人能有所倚仗，盟国众多，兵力强大，能够形成以人多势强的军队来对付疲弊衰弱军队的有利局面，战争必能取得胜利。做事情合乎公道，就能取得利益。强国凭借这来做事情，名声不必去争就能得到，霸业也能随之成就。至于小国，最好的策略则莫过于谨慎从事，不轻信诸侯。小心谨慎，四邻之国就没有借口寻仇犯境；不轻信，就不会被诸侯出卖，成为利益的牺牲品。在外不被出卖，在内没有争斗，就可远离祸患，有利于国内实力的积储和增长。小国若能如此，那么不用祈祷就能享福，无须借贷自能富足。所以说，施行仁政可以称王，建树信义可以称霸，而穷兵黩武只会招致灭亡。为什么这样说呢？过去吴王夫差倚仗国大兵强，率领诸侯四方征战，攻击楚国，占据越国，并对诸侯们发号施令，俨然君临天下，最后却落得身死国亡的下场，为天下所耻笑。为什么有这样的后果呢？原因在于夫差平时总是想成为天下之主，倚仗国力强盛率先挑起战争。以前莱、莒两国喜欢施用阴谋，而陈、蔡两国则专行诈术，结果，莒国因倚仗越国而灭亡了，蔡国因倚仗晋国而灭亡了。这些都是在内使用诈术，在外轻信诸侯招来的横祸。由此看来，国家无论强弱大小，都有各自的祸患，前车之鉴，在历史上都有印证。

※原文

“语曰：‘骐骥①之衰也，驽马先之；孟贲②之倦也，女子胜之。’夫驽马、女子，筋力骨劲，非贤於骐骥、孟贲也。何则？后起之藉也。今天下之相与也不并灭，有而案兵而后起，寄怨而诛不直，微用兵而寄于义，则亡天下可蹻足而须也。明于诸侯之故，察于地形之理者，不约亲，不相质而固，不趋而疾，众事而不反，交割而不相憎，俱强而加以亲。何则？形同忧而兵趋利也。何以知其然也？昔者齐、燕战于桓之曲，燕不胜，十万之众尽。胡人袭燕楼烦数县，取其牛马。夫胡之与齐非素亲也，而用兵又非约质而谋燕也，然而甚于相趋者，何也？何则形同忧而兵趋利也。由此观之，约于同形则利长，后起则诸侯可趋役也。

※注释

①骐骥：骐，有青黑色花纹的马，其纹状如棋盘。骥，千里马。在这里泛指骏马。②孟贲：一位力大无穷的勇士。

※译文

“俗话说：‘千里马衰老的时候，也跑不过劣马；勇士孟贲身体疲倦的时候，也打不过女子。’劣马、女子的筋力骨劲，远远比不上千里马和勇士孟贲，但为何会出现这样的情况呢？这是因为后发制人就有所凭借。现在天下诸侯相互借重而相互牵制，并且对峙的时间还很长，如果哪个国家能够按兵不动，后发制人，同时善于转嫁仇怨，隐去用兵的真实意图，凭借正义的口号来讨伐无道的国家，那么兼并诸侯取得天下也就能指日可待了。掌握各诸侯国的国情，明了天下的地理形势，不和其他国家结盟，不互相扣留人质，关系会更牢固；不急躁冒进，事情就会进展更为顺利。一起共事能坚守承诺，一起受害而不相互埋怨，彼此都强大了就越发亲近。如何能做到这样呢？在于形势让它们忧患相同、利害一致。有什么事实可作佐证呢？过去齐、燕两国在桓曲交战，燕兵败北，十万兵众匹马无归。胡人乘势袭击燕国楼烦等地，掳掠牛马。胡人与齐国没有交往，也没有订立盟约，却联合在一起，什么原因呢？就是因为它们忧患相同、利害相关！由此可见，联合形势相同的国家就可以最大程度获取利益，后发制人就可使诸侯归附并役使他们。

※原文

“故明主察相，诚欲以伯王也为志，则战攻非所先。战者，国之残也，而都县之费也。残费已先，而能从诸侯者寡矣。彼战者之为残也，士闻战则输私财而富军市，输饮食而待死士，令折辕而炊之，杀牛而觞[①]士，则是路君之道也。中人祷祝，君翳酿，通都小县置社，有市之邑莫不止事而奉王，则此虚中之计也。

夫战之明日，尸死扶伤，虽若有功也，军出费，中哭泣，则伤主心矣。死者破家而葬，夷伤者空财而共药，完者内酺而华乐，故其费与死伤者钧。故民之所费也，十年之田而不偿也。军之所出，矛戟折，镮弦绝，伤弩，破车，罢马，亡矢之大半。甲兵之具，官之所私出也，士大夫之所匿，厮养士之所窃，十年之田而不偿也。天下有此再费者，而能从诸侯寡矣。攻城之费，百姓理襜蔽，举冲[②]橹，家杂总，穿窟穴，中罢于刀金。而士困于土功，将不释甲，期数而能拔城者为亟耳。上倦于教，士断于兵，故三下城而能胜敌者寡矣。

故曰：彼战攻者，非所先也。何以知其然也？昔智伯瑶攻范、中行氏，杀其君，灭其国，又西围晋阳，吞兼二国，而忧一主，此用兵之盛也。然而智伯卒身死国亡，为天下笑者，何谓也？兵先战攻，而灭二子患也。昔者，中山悉起而迎燕、赵，南战于长子，败赵氏；北战于中山，克燕军，杀其将。夫中山千乘之国也，而敌万乘之国二，再战比胜，此用兵之上节也。然而国遂亡，君臣于齐者，何也？不啬于战攻之患也。由此观之，则战攻之败，可见于前事。

※注释

①觞：这里是犒劳的意思。②冲：攻城的战车。

※译文

“所以英明的君主和有远见卓识的相国，如果致力于霸业，就不要把使用武力摆在首位。战争既耗损国力，又扰乱百姓。国家的实力遭到损耗，便再也无力号令诸侯。战争对国家的损耗是显而易见的。士人听说将有战事，就捐献财产，来充当军用物资，而商人就运送酒肉粮食来犒劳战士，长官让人拆下车辕当柴烧，杀牛设宴款待军兵。其实这些都是坑害百姓、危害国家的做法。国人祈祷，君王设祭，大城小县都设有神庙，凡有市场的城邑都要停业为战争服役，其实这是损耗国家的做法。

“决战的沙场，尸横满地，哀鸿遍野，人们扶着受伤的将士，表面看来将士立功，国家取得了战争的胜利，但实际上，损耗大量的资财，国人悲惨的痛哭，足以令国君忧心如焚。阵亡将士的家属为安葬父兄而倾尽家财，负伤的将士也耗尽积储来治疗战争中受的伤，那些侥幸全身而回的军人，在家中大摆筵席以示庆贺，花费也很多。所以战争使人民耗费的钱财，十年耕种所得的收获也难以抵偿。军队出战，矛戟弓弩，车马刀矢，损失大半，再加上被人盗窃藏匿所造成的损失，也是十年耕种无法抵偿的。国家负担这两笔费用，已是精疲力竭，哪里还能对诸侯施以号令呢？攻城拔地的时候，百姓作为后方支援，替士兵缝补破烂的战衣，运输攻城的器械，处理家中杂事，挖掘地道，为徭役所累。将军顾不上士兵劳累，日夜督战，数月能攻下城池就算很快了。将士疲弊，连下三城，相信再没有余力战胜敌人。

“所以说，明君贤相图谋天下，并不把使用武力放在第一位。这在历史上是有先例的。过去，智伯攻灭范氏、中行氏，接着又麾兵西向，围攻晋阳，吞并两国，杀了国君，又逼得赵襄子走投无路，军威可以说盛极一时。然而后来智伯却落得身死国亡的下场，为天下人所耻笑，这是什么缘故呢？是因为智伯挑起祸端，威胁到韩、魏两国君主的缘故。过去中山国调动全国的军队，来迎击燕、赵两国的军队，在南方的长子大败赵国的军队，在国境内大败燕国的军队，并杀掉领兵的大将。中山国只是个千乘小国，与两个万乘大国同时为敌，连续取得两次决定性的胜利，成为用兵的典范。然而这样的善战之国终究免不了灭亡的命运，导致国君逃往齐国做了臣子，原因是什么呢？是因为它不考虑战争的祸患，接连不断地发动战争。由此看来，战争的弊端在史书上的记载是很多的。

※原文

“今世之所谓善用兵者，终战比胜，而守不可拔，天下称为善，一国得而保之，则非国之利也。臣闻战大胜者，其士多死而兵益弱；守而不可拔者，其百姓罢而城郭①露。夫士死于外，民残于内，而城郭露于境，则非王之乐也。今夫鹄的非咎罪于人也，便弓引弩而射之，中者则善，不中则愧，少长贵贱，则同心于贯之者，何也？恶其示人以难也。今穷战比胜，而守必不拔，则是非徒示人以难也，又且害人者也，然则天下仇之必矣。夫罢士露国，而多与天下为仇，则明君不居也；素用强兵而弱之，则察相不事。彼明君察相者，则五兵不动而诸侯从，辞让而重赂至矣。故明君之攻战也，甲兵不出于军而敌国胜，冲橹不施而边城降，士民不知而王业至矣。彼明君之从事也，用财少，旷日远而为利长者。故曰：'兵后起则诸侯可趋役也。'

※注释

①城郭：城，指内城的墙；郭，指外城的墙。泛指城邑。

※译文

"现在称得上善于用兵的人，屡战屡胜，攻则取，守则固，天下人给予高度颂扬，而举国上下莫不倚之若长城，其实这并非是国家的好事。臣听说战争取得大捷，士卒伤亡惨重，百姓因防务而疲惫不堪，城郭也会被损毁得面目全非。士兵在战争中死去，百姓在国内为战争所累，城郭破败，国君是不会高兴的。以箭靶来打比方，它并没有与人结怨，可是人人都会以强弓硬弩对待它。射中的人高兴，没有射中的人则会满脸羞愧，不论老少和尊卑，都以一射为快。原因是什么呢？是人们不喜欢让人看出自己不会射箭。现在有的国家屡战屡胜而守卫则不可攻拔，这不仅仅是示人以难，同时还妨害别国的利益，别国的敌视情绪也就更重了。像这样既劳累百姓、损耗国家，又成为众矢之的之事，圣明的国君是不会这样做的。有远见卓识的明君贤相也不会动不动就出兵，以至于损兵折将，大伤国家的元气。明君贤相，总是力求不用攻伐就臣服诸侯，用谦恭辞让来获得更多的财货和土地。因为明君之于战事，不动用军队就能战胜敌国，不动用武力就可掠夺到土地，别人尚未察觉而王业就已经完成。明君做事情，不费财力，而以长期的策划来取得永久性的利益。所以说：'后发制人可以让诸侯归附并加以驱使。'

※原文

"臣之所闻，攻战之道非师者，虽有百万之军，北之堂上；虽有阖闾、吴起之将，禽①之户内；千丈之城，拔之尊俎之间；百尺之冲，折之衽席之上。故钟鼓竽瑟之音不绝，地可广而欲可成；和乐倡优侏儒之笑不之，诸侯可同日而致也。故名配天地不为尊，利制海内不为厚。

“故夫善为王业者，在劳天下而自佚，乱天下而自安，诸侯无成谋，则其国无宿忧也，何以知其然？佚治在我，劳乱在天下，则王之道也。锐兵来则拒之。患至则趋之。使诸侯无成谋，则其国无宿忧也。何以知其然矣？昔者魏王拥土千里，带甲三十六万，其强而拔邯郸，西围定阳，又从十二诸侯朝天子，以西谋秦。秦王恐之，寝不安席，食不甘味，令于境内，尽堞中为战具，竟为守备，为死士置将，以待魏氏。

“卫鞅谋于秦王曰：‘夫魏氏其功大，而令行于天下，有十二诸侯而朝天子，其与必众。故以一秦而敌大魏，恐不如。王何不使臣见魏王，则臣请必北魏矣。’秦王许诺。卫鞅见魏王曰：‘大王之功大矣，令行于天下矣。今大王之所从十二诸侯，非宋、卫也，则邹、鲁、陈、蔡，此固大王之所以鞭箠使也，不足以王天下。大王不若北取燕，东伐齐，则赵必从矣；西取秦，南伐楚，则韩必从矣。大王有伐齐、楚心，而从天下之志，则王业见矣。大王不如先行王服，然后图齐、楚。’魏王说于卫鞅之言也，故身广公宫，制丹衣柱，建九斿，从七星之旟。此天子之位也，而魏王处之。于是齐、楚怒，诸侯奔齐，齐人伐魏，杀其太子，覆其十万之军。魏王大恐，跣行按兵于国，而东次于齐，然后天下乃舍之。当是时，秦王垂拱受西河之外，而不以德魏王。故卫鞅之始与秦王计也，谋约不下席，言于尊俎之间，谋成于堂上，而魏将以禽于齐矣；冲橹未施，而西河之外入于秦矣。此臣之所谓比之堂上，禽将户内，拔城于尊俎之间，折冲席上者也。”

※注释

①禽：通“擒”。捉住。

※译文

“据我所知，战争的规律不在于士兵的多少，即使有百万敌军，也能败于朝堂之上帷幄之中；即使遭遇阖闾、吴起那样的将帅，也能通过室内的策划来擒获他；即使有千丈深的城池，也可以在酒席之间涉过它；即使有百尺高的战车，也可以在坐卧之时摧折它。所以说，丝管之声在朝堂不绝于耳、和着优伶欢笑歌舞的时候，国土已经扩张，诸侯已经前来臣服。这样的君王，名号与天地相等不算高贵，政权控制海内也不算强大。

“因此，善于开创王业的君主，在于能使诸侯劳顿而自己闲逸，使天下混乱而本国安宁。假如能让各诸侯的谋划无法得逞，则自己的国家就没有什么忧患了。如何知道这一点呢？安逸与大治在我方，而劳顿与混乱在别的国家，这就是王霸之道。积蓄国力来等待前来侵犯的敌人，来消除战祸，那么他的国家就没有隔夜的忧患。

有什么事实能够加以证明呢？过去魏惠王拥有领土上千里，甲士三十六万，倚仗自己实力强大，攻取邯郸，西围定阳，又邀集十二家诸侯来朝拜周天子，为图谋秦国做了种种准备。秦孝公得到消息，忧心忡忡，寝食难安，食不甘味，动员全国，修缮守战的器具，在国内严加防守，同时招募敢死的士兵，任命善战的将领，来等待前来侵犯的敌人。

“卫鞅向秦孝公献计说：‘魏王有匡扶周室的功劳，号令施行于天下，既能邀集十二家诸侯朝见天子，以区区一个秦国，恐怕还不能与之争锋竞胜，大王能不能让我出使魏国去拜见魏王？我有把握挫败魏国。’秦王就答应了他的请求，卫鞅前往魏国拜见魏王，大加称颂：‘我听说大王劳苦功高而能号令天下。可是现在大王率领的十二家诸侯，不是宋、卫，就是邹、鲁、陈、蔡，大王固然可以随意加以驱使，然而就凭这样的力量还不足以称霸天下。大王不如向北联合燕国，东伐齐国，赵国自然就会臣服；再联合西方的秦国，南伐楚国，韩国也自然就会臣服。大王有讨伐齐、楚的愿望而且行事合乎道义，实现霸业的日子就不远了。大王自可顺从天下之志，加天子衣冠，再图齐、楚两国。’魏王听了，大为高兴，就依天子体制，大建宫室，制作丹衣柱和九斿、七星旗。对魏王的妄自尊大、越礼不轨，齐、楚两国君主大为恼怒，而各路诸侯也都投奔齐国。齐人讨伐魏国，杀掉了魏太子申，歼师十万。魏惠王震恐，急忙下令收兵，又向东臣服齐国。各国诸侯这才停止武力攻伐。那时候，秦孝公趁机取得了魏国的西河以外地区，而且对魏王毫无感激之情。所以卫鞅当初与秦孝公商议对策的时候，谋约于坐席之上，策划于酒席之间，定计于高堂之上，而魏国大将庞涓已为齐国擒获，秦国不动用军队已经收西河以外的土地。这就是臣所讲的败敌于厅堂之上，擒获敌将于帷幄之中，在酒宴上攻下敌城，在枕席上折断敌人的兵车。”

※读解

苏秦游说齐闵王，强调了国家有所凭借的重要性。国家采取行动，必须在时势上有所凭借，这样才可以用最少的力量取得最大的胜利。

苏秦还强调国家要后发制人，绝对不能采取激进的行动，否则就会成为众矢之的，落得身死国亡的悲惨下场。

这篇文字提出了一个重要的观点，那就是以和平的方式来使各国诸侯前来臣服，来统一天下，成就霸王之业。这也就是所谓的文伐策略。我国向来主张和平的政策，以博大精深的中华文明来接引各种外来的文明，将它们纳入我中华文明体系中去。在本篇里，我们可以看出这种思想的渊源。苏秦列举了大量的事例来证明自己的观点，使他的立论有很强的说服力。

齐负郭之民有狐咺者

※原文

齐负郭①之民有狐咺者，正议，闵王斮之檀衢，百姓不附。齐孙室子陈举直言，杀之东闾，宗族离心。司马穰苴，为政者也，杀之，大臣不亲。以故燕举兵，使昌国君将而击之。齐使触子将而应之。齐军破，触子以舆一乘亡。达子收余卒，复振，与燕战，求所以偿者，闵王不肯与，军破走。

王奔莒，淖齿数之曰："夫千乘、博昌之间，方数百里，雨血沾衣，王知之乎？"王曰："不知。""嬴、博之间，地坼②至泉，王知之乎？"王曰："不知。""人有当阙而哭者，求之则不得，去之则闻其声，王知之乎？"王曰："不知。"淖齿曰："天雨血沾衣者，天以告也；地坼至泉者，地以告也；人有当阙而哭者，人以告也。天地人皆以告矣，而王不知戒焉，何得无诛乎？"于是杀闵王于鼓里③。

※注释

①负郭：靠着外城的城墙。②坼：裂开。③鼓里：地名。

※译文

齐国有个靠着城墙居住的人，名字叫狐咺，他直言批评齐闵王的过失，被齐闵王杀死在檀衢，从此百姓不再服从齐闵王。齐国宗室中有个叫陈举的人，也直言不讳，被闵王处死在东城门外，齐国宗族从此和齐闵王离心。司马穰苴，在齐国为政，也被齐闵王杀死，大臣们从此不再亲近齐闵王。因为这些，燕国发动军队，派昌国君乐毅做统帅进攻齐国，齐国派触子率领军队迎战。齐国大败，触子驾着一辆车逃跑了。齐国大将达子收拾残兵败将，重整旗鼓，与燕国军队作战，达子要求齐闵王对士兵进行犒劳，齐闵王不愿意犒劳，齐国军队再次败北。

齐闵王逃跑到了莒城，齐国相国淖齿面见齐闵王，列举了齐闵王的数条罪状，说："那次在千乘与博昌之间数百里的地方，天降血雨，污秽了人衣，这件事大王知道吗？"齐闵王说："不知道。""嬴、博之间，大地裂开涌出泉水，这件事大王知道吗？"齐闵王说："不知道。""有人在宫门前哭泣，去寻找却找不到人，离开了却又听见哭泣的声音，这件事大王知道吗？"齐闵王说："不知道。"淖齿说："天下血雨沾到了衣服上，这是老天在警告；地裂出泉，这是大地在警告；有人在宫门哭泣，这是人事在警告。天、地、人都给您警告，但您却不知道警惕，又怎能不遭受上天的诛杀呢？”于是淖齿就在鼓里这个地方杀死了齐闵王。

※读解

看来苏秦的劝说并没有对齐闵王起到什么作用。苏秦劝说他采取和平的手段来取得霸业，而他却对他的良民和忠臣大开杀戒。

他先后杀了对他直言的负郭之民狐咺、齐孙室子陈举和辅助他治理国家的司马穰苴。他的残暴行为导致了百姓不附、宗族离心、大臣不亲。不仅如此，就连邻国燕国都看不下去了，派出军队来讨伐齐国。无道的国家无力抵抗前来讨伐的燕国军队，齐闵王只好逃亡到莒城外地。

齐闵王的残暴行径遭到一个名叫淖齿的大臣的强烈不满，他陪齐闵王逃亡到莒城，开始指责齐闵王的罪过，问他雨血沾衣、地坼至泉、有人当阙而哭这三件事他是否知道，但齐闵王全都不知，淖齿一怒之下将齐闵王杀死了。

燕攻齐取七十余城

※原文

燕攻齐取七十余城，唯莒、即墨①不下。齐田单②以即墨破燕，杀骑劫。初，燕将攻聊城，人或谗之。燕将惧诛，遂保守聊城，不敢归。田单攻之岁余，士卒多死，而聊城不下。鲁连③乃书，约之矢以射城中，遗燕将曰：“吾闻之，智者不倍时而弃利，勇士不怯死而灭名，忠臣不先身而后君。今公行一朝之忿，不顾燕王之无臣，非忠也；杀身亡聊城，而威不信于齐，非勇也；功废名灭，后世无称，非知也。故知者不再计，勇士不怯死。今死生荣辱，尊卑贵贱，此其一时也。愿公之详计而无与俗同也。

“且楚攻南阳，魏攻平陆，齐无南面之心，以为亡南阳之害，不若得济北之利，故定计而坚守之。今秦人下兵，魏不敢东面，横秦之势合，则楚国之形危。且弃南阳，断右壤，存济北，计必为之。今楚、魏交退，燕救不至，齐无天下之规，与聊城共据期年之弊，即臣见公之不能得也。齐必决之于聊城，公无再计。彼燕国大乱，君臣过计，上下迷惑，栗腹以百万之众，五折于外，万乘之国，被围于赵，壤削主困，为天下戮，公闻之乎？今燕王方寒心独立，大臣不足恃，国弊祸多，民心无所归。今公又以弊聊之民，距全齐之兵，期年不解，是墨翟之守也；食人炊骨，士无反北之心，是孙膑、吴起之兵也。能以见于天下矣。

※注释

①莒、即墨：齐国的城邑。②田单：齐国大将。③鲁连：亦称鲁仲连子、鲁连子和鲁仲连。战国末期齐国人，战国时名士。今茌平人。善于出谋划策，常周游各国，为其排难解纷。

※译文

燕国攻打齐国，夺取了七十多座城池，只有莒和即墨两地没有攻下。齐国大将田单就拿即墨作为根据地大败燕国军队，杀死了燕国大将骑劫。当初，有位燕国大将攻占了聊城，可是却被人在燕王那里进了谗言，这位燕将害怕自己会被处死，就死守在聊城不敢回国。齐将田单为收复聊城，打了一年多，将士死伤许多，但是聊城还是无法攻下。齐国谋臣鲁仲连就写了一封信，绑在箭杆上，射到城内，信中对燕国将领说："我听说，智者不违背时势而去做有损利益的事，勇士不会因害怕死而去做毁掉名声的事，忠臣总是处处为君王着想而后才想到自己。现在将军竟因为一时的愤怒，不顾燕王将失去一个大臣，这不是忠臣所做的事情；城破身死，威名不会流传在齐国，这不是勇士所做的事情；战功废弃，英名埋没，后人不会称道，这不是聪明人的举动。因此，明智的人不会踌躇不决，勇敢的人不会贪生怕死，如今生死荣辱、尊卑贵贱，都取决于您转念之间的决断，希望将军能够慎重考虑，不要和世俗的人持一般的见识。

"而且楚国进攻南阳、魏国进逼平陆，齐国压根就没有分兵拒击的意思，认为失去南阳之害，不及攻取聊城之利，所以一心一意攻打聊城。如今秦王出兵助齐，魏国再不敢出兵平陆；秦齐连横之势已定，楚国此刻岌岌可危。何况即便弃南阳、失平陆，只要能保全聊城之地，齐国也会一意孤行，在所不惜。如今楚、魏先后退兵，可燕国的援军仍然毫无消息，齐国没有了外患，就会与你相持下去直至最终定出成败。一年之后，我恐怕就见不到将军之面了。攻取聊城是齐国一定要成功的事情，您千万不要犹豫不决。您知道吗？目前燕国发生内乱，君臣失措，上下惶惑。燕将栗腹率领百万军队进攻赵国，却屡战屡败，燕国本是万乘强国，却被赵国围困，土地被掠夺，国君遭到围困，被天下诸侯所耻笑。现在，燕王正处在心惊胆战、孤立无援的境地，大臣不足以倚仗，战祸不断发生，国难深重，民心涣散。而你却能指挥早已疲惫不堪的聊城百姓，抗拒整个齐国的兵马，已经一年过去了，聊城如今依然安如磐石，将军确实像墨翟一般善于攻守；士兵们饥饿到食人肉炊人骨的地步，而始终没有背弃您的想法，您确实像孙膑、吴起一样善于用兵。就凭这两条，将军足可成名于天下！

※原文

"故为公计者，不如罢兵休士，全车甲，归报燕王，燕王必喜。士民见公，如见父母，交游攘臂而议于世，功业可明矣。上辅孤主，以制群臣；下养百姓，以资说士。矫国革俗于天下，功名可立也。意者，亦捐燕弃世，东游与齐乎？请裂地定封，富比陶、卫，世世称孤，与齐久存，此亦一计也。二者显名厚实也，愿公熟计而审处一也。

“且吾闻效小节者，不能行大威；恶小耻者不能立荣名。昔管仲射桓公中钩，篡也；遗公子纠而不能死，怯也；束缚桎梏，辱身也。此三行者，乡里不通也，世主不臣也。使管仲终穷抑，幽囚而不出，惭耻而不见，穷年没寿，不免为辱人贱行矣。然而管子并三行之过，据齐国之政，一匡天下，九合诸侯，为五伯首，名高天下，光照邻国。曹沫为鲁君将，三战三北，而丧地千里。使曹子之足不离陈，计不顾后，出必死而不生，则不免为败军禽将。曹子以败军禽将，非勇也；功废名灭，后世无称，非知也。故去三北之耻，退而与鲁君计也，曹子以为遭。齐桓公有天下，朝诸侯。曹子以一剑之任，劫桓公于坛位之上，颜色不变，而辞气不悖。三战之所丧，一朝而反之，天下震动，诸侯惊骇，威信吴、楚，传名后世。若此二公者，非不能行小节，死小耻也，以为杀身绝世，功名不立，非知也。故去忿恚①之心，而成终身之名；除感忿之耻，而立累世之功。故业与三王争流，名与天壤相敝也。公其图之！”燕将曰：“敬闻命矣。”因罢兵到读而去。故解齐国之围，救百姓之死，仲连之说也。

※注释

①忿恚：怨恨。

※译文

“因此，我为您考虑，不如罢兵休斗，保全车仗和甲胄，回国向燕王复命，他一定会很高兴。燕国的官吏和子民见到您，就如同见到父母一样，交游的人会抓着您的胳膊赞扬将军的赫赫战功，您的功业就建立了。将军上可辅佐国君，统制群臣；下可存恤百姓，招纳说客。矫正国家的弊端，改革社会的陋俗，完全能够建立更大的功名。如果将军不愿回去，是否能考虑一下抛弃世俗的成见，隐居于齐国呢？我会让齐王赐您封地，与秦国的魏冉、商鞅一样富有，代代相袭，和齐国并存，这是另一条出路。这两者，要么扬名当世，要么富贵安逸，希望您能慎重考虑，选择其中的一个。

“而且我还听说，看重小节，就难以建立大的功业；不能忍受小的侮辱，就难以成就威名。过去管仲弯弓射中桓公的带钩，这是篡逆作乱的行为；又不能为公子纠死义，这是贪生怕死的行为；身陷牢囚，这是奇耻大辱。有了这三种行为，即使是乡野村夫也不会与他交往，君主也不会让他做大臣。如果管仲因为这样的困顿和侮辱就抑制了自己的志向，不再出仕，那么他就会卑贱劳作辱没一生。可是他却在背负三种恶劣的名声之下，执掌齐国的政事，扶正天下，九次召集诸侯会盟，使齐桓公得以成为春秋五霸之首，管仲自己也名震天下，光耀邻邦。曹沫是鲁国的将军，三战三败，失地千里。如果他发誓永远不离开疆场，不顾后果一意孤行，他一定会战死沙场，那就不过是一个丧师身死的败将罢了。这样一来，就不能被称为勇士；功名湮没，不能算作聪明。可是，他能隐忍三次失败的耻辱，和鲁庄公重新谋划。齐桓公威服天下之后，召集诸侯会盟，曹沫就凭着一把宝剑，在祭坛之上劫持齐桓公，从容不迫，义正词严，一朝收回失地，天下都为之震动。他的威名更是远播吴楚，名重后世。以上说的管仲、曹沫这两个人，并不是不能遵行小节，为小耻而死，只是他们认为功名未立，壮志未酬，就一怒之下死掉是不明智的做法。所以才决定抛弃内心的愤恨，来成就一世功名；忍受一时的耻辱，建立万世的功业。他们的功业可以和三王争高低，声名可与天地共短长，愿将军慎重考虑！”

燕将说：“谨遵先生的命令。”于是就撤军回国了。所以说，解除齐国军队对聊城的围困，使百姓免遭战祸，全靠鲁仲连的劝谏。

※读解

这是一个书面的劝谏，反映了《战国策》反战的主题。

公元前 284 年，燕将乐毅率五国联军横扫齐国，半年内攻下齐七十余城，除莒和即墨两城外，齐国广大地区惨遭沦陷。五年后，即墨守将田单率军民众志成城，顽强抵抗，以火牛阵大败燕军，并趁势以摧枯拉朽之势进行了战略大反攻，“所过城邑皆畔燕而归田单”。

但有个狄邑（今高青县高城镇）使田单攻打不下。在攻打狄邑之前，鲁仲连断言田单短期内攻不下狄邑，结果鲁仲连的话不幸言中，狄邑三月不克。田单既苦恼又奇怪，就去向鲁仲连请教。鲁仲连直言相告田单，过去在即墨时是“将军有死之心，而士卒无生之气”，上下一心，同仇敌忾；而现在随着地位、境遇的变化，田单“黄金横带”，只顾养尊处优，有生之乐，无死之心，不再身先士卒和不怕牺牲，所以久攻不下。

田单听了鲁仲连切中要害的分析后，恍然大悟，回去后亲临战阵，挥旗擂鼓，一举就攻克了狄邑。过了不久，田单势如破竹，一直打到聊城城下。由于燕国大将负隅顽抗，垂死挣扎，田单攻城很不顺利。正一筹莫展之际，鲁仲连来了。因为鲁仲连精通势数，对当时齐、燕两国的局势和燕将的性格、心理分析透彻，把握准确，所以鲁仲连提笔给燕国大将写了一封信，用箭射到城里，以“攻心为上”，“擒贼先擒王”。在这封信中，鲁仲连先是结合齐、燕两国的局势，谆谆告诫燕将死守孤城非忠勇、非智；又站在燕将的角度上，分析归燕、降齐的不同好处；最后又用曹沫和管仲的例子指出“行小节，死小耻”是不明智的做法，劝诱燕将以小节而成终身之名，以小耻而立累世之功，放弃聊城。结果，鲁仲连说到心坎里的一番话使燕将心服口服，罢兵而去。就这样，鲁仲连用书信攻下了聊城，一箭书退敌百万兵，创造了中国军事史和论辩史上的奇迹。

燕攻齐齐破

※原文

燕攻齐，齐破。闵王奔①莒，淖齿杀闵王。田单守即墨之城，破燕兵，复齐墟。襄王为太子徵。齐以破燕，田单之立疑，齐国之众，皆以田单为自立也。襄王立，田单相之。过菑水，有老人涉菑而寒，出不能行，坐于沙中。田单见其寒，欲使后车分衣，无可以分者，单解裘而衣之。

※注释

①奔：逃亡。

※译文

燕国军队进攻齐国，都城临淄被攻破，齐闵王逃跑到了莒地，淖齿将他杀死。田单死守即墨，后来大败燕国军队，收复了齐国的国都临淄。迎回躲在民间的太子襄王。襄王徵做了太子。齐军打败燕军，田单对立襄王为国君感到犹豫，齐国的老百姓都怀疑田单会自立为王。后来田单立太子为襄王，而他自己做了相国，辅佐齐襄王。

一次田单路过菑水，看到一个老人渡河非常寒冷，不能再走路了，坐在岸边的沙土里。田单见到老人身体寒冷，想要随从分件衣服给他，但随从们没有多余的衣服，田单于是就脱下自己的裘衣给老人穿上。

※原文

襄王恶之，曰：“田单之施，将欲以取我国乎？不早图，恐后之。”左右顾无人，岩下有贯珠者①，襄王呼而问之曰：“汝闻吾言乎？”对曰：“闻之。”王曰：“汝以为何若？”对曰：“王不如因以为己善。王嘉单之善，下令曰：‘寡人忧民之饥也，单收而食②之；寡人忧民之寒也，单解裘而衣之；寡人忧劳百姓，而单亦忧之，称寡人之意。’单有是善，而王嘉之，善单之善，亦王之善已。”王曰：“善。”乃赐单牛酒，嘉其行。后数日，贯珠者复见王曰：“王至朝日，宜召田单而揖之于庭，口劳之。乃布令求百姓之饥寒者收谷之。”乃使人听于闾里，闻丈夫之相与语，举曰：“田单之爱人！嗟，乃王之教泽也！”

※注释

①贯珠者：采珠的人。②食：给以饭吃。

※译文

齐襄王厌恶田单的这种做法，说：“田单这样施舍小恩惠来收买人心，难道是想要图谋我的王权吗？如果我不先发制人的话，恐怕将来就被动了。”说完，看看左右没有什么人，只是岩石的下面有个采珠的人，齐襄王就把他叫过来，问他说：“你听到我说什么了吗？”采珠的人说：“都听到了。”齐襄王说：“你认为我该怎么做？”采珠的人回答说：“大王不如把它当作自己的善行。您可以嘉奖田单的行为。发布诏令说：‘我担心我的子民挨饿，相国就分赐他们食物；我担心我的子民受冻，相国就分赐他们衣服；我担心我的子民劳苦，而相国也担心他们，这正合我的心意。’田单既有这些优点，而大王又嘉奖他，田单的善行，也是大王的善行。”齐襄王说：“很好！”于是赐给田单牛酒，嘉奖他的善行。几天后，采珠的人又去拜见齐襄王，说：“大王等到百官上朝的日子，您最好召见田单，并在朝堂上对他行礼，亲口慰问他。然后下令调查遭受饥寒的百姓，赈济他们。”齐襄王做了这些之后，就派人到街头里巷打探民众的态度，听见老百姓都在互相谈论，称赞说：“相国爱护百姓！真是可叹啊！这是咱们的大王教导得好啊！”

※读解

功高震主的命题是我国古代一以贯之的命题，也是最高领导者和其下属之间难以解决的难题。从后代的汉高祖刘邦到明太祖朱元璋，都是采取极端的方式来加以解决的。其实，关于功高震主的问题，一定有其他的解决方式，本篇所述就是一种，并且是比较温和而人道的解决方式。虽然后代的皇帝有这种传统可以继承，但他们都没有正视这一传统。血腥的屠杀使忠臣不寒而栗，也使人性显现出了复杂和丑恶的一面。

田单的德行受到了百姓的推崇和信赖，在人们的眼里，田单的感召力甚至要超过了齐襄王，这就使齐襄王感到很不高兴。于是就在那种情况下产生了很自然的想法，他想运用国君所拥有的生杀予夺的权力，解决功高震主的问题。

齐襄王陷入对这一问题的沉思之后，不自觉地将自己的想法说了出来，而这时身边就有个采珠人听到了他的话。随后，采珠人给他出了一个主意，使他可以温和而人道地解决这一问题。采珠人告诉他可以通过嘉奖和认可的方式将田单的德行转化为自已的德行，从而解决了田单功高震主的问题。采珠人的方式应该被领导者借鉴，使世间少些血腥和极端的处理方式。

齐闵王之遇杀

※原文

齐闵王之遇杀，其子法章①变姓名，为莒太史家庸夫。太史敫女奇法章之状貌②，以为非常人，怜而常窃衣食之，与私焉。莒中及齐亡臣相聚，求闵王子，欲立之。法章乃自言于莒。共立法章为襄王。襄王立，以太史氏女为王后，生子建。太史敫曰："女无媒而嫁者，非吾种也，污吾世矣。"终身不睹。君王后贤，不以不睹之故，失人子之礼也。

※注释

①法章：齐闵王的儿子，即后来的齐襄王。②奇法章之状貌：对法章的相貌感到奇怪。

※译文

齐闵王遭到杀害之后，他的儿子法章改换了姓名，做了莒地一个姓太史的人家的奴仆。太史敫的女儿看见法章的相貌感到很奇怪，认为他不是普通人，也就很可怜他，而且经常偷偷地送他衣服和食物，并且和他私通。莒地的人以及从国都逃到莒地的大臣们聚在一起，商议要寻找齐闵王的儿子，想要立他为王。法章这时才从莒地出来自称自己是太子。于是大臣们立他为襄王。齐襄王即位，又把太史敫的女儿立为王后，后来生了一个儿子叫建。太史敫说："女儿没有通过媒人就出嫁，不是我们家的后代，玷污了我在世上的名声。"就终身不再见他的女儿。王后贤惠，不因父亲不再见她的缘故而失去作为女儿对父亲应有的礼节。

※原文

襄王卒，子建立为齐王，君王后①事秦谨，与诸侯信，以故建立四十有余年不受兵。秦始皇尝使使者遗君王后玉连环，曰："齐多知，而解此环不？"君王后以示群臣，群臣不知解。君王后引椎椎破之，谢秦使，曰："谨以解矣。"及君王后病，且卒，诫建曰："群臣之可用者某。"建曰："请书之。"君王后曰："善。"取笔牍受言。君王后曰："老妇已亡②矣！"君王后死后，后胜相齐，多受秦间金玉，使宾客入秦，皆为变辞，劝王朝秦，不修攻战之备。

※注释

①君王后：太史敫的女儿，齐襄王的妻子，齐王建的母亲。②亡：忘记。

※译文

齐襄王死后，他的儿子建即位成为齐王，王后对待秦国很谨慎，和各国诸侯交往也很诚信，因此齐王建在位的四十多年里，国家没有遭受战乱。秦始皇曾经派使者给王后一副玉连环，说："齐国人都很聪明，但是能解开这个玉连环吗？"王后把玉连环给群臣看，群臣中也没有人知道怎样解开。王后拿起一把锤子将玉连环敲破，告诉秦王的使者说："玉连环已经解开了。"到了王后病危，弥留之际，她告诫齐王建说："群臣中某某人可以任用。"齐王建说："请写下来他们的名字。"王后说："好。"于是，齐王取来笔和木简，准备记录。王后说："我已经忘记了。"王后死后，后胜担任了齐国的相国，收受了秦国间谍送来的金玉，派去秦国的宾客，都说符合秦国利益的诡辩的话，他们劝齐王建朝贡秦国，不修建防御战争的工事。

※读解

本篇记载的是战国时期一位才能卓绝的女子——太史氏女的故事。从几千年来的男权社会来看，她是一位智慧、勇敢、果断、巾帼不让须眉的奇女子。

当落魄的太子流落到她家的时候，她以不同凡人的眼光看出了太子是"非常人"，毅然决然地以身相许，将自己的一生托付在落魄的太子身上。后来事态的发展果然符合了她的判断。太子当上了齐王，史称齐襄王。齐襄王死后，她参与了朝政。她在世的几十年间，齐国大治，国内国外的关系都处理得很好。

给人们留下深刻印象的是她砸秦国送来的玉连环的情形。我们从中可以清晰地看到一位雷厉风行、处事果断的女子形象。她的胆识和魄力让许多男子都佩服有加。

齐王建入朝于秦

※原文

齐王建入朝于秦，雍门司马前曰："所为立王者，为社稷①耶？为王耶？"王曰："为社稷。"司马曰："为社稷立王，王何以去社稷而入秦？"齐王还车而反。

即墨大夫与雍门司马谏而听之，则以为可与为谋，即入见齐王曰："齐地方数千里，带甲数百万。夫三晋大夫，皆不便秦，而在阿、鄄之间者百数，王收而与之百万之众，使收三晋之故地，即临晋之关可以入矣；鄢、郢大夫，不欲为秦，而在城南下者百数，王收而与之百万之师，使收楚故地，即武关可以入矣。如此，则齐威可立，秦国可亡。夫舍南面之称制，乃西面而事秦，为大王不取也。”齐王不听。

秦使陈驰诱齐王，内②之，约与五百里之地。齐王不听即墨大夫而听陈驰，遂入秦。处之共③松柏之间，饿而死。先是齐为之歌曰：“松邪！柏邪！住建共者，客耶！”

※注释

①社稷：国家。②内：通“纳”。③共：地名。今甘肃泾川县北。

※译文

齐王建到秦国去朝见秦王，临淄西门的司马上前说：“我们立王，是为国家立王呢，还是为大王而立王呢？”齐王说：“为国家。”司马说：“既然为国家立王，那么您为什么抛弃国家而要到秦国去呢？”齐王就调转车头又回去了。

即墨大夫因为临淄西门的司马官劝谏齐王，并被齐王所听从，就认为可以和齐王共谋，于是就进宫拜见齐王，说：“齐国的土地方圆数千里，拥有大军数百万。赵、魏、韩三国的大夫们都不愿为秦国谋利，而在东阿和鄄城两地之间聚集了数百人。大王能够和赵、魏、韩三国军队联合，联军就有百万之多，能收复三国被秦国占领土地，还可以攻打秦国东边的临晋关；楚国的大夫们也不愿意为秦国谋利，而在我国南部的城南下面聚集了数百人，大王和楚国军队联合，可以有百万大军，收复楚国被秦国占领的失地，还可以攻入秦国南边的武关。这样一来，齐国的威势就可以建立，秦国就可以被灭亡。您舍弃南面称王的机会，而往西去侍奉秦国，大王这样做是不可取的。”齐王没有听从。

秦王派宾客陈驰引诱齐王，使他来到了秦国，相约给他方圆五百里的土地。齐王不听信即墨大夫的建议，却听从陈驰的引诱，于是来到秦国。秦王把他安置在共邑，让他住在共邑山林中的松柏之间，最终饿死在那里。在这之前，齐国人编了一首歌唱道：“松树啊！柏树啊！让齐王死在共邑的，是那些奸诈的宾客啊！”

※读解

齐王建被秦国使者陈驰所骗，离开齐国来到了秦国，结果被流放共邑山林中的松柏之间，最终被活活饿死在那里。堂堂一个国家的国君遭到这样的下场，着实可悲可叹。

究其原因，起码应该有这样几个方面。首先，他的母亲，就是那位智勇双全、处事果断、巾帼不让须眉的君王后，也许正是由于母亲的性格过于刚强，所以使齐王建得不到应有的锻炼，性格变得优柔寡断、没有主见，才成为一个无所作为的国君吧。其次，齐王建头脑简单，听不进即墨大夫的良言相劝，一意孤行要去秦国。第三，秦国使者陈驰的诱骗是齐王建离开齐国而入秦的直接原因。

或许，做母亲的读了本篇应该得到一些启示，在孩子的教育问题上吸取一些有益的教训。

楚策

五国约以伐齐。昭阳谓楚王曰:“五国以破齐,秦必南图。”楚王曰:“然则奈何?”对曰:“韩氏辅国也,好利而恶难。好利,可营也;恶难,可惧也。我厚赂之以利,其心必营。我悉兵以临之,其心必惧我。彼惧吾兵而营我利,五国之事必可败也。约绝之后,虽勿与地,可。”楚王曰:“善。”乃命大公事之韩,见公仲曰:“夫牛阑之事,马陵之难,亲王之所见也。王苟无以五国用兵,请效列城五,请悉楚国之众也,以廧于齐。”韩之反赵、魏之后,而楚果弗与地,则五国之事困也。

五国约以伐齐

※原文

五国①约以伐齐。昭阳②谓楚王曰："五国以破齐，秦必南图。"楚王曰："然则奈何？"对曰："韩氏辅国也，好利而恶难。好利，可营也；恶难，可惧也。我厚赂之以利，其心必营。我悉兵以临之，其心必惧我。彼惧吾兵而营我利，五国之事必可败也。约绝之后，虽勿与地，可。"楚王曰："善。"

乃命大公事之韩，见公仲曰："夫牛阑之事，马陵之难，亲王之所见也。王苟无以五国用兵，请效列城五，请悉楚国之众也，以廧于齐。"韩之反赵、魏之后，而楚果弗与地，则五国之事困也。

※注释

①五国：赵、魏、韩、燕、楚五国。②昭阳：楚国大将。

※译文

赵、魏、韩、燕、楚五个国家结成联军进攻齐国。楚国国相昭阳对楚王说："五国如果攻破了齐国，秦国一定会乘着这个机会向南进攻楚国。"楚王说："这可怎么办啊？"昭阳回答说："韩国的辅国，贪图私利，畏惧危难。贪图私利，就可以对他进行利诱；畏惧危难，就可以对他实施威胁。我用财物珍宝去拉拢他，他的心思就必定会被眼前的利益所诱惑；我再率兵逼迫威胁他，他心里必定会恐惧我，他害怕我们的大军，又贪图我们的财物，这样五国联军攻打齐国的战事，一定会失败。他们的联盟分散之后，即使不给韩国割地也是完全可行的。"楚王说："很好。"

于是就派大公事到韩国，见到了韩国的相国公仲，说："牛阑之事，马陵之难，是您亲眼所看到的。大王如果不和五国军队联合，我们愿意献出五个城邑，否则的话，我们就出动全部的军队与和齐国为敌。"韩国和赵、魏解除了盟约之后，楚国果然没有割地给韩国，于是五国军队联合攻打齐国的事情也落空了。

※读解

昭阳提出了劝说人们的一般的方法，这是他在对人性当中"好利而恶难"的深刻洞察基础上得出的人生经验。"好利，可营也；恶难，可惧也。我厚赂之以利，其心必营。我悉兵以临之，其心必惧我。彼惧我兵而营我利"，那么任何事情都是可以做成功的。这就是人性的特点。

中国的历史之所以是连横政策、远交近攻取得了最终的胜利，原因有很多方面。从六国合纵联盟本身来找原因，恐怕六国各自好利是根本原因吧。六国的政策一直在繁忙往来于六国的谋臣策士的游说过程中频繁更换，也就是说，六国没有共同的利益和统一的思想认识，虽然他们为了暂时的利益关系结成联盟，但这些都是暂时的。联盟很快就因利害的取舍而破裂。而秦国在张仪的连横政策的推行下，后来又在范雎的远交近攻的具体思想指导下，经过几代人的坚持不懈的努力，终于完成了国家的统一，成就了霸业。

荆宣王问群臣

※原文

荆宣王问群臣曰："吾闻北方之畏昭奚恤①也，果诚何如？"群臣莫对。江乙②对曰："虎求百兽而食之，得狐。狐曰：'子无敢食我也。天帝使我长百兽，今子食我，是逆天帝命也。子以我为不信，吾为子先行，子随我后，观百兽之见我而敢不走③乎？'虎以为然，故遂与之行。兽见之皆走。虎不知兽畏己而走也，以为畏狐也。今王之地方五千里，带甲百万，而专属之昭奚恤；故北方之畏昭奚恤也，其实畏王之甲兵也，犹百兽之畏虎也。"

※注释

①昭奚恤：楚国的令尹。②江乙：魏国人，在楚国做官。③走：逃跑。

※译文

楚宣王问群臣，说："我听说北方的诸侯都畏惧昭奚恤，果真是这样吗？"群臣无人回答。江乙回答说："老虎捕捉各种野兽把它们吃掉，一次，老虎捉住一只狐狸。这只狐狸对老虎说：'你不敢吃我。天帝派我来管理各种野兽，今天如果你吃掉我，这就违背了天帝的命令。你如果不相信我所说的话，我在前面走，你跟在我的后面，看看群兽见了我，有哪一个敢不逃跑？'老虎信以为真，于是就与狐狸同行。各种野兽见了它们，都逃跑了。老虎不明白群兽是因为害怕自己才逃跑的，却以为是因为害怕狐狸才逃跑的。现在大王的国土方圆达五千里，拥有百万军队，却都由昭奚恤一人管理和统率，因此，北方的诸侯畏惧昭奚恤，但实际上是害怕大王的军队，这就和刚才我所说的群兽害怕老虎是一个道理啊！"

※读解

这段文字讲述了一个著名的寓言故事：狐假虎威。江乙用狐狸借助老虎的威风来吓跑群兽的故事，通过类比，生动形象地说明了北方的诸侯之所以害怕昭奚恤的真实原因。

楚国就是威风的老虎，而昭奚恤就是那只狐狸，昭奚恤借助楚国的强大实力，引来了北方各国诸侯的恐惧。楚宣王看不透这其中的真相。江乙通过一个寓言故事就将道理说得清清楚楚。所以我们在说话的时候，要善于利用这样的故事来帮助我们将复杂的道理表述清楚。

江乙说于安陵君

※原文

江乙说于安陵君曰："君无咫尺之地，骨肉之亲，处尊位，受厚禄，一国之众，见君莫不敛衽而拜，抚委而服，何以也？"曰："王过举而已。不然，无以至此。"

江乙曰："以财交者，财尽而交绝；以色交者，华①落而爱渝；是以嬖女②不敝席，宠臣不避轩。今君擅楚国之势，而无以深自结于王，窃为君危之。"安陵君曰："然则奈何？"江乙曰："愿君必请从死，以身为殉，如是必长得重于楚国。"曰："谨受令。"

※注释

①华：这里指女子的青春美貌。②嬖女：受宠爱的女人。

※译文

江乙劝说安陵君，说："您没有为楚国立下丝毫的功劳，也没有骨肉亲人可以依靠，但是您却身居高位，享受着丰厚的俸禄，全国的百姓见到您，没有不整理好衣服冠带向您行礼的，这是凭什么呢？"安陵君回答说："这是楚王过分地抬举我罢了。如果不是这样的话，我是不可能享受到现在这个待遇的。"

江乙说："拿钱财来和别人交往，当钱财用完的时候，和人的交情也就断绝了；拿美色来和别人交往，当美色衰退的时候，爱情也就没有了。因此说，爱妾床上的席子还没有睡破，就被遗弃了；宠臣的马车还没有使用到坏掉的程度，就已经被罢黜了。如今您独揽楚国的权势，但是自己并没有可以用来和楚王结交的资本，对这件事我为您感到担忧。"安陵君说："这该怎么办呢？"江乙说："希望您一定请求楚王和他一起死，亲自为楚王殉葬，这样的话，您必定能够在楚国长久地受到尊重。”安陵君说：“谨遵您的教诲。”

※原文

三年而弗言。江乙复见曰：“臣所为君道，至今未效。君不用臣之计，臣请不敢复见矣。”安陵君曰：“不敢忘先生之言，未得间也。”

于是，楚王游于云梦，结驷千乘，旌旗蔽日，野火之起也若云霓，兕虎①嗥之，声若雷霆，有狂兕䍧车依轮而至，王亲引弓而射，一发而殪②。王抽旃旄而抑兕首，仰天而笑曰：“乐矣，今日之游也！寡人万岁千秋之后，谁与乐此矣？”安陵君泣数行而进曰：“臣入则编席，出则陪乘。大王万岁千秋之后，愿得以身试黄泉，蓐蝼蚁，又何如得此乐而乐之。”王大说，乃封坛为安陵君。

君子闻之曰：“江乙可谓善谋，安陵君可谓知时矣。”

※注释

①兕虎：一种老虎。②殪：死。

※译文

过了三年，安陵君却没有对楚王表明什么。江乙又拜见他，说：“我跟您说过的话，到现在您也没有去做，您既然不采纳我的计策，我以后就不敢再见您了。”安陵君说：“我不敢忘记先生给我的忠言教诲，只是我没有遇到机会啊！”

就在这个时候，楚王要到云梦地区去游猎，随从的车辆达到一千乘，旌旗遮天蔽日，野火烧起来，就像彩虹一样，老虎咆哮的声音，就像打雷一样。忽然一头发狂的犀牛朝着车轮冲撞过来，楚王搭弓射箭，一箭就将犀牛射死了。楚王随手拔了一面旗，盖住犀牛的头，仰天大笑，说：“今天的游猎，实在是太尽兴了！我要是百年之后，和谁共同享受这种快乐呢？”安陵君泪流满面，上前对楚王说：“我在宫里和大王挨着席子坐，出外和大王乘坐一辆车子。大王万岁千秋之后，我愿意在黄泉之下做大王的席垫，来为大王驱赶蝼蚁，又有什么比这更快乐的事情呢！”楚王听了大为高兴，就正式封他为安陵君。

君子听说了这件事情说：“江乙真可以说是善于出谋划策，安陵君也真算是善于发现时机啊！”

※读解

常言说，无功不受禄，但如果无功却一直享受着丰厚的俸禄，享受着高贵的地位，那么就很危险了。无数的史实反复证明了这一点。

江乙深知这一点的利害，就去劝谏正在无功受禄的安陵君，劝他想办法立功，向王室表达他的忠心。但安陵君一直找不到合适的时机立功。时间过了三年，江乙的劝谏依然没有能够实现。后来，楚王在云梦地区游猎，当他感到人生快意但依然免不了感叹人生的必然宿命的时候，安陵君抓住了这个千载难逢的好机会，向楚王表达了自己的忠诚，为自己后半生的荣华富贵找到了充分理由。

这篇优美流畅的文字让人读来心里充满了暖意。

首先是江乙和安陵君之间的情谊。江乙对安陵君终身的担忧就是非常感人的真情。一个劝谏能够持续三年，委实让人感到他们的交情之厚。

其次是楚王在快意人生的时候，“王抽旃旄而抑兕首，仰天而笑”，慨叹百年之后谁与我同享快乐，而安陵君听了泪流满面，说要在大王万岁千秋之后，愿意在黄泉之下做大王的席垫，来为大王驱赶蝼蚁。读来不禁让人感叹，虽然伴君如伴虎，但君臣之间也能有这样的真情。虽然安陵君的话很可能是虚伪而矫情的，但在那时的楚王听来，还有比这更中听的话吗？这就像现代电影中导演刻意安排的赚人眼泪的场景，却在两千多年前的战国时期的楚国就已经上演了。

苏秦为赵合从说楚威王

※原文

苏秦为赵合从，说楚威王曰：“楚，天下之强国也。大王，天下之贤王也。楚地西有黔中、巫郡，东有夏州、海阳，南有洞庭、苍梧，北有汾、陉之塞、郇阳。地方五千里，带甲百万，车千乘，骑万匹，粟①支十年，此霸王之资也。夫以楚之强与大王之贤，天下莫能当也。今乃欲西面而事秦，诸侯莫不西面而朝于章台之下矣。秦之所害于天下莫如楚，楚强则秦弱，楚弱则秦强，此其势不两立。故为王至计，莫如从亲以孤秦。大王不从亲，秦必起两军：一军出武关；一军下黔中。若此，则鄢、郢动矣。臣闻治之其未乱，为之其未有也；患至而后忧之，则无及已。故愿大王之早计之。

※注释

①粟：泛指粮食。

※译文

苏秦为赵国进行合纵联盟游说楚威王，说：“楚国是天下的强国。大王是天下的贤主。楚国西有黔中、巫郡，东有夏州、海阳，南有洞庭、苍梧，北有汾陉、郇阳，全国土地方圆五千里，拥有百万雄兵，千辆战车，万匹战马，粮食可供十年，这是大王建立霸业的资本。凭借着楚国这么强大，大王这么贤能，天下没有能够抵挡的。可现在您却打算向西侍奉秦国，那么没有诸侯会再来楚国的章台朝贡了。秦国最担忧的莫过于楚国，楚国强盛则秦国削弱，楚国衰弱则秦国强盛，楚、秦两国是势不两立的。所以我为大王考虑，不如六国结成合纵联盟来孤立秦国。大王如果不参加六国的合纵联盟，秦国必然会从两路进军：一路出武关，一路直指黔中。如果真的这样的话，楚国的国都鄢、郢必然会引起震动。我听说平定天下，要在国家还未混乱的时候着手；做一件事情要在还没有开始的时候就做好准备。祸患到来了，然后才去担忧，那就来不及了。所以，我希望大王及早谋划这件事。

※原文

“大王诚能听臣，臣请令山东之国，奉四时之献，以承大王之明制，委社稷宗庙，练士厉兵，在大王之所用之。大王诚能听臣之愚计，则韩、魏、齐、燕、赵、卫之妙音美人，必充后宫矣。赵、代良马橐驼，必实于外厩。故从合则楚王，横成则秦帝。今释霸王之业，而有事人之名，臣窃为大王不取也。夫秦，虎狼之国也，有吞天下之心。秦，天下之仇雠[①]也。横人皆欲割诸侯之地以事秦，此所谓养仇而奉雠者也。夫为人臣而割其主之地，以外交强虎狼之秦，以侵天下，卒有秦患，不顾其祸。夫外挟强秦之威，以内劫其主，以求割地，大逆不忠，无过此者。故从亲，则诸侯割地以事楚；横合，则楚割地以事秦。此两策者，相去远矣，有亿兆之数。两者大王何居焉？故弊邑赵王，使臣效愚计，奉明约，在大王命之。”

※注释

①仇雠：仇人。

※译文

“您如果真的能听取我的建议，我可以让崤山以东的各国一年四季都来朝贡，来奉行大王的诏令，将国家和宗庙都委托给楚国，训练士兵，来供大王使用。如果大王真的能听从我的愚计，那么，韩、魏、齐、燕、赵、卫各国的歌女和美人必定会充满您的后宫，越国、代郡的良马、骆驼一定会充满您的马厩。所以说，实现了合纵联盟，楚国就可以称王；实现了连横联盟，秦国就会称帝。现在您放弃成就霸王的大业，反而落个侍奉别人的名声，我私下实在认为大王不该这么做啊！秦国是如同老虎豺狼一样地贪婪的国家，并且有吞并崤山以东六国的野心，秦国是各个诸侯共同的仇敌。主张连横的人却想以割让诸侯的土地去侍奉秦国，这就是所谓的奉养仇敌的做法啊！身为人臣却要主张割让主人的土地，来结交虎狼一样的秦国并使它强大起来，来侵略天下各国，最终遭受到秦国带来的祸患，但根本不顾自身将要遭受的灾祸。至于对外依靠强秦的威势，对内胁迫自己的国君，来割让自己国家的土地，大逆不道不忠不义，没有比这种人更厉害的了。所以说，实现合纵联盟，那么各个诸侯国就会割让土地来侍奉楚国；实现连横联盟，楚国就得割让土地来侍奉秦国。合纵与连横这两种谋略，所达到的结果相距真是太远了，真有亿兆倍那么多。对于这两个谋略，大王如何取舍呢？因此，敝国的国君赵王特派我来献上这个愚计，想共同遵守合纵盟约，如何取舍全在大王的决定。”

※原文

楚王曰：“寡人之国，西与秦接境，秦有举巴蜀、并汉中之心。秦，虎狼之国，不可亲也。而韩、魏迫于秦患，不可与深谋，恐反人以入于秦，故谋未发而国已危矣。寡人自料，以楚当秦，未见胜焉。内与群臣谋，不足恃也。寡人卧不安席，食不甘味，心摇摇如悬旌，而无所终薄①。今君欲一天下，安诸侯，存危国，寡人谨奉社稷以从。”

※注释

①薄：停止，依附。

※译文

楚王说：“我的国家，西边和秦国接壤，秦国有夺取巴蜀、吞并汉中的野心。秦国是如同老虎豺狼一样贪婪凶残的国家，是不可能和它亲近的。而韩、魏两国迫于秦国的威胁，不能和它们过深地共同谋划，如果和它们过深地谋划，恐怕它们反而会和秦国联合起来，所以说，计谋还没有付诸实施，楚国就已经处于危险境地了。我自己预料，只靠楚国一个国家来抵抗秦国，未必就能够取得胜利。和众位大臣一起谋划，他们也不足以依靠。我是觉也睡不好，饭也吃不香，心里七上八下就如同悬挂着的旗子一样，最终没有什么可以依靠。现在您想要统一天下，安定各国诸侯，拯救处于危险境地的国家，我谨奉本国社稷参加合纵联盟。”

※读解

苏秦为了实现六国的合纵联盟而到各个国家游说。但与此同时，他的同学张仪也在六国之间奔走，为了推行连横政策而游说各国的君主。在他们的游说中，他们一方面要极力推销自己所主张的政策的正确性和可行性，另一方面还要同时推翻对方的立论，来确立自己的论点，说服眼前的国君放弃对方的论点，而接受自己的主张。

苏秦来到楚国，见到了楚威王，他首先为楚威王分析了楚国的实力和优势。其实这些实力和优势是楚威王所心知肚明的，但苏秦为了让楚威王接受自己的观点，还是要富有夸张性地加以申明，让楚威王认识到楚国的现行政策是错误的，楚国不应该参加连横而西面侍奉秦国。接下来他又用富有感染力的语言描绘了参加合纵联盟的美好前景。然后苏秦批驳了连横政策的弊端，指出秦国是一个贪得无厌的虎狼国家，而那些主张合纵的说客和谋臣们则是大逆不道、为国不忠的奸臣，苏秦极尽自己的论说才能，使楚威王深刻地感到参与推行连横政策是丧权辱国的，只有参加合纵联盟才是楚国唯一的出路。这一破一立，苏秦终于说服了楚威王。楚威王同意参加他所倡导的六国联盟。

张仪为秦破从连横

※原文

张仪为秦破从连横，说楚王曰："秦地半天下，兵敌四国，被山带河，四塞以为固。虎贲之士百余万，车千乘，骑万匹，粟如丘山。法令既明，士卒安难乐死。主严以明，将知以武。虽无出兵甲，席卷常山之险。折天下之脊，天下后服者先亡。且夫为从者，无以异于驱群羊而攻猛虎也。夫虎之与羊，不格①明矣。今大王不与猛虎而与群羊，窃②以为大王之计过矣。凡天下强国，非秦而楚，非楚而秦，两国敌侔交争，其势不两立。而大王不与秦，秦下甲兵，据宜阳，韩之上地不通；下河东，取成皋，韩必入臣于秦。韩入臣，魏则从风而动。秦攻楚之西，韩、魏攻其北，社稷岂得无危哉？

※注释

①格：斗。②窃：私下里。

※译文

张仪为秦国瓦解合纵，进行组织连横盟约去游说楚王，说："秦国的土地占有天下土地的一半，而且兵力强大，可以和各个诸侯相对抗，四周环山，东据黄河，四周容易防守，屏障非常坚固。拥有一百多万勇猛的士兵，战车千辆，战马万匹，粮食堆积如山。法令严明，士兵视死如归。国君严厉英明，将帅善谋勇武。不用出兵，夺取常山的险隘也轻而易举。楚国控制了天下最有利的地区，天下各国不愿意臣服的就先遭到灭亡。再说，主张合纵联盟的人，和驱赶群羊去进攻猛虎没有什么区别。而且柔弱的羊是斗不过猛虎的，这是不用打斗就可以知道的。现在大王不和猛虎结交，却和群羊联合，我认为大王的计策是错误的。如今天下的强国，不是秦国、就是楚国，不是楚国就是秦国，两国相互敌对，互相争夺，势不两立。如果大王不与秦国联合，秦国发动大军，攻占宜阳，韩国的上党要道被切断；他们进而出兵河东，攻取成皋，韩国必定臣服秦国。韩国臣服秦国，魏国也必然跟着臣服秦国。秦国进攻楚国的西边，韩、魏两国进攻楚国的北边，楚国怎么会没有危险呢？

※原文

“且夫约从者，聚群弱而攻至强也。夫以弱攻强，不料敌而轻战，国贫而骤举兵，此危亡之术也。臣闻之，兵不如者，勿与挑战；粟不如者，勿与持久。夫从人者，饰辩虚辞，高主之节行，言其利而不言其害，卒有楚祸，无及为已，是故愿大王之熟计之也。

“秦西有巴蜀，方船积粟，起于汶山，循江①而下，至郢三千余里。舫船载卒，一舫载五十人，与三月之粮，下水而浮，一日行三百余里；里数虽多，不费马汗之劳，不至十日而距扞关；扞关惊，则从竟陵已东，尽城守矣，黔中、巫郡非王之有已。秦举甲出之武关，南面而攻，则北地绝。秦兵之攻楚也，危难在三月之内。而楚恃诸侯之救，在半岁之外，此其势不相及也。夫恃弱国之救，而忘强秦之祸，此臣之所以为大王之患也。

※注释

①循江：沿着长江。

※译文

“况且那合纵联盟，联合了一群弱小的国家，去进攻最为强大的秦国。凭借着弱小的国家去进攻强大的国家，不预料一下敌人的力量大小就轻易作战，导致国家贫穷而又经常发动战争，这是危险亡国的做法啊！我听说，兵力没有对方强大，就不要向对方挑战；粮食没有对方充足，就不要和对方进行持久作战。那些主张合纵联盟的人，矫饰巧辩，满口虚辞，高赞国君的节操和品行，但是只说好处，不说害处，一旦楚国遭遇到大祸，就来不及了，因此希望大王能深思熟虑。

“秦国西面有巴、蜀，用船只运来粮食，从汶山开船，沿长江而下，到楚都有三千多里。用舫船运载士兵，一艘能载五十个人的船和装载能够食用三个月的粮食的运粮船一道，下到江水里，顺流而下，一天走三百多里。路程虽然很长，但不费车马劳顿，不到十天，就到达扞关；扞关受到惊动，那么从竟陵往东，所有的城池只有防守的力量，黔中、巫郡就不会再为大王所有了。秦国又挥师武关，向南进攻，这样一来，楚国的北部交通被切断。秦国军队进攻楚国，危急的形势也只是在三个月之内。但是楚国等待诸侯的援军，要在半年之后才能到达，这样一来，形势已经无济于事了。依靠弱国的救援，忘记强秦的灾祸就在眼前，这就是我为大王所担忧的原因。

※原文

“且大王尝与吴人五战三胜而亡之，陈卒尽矣；有偏守新城而居民苦矣。臣闻之：攻大者易危，而民弊者怨于上。夫守易危之功而逆强秦之心，臣窃为大王危之。且夫秦之所以不出甲于函谷关十五年以攻诸侯者，阴谋有吞天下之心也。楚尝与秦构难，战于汉中。楚人不胜，通侯、执圭①死者七十余人，遂亡汉中。楚王大怒，兴师袭秦，战于蓝田，又却。此所谓两虎相搏者也。夫秦、楚相弊，而韩、魏以全制其后，计无危于此者矣，是故愿大王熟计之也。秦下兵攻卫、阳晋，必开扃天下之匈，大王悉起兵以攻宋，不至数月而宋可举。举宋而东指，则泗上十二诸侯，尽王之有已。

※注释

①通侯、执圭：官职名。

※译文

“而且大王曾经和吴国交战，五战三胜灭掉了吴国，但您的军队也遭到了严重的创伤；还要派人驻守在新得到的城池，百姓对这感到非常痛苦。我听说：进攻强大的敌人就容易处于危险境地，百姓生活贫困，就容易抱怨国君。守护容易陷入危险境地的功业，却违背强大秦国的意愿，我私下里为大王感到危险。至于秦国之所以十五年不出兵函谷关来攻打诸侯，是因为它有吞并诸侯统一天下的野心。楚国曾经和秦国在汉中地区作战，楚国被打败了，通侯、执圭以上的官员战死的有七十多人，于是失掉了汉中。楚王大为恼怒，派兵进攻秦国，在蓝田交战，但又一次遭到惨败。这就是所说的两虎相搏啊！秦国和楚国作战，互相削弱对方，韩、魏两国却保存着实力，借机进攻楚国的后方，没有比这更加错误的了，因此希望大王对此能深思熟虑。如果秦楚两个国家能够联合，秦国出兵进攻卫国、阳晋，必然阻塞住诸侯的交通要道，大王发动全部的军队来进攻宋国，用不了几个月，就能够灭掉宋国。灭掉了宋国之后再向东开进，那么泗上的十二个诸侯就都是大王的了。

※原文

“凡天下所信约从亲坚者苏秦，封为武安君而相燕，即阴与燕王谋破齐共分其地。乃佯有罪，出走入齐，齐王因受而相之。居两年而觉，齐王大怒，车裂苏秦于市。夫以一诈伪反覆之苏秦，而欲经营天下，混一诸侯，其不可成也亦明矣。

“今秦之与楚也，接境壤界，固形亲之国也。大王诚能听臣，臣请秦太子入质于楚，楚太子入质于秦，请以秦女为大王箕帚之妾，效万家之都，以为汤沐之邑，长为昆弟之国①，终身无相攻击。臣以为计无便与此者，故敝邑秦王使使臣献书大王之从车下风，须以决事。”

楚王曰：“楚国僻陋，托东海之上。寡人年幼，不习国家之长计。今上客幸教以明制，寡人闻之，敬以国从。”乃遣使车百乘，献鸡骇之犀、夜光之璧于秦王。

※注释

①昆弟之国：友好邦国。

※译文

“天下所坚决主张合纵联盟的苏秦，被封为武安君，出任燕国的相国，暗地里和燕王谋划着攻破齐国，从而瓜分齐国的土地。他假装在燕国犯下了罪过，逃到了齐国，齐王因此让他做了相国。过了两年，真相被发现，齐王大为恼怒，就在市场上车裂了苏秦。一贯凭借欺诈虚伪、反复无常的苏秦，却企图左右天下，统一诸侯，这明显是不可能成功的。

“如今秦国和楚国，土地接壤，本来就是关系友好的国家。大王如果真能听从我的劝告，我可以请求让秦国太子来楚国做质子，您也让楚国的太子到秦国去做质子，请求让秦国的美女为大王作妾侍奉大王，并献出有万户人家的城邑，来作为大王的汤沐邑，从此秦、楚两国结为永久的兄弟国家，永远互不侵犯。我认为没有比这更好的计策了，所以秦王派我出使贵国，呈献国书，恭候您定夺。”

楚王说：“楚国地处穷乡僻壤，靠近东海之滨。我年幼无知，不熟悉国家的长远大计。今天有幸得到先生的指教，我听了之后，感到非常有道理，我楚国参加连横盟约。”于是楚王派出使车百辆，向秦王进献了鸡骇犀角和夜光璧玉。

※读解

苏秦和张仪是同在鬼谷子门下学习的同学。他们对对方是非常了解的，他们为了各自的政治理想，互相揣测对方的想法，然后给予无情的批驳，从而确立自己的主张，推行两种截然相反的政策。他们代表不同的国家利益，奔走于六国之间。

相比之下，苏秦的游说策略要在张仪之上，他往往以理服人，真切地指出事情的利害关系所在，让对方口服心服地参加他的合纵联盟。而张仪却是常常以秦国的强大势力来压倒对方，通过恐吓和利诱来达到自己的目的。不仅如此，他还对他的政治对手苏秦进行人身攻击，指出苏秦人格上的缺陷。这就使得张仪的游说策略相形见绌。

游说只能在一定程度上起到一定的作用，能够起到根本作用的只有国家利益和国家力量。无论被游说的国君采取什么样的策略，都是从自己所统治的国家的利益和实力两个方面来抉择的。

威王问于莫敖子华

※原文

威王问于莫敖子华曰："自从先君文王以至不穀之身①，亦有不为爵劝，不以禄勉，以忧社稷者乎？"莫敖子华对曰："如华不足知之矣。"王曰："不于大夫，无所闻之。"莫敖子华对曰："君王将何问者也？彼有廉其爵，贫其身，以忧社稷者；有崇其爵，丰其禄，以忧社稷者；有断脰决腹，一瞑而万世不视，不知所益，以忧社稷者；有劳其身，愁其志，以忧社稷者；亦有不为爵劝，不为禄勉，以忧社稷者。"王曰："大夫此言，将何谓也？"

※注释

①不穀之身：楚威王自称。

※译文

楚威王问莫敖子华，说："从先君文王直到我这一辈，真的有不贪求爵位不贪求俸禄，而忧虑国家安危的大臣吗？"莫敖子华回答说："这个问题不是我所能回答的。"楚威王说："如果不向你请教的话，就更无从知道了。"莫敖子华回答说："君王您问的是哪一类的大臣呢？有廉洁奉公，安于贫困，而忧虑国家安危的；有为了提升他的爵位，增加他的俸禄，而忧虑国家安危的；有不怕断头剖腹，视死如归，不顾个人安危，而忧虑国家安危的；有劳其筋骨，苦其心志，而忧虑国家安危的；也有既不贪求爵位，也不贪求俸禄，而忧虑国家安危的。"楚威王说："你所说的这几类人，说的都是谁呢？"

※原文

莫敖子华对曰："昔令尹子文，缁帛之衣①以朝，鹿裘以处；未明而立于朝，日晦而归食；朝不谋夕，无一月之积。故彼廉其爵，贫其身，以忧社稷者，令尹子文是也。

"昔者叶公子高，身获于表薄，而财于柱国；定白公之祸，宁楚国之事，恢先君以揜方城之外，四封不侵，名不挫于诸侯。当此之时也，天下莫敢以兵南乡。叶公子高，食田六百畛。故彼崇其爵，丰其禄，以忧社稷者，叶公子高是也。

"昔者吴与楚战于柏举，两御之间夫卒交。莫敖大心抚其御之手，顾而大息曰：'嗟乎！子乎，楚国亡之月至矣！吾将深入吴军，若扑一人，若捽一人，以与大心者也，社稷其为庶几乎？'故断脰决腹，一瞑而万世不视，不知所益，以忧社稷者，莫敖大心是也。

※注释

①缁帛之衣：黑丝绸衣服。

※译文

莫敖子华回答说："过去有个令尹子文，他上朝的时候身穿简朴的黑丝绸衣服，在家的时候，身穿简朴的鹿皮衣。天还没有亮他就起来等在了朝堂上，太阳落山了才回家去吃饭。吃完早饭而顾不上晚饭，连一个月的粮食都没有储存。所以，我说的那个廉洁奉公，安于贫困，而忧虑国家安危的，就是令尹子文。

"过去有个叶公子高，长相并不出众，但他有柱国之才；他平定了白公叛乱，使楚国得到了安定，发扬了先君的遗德，影响方城以外，四面八方的诸侯都不敢前来侵犯，使楚国的威名在诸侯中没有受到损害。在那个时候，诸侯都不敢出兵向南进犯。叶公子高的封地就多达六百畛。所以，我说的那个为了提升他的爵位，增加他的俸禄，而忧虑国家安危的，就是叶公子高。

"过去吴、楚两国在柏举交战，两国的军队相对，士卒已经短兵相接。莫敖大心拉着驾车士兵的手，望着他们说：'哎呀！楚国亡国的时候就要到了，我要深入吴国军队里，你们如果能打倒一个敌人，就助我一臂之力，这样我们楚国也许还能够保存。'所以，我说的那个不怕断头剖腹，视死如归，不顾个人安危，而忧虑国家安危的，就是莫敖大心。

※原文

"昔吴与楚战于柏举，三战入郢①。寡君身出，大夫悉属，百姓离散。棼冒勃苏曰：'吾被坚执锐，赴强敌而死，此犹一卒也，不若奔诸侯。'于是赢粮潜行，上峥山，逾深谿，蹠穿膝暴，七日而薄②秦王之朝。雀立不转，昼吟宵哭。七日不得告。水浆无入口，瘨而殚闷，旄不知人。秦王闻而走之，冠带不相及，左奉其首，右濡其口，勃苏乃苏。秦王身问之：'子孰谁也？'棼冒勃苏对曰：'臣非异，楚使新造盭棼冒勃苏。吴与楚战于柏举，三战入郢，寡君身出，大夫悉属，百姓离散。使下臣来告亡，且求救。'秦王顾令不起：'寡人闻之，万乘之君，得罪一士，社稷其危，今此之谓也。'遂出革车千乘，卒万人，属之子满与子虎。下塞以东，与吴人战于浊水而大败之，亦闻于遂浦。故劳其身，愁其思，以忧社稷者，棼冒勃苏是也。

※注释

①郢：楚国的都城。②薄：到达。

※译文

"过去吴、楚两国在柏举交战，吴军连攻三次，攻进了郢都。楚国国君逃亡，大夫都跟随在后面，百姓流离失所。棼冒勃苏说：'我如果身披铠甲，手拿武器和强敌拼死作战，就是战死了，也只相当于一个普通士卒的作用，还不如向诸侯请求援助。'于是，他背着干粮秘密出发了，越过高高的山岭，渡过深深的溪流，鞋子磨烂了，裤子也破了，露出了膝盖。走了七天，来到了秦王的朝廷。他踮着脚尖翘望，日夜哭号，希望能感动秦王出兵援助。经过七昼夜，也没有能当面把事情告诉秦王。他滴水没沾，以致头昏眼花，晕倒在地，不省人事。秦王听说后，来不及穿戴好衣帽就跑来看他，左手捧着他的头，右手给他灌水，勃苏这才慢慢地苏醒过来。秦王亲自问他说：'你是什么人啊？'棼冒勃苏回答说：'我不是别人，是楚王派来的因不死于国难刚刚获罪的棼冒勃苏。吴、楚两国现在柏举交战，吴国连攻三次，进入郢都，楚王逃亡，大夫都跟随在后面，百姓流离失所。敝国君王特派我来告诉您眼下楚国所面临的亡国危难，并且请求援救。'秦王一再要他起身，但他一直不起来。秦王说：'我听说，万乘大国的国君，如果得罪了志士，国家就会危险，眼下的楚国就是这样啊。'于是，秦王派出战车千辆，士兵万人，让公子满和公子虎统率。出了边关向东开进，与吴军在浊水大战，并大败了吴军，又听说还在遂浦作战。所以，我说的那个劳其筋骨，苦其心志，而忧虑国家安危的，就是棼冒勃苏。

※原文

"吴与楚战于柏举，三战入郢。君王身出，大夫悉属，百姓离散。蒙穀给斗于宫唐之上，舍斗奔郢曰：'若有孤，楚国社稷其庶几乎！'遂入大宫，负离次之典以浮于江，逃于云梦之中。昭王反郢，五官失法，百姓昏乱；蒙穀献典，五官得法，而百姓大治。此蒙穀之功，多与存国相若，封之执圭，田六百畛。蒙穀怒曰：‘穀非人臣，社稷之臣。苟社稷血食，余岂悉无君乎？’遂自弃于磨山之中，至今无冒。故不为爵劝，不为禄勉，以忧社稷者，蒙穀是也。”

王乃大息曰：“此古之人也。今之人，焉能有之耶？”莫敖子华对曰：“昔者先君灵王好小要，楚士约食，冯①而能立，式而能起；食之可欲，忍而不入；死之可恶，然而不避。章闻之，其君好发者，其臣抉拾。君王直不好，若君王诚好贤，此五臣者，皆可得而致之。”

※注释

①冯：通“凭”，凭借，依靠。

※译文

“吴、楚两国在柏举交战，吴国连攻三次，攻入郢都，楚国的国君逃亡，大夫都跟随在后面，百姓流离失所。蒙穀在宫唐和吴军相遇，蒙穀没有和吴军交战，而是跑到了郢都，说：‘如果有国君的儿子可以继承王位，楚国大概就能够保存。’于是他就来到了楚宫，背上楚国的离次大典，乘船过了长江，逃到了云梦地区。后来楚昭王返回郢都，官员们没有法律可以依靠，百姓一片混乱；蒙穀就献出了离次大典，朝里的官员就有了法律可以依靠，因此百姓才得以治理。蒙穀立下的大功，几乎相当于保全了楚国的功劳。于是，楚王封他为执圭，赏赐他六百畛的封地。但蒙穀恼怒地说：‘我不是贪图爵禄的大臣，而是忧虑国家安危的大臣；国家平安无事，我难道会去忧虑个人有无官做吗！’于是他就隐居在磨山之中，到现在仍然没有爵禄。所以，我说的那个既不贪求爵位，也不贪求俸禄，而忧虑国家安危的，就是蒙穀啊！”

楚王于是叹息道：“这些都是古人，现在还有这样的人吗？”莫敖子华回答说：“过去楚灵王喜欢细腰的女子，楚国的人就少吃饭，来使腰变得更细，以致要扶着东西才能站立和起来，即使想吃东西，也总是忍着不吃，这样饿下去，就有死的危险，但人们并不怕。我听说国君喜好射箭，大臣也会去学习射箭。大王您只是不喜欢贤臣，如果大王喜欢贤臣，上面所说的这五类贤臣，都是可以招来的。”

※读解

楚威王和莫敖子华讨论的是关于忠臣的问题。当楚威王对是否真的有不贪求爵位不贪求俸禄，而忧虑国家安危这样的大臣提出疑问的时候，莫敖子华为他列举了五种类型的大臣。有廉洁奉公，安于贫困，而忧虑国家安危的；有为了提升爵位，增加俸禄，而忧虑国家安危的；有不怕断头剖腹，视死如归，不顾个人安危，而忧虑国家安危的；有劳其筋骨，苦其心志，而忧虑国家安危的；也有既不贪求爵位，也不贪求俸禄，而忧虑国家安危的。虽然都是忧虑国家安危，但他们的出发点并不相同。接下来，他又具体列举了以上五种类型大臣的例子。

本篇指出忠诚的大臣，也就是所谓的忠诚的管理者，是一个国家真正的栋梁。所以，做高级领导的，要能够识别和选拔各种类型的下属，给他们加封官职，委以重任，这样才能更好地管理好国家。

魏相翟强死

※原文

魏相翟强死。为甘茂谓楚王曰："魏之几①相者，公子劲也。劲也相魏，魏、秦之交必善。秦、魏之交完，则楚轻矣。故王不如与齐约，相甘茂于魏。齐王好高人以名。今为其行人请魏之相，齐必喜。魏氏不听，交恶②于齐。齐、魏之交恶，必争事楚。魏氏听，甘茂与樗里疾，贸首③之仇也；而魏、秦之交必恶，又交重楚也。"

※注释

①几：通"冀"。希望。②交恶：外交关系恶化。③贸首：互相要想取对方之头，指不共戴天之仇。

※译文

魏国的相国翟强死了。有人为甘茂对楚王说："希望魏国继任的相国是公子劲。如果公子劲做了魏国的相国，魏、秦两国必然交好。魏、秦两国交好了，那么楚国在诸侯中的地位就会降低。因此大王您不如和齐国盟约，来让甘茂做魏国的相国。齐王因好居人之上而出名。现在让他的使者出面，请求让甘茂做魏国的相国，齐王一定会很高兴。如果魏国不同意，和齐国的关系就会恶化；齐、魏两国关系恶化了，它们必定都要侍奉楚国。如果魏国同意了让甘茂做相国，而甘茂和现在的秦相樗里疾，是不共戴天的仇人；这样一来，魏、秦两国的关系必定会恶化，它们两国就都会重视楚国了。"

※读解

谋士为了国家利益，在所采取的策略中无所不用其极，想尽一切办法来分化别的国家，分散自己国家的敌对势力。战国时期国家之间的斗争充斥在谋士活动的方方面面。魏国的相国死了，产生了一连串的反应。新任的相国是谁引起了各国谋士的推测，他们都想参与进去，使魏国任用对自己国家有利的人来当相国。因为相国的人选关系到魏国未来一段时期的对外政策，影响各诸侯国之间的关系，最重要的是关系到自己国家的切身利益。

在竞争激烈的现代社会中，我们可能参与许多形式的竞争。在这些竞争当中，不可避免地要涉及各方面力量的分化和整合。也许我们需要分化对方的力量，来增加我方的胜算，使我方的利益最大化。另一方面，我们还要有防止被对手分化的意识和具体的防御机制。只有这样，我们才能在竞争中处于不败之地。

楚怀王拘张仪

※原文

楚怀王拘张仪，将欲杀之。靳尚为仪谓楚王曰："拘张仪，秦王必怒。天下见楚之无秦也，楚必轻矣。"又谓王之幸夫人郑袖①曰："子亦自知且贱于王②乎？"郑袖曰："何也？"尚曰："张仪者，秦王之忠信有功臣也。今楚拘之，秦王欲出之。秦王有爱女而美，又简择宫中佳丽好玩习音者，以欢从之；资之金玉宝器，奉以上庸六县为汤沐邑，欲因张仪内之楚王。楚王必爱，秦女依强秦以为重，挟宝地以为资，势为王妻以临于楚。王惑于虞乐，必厚尊敬亲爱之而忘子。子益贱而日疏矣。"郑袖曰："愿委之于公，为之奈何？"曰："子何不急言王，出张子。张子得出，德子无已时，秦女必不来，而秦必重子。子内擅楚之贵，外结秦之交。畜张子以为用，子之子孙必为楚太子矣，此非布衣之利也。"郑袖遽③说楚王出张子。

※注释

①郑袖：楚怀王的宠妃。②且贱于王：将要被轻视。③遽：急忙。

※译文

楚怀王扣押了张仪，打算杀掉他。佞臣靳尚为张仪对楚怀王说："大王扣留了张仪，秦王必定因此愤怒。天下各国见楚国没有秦国作为盟国，楚国必定会遭到各国的轻视了。"接着靳尚又对楚怀王的宠妃郑袖说："你可知道你马上要在大王的面前失宠了吗？"郑袖说："这是为什么啊？"靳尚说："张仪是为秦王立下功劳的忠信大臣，如今大王把他扣押了，秦国一定会让楚国释放张仪。秦王有一个公主，长得非常美丽，同时又挑选了懂得音乐的貌美宫女作为陪嫁，来使她高兴；陪嫁了各种金玉宝器，献上上庸六个县来作为她的汤沐邑，这次正是想让张仪献给楚王。大王必定很喜欢秦国的公主，而秦国的公主也依靠强大的秦国来为自己抬高身价，同时更是用珠宝和土地作为资本，她势必会被立为大王的妻子，到那时秦国的公主就君临楚国了。大王每天都沉迷于享乐，必定会宠爱他喜欢的秦国公主而把您忘掉。您就更加被大王轻视，被一天一天地疏远了。”郑袖说：“我愿意把这一切都拜托给您来处理，您将要怎么办呢？”靳尚说：“您为什么不赶快劝说大王将张仪给放了。如果张仪被释放了，他心里就会对您感激不尽，秦国的公主也就不会来了，秦国也必定会尊重您。您在国内能够拥有楚国的高贵地位，在国外和秦国交好。并且储备张仪来为您所用，您的子孙必然会成为楚国的太子，这可不是寻常老百姓所能得到的利益啊！”郑袖马上就去说服楚怀王释放了张仪。

※读解

当游说的人干涉到别国内政的时候，就可能带来自身的危险。苏秦就被齐国斩杀。而张仪也遇到过这样的危险，但他凭借着靳尚的聪明才智，巧妙地运用计谋全身而退，让人不禁惊叹谋略的巨大威力。

谋略的根本特征在于它能够充分利用各方面因素之间的内在联系和矛盾，然后巧妙地参与进去，调动各方面因素来为我所用。在使用谋略的过程中，最重要的是要巧妙地利用各种因素。对于那些熟悉谋略的人来说，一切都可以成为为我所用的工具，而运用之妙存于一心。

靳尚就巧妙地利用了郑袖的女性心理，迂回曲折地让郑袖为张仪说情，从而改变了楚怀王对张仪的态度。靳尚对女性心理的利用就是谋略的关键点。如果靳尚直接求郑袖为张仪说情，必然不会得到郑袖的鼎力相助。

楚襄王为太子之时

※原文

楚襄王为太子之时，质于齐。怀王薨，太子辞于齐王而归。齐王隘[①]之：“予我东地五百里，乃归子。子不予我，不得归。”太子曰：“臣有傅[②]，请追而问傅。”傅慎子曰：“献之。地所以为身也。爱地不送死父，不义。臣故曰献之便。”太子入，致命齐王曰：“敬献地五百里。”齐王归楚太子。太子归，即位为王。齐使车五十乘，来取东地于楚。楚王告慎子曰：“齐使来求东地，为之奈何？”慎子曰：“王明日朝群臣，皆令献其计。”

※注释

①隘：阻止。②傅：老师。

※译文

楚襄王做太子的时候，在齐国做质子。他的父亲楚怀王死了，太子向齐王提出要回楚国奔丧。齐王不准许，说："你要割让给我位于东地方圆五百里的土地，我才放你回去。你如果不割让的话，你就回不去。"太子说："我有个老师，请允许我问问他再说。"太子的老师慎子说："您答应割让给齐国土地吧。土地是为了安身的，因为吝惜土地，却不为父亲送葬，是不符合道义的。所以我说，割让土地对您有利。"太子进宫，答复齐王说："我敬献方圆五百里的土地。"齐王这才允许太子返回楚国。太子回到楚国，继承了王位。齐国派来五十辆使车，来楚国索取位于东地的土地。楚王告诉慎子说："齐国的使臣来索取东地，这该怎么办呢？"慎子说："大王明天召见群臣，让大家都来想办法。"

※原文

上柱国子良[①]入见。王曰："寡人之得求反，王坟墓、复群臣、归社稷也，以东地五百里许齐。齐令使来求地，为之奈何？"子良曰："王不可不与也。王身出玉声，许强万乘之齐而不与，则不信，后不可以约结诸侯。请与而复攻之。与之信，攻之武，臣故曰与之。"

子良出，昭常[②]入见。王曰："齐使来求东地五百里，为之奈何？"昭常曰："不可与也。万乘者，以地大为万乘。今去东地五百里，是去战国之半也，有万乘之号而无千乘之用也，不可。臣故曰勿与。常请守之。"

※注释

①子良：楚国大臣，官任上柱国。②昭常：楚国大臣。

※译文

上柱国子良进宫拜见楚王。楚王说："我能够回到楚国，来办理父王的丧事，又能再次见到群臣，使国家恢复正常，是以答应割让给齐国东地方圆五百里的土地为条件的。现在齐国派使臣来索要土地，这该怎么办呢？"子良说："大王不能不给啊！您亲口说出的话，一诺千金，答应了拥有万乘的强大的齐国，却又不割让土地，是不守信用的行为，将来您就无法和诸侯各国谈判结盟了。我建议应该割让给齐国土地，然后再出兵攻打齐国。割让土地是守信用，进攻齐国是使用武力，所以我认为应该割让土地给它。”

子良离宫之后，昭常进宫拜见楚王。楚王说：“齐国使臣来索要东地方圆五百里的土地，这该怎么办呢？”昭常说：“不能给。所谓万乘之国，是因为土地幅员辽阔才被称为万乘之国的。现在如果割让东地方圆五百里的土地，这样就减少了我国一半的战斗力啊！这样楚国虽有万乘之国的称号，却连千乘之国的实力也没有了，不能割让。所以我说不能割让。请让我来守卫东地。”

※原文

昭常出，景鲤[1]入见。王曰：“齐使来求东地五百里，为之奈何？”景鲤曰：“不可与也。虽然，楚不能独守。王身出玉声，许万乘之强齐也而不与，负不义于天下。楚亦不能独守。臣请西索救于秦。”

※注释

①景鲤：楚国大臣。

※译文

昭常离宫之后，景鲤进宫拜见楚王。楚王说：“齐国使臣来索要东地方圆五百里的土地，这该怎么办呢？”景鲤说：“不能给。虽然如此，不能单靠楚国一国的力量独守东地。大王亲口说出来的话，一诺千金，答应了拥有万乘的强大的齐国，却又不割让土地，这就在天下落了个不义的坏名声。也不能单靠楚国一国的力量来独守东地。请让我去往西向秦国求救。”

※原文

景鲤出，慎子入。王以三大夫计告慎子曰：“子良见寡人曰：‘不可不与也，与而复攻之。’常见寡人曰：‘不可与也，常请守之。’鲤见寡人曰：‘不可与也，虽然[1]，楚不能独守也，臣请索救于秦。’寡人谁用于三子之计？”慎子对曰：“王皆用之！”王怫然作色曰：“何谓也？”慎子曰：“臣请效其说，而王且见其诚然也。王发上柱国子良车五十乘，而北献地五百里于齐。发子良之明日，遣昭常为大司马，令往守东地。遣昭常之明日，遣景鲤车五十乘，西索救于秦。”王曰：“善。”乃遣子良北献地于齐。遣子良之明日，立昭常为大司马，使守东地。又遣景鲤西索救于秦。

※注释

①虽然：即使如此。

※译文

景鲤离宫之后，太子的老师慎子进宫。楚王把三位大夫的计策告诉给慎子，说："子良见到我说，'不能不给，给了之后再出兵攻打齐国'。昭常见了我说，'不能给，请让我去守卫东地'。景鲤见了我说，'不能给，不能单靠楚国一国的力量来独守东地，请让我往西去向秦国求救'。不知道他们三个人的计策我到底采用谁的好？"慎子回答说："大王都采用。"楚王愤怒地变了脸色，说："这是什么意思？"慎子说："请让我说出我的道理，大王就会知道我说的确实符合道理。大王您先派遣上柱国子良带着五十辆车子，往北到齐国去进献东地方圆五百里的土地；在派遣子良北去的第二天，派遣昭常为大司马，让他去守卫东地；在派遣昭常东去的第二天，派遣景鲤带着五十辆车子，往西到秦国去求救。"楚王说："好。"于是派子良往北到齐国去敬献土地。在派遣子良北去的第二天，任命昭常为大司马，派他去守卫东地。后又派遣景鲤往西向秦国求救。

※原文

子良至齐，齐使人以甲①受东地。昭常应齐使曰："我典主东地，且与死生。悉五尺至六十，三十余万弊甲钝兵，愿承下尘。"齐王谓子良曰："大夫来献地，今常守之何如？"子良曰："臣身受弊邑之王，是常矫也。王攻之。"齐王大兴兵，攻东地，伐昭常。未涉疆，秦以五十万临齐右壤②。曰："夫隘楚太子弗出，不仁；又欲夺之东地五百里，不义。其缩甲则可，不然，则愿待战。"齐王恐焉，乃请子良南道楚，西使秦，解齐患。士卒不用，东地复全。

※注释

①甲：军队。②临齐右壤：逼近齐国右边边境。

※译文

子良到了齐国，齐国派人带着士兵来接受东地。昭常回答齐国使臣说："我负责管理东地，要与东地共存亡。我已动员了从小孩到六十岁的老人全部入伍，共三十多万人，虽然我们的铠甲破旧，武器鲁钝，但我们愿意奉陪到底。"齐王对子良说："您来献地，但现在昭常却守卫东地，这是怎么回事啊？"子良说："我是受了敝国大王的命令来进献东地，昭常守卫东地，这是他假传王命。大王去攻打他吧。"齐王于是发动大军进攻东地，攻打昭常。但大军还没有到达东地的边界，秦国已经派了五十万大军逼近齐国右边边境，说："你们扣押楚国太子，不让他回国，这是不仁之举；又想抢夺楚国东地方圆五百里的土地，这是不义之举。如果你们收兵的话还可以，不收兵的话，我们愿等待和你们一战。”齐王害怕了，就请求子良往南告诉楚国，与楚国讲和，又派人往西出使秦国，解除了齐国的祸患。楚国没有派一兵一卒，却保全了东地。

※读解

人和人之间最大的区别就是对事物的认识和理解不同，所以每个人思考问题和解决问题的方法也不同。听一听不同的人对同一个问题的不同看法，就能使自己对同一问题得到不同的认识和理解，也就有了更多分析问题的角度，也就有了更多可供选择的解决问题的方法。所以我们思考问题、分析问题和解决问题的时候，最好能够多听取不同的人的意见。集思广益地解决问题，把要做的事情做得更好。

楚襄王面对齐国的强力威胁，听取了上柱国子良、昭常、景鲤、慎子四个人的意见，慎子的建议里集中了前三个人的意见，最后没有动用一兵一卒，就解决了齐国所带来的棘手问题，维护了国家的安全。

楚王还在齐国做质子的时候，能够离开齐国回到楚国继承王位是亟待解决的事情，能不能顺利地回到楚国是起决定性作用的环节。所以他就听从师傅慎子的意见答应了割让土地给齐国的条件，来求得自己人身的自由。等他回到楚国，继承了王位，再来解决接下来的问题。这是符合事物的发展规律的处理问题的方法。

面对棘手的问题，如果只有一个可以选择的方法，那么这个方法很可能是一个根本无法解决棘手问题的方法。所以说，集思广益是最好的决策方法。它往往能够让我们在众多的选择当中挑选比较好的来解决问题。

苏子谓楚王

※原文

苏子[①]谓楚王曰：“仁人之于民也，爱之以心，事之以善言。孝子之于亲也，爱之以心，事之以财。忠臣之于君也，必进[②]贤人以辅之。今王之大臣父兄，好伤贤以为资，厚赋敛诸臣、百姓，使王见疾于民，非忠臣也。大臣播王之过于百姓，多赂诸侯以王之地，是故退王之所爱，亦非忠臣也，是以国危。臣愿无听群臣之相恶也，慎大臣父兄；用民之所善，节身之嗜欲，以百姓。

“人臣莫难于无妒而进贤。为主死易，垂沙之事，死者以千数。为主辱易，自令尹以下，事王者以千数。至于无妒而进贤，未见一人也。故明主之察其臣也，必知其无妒而进贤也。贤臣之事其主也，亦必无妒而进贤。夫进贤之难者，贤者用且使己废，贵且使己贱，故人难之。”

※注释

①苏子：即苏秦。②进：举荐，推荐。

※译文

苏秦对楚王说："仁人爱护百姓，用真心爱他们，用好话抚慰他们；孝子孝敬自己的父母亲，用真心爱他们，用钱财奉养他们；忠臣忠诚于自己的国君，必须推荐贤能的人来辅助国君。现在大王的重臣和宗亲喜好毁谤贤能的人，用这来当作他们进身的条件，对臣子和百姓课以沉重的赋税，导致国君被百姓怨恨，他们称不上是忠臣。那些大臣在百姓当中传播国君的不是，用您的土地大肆地贿赂诸侯。因此和大王的所爱相违背，这也称不上是忠臣。这样下去，国家就危险了。我希望您不要去听信大臣们之间互相攻击诋毁的话，要审慎地任用大臣和宗亲。要任用那些百姓所喜欢的人，节制自己的嗜好和欲望，依据百姓的喜好来决定各种事情。

"做人臣的最难做到的莫过于没有嫉妒心又能推荐贤才。为国君去死是很容易的，就拿垂沙之战来说，死的人数以千计。为国君而忍受屈辱，也是很容易的，像令尹以下的人，侍奉大王的人也数以千计。至于没有嫉妒之心又能推荐贤才的人，没有见到一个人。所以英明的国君考察他的臣子，必须了解他们是不是没有嫉妒心又能推荐贤才。贤能的人侍奉国君，也必须没有嫉妒心又能推荐贤才。推荐贤才之所以很难做到，是因为被推荐的贤才一旦被任用了就会使自己遭到废弃，被推荐的贤才地位尊贵了，就会使自己显得低贱，所以人们难以做到。"

※读解

做生意追求的是利益的最大化，而从政为官者追求的应该是国家长治久安。现在流行的"公务员"一词，强调的就是一个"公"字，如果为官的不能一心为公，那么他就失去了作为公职人员最起码的职业道德和追求。只要一个人一心为公，那么他就不会看到贤德的人才而不去举荐和提拔。"无妒而进贤"就是对公职人员提出的职业要求，它是建立在"公"字的基础上的。

本篇提出了政治科学中的一个最基本的理念。可见战国时期的纵横家往来奔走于各个诸侯国之间，靠他们积极的思考和机智的论辩，发展了我国古代的政治科学，为后代提出了许多的政治学命题和基本的理念，丰富了我国的政治学宝库，为我们留下了丰富的政治传统遗产。

苏秦在和楚王的谈话中勾画了贤能忠臣的一个标准，指出了一个国家要想保持政治清明和长治久安，国家的最高统治者和他们的下属官僚们应该遵循的原则。

苏秦之楚

※原文

苏秦之楚，三月乃①得见乎王。谈卒②，辞而行。楚王曰："寡人闻先生，若闻古人。今先生乃不远千里而临寡人，曾不肯留？愿闻其说。"对曰："楚国之食贵于玉，薪贵于桂，谒者难得见如鬼，王难得见如天帝。今令臣食玉炊桂，因鬼见帝。"王曰："先生就舍，寡人闻命矣。"

※注释

①乃：才。②卒：结束。

※译文

苏秦到了楚国，过了三个月，才有机会见到楚王。和楚王谈论结束，向楚王辞行。楚王说："我听先生谈论，就如同听古人谈论。今天先生不远千里来见我，怎么不多留一些日子呢？我希望能再听听你的高见。"苏秦回答说："楚国的饭菜比宝玉还贵，楚国的柴火比桂树还贵，负责接待的人像鬼一样难得一见，大王像天帝一样难得一见。现在要我拿玉当饭吃，拿桂当柴火烧，通过鬼来见天帝。"楚王说："请先生到馆舍住下，我愿意听你的高见。"

※读解

苏秦是一个被后代有志于从政的人崇敬的纵横家，之所以如此，是因为苏秦从一介布衣，靠着自己的努力成为身佩六国相印的政治家，得到了荣华富贵。他最初主张连横政策，但在游说秦王的时候就遭到了拒绝。他没有气馁，而是更加发愤读书，从失败的困境中振作起来。后来他主张合纵政策，在六国之间奔走游说，为实现自己的政治理想而努力。

游说别人就是让被游说的对象放弃他以前的主张和政策，并且接受自己强加给他的新的理念。这是很有难度的，遇到拒绝甚至吃闭门羹的情况，是再正常不过的事情了。苏秦到楚国游说楚王，就遭到这样的尴尬和打击，一连三个月都没有机会见到楚王的面。这等待的焦急和失望可想而知。一般人应该早就放弃了。但苏秦就是苏秦，作为一个政治家，他有不同于常人的毅力和决心，更有不同于常人的心理承受能力和机智来化被动为主动，最终达到了自己的目的。

终于见到了楚王，苏秦施展了他的心理战术，先是向楚王表达了他的真实想法和强烈不满：楚国的饭菜比宝玉还贵，楚国的柴火比桂树还贵，负责接待的人像鬼一样难得一见，大王像天帝一样难得一见。现在要我拿玉当饭吃，拿桂当柴火烧，通过鬼来见天帝。这样就在心理上占据了优势，掌握了游说楚王的主动权。

张仪之楚

※原文

张仪之楚，贫。舍人①怒而归。张仪曰："子必以衣冠之敝，故欲归。子待我为子见楚王。"当是之时，南后、郑袖贵于楚。张子见楚王，楚王不说。张子曰："王无所用臣。臣请北见晋君。"楚王曰："诺。"张子曰："王无求于晋国乎？"王曰："黄金珠玑犀象出于楚，寡人无求于晋国。"张子曰："王徒不好色耳？"王曰："何也？"张子曰："彼郑、周之女，粉白墨黑，立于衢闾②，非知而见之者以为神。"楚王曰："楚，僻陋之国也，未尝见中国之女如此其美也。寡人之独何为不好色也？"乃资之以珠玉。

※注释

①舍人：门客。②衢闾：大街和巷口。

※译文

张仪到了楚国之后，生活很贫困。他的侍从很生气，想要回去。张仪说："你一定是因为衣冠破烂，所以想要回去的吧。你等着，我为你去见楚王。"在这个时候，南后和郑袖正受楚王的宠爱，在楚国地位尊贵。张仪拜见楚王，楚王不高兴。张仪说："大王没有什么可以用得上我的地方，请让我往北去见晋王。"楚王说："好吧！"张仪说："难道大王对晋国出产的就没有什么想要的吗？"楚王说："黄金、珍珠、玑珠、犀皮、象牙都出产于楚国，我对晋没有什么想要的。"张仪说："大王不喜欢美色吗？"楚王说："你所说的是什么？"张仪说："那郑国和周国的女子，打扮得十分漂亮，站在大街巷口，如果不知道的话，初次见她的还以为见到了仙女。"楚王说："楚国是一个地处偏僻的国家，我从来没有见过有中原女子这么美丽的。我怎么就不喜欢美色呢？"于是给张仪珍珠和玉器作为资用，为他寻找美丽的中原女子。

※原文

南后、郑袖闻之大恐，令人谓张子曰："妾闻将军之晋国，偶有金千斤，进之左右，以供刍秣①。”郑袖亦以金五百斤。张子辞楚王曰：“天下关闭不通，未知见日也，愿王赐之觞。”王曰：“诺。”乃觞之。张子中饮，再拜而请曰：“非有他人于此也，愿王召所便习而觞之。”王曰：“诺。”乃召南后、郑袖而觞之。张子再拜而请曰：“仪有死罪于大王。”王曰：“何也？”曰：“仪行天下遍矣，未尝见人如此其美也。而仪言得美人，是欺王也。”王曰：“子释之。吾固以为天下莫若是两人也。”

※注释

①刍秣：粮草，这里的意思是酒食饭钱。

※译文

南后和郑袖知道了这件事，大为惊恐。南后派人对张仪说：“我们听说将军要到晋国去，我这里有一千斤黄金，送给您左右的人，作为酒食饭钱。”郑袖也给了张仪五百斤黄金。

张仪向楚王辞行，说：“各国诸侯互相隔绝，不知哪天才能再见到大王，请大王赐酒辞行。”楚王说：“很好。”于是设宴和张仪饮酒辞行。酒至半酣，张仪又施礼，请求说：“这里没有外人，请大王召来左右亲近的人敬酒。”楚王说：“好。”于是找来南后和郑袖一起饮酒。张仪又施礼，请罪说：“我对大王犯有死罪。”楚王说：“有什么罪啊？”张仪说：“我走遍天下，从来没有见过像南后、郑袖二位这样美丽的女子。而我说要为您寻找美人，这是在欺骗大王啊！”楚王说：“你放心吧。我本来就认为天下没有比她们两人更美丽的人了。”

※读解

张仪来到楚国推行他的连横政策，但遭到了囊中羞涩的尴尬。人在旅途，如何解决经费的问题，各人有各人的方式。本篇讲述了张仪解决经费问题的计策。他不用辛苦就达到了目的，计策高超令人咂舌。

张仪了解了楚王喜欢女色的心理，于是就紧紧抓住他的这个心理大做文章，调动各方面的因素和矛盾，巧妙地为自己筹到了经费。

张仪逐惠施于魏

※原文

张仪逐惠施于魏。惠子之楚，楚王受之。冯郝谓楚王曰：“逐惠子者，张仪也。而王亲与约，是欺仪也，臣为王弗取也。惠子为仪者来，而恶王之交于张仪，惠子必弗行也。且宋王之贤惠子也，天下莫不闻也。今之不善张仪也，天下莫不知也。今为事之故，弃所贵于雠人，臣以为大王轻矣。且为事耶？王不如举惠子而纳之于宋，而谓张仪曰：‘请为子勿纳也。’仪必德①王。而惠子穷人，而王奉之，又必德王。此不失为仪之实，而可以德惠子。”楚王曰：“善。”乃奉惠子而纳之宋。

※注释

①德：感激，感恩。

※译文

张仪将惠施驱逐出魏国。惠施到了楚国，楚王接纳了他。大臣冯郝对楚王说：“驱逐惠施的人是张仪。大王和惠施结交，这是在欺骗张仪，我认为大王这样做是不可取的。惠施是因为张仪驱逐才来楚国的，他也一定会怨恨大王和张仪结交，惠施如果知道实际情况的话，他一定不会来楚国的。并且宋王认为惠施是一个贤能的人，天下没有人不知道这事的。如今惠施和与张仪二人关系不好，天下也是没有人不知道的。如今因为这件事情的缘故，您就抛弃了张仪，我认为大王这样做是轻率的，还是为了您的大事呢？大王不如推荐惠施，把他送到宋国。而对张仪说：‘我是因为您的缘故才没有接纳惠施的。’张仪必然感激大王。而惠施是个处境窘迫的人，大王将他推荐到宋国，惠施也必然会感激大王。这样您实际上既为张仪着想，又可以使惠施感激您。”楚王说：“很好。”于是就把惠施推荐到宋国去了。

※读解

本篇讲述怎样妥善地处理人际关系。人是各种社会关系的总和。每个人都生活在复杂的社会关系当中，尤其是我们中国人，向来注重人情，所以人际关系相当复杂。

我们做事情的时候要了解相关的人之间的关系情况，亲疏远近都必须顾及，否则的话就会把事情办砸，为以后的工作和生活埋下许多祸根。

冯郝对各种利害关系进行了条分缕析，见解非常有洞察力，并且处理的手段也很高明。人际关系的互动是在千丝万缕的人际关系中进行的，我们要考虑如何处理好各种关系的情况之后，再来实现自己的目的和利益。我们对一举两得、两全其美的策略比较推崇，这是因为这样的策略排除了触及各种人际关系后所产生的负面效应，而巧妙地达到了我们所预期的目标。

魏王遗楚王美人

※原文

魏王遗①楚王美人，楚王说之。夫人郑袖知王之说新人也，甚爱新人，衣服玩好，择其所喜而为之；宫室卧具，择其所善而为之。爱之甚于王。王曰："妇人所以事夫者，色也；而妒者，其情也。今郑袖知寡人之说新人也，其爱之甚于寡人，此孝子之所以事亲，忠臣之所以事君也。"郑袖知王以己为不妒也，因谓新人曰："王爱子美矣。虽然，恶子之鼻。子为见王，则必掩子鼻。"新人见王，因掩其鼻。王谓郑袖曰："夫新人见寡人，则掩其鼻，何也？"郑袖曰："妾知也。"王曰："虽恶，必言之。"郑袖曰："其似恶闻君王之臭②也。"王曰："悍哉！"令劓③之，无使逆命。

※注释

①遗：赠送，送给。②臭：这里指体味。③劓：割除鼻子。

※译文

魏惠王赠送楚怀王一个美女，楚怀王很喜欢这个美女。楚怀王的宠妃郑袖，知道楚怀王宠爱这个新来的美人，所以表面上也装出一副很喜爱这个新来的美女：衣服首饰尽挑她喜欢的送给她；宫室和用具也都挑她所喜欢的让她使用，看起来比楚怀王更喜欢她。楚怀王说："女人来侍奉丈夫的就是她的美色；而嫉妒是人之常情。如今郑袖知道我喜欢这个新来的美人，可见她喜欢她要超过我，这就如同孝子侍奉双亲，忠臣侍奉君主一样啊！"郑袖知道楚怀王认为她不嫉妒，就对新人说："大王爱你的美貌。虽然如此，但是他很讨厌你的鼻子。所以你见了大王，就一定要捂住你的鼻子。"从此新人每次见到楚王就用手捂住自己的鼻子。楚怀王对郑袖说："新人看见我的时候，就捂住自己的鼻子，这是什么原因呢？"郑袖说："我知道什么原因。"楚怀王说："即使再难听的话，你也一定要说。"郑袖说："她好像是讨厌大王身上的狐臭吧。"楚怀王说："不讲理的悍妇！"于是下令割掉美女的鼻子，不准违抗命令。

※读解

在这个故事里，郑袖奸险狡诈、阴狠毒辣，而楚怀王昏庸好色、残暴无能。郑袖作为王妃，历经宫中的锤炼，耍弄起阴谋手段来，真是令人咂舌。她首先在表面上表现得很喜欢魏女，无论什么都顺着魏女的心意来做，实际上这是做给楚怀王看的表面文章，从而让楚怀王相信自己并没有什么嫉妒的心理。得到楚怀王的信任之后，郑袖又装出一副十分关心魏女的样子来，让魏女捂着鼻子去见楚怀王，实际上利用了楚怀王身上有狐臭而又怕人揭短的心理，终于使他对魏女下了毒手。真是伴君如伴虎，但实际上真正可怕的是郑袖的妇人之心。可怜的魏女，遭到了暗算还被蒙在鼓里，用自己的行动为楚怀王提供了一个迫害自己的借口。

庄辛谓楚襄王

※原文

庄辛①谓楚襄王曰："君王左州侯，右夏侯，辇从鄢陵君与寿陵君，专淫逸侈靡，不顾国政，郢都必危矣。"襄王曰："先生老悖乎？将以为楚国妖祥乎？"庄辛曰："臣诚见其必然者也，非敢以为国妖祥也。君王卒幸四子者不衰，楚国必亡矣。臣请辟于赵，淹留以观之。"庄辛去之赵。留五月，秦果举鄢、郢、巫、上蔡、陈之地，襄王流掩于城阳。于是使人发驺，征庄辛于赵。庄辛曰："诺。"

※注释

①庄辛：楚庄王的后代。

※译文

庄辛对楚襄王说："君王左有州侯右有夏侯，鄢陵君和寿陵君在车后跟从，生活淫逸奢侈、毫无节制，不理国家朝政，这样下去会使郢都变得很危险。"楚襄王说："先生老糊涂了？还是认为楚国将遇到不祥呢？"庄辛说："臣当然是看到了您这样下去的必然后果，而不敢认为国家会遇到不祥。如果大王始终宠幸这四个人，不稍加收敛的话，那楚国一定会因此而灭亡。请大王准许臣到赵国避难，在那里来静观楚国的变化。"庄辛离开楚国到了赵国，他在赵国待了五个月，秦国果然发兵攻占了鄢、郢、巫、上蔡、陈这些地方，楚襄王也流亡到城阳。到了这样的境地楚襄王才派人到赵国召请庄辛。庄辛说："好。"

※原文

庄辛至，襄王曰："寡人不能用先生之言，今事至于此，为之奈何？"庄辛对曰："臣闻鄙语曰：'见菟而顾犬，未为晚也；亡羊而补牢，未为迟也。'臣闻昔汤、武以百里昌，桀、纣以天下亡。今楚国虽小，绝长续短，犹以数千里，岂特百里哉？

“王独不见夫蜻蛉①乎？六足四翼，飞翔乎天地之间，俯啄蚊虻而食之，仰承甘露而饮之，自以为无患，与人无争也。不知夫五尺童子，方将调饴胶丝，加己乎四仞②之上，而下为蝼蚁食也。蜻蛉其小者也，黄雀因是以。俯噣白粒，仰栖茂树，鼓翅奋翼，自以为无患，与人无争也。不知夫公子王孙，左挟弹，右摄丸，将加己乎十仞之上，以其类为招。昼游乎茂树，夕调乎酸醎，倏忽之间，坠于公子之手。

“夫雀其小者也，黄鹄因是以。游于江海，淹乎大沼，俯噣鳝鲤，仰啮菱衡，奋其六翮，而凌清风飘摇乎高翔，自以为无患，与人无争也，不知夫射者，方将修其碆卢，治其矰缴，将加己乎百仞之上。被礛磻引微缴，折清风而抎③矣。故昼游乎江河，夕调乎鼎鼐。

※注释

①蜻蛉：即蜻蜓。②仞：古代的长度单位，八尺为一仞。③抎：通“陨”。坠下。

※译文

庄辛到了城阳，楚襄王说：“我当初不听先生的话，如今事情发展到这地步，该怎么办呢?”庄辛回答说：“我知道一句俗语：‘见到兔子以后再放出猎犬去追并不算晚，羊丢失以后再去修补羊圈还不算迟。’我听说过去商汤王和周武王，依靠方圆百里的土地，就使天下昌盛，而夏桀王和殷纣王，虽然拥有天下，到头来也不免身死国亡。现在楚国的土地虽然狭小，然而如果取长补短，还能有方圆几千里，岂止百里啊?

“大王难道没有见过蜻蜓吗？蜻蜓长着六只脚和四只翅膀，在天地之间飞舞，低下头来啄食蚊虫，抬头起来喝甘美的露水，自以为无忧无患，和别的昆虫没有什么争执。岂不知那几岁的孩子，正在调糖稀涂在丝网上，将要在高空之上粘住它，它的下场就是被蚂蚁吃掉。蜻蜓的事可能是小事，其实黄雀也是如此。它俯下身去啄，仰起身来栖息在茂密的树丛中，舞动翅膀奋力高飞，自己也认为没有什么祸患，和别的鸟也没有什么争执，却不知那公子王孙左手拿着弹弓，右手捏着弹丸，将要射向数十尺高空的黄雀。黄雀白天还在茂密的树丛中游玩，晚上就成了桌上的佳肴，转眼之间落入王孙公子的手中。

“黄雀的事情可能是小事情，其实黄鹄也是如此。黄鹄在江海上飞翔，停留在大沼泽旁边，低下头吞食黄鳝和鲤鱼，抬起头来吃菱角和水草，振动它的翅膀而驾驭清风，自由自在飞翔于高空，自认为不会有什么祸患，又不和别的鸟争夺。但是它们却不知道有射箭的人，已准备好箭和弓，将射向数百尺的高空。它将带着箭，拖着细微的箭绳，从清风中坠落下来，掉在地上。黄鹄白天还在江河上翱翔，晚上就成了锅里的美味。

※原文

“夫黄鹄，其小者也，蔡圣侯之事因是以。南游乎高陂，北陵乎巫山，饮茹溪流，食湘波之鱼，左抱幼妾，右拥嬖女①，与之驰骋乎高蔡之中，而不以国家为事。不知夫子发方受命乎宣王，系己以朱丝而见之也。蔡圣侯之事其小者也，君王之事因是以。左州侯，右夏侯，辇从鄢陵君与寿陵君，饭封禄之粟，而戴方府之金，与之驰骋乎云梦之中，而不以天下国家为事，不知夫穰侯方受命乎秦王，填黾塞之内，而投己乎黾之外。”

襄王闻之，颜色变作，身体战栗。于是乃以执圭而授之为阳陵君，举淮北之地也。

※注释

①嬖女：宠爱的妃子。

※译文

“黄鹄的事可能是小事，而蔡圣侯的事也是这样的。他向南游玩到高陂，往北到巫山，饮茹溪里的水，吃湘江里的鱼；左手抱着年轻貌美的侍妾，右手搂着如花似玉的宠妃，和这些人同车驰骋在高蔡城中，而不把国家朝政当回事。他不知道子发正在接受宣王的进攻命令，他将要成为阶下囚。蔡圣侯的事只是当中的小事，其实大王您的事也是这样的。大王左边是州侯，右边是夏侯，鄢陵君和寿陵君始终跟随着大王的车辆，您享受着米粟的封赏和金银的俸禄，驰骋在云梦地区，而不把国家朝政当回事。然而大王却没有想到，齐穰侯魏冉已经接过秦王的命令，在黾塞之南布满军队，而把大王抛弃在黾塞之外。”

楚襄王听了庄辛的话，脸色大变，全身战栗。这时才把执圭的爵位授予庄辛，封他为阳陵君。在庄辛的辅助之下，楚国收复了淮北的失地。

※读解

丧师失地、国君流亡的惨痛教训还没有使楚襄王警醒自己的所作所为为什么会带来这样的后果，虽然在这之前庄辛已经尖锐地指出他的行为将会带来的危害。在流亡的途中，楚襄王终于看到庄辛的话得到了印证，这时候后悔还来得及，于是就有了庄辛气势磅礴的论说。也许对有些人来说，不痛不痒的警示根本达不到劝谏的目的，而只有惨痛的事实加之于身上的时候才猛然警醒悔不该当初。

庄辛的论说由小到大，由远及近，深刻地揭示了重视细微处的重大意义，通过蜻蜓、黄雀、黄鹄来类比，由那些普通的事物、普通的现象说起，逐步说到人的问题，寓意深刻，发人深省，所以经历过惨痛事变的楚襄王听了变了脸色，不寒而栗，全身发抖，乖乖地接受了庄辛的教诲。

天下合从

※原文

天下合从。赵使魏加①见楚春申君②曰："君有将乎？"曰："有矣，仆欲将临武君。"魏加曰："臣少之时好射，臣愿以射譬之，可乎？"春申君曰："可。"加曰："异日者，更羸③与魏王处京台之下，仰见飞鸟。更羸谓魏王曰：'臣为王引弓虚发而下鸟。'魏王曰：'然则射可至此乎？'更羸曰：'可。'有间，雁从东方来，更羸以虚发而下之。魏王曰：'然则射可至此乎？'更羸曰：'此孽④也。'王曰：'先生何以知之？'对曰：'其飞徐而鸣悲。飞徐者，故疮痛也；鸣悲者，久失群也，故疮未息，而惊心未至也。闻弦音，引而高飞，故疮陨也。'今临武君，尝为秦孽，不可为拒秦之将也。"

※注释

①魏加：赵国臣子。②春申君：战国四君子之一，即黄歇。③更羸：战国时期的名射手。④孽：受伤的鸟。

※译文

天下各国的诸侯联合起来抵抗秦国。赵国派魏加去见楚国的春申君说："您有带兵的将领了吗？"春中君说："有，我想让临武君作为大将。"魏加说："我年少的时候喜欢射箭，我就用射箭来打个比方，可以吗？"春中君说："可以。"魏加说："有一天，魏国大臣更羸和魏王站在京台的下面，抬头看见飞鸟。更羸对魏王说：'我为您拉弓虚发一弦，就能把鸟射死在您的面前。'魏王说：'你的射技有这么高超吗？'更羸说：'我能做到。'过了一会儿，有一只大雁从东方飞来，更羸虚拉了一弦就把这只大雁射落在地上。魏王说：'但是你射箭的技艺怎么达到了如此高超的地步呢？'更羸说：'因为这是一只受伤的大雁。'魏王说：'你是怎么知道的？'更羸说：'这只大雁飞得很慢，叫声很悲伤。飞得很慢，是因为它旧伤疼痛；叫声悲伤，是因它离开雁群已经很长时间了；身上的旧伤还没有愈合，而且心里的惊惧还没有退去，一听见弓弦响声就吓得拼命向高处飞，从而导致它的旧伤口破裂而掉落下来。'现在的临武君，曾经被秦军打败，所以不能派他做抵抗秦国大军的将领。"

※读解

本篇讲述了一个著名的寓言故事：惊弓之鸟。

更羸以丰富的射猎经验发现了鸟畏惧弓箭的习性，于是就拿来给春申君做类比，劝谏他不要派临武君做将领和秦国作战。其实鸟的习性和人的心理有相通的地方，恐惧都发自本能。更羸用生动而形象的比喻向春申君说明了临武君被秦军打败之后的心理状态，用浅显的射猎经验巧妙地解决了国家任用将帅的问题，不能不佩服更羸非凡的洞察力。

细致的观察、严密的分析、准确的判断是更羸虚拉弓弦就能射落大雁的原因。这种观察、分析、判断的能力，只有通过长期刻苦的学习和实践才能培养出来。现在常用“惊弓之鸟”这一成语来形容受过惊吓，遇到类似情况就惶恐不安的人。

楚考烈王无子

※原文

楚考烈王①无子，春申君患之，求妇人宜子者进之，甚众，卒无子。赵人李园，持其女弟②，欲进之楚王，闻其不宜子，恐又无宠。李园求事春申君为舍人。已而谒归，故失期。还谒，春申君问状。对曰：“齐王遣使求臣女弟，与其使者饮，故失期。”春申君曰：“聘入乎？”对曰：“未也。”春申君曰：“可得见乎？”曰：“可。”于是园乃进其女弟，即幸于春申君。

※注释

①楚考烈王：芈姓，名熊完，公元前262年至前238年在位，以春申君黄歇为令尹，赐淮北地十二县，迁都寿春。楚、赵两国结盟，楚考烈王令春申君以八万大军，奔赴赵国。《史记》说考烈王有三子。《战国策》说楚考烈王无子。②女弟：即李园的妹妹，名叫李嫣。

※译文

楚考烈王没有儿子，相国春申君为这件事感到忧虑，寻求能生育的妇人进献给楚王，虽然进献了很多妇人，但最终还是没有生下儿子来。赵国人李园，带着自己的妹妹，想要把她进献给楚王，可是又听人说自己的妹妹并无生子之相，又担心将来得不到楚王的宠幸。李园就请求能当春申君的舍人，当上舍人不久，请假回家，又故意晚回来。回来见到春申君，春申君问他为什么迟到。李园回答说：“齐王派使者来娶我的妹妹，我和使者一起喝酒，所以耽误了回来的时间。”春申君说：“送过聘礼了吗？”李园说：“还没有。”春申君说：“我能见一下你的妹妹吗？”李园说：“可以。”于是李园就把妹妹进献给了春申君，就受到春申君的宠爱。

※原文

知其有身①，园乃与其女弟谋。园女弟承间说春申君曰：“楚王之贵幸君，虽兄弟不如。今君相楚王二十余年，而王无子，即百岁后，将更立兄弟。即楚王更立，彼亦各贵其故所亲，君又安得长有宠乎？非徒然也，君用事久，多失礼于王兄弟，兄弟诚立，祸且及身，奈何以保相印、江东之封乎？今妾自知有身矣，而人莫知。妾之幸君未久，诚以君之重而进妾于楚王，王必幸妾。妾赖天而有男，则是君之子为王也，楚国封尽可得，孰与其临不测之罪乎？”春申君大然之，乃出园女弟，谨舍②而言之楚王。楚王召入，幸之。遂生子男，立为太子，以李园女弟立为王后。楚王贵李园，李园用事。

※注释

①有身：怀有身孕。②谨舍：另立馆舍安排居住，并小心侍候，多加保卫。

※译文

当李园知道妹妹有了身孕，就和妹妹商量了一个计谋。李园的妹妹找个机会对春申君说：“大王宠信你，即使是他的兄弟也不如你。现在你当楚国相国已经二十多年，但是楚王还是没有儿子。等到楚王死后，必定会拥立他的兄弟为王。楚国王位更换，必然重用他自己的故交和亲人，您又怎能长时间地受到宠信呢？不仅这样，您出任宰相的时间很长，难免对大王的兄弟有失礼得罪的地方。将来大王的兄弟如果真能登上王位，您定会身受大祸，又怎能保全相国和江东的封地呢？现在臣妾已经知道怀孕了，但外人都不知道。臣妾受您宠爱的时间还不长，如果能凭借您的高贵身份而把臣妾献给楚王，楚王必定会宠幸我。如果我能得到上天的保佑生个儿子的话，那就是您的儿子当上了楚王，到那时楚国的一切都是您的了，这和面对着不可猜测的罪过相比，哪一个更好呢？”春申君认为她说得非常对，于是就把李园的妹妹迁到府外，并告诉楚王说要进献李园的妹妹。楚王把李园的妹妹召进宫里来，对她非常宠爱。后来还生了一个男孩，被立为太子，并立李园的妹妹为皇后。楚王也很看重李园，因而李园也就掌握了大权。

※原文

李园既入其女弟为王后，子为太子。恐春申君语泄而益骄，阴养死士①，欲死春申君以灭口，而国人颇有知之者。

春申君相楚二十五年，考烈王病。朱英谓春申君曰："世有无妄之福，又有无妄之祸。今君处无妄之世，以事无妄之主，安不有无妄之人乎？"春申君曰："何谓无妄之福？"曰："君相楚二十余年矣，虽名为相国，实楚王也。五子皆相诸侯。今王疾甚，旦暮且崩，太子衰弱，疾而不起，而君相少主，因而代立当国，如伊尹、周公。王长而反政，不即遂南面称孤，因而有楚国。此所谓无妄之福也。"春申君曰："何谓无妄之祸？"曰："李园不治国，[而]王之舅也。不为兵将，而阴养死士之日久矣。楚王崩，李园必先入，据本议制断君命，秉权而杀君以灭口。此所谓无妄之祸也。"春申君曰："何谓无妄之人？"曰："君先仕臣为郎中，君王崩，李园先人，臣请为君㓨其胸杀之。此所谓无妄之人也。"春申君曰："先生置之，勿复言已。李园，软弱人也，仆又善之，又何至此？"朱英恐，乃亡去。

后十七日，楚考烈王崩，李园果先入，置死士，止于棘门之内。春申君后入，止棘门。园死士夹刺春申君，斩其头，投之棘门外。于是使吏尽灭春申君之家。而李园女弟——初幸春申君有身，而入之王——新生子者，遂立为楚幽王②也。

※注释

①阴养死士：阴，暗中。暗中蓄养不怕死的壮士。②楚幽王：原名芈悍，公元前237年至前228年在位。

※译文

李园已经把自己的妹妹送入宫中，并做了皇后，妹妹的孩子又做了太子。但他担心春申君说漏了嘴或者变得更加骄纵，所以就暗中蓄养起刺客，打算杀死春申君来灭口，但当时国内已经有很多人知道了这件事。

当春申君做楚国的相国第二十五个年头时，楚考烈王生病了。这时朱英对春申君说："世间有意想不到的福分，也有始料不及的横祸。现在您就处于这样的境地，侍奉的是出人意料的君主，又怎能得不到出人意料的人呢？"春申君说："什么叫出人意料的福分呢？"朱英说："您做楚国相国20多年了，虽然名为相国，实际上是楚国的国王。五个儿子都位列诸侯辅相。现在君王病重，快要去世了，一旦大王病倒，您就会成为少主的相国，太子弱小，您就得代管国政，就像伊尹和周公一样，等少主长大再让他亲政，要不然，您就可以南面称王，掌握楚国。这就是所谓出人意料的福分。"春申君问："那什么是出人意料的祸呢？"李英说："李园不是治国的相国，而是君王的大舅子。他不统领兵将，却暗中豢养刺客，这是很久的事了。楚王死后李园必定入宫，据本奏议，假传王命杀您灭口，这就是意想不到的祸。”春申君说：“什么叫意想不到的人呢？”朱英说：“阁下先任命臣为郎中卫士官，君王死后李园定先入宫，请让臣替您以利剑刺入他的胸膛把他杀死，这就是所谓意想不到的人。”春申君说：“先生别这么说，李园为人诚恳老实，我们关系又好，怎能用这种毒辣的手段呢？”朱英见春申君不听，心里感到很害怕，便离开了楚国。

十七日后，楚考烈王驾崩。李园果然先进入宫中，暗中在棘门内布置好了刺客。春申君后来进入宫中时，在棘门外停了下来。李园布置的刺客从两边跳出来杀死了春申君，把他的头割下来，丢到棘门的外面。于是就又派人将春申君满门抄斩。李园的妹妹生的孩子于是被立为楚幽王。

※读解

读了本篇，在惊叹李园的心计之毒的同时，我们也会很自然地想到前面的吕不韦。李园和吕不韦的荣身方式大同小异，都是利用古代的宗法制度来实现自己的既定目标。

在我国古代社会里实行的人治，这种制度根源于宗法制度。王室占据着当时社会的几乎所有可用的资源，所以要想实现自己的荣身梦想，除了生在帝王家，那就只有千方百计地和帝王家发生血缘关系。生在帝王家是无法求取的，那么像吕不韦和李园的荣身之路就是除此之外的唯一选择了。

比较两个人的策略，我们就可以发现，吕不韦作为精明的商人所付出的成本要小一些，他只是动动嘴皮子，而李园则是拿他的妹妹作为赌资的。只是从这一点上来说，李园的计谋要比吕不韦逊色一些。但都无法掩盖他们的险恶用心。从他们的发迹过程来看，人为了想要得到的东西，真的是可以付出一切，也可以不顾一切，哪怕是别人的生命。正是这样的人让这个世界变得险恶，让人性变得不再善良。

赵策

知伯从韩、魏兵以攻赵，围晋阳而水之，城下不没者三板。郗疵谓知伯曰："韩、魏之君必反矣。"知伯曰："何以知之？"郗疵曰："以其人事知之。夫从韩、魏之兵而攻赵，赵亡，难必及韩、魏矣。今约胜赵而三分其地。今城不没者三板，臼灶生蛙，人马相食，城降有日，而韩魏之君无憙志而有忧色，是非反如何也？"

知伯从韩魏兵以攻赵

※原文

知伯①从韩、魏兵以攻赵，围晋阳而水之，城下不没者三板。郄疵谓知伯曰："韩、魏之君必反矣。"知伯曰："何以知之？"郄疵曰："以其人事知之。夫从韩、魏之兵而攻赵，赵亡，难必及韩、魏矣。今约胜赵而三分其地。今城不没者三板，臼灶生蛙，人马相食，城降有日，而韩魏之君无憙志而有忧色，是非反如何也？"

明日，知伯以告韩、魏之君曰："郄疵言君之且反也。"韩、魏之君曰："夫胜赵而三分其地，城今且将拔矣。夫三家虽愚，不弃美利于前，背信盟之约，而为危难不可成之事，其势可见也。是疵为赵计矣，使君疑二主之心，而解于攻赵也。今君听谗臣之言，而离二主之交，为君惜之。"趋而出。郄疵谓知伯曰："君又何以疵言告韩、魏之君为？"知伯曰："子安知之？"对曰："韩、魏之君视疵端而趋疾。"

郄疵知其言之不听，请使于齐，知伯遣之。韩、魏之君果反矣。

※注释

①知伯：即智伯，名瑶，晋国六卿之一。

※译文

知伯跟从韩、魏两国联军一道进攻赵国，军队把晋阳城包围起来，引河水淹城池，离淹城只有三块木板的高度。郄疵对知伯说："韩、魏两国的国君一定会背叛我们。"知伯问："何以见得呢？"郄疵说："从他们的脸上和军事形势上判断就可以知道。我们跟随韩、魏联军进攻赵国，如果赵国被灭掉的话，那灾难必然会落到韩、魏两国。虽然贤君跟韩、魏相约灭赵以后就和韩、魏三分赵国的土地，可是现在晋阳只差三块木板的高度就被淹没，就连石臼和炉灶都生了青蛙，饿到了人马相食的地步，晋阳被攻陷指日可待，然而韩、魏两国的国君不但没有高兴的神色，却面露忧愁的样子，这不是表明他们将要背叛还是什么呀？"

第二天，知伯就把郄疵所说的话转告给韩、魏两国的国君，说："郄疵说两位国君将要背弃盟约。"韩、魏两君说："灭掉赵国以后我们三个国家就三分赵国的土地，而且晋阳马上就要被攻陷了。韩、魏两国的国君虽然愚笨，但也不会放弃眼前的大好利益，甚至背弃盟约，做出不可能做到的事，这是很明显的。这是郄疵在为赵国的利益出的计策，从而让您怀疑韩、魏两国国君的想法，瓦解咱们三个国家进攻赵国的盟约。现在您听信了进谗言的奸臣的话，并且来离间和韩、魏两国之间的友好交往，我们真为您的所作所为感到惋惜啊！”说完就快步走了出去。郗疵对知伯说：“您又为什么要把我所说的话告诉韩、魏两国的国君呢？”知伯说：“你怎么知道我告诉了他们呢？”郗疵说：“因为韩、魏两国的国君临走的时候，是使劲瞪了我一眼才快步走开的。”

郗疵见知伯不采纳自己的建议，就主动请求知伯派他出使齐国，知伯就派他到齐国去了。韩、魏两国的国君后来果然背叛了。

※读解

知伯作为晋国的权臣，做了韩国和魏国联军的统帅，但他是一个不能明察秋毫的领导者。与他不同的是，郗疵从细微处看到了事情的玄机，发现韩国和魏国两国的国君必将背叛。但无奈知伯领导握着大权，却没有看到这一点，所以无法阻止事态的恶化。

本篇告诫我们的是，作为领导者，一定要能够做到明察秋毫，这是做领导者的必备的一项素质。做不到这一点就无法掌握事情的全局，就无法做出正确的决策，所做的事情就必然会遭遇挫折。另外一点就是，作为领导者，如果不能明察秋毫，那么就要善于采纳来自不同方面的意见和建议，这样可以在一定程度上弥补自身素质的不足。做到了善于采纳别人的意见和建议，也可以使所做的事情走向成功。

晋毕阳之孙豫让

※原文

晋毕阳之孙豫让①，始事范、中行氏而不说，去而就知伯，知伯宠之。及三晋分知氏，赵襄子最怨知伯，而将其头以为饮器。豫让遁逃山中，曰：“嗟乎！士为知己者死，女为悦己者容。吾其报知氏之仇矣。”乃变姓名，为刑人，入宫涂厕，欲以刺襄子。襄子如厕，心动，执问涂者，则豫让也。刃其扞曰：“欲为知伯报仇！”左右欲杀之。赵襄子曰：“彼义士也，吾谨避之耳。且知伯已死，无后，而其臣至为报仇，此天下之贤人也。”

卒释之。豫让又漆身为厉②，灭须去眉，自刑以变其容。为乞人而往乞，其妻不识，曰：“状貌不似吾夫，其音何类吾夫之甚也。”又吞炭为哑，变其音。其友谓之曰：“子之道甚难而无功，谓子有志，则然矣，谓子智，则否。以子之才，而善事襄子，襄子必近幸子。子之得近而行所欲，此甚易而功必成。”豫让乃笑而应之曰：“是为先知报后知，为故君贼③新君，大乱君臣之义者无此矣。凡吾所谓为此者，以明君臣之义，非从易也。且夫委质而事人，而求弑之，是怀二心以事君也。吾所为难，亦将以愧天下后世人臣怀二心者。”

※注释

①豫让，先秦时期晋国的一位著名刺客。生卒年不详，主要活动在三家分晋（公元前 403 年）前后。②厉：通“癞”。恶疮。③贼：杀，暗杀。

※译文

晋国毕阳的孙子豫让，最初的时候侍奉范氏、中行氏，那时候不受重用，于是他就离开了范氏、中行氏，前去投靠知伯，知伯很宠信他。到了韩、赵、魏三国瓜分知伯的土地时，赵襄子最痛恨知伯，而将知伯的头盖骨拿来作饮酒的容器。豫让逃到了山里，说：“哎呀！志士为了解自己的人而抛弃生命，女子为喜爱自己的人而修饰打扮。我要为知伯报仇啊！”于是豫让就隐姓埋名，装扮成一个遭受过刑罚的人，潜伏到赵襄子的宫殿里，用做洗刷厕所的工作来掩饰自己，打算找机会刺杀赵襄子。赵襄子去厕所，忽然心里感觉异样，就派人把刷厕所的人抓来审问，得知这个人是豫让。豫让把利刃藏在了刷厕所的工具当中，说：“我要为知伯报仇！”左右的卫士要杀了他。赵襄子阻止说：“他是一位义士，我小心避开他就行了。而且知伯已经死了，也没有后代，但他的臣子中有愿意来为他报仇的，这一定是天下有气节的贤人。”

最后赵襄子把豫让放了。豫让在自己的身上涂上漆，剃掉胡须和眉毛，彻底改变了自己的容貌。他装扮成一个乞丐到他妻子那里去乞讨，他的妻子也不认识他了，看着他说：“这个人的容貌不像我的丈夫，但是他的声音为什么非常像我的丈夫呢？”于是豫让又吞了一块火炭，改变了自己的声音。他的朋友见到他对他说：“你采取的这种办法做起来很艰难，而且不会成功，要说你是一个有志气的人，你确实是，但要说你是一个聪明的人，那就错了。就凭你的才能，如果用心去侍奉赵襄子的话，他必定会接近你、宠幸你。你如果能接近他的话，再去做你想做的事情，这是非常容易而且必定会成功。”豫让于是笑着回答说：“这是为先知遇我的人而去报后知遇我的人，为旧日的主人而去杀新主人，败坏君臣大义的做法没有比这更严重的了。我所做的一切，都是为了阐明君臣之间的大义，并不是图容易。况且我已经委身来侍奉他，却又阴谋刺杀他，这是怀有二心来侍奉主人。我之所以选择困难的去做，也就是为了让天下后世怀有二心的人臣感到羞愧。”

※原文

居顷之，襄子当出，豫让伏所当过桥下。襄子至桥而马惊。襄子曰：“此必豫让也。”使人问之，果豫让。于是赵襄子面数[1]豫让曰：“子不尝事范中行氏乎？知伯灭范中行氏，而子不为报仇，反委质事知伯。知伯已死，子独何为报仇之深也？”豫让曰：“臣事范中行氏，范中行氏以众人遇臣，臣故众人报之；知伯以国士遇臣，臣故国士报之。”襄子乃喟然叹泣曰：“嗟乎，豫子！豫子之为知伯，名既成矣，寡人舍子，亦以足矣。子自为计，寡人不舍子。”使兵环之。

豫让曰：“臣闻明主不掩人之义，忠臣不爱死以成名。君前已宽舍臣，天下莫不称君之贤。今日之事，臣故伏诛，然愿请君之衣而击之，虽死不恨。非所望也，敢布腹心。”于是襄子义之，乃使使者持衣与豫让。豫让拔剑三跃，呼天击之曰：“而可以报知伯矣。”遂伏剑而死。死之日，赵国之士闻之，皆为涕泣。

※注释

①面数：当面指责。

※译文

过了不久，得知赵襄子要外出，豫让就埋伏在赵襄子必经的桥下。赵襄子走到桥边的时候，他的马忽然受惊，赵襄子说：“这肯定是豫让。”派人搜捕，发现果然是豫让。于是赵襄子就当面责备豫让说：“你不是曾经侍奉过范氏、中行氏吗？知伯灭了范氏、中行氏，你不但不替范、中行氏报仇，却屈节忍辱去侍奉知伯。知伯已经死了，你怎么还要为他报仇呢？”豫让说：“当我侍奉范、中行氏的时候，他们只把我当做一般的人对待，所以我也用一般人的态度对待他们；但是知伯把我作为国士来礼遇，所以我也就用国士的态度报答他。”于是赵襄子慨叹地抽泣说：“唉！豫让啊，你能够为知伯报仇，你已经是一个忠臣义士了。但我已经释放过你，对你也是仁至义尽了。你自己考虑一下，我不能再释放你！”于是赵襄子就命令手下把豫让包围起来。

豫让说：“我知道，贤明的君主不会去阻挡别人的义行，忠诚的臣子为了志节不会吝惜生命。您以前已经宽恕释放过我一次，天下没有不称赞您的贤德的。今天的事情，我应该接受您将我处死的处分。但是我想得到您的王袍，我把它当作您本人来刺杀，我即使死了也没有遗憾。不知君王能不能答应我的请求？”于是赵襄子认为他的做法是符合道义的，就答应了豫让的请求，脱下自己的王袍让侍臣交给了豫让。豫让接过王袍，拔出佩剑，跳了几下，大叫着用剑刺王袍：“我为知伯报仇了！”然后就自杀而死。这一天，赵国的忠义之士听说这件事情以后，都为豫让伤心落泪、惋惜不已。

※读解

本篇可以看作豫让的一篇传记。战国时代，想在政治上有所作为的人都蓄养了大量的门客，来作为他们争取政权和职位，最终成就一番大事的幕僚。当时著名的四君子都蓄养了大量的门客。豫让是战国时期著名的一位门客。

由于门客非常多，在各人的能力方面人外有人天外有天，所以很多门客无法得到主子的发现和赏识，因此没有出头之日。豫让最先在范氏和中行氏的门下做门客，但不幸就沦为不被重视的一个。后来他转投知伯门下，知伯将他当作国士来对待，使豫让大为感激，最后甚至以一种极端的方式报答了知伯。

豫让的复仇方式有些歇斯底里，让人读来不禁欷歔。他为了给知伯报仇，居然自残身体，放弃了家庭，甚至放弃自己的生命。他在自己的身上涂上漆，装扮成一个生癞的人，还剃掉了胡须和眉毛，通过自残来改变了自己的容貌，不仅如此，他还跑到他老婆那里测试一下自己这样改变是否能够被老婆认出来。后来又进一步改变，吞炭改变自己的声音。而这一切都是为感谢知伯的知遇之恩，为知伯报仇。

豫让行刺赵襄子，舍生忘死，备尝艰辛，虽然没有成功，却用生命报答了知伯的知遇之恩。他为知己献身的精神令人钦佩。他为知伯报仇，是因为知伯重视他，尊重他，给了他尊严，所以，他不惜生命为知伯复仇，用生命捍卫知伯的尊严。他是一个未能成功的刺客，但正是他的失败成就了他的人格，使他虽死犹生，虽败犹荣。

苏秦说李兑

※原文

苏秦说李兑①曰："洛阳乘轩里②苏秦，家贫亲老，无罢车驽马，桑轮蓬箧，赢縢，负书担橐③，触尘埃，蒙霜露，越漳、河④，足重茧，日百而舍，造外阙，愿见于前，口道天下之事。"

李兑曰："先生以鬼之言见我则可，若以人之事，兑尽知之矣。"苏秦对曰："臣固以鬼之言见君，非以人之言也。"李兑见之。

苏秦曰："今日臣之来也暮，后郭门，藉席无所得，寄宿人田中，傍有大丛。夜半，土梗与木梗斗曰：'汝不如我，我者乃土也。使我逢疾风淋雨，坏沮，乃复归土。今汝非木之根，则木之枝耳。汝逢疾风淋雨，漂入漳、河，东流至海，泛滥无所止。'臣窃以为土梗胜也。今君杀主父而族之，君之立于天下，危于累卵。君听臣计则生，不听臣计则死。"李兑曰："先生就舍，明日复来见兑也。"

※注释

①李兑：战国时赵国大臣。赵武灵王让位少子何，引起内乱。他和公子成一

起，发兵保赵惠文王，杀太子章，进围沙丘（今河北平乡东北）宫，逼死主父（武灵王）。从此独专国政，由司寇升任相国，号奉阳君。他对外主张合纵，曾与苏秦协力，发动五国（赵、楚、齐、魏、韩）联兵攻秦，进屯成皋（今河南荥阳西北），最终无功而退。②洛阳乘轩里：苏秦的家乡。③橐：一种口袋。④漳、河：漳河和黄河。

※译文

苏秦游说李兑说："我是洛阳乘轩里的苏秦，家里贫穷双亲都已经年老，就是连一辆由劣马驾着、有桑木轮子、有草编车厢的破车子都没有，我打着绑腿穿着草鞋，背着书卷担着口袋，顶着飞扬的尘土，冒着寒霜和露水，越过了漳河和黄河，脚上磨出了厚厚的老茧，每天走一百里路方才住宿，如今来到您的宫门外，请求拜见您，亲口和您谈谈天下的大事。"

李兑说："先生如果谈的是鬼的事情，那么见我是可以的。如果谈的是人的事情的话，我已经都知道了。"苏秦回答说："我本来就是来和您谈论鬼的事情的，而不是谈论人的事情。"李兑于是就接见了他。

苏秦说："今天我来的时候天已经到了黄昏，外城的城门已经关闭了，就是连块草席都没找到，就露宿在人家的田里，旁边有一个大草丛。半夜时分，听到土偶对木偶说：'你不如我，我是土做的，如果我遇到大风暴雨的话，就会被淋坏，就又回到土里。但你不过是树根，或者是树枝罢了。你遇上狂风暴雨的话，就会被漂到漳河或黄河里去，向东漂流到大海中，随波逐流没有可以依靠的地方。'我私下里认为是土偶得胜了。现在您杀了武灵王灭了他的宗族，您生活在天地之间，正处在危如累卵的境地。您听从我的计谋就能生存，不听从我的计谋就会死亡。"李兑说："您先到客舍住下，明天再来见我。"

※原文

苏秦出，李兑舍人谓李兑曰："臣窃观君与苏公谈也，其辩过①君，其博过君，君能听苏公之计乎？"李兑曰："不能。"舍人曰："君即不能，愿君坚塞两耳，无听其谈也。"

明日复见，终日谈而去。舍人出送苏君，苏秦谓舍人曰："昨日我谈粗而君动，今日精而君不动，何也？"舍人曰："先生之计大而规高，吾君不能用也。乃我请君塞两耳，无听谈者。虽然，先生明日复来，吾请资先生厚用。"明日来，抵掌而谈。李兑送苏秦明月之珠，和氏之璧，黑貂之裘，黄金百镒。苏秦得以为用，西入于秦。

※注释

①过：超过，是说李兑的辩论功夫不如苏秦。

※译文

苏秦出去了。李兑的一个家臣对李兑说："我暗中观察了您和苏秦的谈话，他的论辩要超过您，他的学识也比您广博，您会听信苏秦的计策吗？"李兑说："不会。"家臣说："您如果不会听信他的话，就请您牢牢地堵上您的两只耳朵，不要听信他的话。"

第二天，苏秦又来拜见李兑，和李兑谈论了一整天才离去。那位家臣出来送别苏秦，苏秦对他说："昨天我谈得粗略，相国被我说动了，今天我谈得详细，但相国不再动心，这是什么原因呢？"那位家臣说："先生的计策宏大而见解高远，我们的相国是不能采用的，我请他牢牢地堵住两只耳朵，不让他听信你的话。既然这样，先生明天还来，我请相国资助你丰厚的财物。"第二天苏秦又来了，和李兑抵掌而谈。李兑于是赠送苏秦明月珠、和氏璧、黑貂裘、一百镒黄金。苏秦得到这些财物，就把它们作为资用，向西进入秦国。

※读解

这是一篇苏秦向李兑推销自己的文字。向陌生人推销自己要进行试探。一开始苏秦想要用自己的贫寒和落魄来求得李兑的同情，但这种方式很快失效，因为李兑并不是那么容易就给他同情心的人。不仅如此，李兑还用鬼事来刁难苏秦。发现无法求得李兑的同情，苏秦就决定从李兑身上打开突破口。

三番两次谈话后，苏秦终于有了和李兑对话的机会。苏秦用富有渲染力的语言描述了李兑将要面临的灾祸和危机，他为李兑编造了一个小故事，形象地说明了李兑的处境。其实，身居高位的人最关注的莫过于自己的前程。因此李兑接受了苏秦的请求，并赠送给他财物。

赵王封孟尝君以武城

※原文

赵王封孟尝君以武城。孟尝君择舍人以为武城吏，而遣之曰："鄙语岂不曰'借车者驰之，借衣者被之'哉？"皆对曰："有之。"孟尝君曰："文①甚不取也。夫所借衣车者，非亲友，则兄弟也。夫驰亲友之车，被兄弟之衣，文以为不可。今赵王不知文不肖，而封之以武城，愿大夫之往也，毋伐树木，毋发②屋室，訾然③使赵王悟而知文也谨。使可全而归之。”

※注释

①文：孟尝君即田文，所以这是他的自称。②发：毁坏。③訾然：訾，希求，希望。希望这样做。

※译文

赵王把武城封给孟尝君。孟尝君选派了一些门客去担任武城的官吏，并对他们说：“俗语不是说‘借来的车子如果不加爱惜地奔驰，就容易损坏，借来的衣服如果不加爱惜地披在外面，就容易弄脏’吗？”这些门客都回答说：“是有这样的说法。”孟尝君说：“我非常不同意这样的说法。那借来的衣服和车子，如果不是亲戚朋友的，那么就是兄弟的。赶着亲戚朋友的车子奔驰，把兄弟的衣服穿在外面，我认为不应该这样做。现在赵王不了解我的无能，就把武城封给我。希望你们到了那里之后，不要砍伐树木，不要破坏房屋，谨慎做事，让赵王了解我的才能。这样，我们才可以管理好武城并真正拥有它。”

※读解

“借车者驰之，借衣者被之。”本篇就说明了这样一个道理：借来的东西就不知道珍惜。这也是我们在现实生活中常碰见的一种现象。由于借来的东西不是自己的，所以就不加以爱惜，有一种“不用白不用，用了也白用”的心理。往深里说，这也是我们人性当中的一个污点。

孟尝君深知人性当中的这个污点，所以在他将封地交给属下来管理的时候，为这些门客强调了要爱惜借来的东西，好好管理托付给他们管理的封地。

苏秦从燕之赵始合从

※原文

苏秦从燕之[①]赵，始合从，说赵王曰：“天下之卿相人臣，乃至布衣之士，莫不高贤大王之行义，皆愿奉教陈忠于前之日久矣。虽然，奉阳君妒，大王不得任事，是以外宾客游谈之士，无敢尽忠于前者。今奉阳君捐馆舍，大王乃今然后得与士民相亲，臣故敢献其愚，效愚忠。为大王计[②]，莫若安民无事，请无庸有为也。安民之本，在于择交，择交而得则民安，择交不得则民终身不得安。请言外患：齐、秦为两敌，而民不得安；倚秦攻齐，而民不得安；倚齐攻秦，而民不得安。故夫谋人之主，伐人之国，常苦出辞断绝人之交，愿大王慎勿出于口也。

※注释

①之：来到。②计：考虑。

※译文

苏秦从燕国来到赵国，开始倡导联合崤山以东六国对抗秦国的合纵策略。他游说赵王说："普天之下，各国的卿相大臣，乃至普通的老百姓，没有不称道大王施行仁义的行为的，很长时间以来，他们都希望接受您的教诲，向大王进献忠心。即使这样，奉阳君嫉妒贤能，使大王不能够治理国家，这样一来，导致宾客和游说之士也都变得疏远，都不敢到大王的近前来进献忠言。如今奉阳君死掉了，大王才可以和士人百姓亲近，因此我才敢来进献我的愚知，进效我的愚忠。我为大王考虑，治理国家没有比能够使百姓安居乐业、国家平安无事更重要的事情了，其他的就不用再做什么了。让百姓安居乐业的根本，在于选择与什么样的国家进行交往，选择好的国家交往，那么百姓就能够安居乐业；选择不好的国家交往，那么百姓终生都不得安宁。请允许我再说说可能发生的外敌入侵的祸患：秦国和齐国是赵国的两个敌国，它们使赵国百姓不得安宁；依靠秦国进攻齐国，百姓不得安宁；依靠齐国进攻秦国，百姓也无法得到安宁。所以说图谋别国的国君，讨伐别的国家，常常会口吐难听的话，并和别的国家断绝关系，所以我请大王要谨慎，不要说这样的话。

※原文

"请屏①左右，曰言所以异，阴阳而已矣。大王诚能听臣，燕必致毡裘狗马之地，齐必致海隅鱼盐之地，楚必致橘柚云梦之地，韩、魏皆可使致封地汤沐之邑，贵戚父兄皆可以受封侯。夫割地效实，五伯之所以复军禽将而求也；封侯贵戚，汤、武之所以放杀而争也。今大王垂拱而两有之，是臣之所以为大王愿也。大王与秦，则秦必弱韩、魏；与齐，则齐必弱楚、魏。魏弱则割河外，韩弱则效宜阳。宜阳效则上郡绝，河外割则道不通。楚弱则无援。此三策者，不可不熟计也。夫秦下轵道则南阳动，劫韩包周则赵自销铄，据卫取淇则齐必入朝。秦欲已得行于山东，则必举甲而向赵。秦甲涉河逾漳，据番吾，则兵必战于邯郸之下矣。此臣之所以为大王患也。

※注释

①屏：屏退。

※译文

“请您让左右的侍臣退下，我来谈谈合纵与连横的区别所在，它们只是阴阳所用不同罢了。大王如果真的能够听信我的计策，燕国一定会把出产毡、裘、狗、马的地方献给您，齐国一定会把海边出产鱼盐的地区献给您，楚国一定会把出产橘柚的云梦地区献给您，韩国、魏国也一定会把很多城池供给您作为沐浴的场所，大王的亲人父兄都能够得以封侯。割取别国的土地得到别国财货，这是五霸不惜牺牲将士的生命去追求的；使贵戚得以封侯，也是从前商汤放逐夏桀、周武王讨伐殷纣王才夺取的。现在大王不费力气就可以得到这两样，这是我为大王感到欣慰的。大王如果和秦国结盟，秦国必然去侵略韩、魏；大王与齐国结盟，齐国必然去侵略楚、魏；魏国衰弱后就必然割河外之地；韩国如果软弱了，它就会献出宜阳。献出了宜阳，则通往上郡的路就切断了；河外割让了，道路就不能通行到上郡；楚国衰弱，赵国就孤立无援。这三个计策，是不可不慎重考虑的。秦国攻下轵道，那么南阳就会被动摇，劫持韩国包围周王室，那么赵国就会使自己变得削弱，秦国占领卫都濮阳夺取淇水地区，那么齐国必然向秦国称臣。如果秦国能在山东得到它要得到的，那么就必然会发兵去进攻赵国。秦军渡过黄河，穿过漳水，据有番吾，那么秦兵必将在邯郸城下交战。这就是我为大王感到担忧的事情啊！

※原文

“当今之时，山东之建国，莫如赵强。赵地方①二千里，带甲数十万，车千乘，骑万匹，粟支十年；西有常山，南有河、漳，东有清河，北有燕国。燕固弱国，不足畏也。且秦之所畏害于天下者，莫如赵。然而秦不敢举兵甲而伐赵者，何也？畏韩、魏之议其后也。然则韩、魏，赵之南蔽也。秦之攻韩、魏也，则不然。无有名山大川之限，稍稍蚕食之，傅②之国都而止矣。韩、魏不能支秦，必入臣。韩、魏臣于秦，秦无韩、魏之隔，祸中于赵矣。此臣之所以为大王患也。

※注释

①方：方圆。②傅：通“附”。近，迫近。

※译文

“看现在的形势，崤山以东这几个国家，没有哪个能够像赵国这么强大。赵国的疆域方圆两千里，有精兵数十万，战车千辆，战马万匹，粮食能够供给军队食用十年；西边有常山，南边有黄河和漳水，东边有清河，北边有燕国。燕国实际上是一个弱国，不足以畏惧。而且在天下各国当中，秦国最害怕的莫过于赵国。虽然这样，秦国不敢发兵进攻赵国的原因是什么呢？是因为秦国害怕韩、魏两国在后边算计它。这样看来，韩、魏两国就是赵国南边的蔽障。如果秦国进攻韩、魏两个国家，那么情况就不是这样了。韩、魏两个国家没有名山大川作为屏障，秦国只要对它进行吞食，直到把国都蚕食掉就可以了。韩、魏两国无力抗拒秦国，必然会向秦国称臣。韩、魏两国臣服于秦国之后，秦国就没有韩、魏两国的障碍，灾祸就不可避免地要降落到赵国的头上。这也是我为大王担忧的事情啊！

※原文

“臣闻，尧无三夫之分，舜无咫尺之地，以有天下。禹无百人之聚，以王诸侯。汤、武之卒不过三千人，车不过三百乘，立为天子。诚得其道也。是故明主外料其敌国之强弱，内度其士卒之众寡、贤与不肖，不待两军相当，而胜败、存亡之机节①，固已见于胸中矣，岂掩于众人之言，而以冥冥决事哉！

“臣窃以天下地图案之。诸侯之地五倍于秦，料②诸侯之卒，十倍于秦。六国并力为一，西面而攻秦，秦必破矣。今见破于秦，西面而事之，见臣于秦。夫破人之与破于人也，臣人之与臣于人也，岂可同日而言之哉！夫横人者，皆欲割诸侯之地以与秦成。与秦成，则高台，美宫室，听竽瑟之音，察五味之和，前有轩辕，后有长庭，美人巧笑。卒有秦患，而不与其忧。是故横人日夜务以秦权恐猲诸侯，以求割地。愿大王之熟计之也。

※注释

①机节：关键。②料：估量，揣测。

※译文

“我听说，尧帝最初的时候所拥有的土地不超过三百亩，舜帝最初根本就没有土地，但他们都拥有了整个天下。禹帝最初的时候所拥有的不过是一个不到百人的小部落，但最终能够在各诸侯中称王。商汤、周武王所拥有的士兵不超过三千人，战车不超过三百辆，最后也成为天子。这都是因为他们确实掌握了治理国家的规律。所以说英明的国君，对外要预料到敌国的强弱，对内要考察士卒的多寡、贤与不贤，不必等到两军短兵相接、胜败存亡的关键和环节，就都已经了然于胸了，怎么能被众人的观点所蒙蔽，糊涂之下就决定事情呢！

“我私下里察看天下各国的地图，各国的土地面积是秦国的五倍，估量各国的兵力是秦国兵力的十倍。如果六国能够团结一致，联合起来向西进攻秦国，秦国必定要被灭掉。现在各国将要被秦国所灭，却面朝西方侍奉秦国，共同向秦国称臣。灭掉别的国家和被别的国家灭掉，让别的国家臣服和臣服于别的国家，这怎么能相提并论呢！那些主张连横的人，他们都想割让诸侯的土地来和秦国一起成功。如果他们和秦国一起成功，那么他们就可以得到高楼台榭，华丽的宫室，欣赏悦耳的音乐，享用可口的美味，前有华丽的车子代步，后有长庭供游玩，又有美女一起嬉笑陪伴左右。但一旦秦国军队突然进攻各国，他们不会和各国共同面对忧患。所以说主张连横的人日夜寻求依靠秦国的权势来威吓各国，为的是使秦国赢得割地。请大王对此要好好考虑。

※原文

"臣闻，明王绝疑去谗①，屏②流言之迹，塞朋党之门，故尊主广地强兵之计，臣得陈忠于前矣。故窃为大王计，莫如一韩、魏、齐、楚、燕、赵六国从亲，以傧畔秦③。令天下之将相，相与会于洹水之上，通质刑白马以盟之。约曰：'秦攻楚，齐、魏各出锐师以佐之，韩绝食道，赵涉河、漳，燕守常山之北。秦攻韩、魏，则楚绝其后，齐出锐师以佐之，赵涉河、漳，燕守云中。秦攻齐，则楚绝其后，韩守成皋，魏塞午道，赵涉河、漳、博关，燕出锐师以佐之。秦攻燕，则赵守常山，楚军武关，齐涉渤海，韩、魏出锐师以佐之。秦攻赵，则韩军宜阳，楚军武关，魏军河外，齐涉渤海，燕出锐师以佐之。诸侯有先背约者，五国共伐之。六国从亲以摈秦，秦必不敢出兵于函谷关以害山东矣。如是则伯业成矣。"

赵王曰："寡人年少，莅国④之日浅，未尝得闻社稷之长计。今上客有意存天下，安诸侯，寡人敬以国从。"乃封苏秦为武安君，饰车百乘，黄金千镒，白璧百双，锦绣千纯，以约诸侯。

※注释

①谗：谗言，诋毁之语。②屏：消除，清除。③傧：排斥。畔秦：负义的秦国。④莅国：继承王位。

※译文

"我听说贤明的君主不怀疑所任用的人，不听信谗言，摒弃一切流言蜚语的传播，杜绝朋党之间的争斗，所以对使国君尊贵、疆地扩大、增强兵力的计策，我才能够有机会献给大王，在大王的面前效忠了。所以我私下里为大王考虑，不如联合韩、魏、齐、楚、燕、赵，六国合纵，结为盟友，来抗拒秦国。通令各国的将相，都到洹水岸边集会，交换质子，杀白马缔结盟约。盟约可以这样说：'如果秦国进攻楚国，齐、魏都要各出精兵帮助楚国，韩国军队负责切断秦国的粮道，赵国军队渡过黄河、漳水，燕国军队防守在常山以北。如果秦国攻打韩、魏两国，楚国军队切断秦国的后路，齐国派出精兵帮助韩、魏，赵国军队渡过黄河、漳水，燕国军队防守在云中。如果秦国进攻齐国，那么楚国军队负责切断秦国的后路，韩国军队防守成皋，魏国军队截断午道，赵国军队越过黄河、漳水、博关，燕国派出精兵支援齐国。如果秦国进攻燕国，那么赵国军队防守在常山，楚国军队驻扎在武关，齐国军队渡过渤海，韩、魏两国各出精兵支援燕国。如果秦国进攻赵国，那么韩国军队防守宜阳，楚国军队驻扎在武关，魏国军队驻扎在河外，齐国军队渡过渤海，燕国派出精兵援救赵国。六个国家当中有先背叛盟约的，其他五个国家共同出兵讨伐它。只要六个国家形成合纵，联合起来抵抗秦国，秦国一定不敢出兵函谷关，来侵犯山东六国了。如果这样的话，大王的霸业就可以成就了。”

赵王说：“我年纪还小，登上王位的时间也很短，还没有听到过使国家社稷长治久安的计策。今天听到您有志于保存天下、安定各国，我愿意缔结合纵之盟。”于是赵王就封苏秦做了武安君，给他装饰好的车子百辆，黄金千镒，白璧百双，锦绣千匹，用这些财物来和各国缔结合纵抗秦的盟约。

※读解

苏秦由于秦王不采纳自己最初主张的连横政策，而改为主张合纵政策，致力于崤山以东六国合纵联盟的建立，并把这当作自己的政治理想，不遗余力地周游列国，推行他的合纵政策。他先从赵国开始游说。

苏秦在论说的时候很注意论证的逻辑。他先向赵王指出了国家的根本在于安民和邦交这两个方面，在此基础上很自然地引出了他所主张的合纵政策。接下来他用华丽夸张的语言，勾画了赵国参加合纵联盟之后的美好前景，又描述了若干赵国不参加合纵，而参加连横侍奉秦国的不利后果，同时又向赵王分析了赵国的有利因素，接着指出赵王完全可以建立尧、舜的功业而不必要向秦王臣服。最后，苏秦通过对比六国与秦的实力，揭露了主张连横的人只顾自己私利的真实面目，并为赵国设计了具体的参加合纵联盟的方案。

苏秦的言论富有逻辑性，语言铺陈华丽，气势磅礴，立意高远，有很强的说服力和感染力。所以，他的言论成为后世人们锻炼口才的范本。

张仪为秦连横说赵王

※原文

张仪为秦连横，说赵王曰：“弊邑秦王，使臣敢献书于大王御史。大王收率天下以摈秦，秦兵不敢出函谷关十五年矣。大王之威，行于天下山东。弊邑恐惧慑伏，缮甲厉兵[1]，饰车骑，习驰射，力田积粟，守四封之内，愁居慑处，不敢动摇，唯大王有意督过之也。今秦以大王之力，西举巴蜀，并汉中，东收两周而西迁九鼎，守白马之津。秦虽辟远，然而心忿悁含怒之日久矣。今宣君有微甲钝兵，军于渑池，愿渡河逾漳，据番吾，迎战邯郸之下。愿以甲子之日合战，以正殷纣之事。敬使臣先以闻于左右。

※注释

①缮甲厉兵：修缮武器装备，操练士兵。

※译文

张仪为秦国推行连横政策，游说赵武王道："敝国的国君派我通过御史给大王献上国书。大王率领天下诸侯来对抗秦国，导致秦国军队不敢出函谷关已经有十五年了。大王的威信通行于天下和崤山以东的六个国家。敝国感到非常恐惧，于是便修缮铠甲，磨砺兵器，整顿战车，操练骑射，勤于耕作积蓄粮食，严守四面的防御，忧愁而又恐惧地守在国内，不敢有轻率的举动，唯恐大王有意责备我们的过错。如今秦国仰仗大王的力量，西面收复了巴、蜀两地，并吞了汉中，东面征服了东、西两周，把九鼎迁运到了秦国，镇守在白马津渡。秦国虽然地处偏僻边远，但是秦国人心里怀恨的时间已经很久了。如今敝国秦王只有弊甲钝兵，驻扎在渑池，希望渡过黄河，越过漳水占领番吾，和赵军在邯郸城下会战。希望在甲子日那天和赵军会战，来效仿武王讨伐纣王的先例。秦王特派我将这件事预先敬告大王和您的左右。

※原文

"凡大王之所信以为从者，恃苏秦之计。荧惑[1]诸侯，以是为非，以非为是。欲反复齐国而不能，自令车裂于齐之市。夫天下之不可一亦明矣。今楚与秦为昆弟之国，而韩、魏称为东蕃之臣，齐献鱼盐之地，此断赵之右臂也。夫断右臂而求与人斗，失其党而孤居，求欲无危，岂可得哉？今秦发三将军，一军塞午道，告齐使兴师度清河，军于邯郸之东；一军军于成皋，韩、魏而军于河外；一军军于渑池。约曰：'四国为一以攻赵，破赵而四分其地'。是故不敢匿意隐情，先以闻于左右。臣切为大王计，莫如与秦遇于渑池，面相见而身相结也。臣请案兵无攻，愿大王之定计。"

赵王曰："先王之时，奉阳君相，专权擅势，蔽晦先王，独断官事。寡人宫居，属于师傅，不能与国谋。先王弃群臣，寡人年少，奉祠祭之日浅，私心固窃疑焉。以为一从不事秦，非国之长利也。乃且愿变心易虑，剖地谢前过以事秦。方将约车趋行，而适闻使者之明诏。”于是乃以车三百乘入朝渑池，割河间以事秦。

※注释

①荧惑：扰乱，使困惑。

※译文

“大王之所以听信合纵政策，原因就在于依靠的是苏秦的计谋。苏秦惑乱诸侯，颠倒是非。他想要覆灭齐国却没有做到，反而使自己被车裂在齐国的集市上。天下各国的诸侯是无法联合在一起的。如今楚国和秦国结为兄弟国家，韩、魏两国也自称是秦国的东方附属，齐国献出了出产鱼盐的土地，这就相当于切断了赵国的右臂。一个被割断了右臂的人去和人进行打斗，就失去了同盟而孤立无援，所以想要不发生危险，怎么可能呢？现在秦国已经派出了三路大军：一路堵塞午道，通知齐国让它发动军队渡过清河，驻扎在邯郸以东；一路驻扎在成皋，韩、魏两国联军，驻扎在河外；一路军队驻扎在渑池。几路大军盟誓说：‘四国团结一致攻打赵国，灭掉赵后由四个国家瓜分赵国的土地。’因此我不敢隐瞒真相，预先通知大王和左右的人。我私下里为大王考虑，大王不如和秦王在渑池相会，相见之后商议两国联合起来。我请求秦王不去进攻赵国，希望大王尽快决定计划。”

赵武王说：“先王在位的时候，奉阳君做相国，专断跋扈，蒙蔽先王，独断朝政。我在深宫居住，跟老师读书，不能参与国家大事的谋划。到了先王丢下群臣去世的时候，我年龄还小，在国君的位子上时间还不长，心里本来就暗自疑惑。我认为和各国诸侯订立合纵之盟抗拒秦国，不符合国家长治久安的长远利益。于是就想重新谋划国家的政策和策略，向秦国割地，来谢以前参加合纵的罪过，来和秦国修好。我正准备车马到秦国去，而正好听说您到来，使我能够领受您高明的指教。”于是赵武王带着三百乘车子到渑池去朝见秦惠文王，并割让河间的土地来侍奉秦国。

※读解

张仪和苏秦游说各国国君的最大不同就是，张仪往往以秦国的强大军事力量作为自己的后盾，虽然他和苏秦有同样令人折服的口才，但张仪出招则更为狠毒，擅长以恐吓与威胁来让人就范。

张仪在游说赵国的时候，苏秦已经死去。没有了针锋相对的政治对手的存在，所以他的游说有了更大的优势。他游说赵王，首先为赵王分析了赵国的基本情况，指出赵国的实力是非常强大的。接着他直接指出赵国以前参加合纵联盟损害了秦国的利益，这使得秦国对赵国有了仇恨，并且决定和赵国开战。然后，他就避开了战事的问题，强调合纵联盟的分解已经成为必然的趋势，只有连横才是六国的最佳出路，最后将自己的论说归结为战争方面，用武力来威胁赵王接受自己的连横政策，读来始终让人感到一种咄咄逼人的气势。

武灵王平昼间居

※原文

武灵王平昼①间居，肥义侍坐②，曰："王虑世事之变，权甲兵之用，念简、襄之迹，计胡、狄之利乎？"王曰："嗣不忘先德，君之道也；错质③务明主之长，臣之论也。是以贤君静而有道民便事之教，动有明古先世之功。为人臣者，穷有弟长辞让之节，通有补民益主之业。此两者，君臣之分也。今吾欲继襄主之业，启胡、翟之乡，而卒世不见也。敌弱者，用力少而功多，可以无尽百姓之劳，而享往古之勋。夫有高世之功者，必负遗俗之累；有独知之虑者，必被庶人之恐。今吾将胡服骑射以教百姓，而世必议寡人矣。"

※注释

①平昼：平日里。②侍坐：陪坐。③错质：献身（于君主）。

※译文

赵武灵王平日里闲居，肥义在旁边侍奉陪坐，说："大王您是不是在考虑时事的变化，权衡如何用兵，想念简子、襄子的辉煌功绩，考虑如何从胡、狄那里得到利益呢？"赵武灵王回答说："继承了先王的君位不忘先王的功德，这是做君王的原则；委身于国君，致力于彰显贤明国君的优长，这是做臣子的本分。所以贤明的君王在和平的时候要教导百姓为国家出力，战争期间就要争取建立前所未有的功绩。做臣子的，在不得志的时候要保持尊敬长辈谦虚退让的品行，官运通达之后要做出有益于百姓和君王的事业。这两个方面，是做国君的和做臣子的职责所在。现在我想要继承襄主的事业，开发胡、翟居住的地区，但是我担心到死也没有人理解我的想法。敌人的力量薄弱，我们付出的力气就少，而获得的成绩却很大，可以不用多少百姓的力量就会得到简子和襄子那样的功勋。那些建立了盖世功勋的人，必然会遭到世俗小人的责难和连累；而有独到见解的人，也必然会遭到众人的怨恨。现在我准备教导百姓穿着胡服练习骑马射箭，但是国内必然会有人非议指责我了。"

※原文

肥义曰："臣闻之，疑事无功，疑行无名。今王即定负遗俗之虑，殆毋①顾天下之议矣。夫论至德者不和于俗，成大功者不谋于众。昔舜舞有苗，而禹袒入裸国，非以养欲而乐志也，欲以论德而要功也。愚者暗于成事，智者见于未萌，王其遂行之。"王曰："寡人非疑胡服也，吾恐天下笑之。狂夫之乐，知者哀焉；愚者之笑，贤者戚焉。世有顺我者，则胡服之功未可知也。虽驱世以笑我，胡地中山吾必有之。"

王遂胡服。使王孙緤告公子成曰："寡人胡服，且将以朝，亦欲叔之服之也。家听于亲，国听于君，古今之公行也。子不反亲，臣不逆主，先王之通谊②也。今寡人作教易服，而叔不服，吾恐天下议之也。夫制国有常，而利民为本；从政有经，而令行为上。故明德在于论贱，行政在于信贵。今胡服之意，非以养欲而乐志也。事有所出，功有所止。事成功立，然后德且见也。今寡人恐叔逆从政之经，以辅公叔之议。且寡人闻之，事利国者行无邪，因贵戚者名不累。故寡人愿募公叔之义，以成胡服之功。使緤谒之叔，请服焉。"

※注释

①殆毋：千万不要。②通谊：普遍适用的道理和规则。

※译文

肥义说："我听说，要想做一件事情但又犹豫不决，就无法成功，该行动的时候却顾虑重重，就不会成就功名。现在大王既然下定决心违背世俗的偏见，那就坚决不要顾虑天下人的非议了。要追求最高道德的人都不会去附和世俗的偏见，要成就伟大功业的人都不会去听从众人的意见。从前舜跳有苗族的舞蹈，禹裸体进入不知穿衣服的部落，他们并不是想放纵情欲而娱乐心志，而是想要借此宣扬道德和建立功业。愚蠢的人即使是在事情发生之后还是不明白发生了什么事情，而智慧的人在事情还没有发生之前就已经觉察到了，大王请您按您的想法实施吧。"赵武灵王说："我不是对胡服骑射这件事有顾虑，而是担心天下人耻笑我。狂妄的人认为高兴的事，理智的人会对这些事情感到悲哀；愚蠢的人感到高兴的事，贤明的人却对这些事情感到忧虑。如果百姓都支持我要做的事情的话，那么胡服骑射的功绩就大得无法估量。即使世上的百姓都耻笑我，北方的胡人居住的地方和中山国我也一定会得到它。"

于是赵武灵王改穿胡人的服装。他派王孙緤将自己的意思转告公子成，说："我已经改穿胡服了，而且将要穿着胡服上朝，我希望王叔也改穿胡服。在家里要听命于父母，在朝廷要听命于君王，这是从古到今一直通行的惯例。子女不能违背父母的命令，臣子不能违背国君的命令，这是先王所立下的原则。现在我改革改换服装，如果王叔您都不穿它，我担心天下的人对此会大加非议。治理国家要有一定法则，但要以有利于民众为根本；处理政事有一定的规则，但要以政令能够顺利施行为上。所以要想修明德政，就必须考虑百姓的利益，要想执掌国家的政权，首先要取得贵族的信任。现在我改穿胡服的目的，并不是想要纵欲而娱乐心志。事情只要开始做了，就要奠定成功的基础，这样才能显示出政绩来。现在我恐怕王叔违背了从政的规则，从而助长了王公贵族对这件事情的非议。何况我曾经听说，只要你做的事情有利于国家，那么就不要顾忌别人的非议，按照王公贵族的意见来办事，就不会遭到人们的非议。所以我想要依靠王叔的威望，来达成改穿胡服这件事。我特地派王孙緤来禀告您，请求您也穿上胡服。"

※原文

公子成再拜曰："臣固闻王之胡服也，不佞寝疾，不能趋走，是以不先进。王今命之，臣固敢竭其愚忠。臣闻之：中国者，聪明睿知之所居也，万物财用之所聚也，贤圣之所教也。仁义之所施也，《诗》《书》《礼》《乐》之所用也，异敏技艺之所试也，远方之所观赴也，蛮夷之所义行①也。今王释此，而袭远方之服，变古之教，易古之道，逆人之心，畔学者，离中国，臣愿大王图之。"

使者报王。王曰："吾固闻叔之病也。"即之公叔成家，自请之曰："夫服者，所以便用也；礼者，所以便事也。是以圣人观其乡而顺宜，因其事而制礼，所以利其民而厚其国也。被发文身，错臂左衽，瓯越之民也。黑齿雕题②，鳀冠秫缝，大吴之国也。礼服不同，其便一也。是以乡异而用变，事异而礼易。是故圣人苟可以利其民，不一其用；果可以便其事，不同其礼。"……公子成再拜稽首曰："臣愚不达于王之议，敢道世俗之闻。今欲继简、襄之意，以顺先王之志，臣敢不听令。"再拜，乃赐胡服。

※注释

①义行：同"仪形"。效法。②题：额头。

※译文

公子成又拜了拜，说："我本来就已经听说大王改穿胡服这件事了，但我卧病在床，无法行走，因此没有先去拜见大王，对您陈述我的看法。今天大王派人来通知我，我就来尽我的愚忠。我听说，中原地区是聪明而有远见的人士所生活的地方，是各种物资和财富聚集的地方，是圣贤推行教化的地方，是仁德所普遍施行的地方，是《诗》《书》《礼》《乐》所实行的地方，是各种奇巧技艺所施展的地方，是各国诸侯不远千里前来考察学习的地方，是四方落后的少数民族效法的地方。但是大王却丢弃了这些优秀的文化，而改穿落后少数民族的服装，这是改变先人的教化，变易先人的制度，背离人们的心理，背叛了先王的成法，丢弃了中原的先进制度。我请大王慎重地做这件事。”

王孙緤把公子成的话汇报给赵武灵王。赵武灵王说：“我本来就知道王叔会反对这件事。”于是立即来到公叔的家里，亲自向他表明了自己的想法：“衣服，是为了方便穿用的；礼制，是为了方便做事的。所以说圣贤观察当地的风俗习惯，然后制定与之相适应的措施，根据具体的情况来制定礼制，这样做既有利于百姓，也有利于国家。披散着头发，在身上刺花纹，两条胳膊交错着站立，衣襟向左边掩起，这是瓯越百姓的习惯。染黑牙齿，在额头雕上图案，头上戴着鱼皮的帽子，身上穿着做工粗劣的衣服，这是吴国百姓的习惯。礼制和服饰虽然不一样，但是它方便百姓的作用却是一样的。所以说，地方不同所采取的风俗习惯就会不一样，情况不同所使用的礼制也会改变。所以说，圣贤的君主只制定有利于百姓的政策，但是不会统一他们的用具；如果可以方便人们做事，可以规定不同的礼制。”公子成听了，又对赵武灵王再次进行礼拜，稽首说：“我愚蠢，没有体会到大王的良苦用心，所以才不加思考胡乱地说了一些世俗的看法。现在大王想要继承简子和襄子的愿望，来实现先王的遗志，我怎么敢不听从大王的命令呢！”公子成又拜了两拜。于是赵武灵王就赐给他胡服。

※原文

赵文进谏曰：“农夫劳而君子养焉，政之经也。愚者陈意而知者论焉，教之道也。臣无隐忠，君无蔽言，国之禄也。臣虽愚，愿竭其忠。”王曰：“虑无恶扰，忠无过罪，子其言乎。”赵文曰：“当世辅俗，古之道也。衣服有常，礼之制也。修法无愆，民之职也。三者，先圣之所以教。今君释此，而袭远方之服，变古之教，易古之道，故臣愿王之图之。”

王曰：“子言世俗之闻。常民溺①于习俗，学者沉于所闻。此两者，所以成官而顺政也，非所以观远而论始也。且夫三代不同服而王，五伯不同教而政。知者作教，而愚者制焉。贤者议俗，不肖者拘焉。夫制于服之民，不足与论心；拘于俗之众，不足与致意。故势与俗化，而礼与变俱，圣人之道也。承教而动，循法无私，民之职也。知学之人，能与闻迁，达于礼之变，能与时化。故为己者不待人，制今者不法古②，子其释之。”

※注释

①溺：习惯于，拘泥于。②法古：效法古代的习俗和制度。

※译文

赵文进谏赵武灵王说："农夫辛苦耕作来供养君子，这是国家能够得到治理的途径。愚笨的人陈述不同的意见，而智慧的人来议论决断定夺，这是处理问题的方法。做臣子的不隐瞒自己对问题的不同看法，做君王的不阻塞臣子进言的途径，这是国家社稷的福分。我虽然愚笨，但还是希望竭尽自己的忠心。"赵武灵王说："对替别人着想的人不应加以苛求，对竭尽忠心的人不能指责他的错误，有什么话你就直接说吧。"赵文说："顺应时势遵从百姓的习俗，这是自古以来的法则；衣服讲究一定的样式，这是礼法所规定的；遵守法纪不犯错误，这是老百姓的职责。以上我所说的这三个方面，都是古代圣贤所教导的道理。如今大王却将这些都丢弃在一旁，而要改穿偏远少数民族的衣服，改变古代的教化，改变古代的制度，因此我愿大王慎重地考虑。"

赵武灵王说："你所说的是世俗的看法。一般的老百姓只是沉溺于惯常的习俗当中，而那些所谓的读书人又总是拘泥于书上所记载的东西。这两种人，只能谨守职责和遵守法令罢了，不能和他们谋划长远的事业和谈论创立功业。而且夏、商、周三个朝代虽然服装不同，但是都能够统一天下，春秋五霸的政教各不相同，但都能够治理好国家。聪明的人制定法令，愚蠢的人就被法令制约。贤明的人改革习俗，而愚笨的人却拘泥于陈规陋俗。因此那些受世俗礼法制约的百姓，不足以和他们讨论意见；那些拘泥于陈规陋俗的人，没有必要向他们说明你的意图。因此习俗随时势的发展而变化，而礼法是和革新了的习俗相统一的，这才是圣贤治理国家的根本原则。接到国家的政令就马上行动，遵守法制而没有个人的私念，这才是百姓的本分。有学问的人能听从意见而改变自己的观点，通晓礼法的人能跟着时代的变化而变化。因此为自己考虑的人多会忽略他人的利益，要改变现状就不能完全效法古代，你就放心大胆地去改革吧！"

※原文

赵造谏曰："隐忠不竭，奸之属也。以私诬国，贼之类也。犯奸者身死，贱国者族宗。反此两者，先圣之明刑，臣下之大罪也。臣虽愚，愿尽其忠，无遁其死。"王曰："竭意不讳，忠也。上无蔽言，明也。忠不辟危，明不距人①。子其言乎。"

赵造曰："臣闻之，圣人不易民而教，知者不变俗而动。因民而教者，不劳而成功；据俗而动者，虑径而易见也。今王易初不循俗，胡服不顾世，非所以教民而成礼也。且服奇者志淫，俗辟者乱民。是以莅国者不袭奇辟之服，中国不近蛮夷之行，非所以教民而成礼者也。且循法无过，修礼无邪，臣愿王之图之。"

※注释

①距人：拒绝人的意见。

※译文

赵造劝谏赵武灵王，说："知道却不说出来，不对国君竭尽忠心，这是奸臣的行为；为了私利去欺骗君主，这是损害国家的做法。犯了奸佞罪的人被处以死刑，危害国家的人被诛灭宗族。这两条规定是上古的圣王所明确制定的刑法，也是做臣子的人所能够犯下的大罪。我虽然愚笨，但愿竭尽自己的忠诚，而绝不逃避死亡。"赵武灵王说："臣子说出自己全部的想法而不加以任何的隐讳，就是忠诚的臣子；国君不阻塞言路，能够接受不同的意见，这就是贤明的国君。忠臣不害怕危险，贤主不拒绝臣子的意见。所以你有什么意见就尽管直说吧！"

赵造说："我听说过，圣贤的人不去改变百姓的风俗习惯就可以教化他们，聪明的人不改变习俗就能够治理好国家。根据百姓的意愿来进行教化，就不用耗费多大力气，却能成功；根据不同的习俗来治理国家，就不用耗费太多的脑筋，实行起来却容易有效。如今大王您改变原来的服饰而不遵循习俗，改穿胡服而不顾世人的议论，这不是按照礼仪法则教化民众的方式。再说穿着奇装异服，就会使人的心思不正，习俗怪僻会使民心散乱。所以做国君的人不应去接受奇异怪僻的衣服，中原地区的人民不应效法那些蛮夷民族的生活方式，这不是依照礼法来教化百姓，成就礼教的途径。何况遵循过去的法令不会有差错，遵循古代的礼法就不会产生邪念。我希望大王能够慎重地考虑这件事情。"

※原文

王曰："古今不同俗，何古之法？帝王不相袭，何礼之循？宓戏①、神农教而不诛，黄帝、尧、舜诛而不怒。及至三王，观时而制法，因事而制礼，法度制令，各顺其宜；衣服器械，各便其用。故礼世不必一其道，便国不必法古。圣人之兴也，不相袭而王。夏、殷之衰也，不易礼而灭。然则反古未可非，而循礼未足多也。且服奇而志淫，是邹、鲁无奇行也；俗辟而民易，是吴、越无俊民也。是以圣人利身之谓服，便事之谓教，进退之谓节，衣服之制，所以齐常民，非所以论贤者也。故圣与俗流，贤与变俱。谚曰：'以书为御者，不尽于马之情。以古制今者，不达于事之变。'故循法之功，不足以高世；法古之学，不足以制今。子其勿反也。"

※注释

①宓戏：即伏羲，传说中的圣王，教导百姓畜牧。

※译文

赵武灵王说："古代和现在的风俗习惯是不一样的，那么我们能够效法什么时候的礼法呢？帝王的礼法也并非是世代因袭的，我们要遵循哪位帝王的礼法呢？伏羲和神农，对民众只是进行教化，而不进行诛杀；黄帝、尧帝和舜帝，虽然制定了死刑，但并不普遍实行。到了夏、商、周三代圣王的时候，根据当时的形势来建立法制，根据具体的情况来制定礼法。法度和政令都是因时、因地制宜，衣服和器械，都是为了方便使用。所以治理国家不一定非要按照同样的礼法，只要对国家有利，不一定就要效法古代的制度。圣人能够出现，不是因为互相承袭才能统治天下。夏朝和商朝的衰亡，不会因为改变礼法就遭受灭亡的命运。按照这样的道理来说，不沿袭古时候的礼法，不一定就要遭到非议，谨守陈规陋俗也未必就要给予称赞。而且，如果服饰奇异就会使人心思不正的话，那么最遵守礼法的邹国和鲁国就不会有行为怪僻的人了；如果习俗怪僻就会使百姓心思散乱的话，那么吴、越地区就不会出现优秀人才了。所以说圣人把方便穿着的叫作衣服，把方便行事的叫作教化，进退举止合乎人情的叫作礼节。服饰上的规定，只是用来让一般的老百姓行为一致，而不是用来衡量是不是贤明。所以说，圣明的人能够适应任何形式的习俗，贤能的人能随着时势的变化而变化。有句谚语说：'按照书本来驾车的人，就不能完全了解马的习性和能力。按照古代的礼法来治理现在的国家，就不能符合当今国家的实际情况。'因此遵循古代的制度而建立起来的功业不可能超过当世，效法古人的礼教，就无法管理好现在的国家。你就不要反对了吧。"

※读解

战国时期，各个大国都建立了骑兵部队，如秦、赵等国均号称"车千乘，骑万匹"。当时军队作战由步骑为主渐渐转变为车骑并重。其中最为著名的就是赵武灵王冲破各方面的阻力所推行的"胡服骑射"的改革。

为了富国强兵，赵武灵王提出"着胡服""习骑射"的主张，决心取胡人之长补中原之短。但这一主张遭到了皇族的强烈反对。赵武灵王对反对势力进行了大量的说服工作。

赵武灵王抱着以胡制胡，将西北少数民族纳入赵国版图的决心，冲破守旧势力的阻拦，毅然发布了"胡服骑射"的政令。赵武灵王号令全国着胡服，习骑射，并带头穿着胡服去会见群臣。胡服在赵国军队中装备齐全后，赵武灵王就开始训练将士，让他们学着胡人的样子，骑马射箭，转战疆场，并结合围猎活动进行实战演习。

赵武灵王亲自教习士兵，这使国民生产能力和军事防御能力都得到了很大的提高，其后，在与北方民族及中原诸侯的抗争中起了很大的作用。从胡服骑射的第二年起，赵国的国力逐渐强大起来。后来打败了经常侵扰赵国的中山国，并且夺取了林胡、楼烦等地区，向北方开辟了上千里的疆域，并设置云中、雁门、代郡行政区，管辖范围达到今河套地区。

赵武灵王推行的“胡服骑射”是我国古代军事史上的一次大变革。他的敢为天下先的进取精神，在中原各国把少数民族看作“异类”的大背景下，在一片“攘夷”的声浪中，力排众议，冲破守旧势力的阻挠，坚决实行向夷狄学习的国策，表现出他作为古代社会改革家的魄力和胆识。

赵惠文王三十年

※原文

赵惠文王三十年，相都平君田单①问赵奢②曰：“吾非不说将军之兵法也，所以不服者，独将军之用众。用众者，使民不得耕作，粮食挽赁不可给也。此坐而自破之道也，非单之所为也。单闻之，帝王之兵，所用者不过三万，而天下服矣。今将军必负十万、二十万之众乃用之，此单之所不服也。”

※注释

①田单：齐国大将，号安平君。后来做了赵相，号都平君。②赵奢：战国后期赵国名将，赵王室同宗贵族，战国八将领之一，主要生活在赵武灵王（公元前 324—公元前 299 年）到赵孝成王（公元前 265—前 245 年）时期。号马服君，汉族“马”姓起源。

※译文

赵惠文王三十年，相国安平君田单对赵奢说：“我不是不喜欢将军的用兵方法，让我感到无法佩服的是您使用的士卒数量太多了。使用的士卒多，就会使百姓无法很好地进行耕种，粮食也要靠别国的供给，并且要远距离地输送，无法保证充足的供应。这是坐以待毙、不攻自破的作战方法，这不是我所采用的方法。我听说过，帝王所用的兵力不超过三万人，天下就能顺服。现在将军您每次一定要有十万甚至二十万的兵力才能作战，这是我所不能佩服的地方。”

※原文

马服曰：“君非徒不达于兵也，又不明其时势。夫吴干之剑，肉试则断牛马，金试则截盘匜①；薄之柱上而击之，则折为三，质之石上而击之，则碎为百。今以三万之众而应强国之兵，是薄柱击石之类也。且夫吴干之剑材，难夫毋脊之厚，而锋不入；无脾之薄，而刃不断。兼有是两者，无钩缳镡蒙须②之便，操其刃而刺，则未入而手断。君无十余、二十万之众，而为此钩缳镡蒙须之便，而徒以三万行于天下，君焉能乎？且古者四海之内，分为万国。城虽大，无过三百丈者。人虽众，无过三千家者。而以集兵三万，距此奚难哉！今取古之为万国者，分以为战国七，能具数十万之兵，旷日持久，数岁，即君之齐已。齐以二十万之众攻荆，五年乃罢。赵以二十万之众攻中山，五年乃归。今者齐韩相方，而国围攻焉，岂有敢曰，我其以三万救是者乎哉？今千丈之城，万家之邑相望也，而索以三万之众，围千丈之城，不存其一角，而野战不足用也，君将以此何之？"都平君喟然太息曰："单不至也！"

※注释

①盘匜：古代的清洁用具。②钩缳镡蒙须：分别是剑的组成部分。

※译文

马服君赵奢说："看来您不仅不通晓用兵之道，而且也不明了如今的军事形势。那吴国的干将之剑，砍肉的话就可以砍断牛、马，砍金属的话就可以砍断盘匜。如果把它靠在柱子上砸，就会折为三段；把它垫在石头上砸，就会碎为上百片。现在用三万的兵力去对付强国的军队，这就如同把宝剑靠在柱子上、垫在石头上砸它一样。而且吴国的干将之剑虽然锋利，更难得的是如果剑背不够厚的话，那么剑尖就不能刺进去；剑面不够轻薄的话，剑刃就无法砍断东西。即使有了这样的剑背和剑面，但是如果没有剑环、剑刃、剑珥、佩带这些附属的东西，那就只好用手握着剑刃去砍刺东西了，这样的话，剑还没有刺进去，自己的手指就先被割断了。您如果没有十几、二十万的兵力，来做剑环、剑珥这些附属部分的话，而只想凭借三万兵力就横行天下，您怎么能够做到呢？而且古时候的天下，分成了很多的诸侯国。即使是大城邑，城墙也没有超过三百丈的。人口即使再多，也没有超过三千家的。如果用训练有素的三万军队，来攻打这样的城邑，怎会有困难呢？但是现在，古时候那么多的诸侯国已经合并成为战国七雄，它们能够集合起十万的兵力，旷日持久地作战，这样持续几年的话，就会出现你们齐国被燕国军队所攻破那样的情况。齐国动用二十万的兵力进攻楚国，用了五年的时间才结束战争。赵国出动了二十万的兵力灭掉中山国，用了五年的时间才将中山国打下来。现在齐、韩两国势均力敌，两个国家又相互围攻，双方谁敢说他能用三万兵力去援救这两个国家呢？现在方圆达到千丈的大城池、拥有上万家的大城邑相互对峙，而想用仅有的三万兵力去包围方圆千丈的大城池，恐怕连这城池的一个角都围不住，如果进行野战的话，那就更不够用了，您能用这点兵力做什么呢？"安平君田单长叹一口气，说："我真是没有您高明呀！"

※读解

赵奢和田单在一起谈论用兵打仗的问题。两人争论的焦点是战争中所使用的兵力多好还是少好。赵奢不仅是久经沙场、曾经打败秦军的将军，而且还具有高超的论辩能力。他用干将之剑做比喻，形象地揭示了士兵数量对于战争胜利的重大意义。

赵奢有丰富的军事思想。他吸取了孙武、孙膑的军事思想，有较高的军事造诣。他与田单论兵法，重视对战争形势和特点的研究，作战注意审时度势，料敌后动，坚持以因敌而变、灵活用兵为原则，最后使田单折服地说"单不至也。"

秦围赵之邯郸

※原文

秦围赵之邯郸①。魏安釐王使将军晋鄙②救赵。畏秦，止于汤阴，不进。魏王使客将军辛垣衍间入邯郸，因平原君谓赵王曰："秦所以急围赵者，前与齐湣王争强为帝，已而复归帝，以齐故。今齐湣王已益弱。方今唯秦雄天下，此非必贪邯郸，其意欲求为帝。赵诚发使尊秦昭王为帝，秦必喜，罢兵去。"平原君犹豫未有所决。

※注释

①邯郸：赵国的都城。②晋鄙：魏国大将。

※译文

秦国围困赵国的都城邯郸。魏安釐王派大将晋鄙前去援救赵国。但是魏王和晋鄙都害怕秦军，魏军就驻扎在汤阴这个地方，不再前进。魏王又派客将军辛垣衍秘密地潜入邯郸城中，通过平原君对赵王说："秦国之所以急切地围攻赵王，是因为过去它和齐王互相争做帝王，后来齐王就取消了帝号。因为齐国不称帝，秦国也取消了帝号。现在齐湣王已经逐渐衰弱，只有秦国能在诸侯之中称雄了，所以说秦国不是为了贪图邯郸的土地，它的真正目的是想要称帝。如果赵国真的能派遣使者去尊称秦昭襄王为帝的话，秦国必定会很高兴，这样秦兵就会撤兵而去。"平原君很犹豫，没有做出决定。

※原文

此时鲁仲连适①游赵，会②秦围赵。闻魏将欲令赵尊秦为帝，乃见平原君曰："事将奈何矣？"平原君曰："胜也何敢言事？百万之众折于外，今又内围邯郸而不能去。

魏王使将军辛垣衍令赵帝秦，今其人在是，胜也何敢言事？”鲁仲连曰：“始吾以君为天下之贤公子也，吾乃今然后知君非天下之贤公子也。梁客辛垣衍安在？吾请为君责而归之。”平原君曰：“胜请召而见之与先生。”平原君遂见辛垣衍曰：“东国有鲁仲连先生，其人在此，胜请为绍介而见之于将军。”辛垣衍曰：“吾闻鲁连先生，齐国之高士也。衍，人臣也，使事有职。吾不愿见鲁连先生也。”平原君曰：“胜已泄之矣。”辛垣衍许诺。

※注释

①适：恰好。②会：碰到。

※译文

这个时候，鲁仲连恰好在赵国游玩，正赶上秦军围攻邯郸。他听说魏国打算让赵国尊称秦王为帝，就去拜见平原君，说：“事情打算怎么办啊？”平原君回答说：“我哪里还敢谈论战事？赵国的百万大军在长平战败，如今秦军又进攻到赵国，围困了邯郸，而且没有什么办法能够让他们撤兵。魏王派将军辛垣衍来，让赵国尊秦为帝，现在辛将军就在邯郸城里，我哪里还敢谈论战事呢？”鲁仲连说：“刚开始我认为您是天下贤明的公子，直到今天我才知道您其实并不贤明。魏国的客将军辛垣衍在哪里？请让我为您当面去斥责他，让他回到魏国去。”平原君说：“我叫他来和先生见一面吧！”平原君于是就去见辛垣衍，说：“齐国有个叫鲁仲连的先生，他现在正在这里，我把他介绍给你，让他来跟你见个面。”辛垣衍说：“我听说过鲁仲连先生，他是齐国的高士。而我，是魏王的臣子，这次来担负着重要的职责。我不想见鲁仲连先生。”平原君说：“我已经跟他说你在这里了。”辛垣衍于是就答应去见鲁仲连。

※原文

鲁仲连见辛垣衍而无言。辛垣衍曰：“吾视居北围城之中者，皆有求于平原君也。今吾视先生之玉貌，非有求于平原君者，曷为久居此围城之中而不去也？”鲁连曰：“世以鲍焦①无从容而死者，皆非也。今众人不知，则为一身。彼秦者，弃礼义而上首功之国也。权使其士，虏使其民。彼则肆然而为帝，过而遂正于天下，则连有赴东海而死矣。吾不忍为之民也！所为见将军者，欲以助赵也。”

※注释

①鲍焦：周人，愤世嫉俗，后来归隐。

※译文

鲁仲连见到辛垣衍后，没有什么话说。辛垣衍说："在我看来，在这个被围困的城中居住的人，都是有求于平原君的。今天我看先生的仪容相貌，并不是有求于平原君的人，为什么长时间地居住在这个围城中而不走呢？"鲁仲连说："世上那些认为鲍焦是不能自我宽容而死去的人，其实都看错了。现在一般的人理解鲍焦的死，认为他是为了自身的利益而死的。那个秦国，是一个抛弃了仁义礼制，并且以杀敌斩首为功的国家。国君用权术来驾驭臣子，像对待奴隶一样来役使它的百姓。如果秦国肆无忌惮地称帝为王的话，然后用他的法令来规范天下，那么我鲁仲连也只好跳东海死了。我无法容忍做它的顺民啊！我之所以要见将军，只是想对赵国有所帮助。"

※原文

辛垣衍曰："先生助之奈何？"鲁连曰："吾将使梁及燕助之。齐、楚则固助之矣。"辛垣衍曰："燕则吾请以从矣。若乃梁，则吾乃梁人也，先生恶能使梁助之耶？"鲁连曰："梁未睹秦称帝之害故也，使梁睹秦称帝之害，则必助赵矣。"辛垣衍曰："秦称帝之害将奈何？"鲁仲连曰："昔齐威王尝为仁义矣，率天下诸侯而朝周。周贫且微，诸侯莫朝，而齐独朝之。

居岁余，周烈王崩，诸侯皆吊，齐后往。周怒，赴于齐曰：'天崩地坼，天子下席。东藩之臣田婴齐后至，则斮之！'威王勃然怒曰：'叱嗟，而母婢①也。'卒为天下笑。故生则朝周，死则叱之，诚不忍其求也。彼天子固然，其无足怪。"辛垣衍曰："先生独未见夫仆乎？十人而从一人者，宁力不胜、智不若耶？畏之也。"鲁仲连曰："然梁之比于秦若仆耶？"辛垣衍曰："然。"鲁仲连曰："然吾将使秦王烹醢②梁王。"辛垣衍怏然不悦曰："嘻！亦太甚矣，先生之言也。先生又恶能使秦王烹醢梁王？"

※注释

①母婢：你的母亲是奴婢。②醢：将人剁成肉。古代一种酷刑。

※译文

辛垣衍问："先生您打算如何来帮助赵国呢？"鲁仲连说："我要让魏国和燕国发动军队来援救赵国，齐国、楚国本来就会帮助赵国的。"辛垣衍说："燕国我是认为它会听从您的。如果说魏国，那么我就是魏国人，先生怎么能让魏国来帮助赵国呢？"鲁仲连回答："魏国还没有看到秦国称帝的危害才不愿出兵帮助，如果魏国看到了秦国称帝的危害，那么它一定会援救赵国。"辛垣衍说："秦国称帝会有哪些危害呢？"

鲁仲连说："过去齐威王曾经施行仁义之政，率领天下的诸侯去朝见周天子。当时的周王室既贫穷又衰弱，诸侯没有去朝见他，而只有齐国一个国家去朝见他。

过了一年多，周烈王死了，各国的诸侯都来吊丧，齐国去得晚了。周的大臣大为恼怒，到齐国对齐王说：'天子驾崩，就如同天地塌陷，新的天子都亲自在这里守丧。而东藩诸侯——齐国的田婴竟然敢迟到，按照法律杀掉他。'齐威王勃然大怒，说：'呸！你母亲也不过是个奴婢罢了。'结果成了天下的笑柄。齐威王之所以在周天子活着的时候去朝见他，死后却辱骂他，这其实是忍受不了周王室对他的苛求。然而做天子的本来就如此，这并没有什么可以感到奇怪的。"辛垣衍说："先生您难道没有见过做奴仆的吗？十个仆人跟随一个主子，难道是仆人的力量和智慧都不如主人吗？不是，只是因为仆人害怕主人罢了！"鲁仲连问："照你这样说，魏国和秦国的关系就是仆人与主人的关系了？"辛垣衍说："是的。"鲁仲连说："这样的话，我就能够让秦王把魏王煮熟了剁成肉酱！"辛垣衍一副很不服气的样子，不高兴地说："嘻！先生所说的话太过分了。您又怎么能让秦王把魏王煮熟了剁成肉酱呢？"

※原文

鲁仲连曰："固也，待吾言之。昔者，鬼侯、鄂侯、文王，纣之三公也。鬼侯有子而好，故入之于纣，纣以为恶，醢鬼侯。鄂侯争之急，辨之疾，故脯鄂侯。文王闻之，喟然而叹，故拘之于牖里之库，百日而欲舍之死。曷为与人俱称帝王，卒就脯醢[①]之地也？"

※注释

①脯醢：（被）晒成肉干，剁成肉酱。意谓被人宰割。

※译文

鲁仲连说："当然可以，等我慢慢跟你说。过去，鬼侯、鄂侯、文王三个人都是商纣王所封的诸侯。鬼侯有个女儿很漂亮，所以就把她送到纣王的后宫里，纣王却认为她长得丑陋，就把鬼侯剁成了肉酱。鄂侯为了这件事，强烈地为鬼侯辩护，所以也被纣王杀死，做成了肉干。文王听说后，只是长叹一声，纣王就把他囚禁在牖里的库房里，关了一百天，还打算要把他杀死。是什么原因使这些和别人同样是号称帝王的人，最后却沦落到被人制成肉酱、肉干的下场呢？"

※原文

"齐闵王将之鲁，夷维子执策而从，谓鲁人曰：'子将何以待吾君？'鲁人曰：'吾将以十太牢待子之君。’维子曰：‘子安取礼而来待吾君？彼吾君者，天子也。天子巡狩，诸侯辟舍，纳于筦键，摄衽抱几，视膳①于堂下，天子已食，退而听朝也。’鲁人投其籥，不果纳，不得入于鲁。将之薛，假涂于邹。当是时，邹君死，闵王欲入吊。夷维子谓邹之孤曰：‘天子吊，主人必将倍殡柩，设北面于南方，然后天子南面吊也。’邹之群臣曰：‘必若此，吾将伏剑而死。’故不敢入于邹。邹、鲁之臣，生则不得事养，死则不得饭含。然且欲行天子之礼，于邹鲁之臣，不果纳。今秦万乘之国，梁亦万乘之国。俱据万乘之国，交有称王之名，睹其一战而胜，欲从而帝之，是使三晋之大臣不如邹、鲁之仆妾也。且秦无已而帝，则且变易诸侯之大臣。彼将夺其所谓不肖，而予其所谓贤；夺其所憎，而与其所爱。彼又将使其子女谗妾为诸侯妃姬，处梁之宫，梁王安得晏然而已乎？而将军又何以得故宠乎？”

※注释

①膳：饭食，多为王公贵族的饭食。

※译文

“齐闵王准备去鲁国，夷维子驾驶着车子跟随，问鲁国人说：‘你打算用什么样的礼节接待我的国君呢？’鲁国人说：‘我们准备用十太牢的规格来款待贵国国君。’夷维子说：‘你怎能用这样的礼节来接待我们的国君呢？我们的国君是天子。天子巡视四方，各国的诸侯都要离开自己的宫室到别的地方回避居住，还要交出钥匙来，自己提着衣襟，捧着几案，在堂下侍候天子吃饭。天子吃完饭，诸侯才能离开去处理他的政务。’鲁国人听了他的话，立刻就将城门锁了，就没有让他们进城。齐闵王无法进入鲁国，又准备到薛地去，向邹国借路通行。恰巧就在这个时候，邹国的国君死了。齐闵王想进城来吊丧，夷维子就对邹国的孝子说：‘天子来吊丧，你们必须把灵柩移到相反的方向，在南边设立朝北的灵堂，让天子面向南祭吊。’邹国的大臣们说：‘如果一定要这样办的话，我们宁可自刎而死。’所以，齐闵王就没有胆量进入邹城。鲁国和邹国的臣子，贫寒得生前领不到俸禄，死后无法得到很好的安葬，然而齐闵王让他们行朝拜天子的大礼时，他们也都不能接受。现在的秦国拥有万辆兵车，魏国也拥有万辆兵车，两个国家都是拥有万辆兵车的大国，两国之间都有称王的名分，仅仅是因为秦国打了一次胜仗，就要尊秦国为帝王，那么赵、韩、魏三国的大臣都还不如邹、鲁两国的大臣啊！况且秦国如果顺利地达到了它称帝的目的，就会马上更换各诸侯国的大臣。他们就要撤换掉他们认为没有贤能的臣子，而任用他们认为有贤能的人；撤换掉他们所憎恨的人，而任用他们所喜欢和亲近的人。他们还将把他们的女儿和那些善于喜欢妒贤嫉能的女人嫁给诸侯作为妃嫔，每天都对他们进行谗毁。这种女人进入魏王的后宫，魏王还能安心地过日子吗？而将军又如何继续享受如同原来一样的宠信呢？”

※原文

于是辛垣衍起，再拜谢曰：“始以先生为庸人，吾乃今日而知先生为天下之士也。吾请去，不敢复言帝秦。”秦将闻之，为却①军五十里。适会魏公子无忌夺晋鄙军以救赵击秦，秦军引而去。于是平原君欲封鲁仲连。鲁仲连辞让者三，终不肯受。平原君乃置酒，酒酣，起前以千金为鲁连寿。鲁连笑曰：“所贵于天下之士者，为人排患、释难，解纷乱而无所取也。即有所取者，是商贾之人也，仲连不忍为也。”遂辞平原君而去，终身不复见。

※注释

①却：撤退。

※译文

听了鲁仲连的这番话，辛垣衍站起身来，向他拜了两拜，道歉说：“刚开始的时候，我还以为先生是个平庸的人，现在我才知道先生是胸怀天下的贤能之士。请让我离开这里，我不敢再说称秦为帝王的事了。”秦国的将军听说了这件事，把围困邯郸的军队向后撤退了五十里。正好碰上魏国公子无忌夺得了晋鄙的军权，带领军队前来援救赵国，攻打秦军。秦军撤退，离开了邯郸。这时，平原君想封赏鲁仲连。鲁仲连再三推辞谦让，最终也不肯接受。平原君就摆下宴席来酬谢他。喝到畅快的时候，平原君站起身来，上前用千金向鲁仲连祝福。鲁仲连笑着说：“天下之士所看重的，是能够为别人排除忧患，解除危难，解除了纷乱也不收取任何报酬。如果有所收取，就与那些商贾之人没有区别了，我是不忍心做这样的事的。”于是就辞别了平原君，离开了赵国，终生都不再露面。

※读解

本篇讲述了一个著名的典故：鲁仲连义不帝秦。鲁仲连论辩能力超群，他用自己深刻的洞察力和义正词严的气势驳倒了在场的策士，而且表现出了他的忠贞爱国、敢于对抗强秦的精神，因此他受到后人的敬仰。

鲁仲连在侠义精神感召下，排患释难，说服了魏国拯救了赵国。他指出诸侯国不应该向残暴专制、妄图称帝的虎狼秦国低头。他认为诸侯国伺候天子是丧失尊严的屈辱行为，指出如果秦国称帝了，以后各国都不会有好日子过，“人为刀俎、我为鱼肉”的悲惨境况就会发生，诸侯国的大臣也将无法自保。另外，他还列举了许多宁死不屈的诸侯国和大臣，以此来唤醒主张侍奉秦国的人的斗志和勇气。他说服了打算侍奉秦国的国家一起联合抗暴，从而也化解了赵国的危机。

郑同北见赵王

※原文

郑同北见赵王。赵王曰：“子南方之传士也，何以教之？”郑同曰：“臣南方草鄙之人①也，何足问？虽然，王致之于前，安敢不对乎？臣少之时，亲尝教以兵。”赵王曰：“寡人不好兵。”郑同因抚手仰天而笑之曰：“兵固天下之狙②喜也，臣固意③大王不好也。臣亦尝以兵说魏昭王，昭王亦曰：‘寡人不喜。’臣曰：‘王之行能如许由乎？许由无天下之累，故不受也。今王既受先王之传；欲宗庙之安，壤地不削，社稷之血食乎？’王曰：‘然。’今有人操随侯之珠，持丘之环，万金之财，时宿于野，内无孟贲之威，荆庆之断，外无弓弩之御，不出宿夕，人必危之矣。今有强贪之国，临王之境，索王之地，告以理则不可，说以义则不听。王非战国守圉之具，其将何以当之？王若无兵，邻国得志矣。”赵王曰：“寡人请奉教。”

※注释

①草鄙之人：乡野，野蛮之人，这里是自谦的说法。②狙：狡猾、奸诈（的人）。③固意：原本就认为。

※译文

郑同北上去拜见赵王。赵王说：“你是南方的博学之士，来到这里有什么可以请教的呢？”郑同说：“我是南方的一个浅陋的人，没有什么可以称得上请教的。尽管如此，大王您已经把话说到了我的面前，我哪里敢不回答您呢？我年轻的时候，父亲曾经教我学习兵法。”赵王说：“我不喜欢兵法。”郑同听了赵王的话，拍着手仰天大笑，说：“兵法本来就是天下奸诈的人才喜欢的，我原本就认为大王您不会喜欢它。我以前也曾经用兵法来游说魏昭王，昭王也说：‘我不喜欢。’我说：‘大王的行为能比得上许由吗？许由并没有被世俗的名利所连累，所以他不接受尧帝的禅让。但是如今大王既然已经接受了先王遗留下的江山，您想要先王的灵魂平安无事，国家的领土不遭受侵犯，社稷之神受到祭祀吗？’魏昭王说：‘是的。’现在如果有人带着随侯之珠，持丘出产的宝玉，价值万金的财物，独自露宿在野外，而他自己也没有孟贲那样的威武、荆庆那样的果断，身边也没有弓箭来保护自己，过不了一个晚上，人们就会把他害死。现在有强大而贪婪的国家，来侵犯大王国家的边境，索要大王的土地，告之以理无济于事，晓之以义不被听从。在这种情况下，如果大王没有战时国家所必须具备的防御装备，您打算凭借什么去抵御它们呢？大王如果不讲求用兵的策略，那么邻国的野心就会得逞了。”赵王说：“我请求你指教。”

※读解

《战国策》编成于汉朝，在它流传的过程中，一直没有受到统治阶级的肯定，不是《战国策》的艺术性不高，原因在于它的思想不符合当时社会的正统思想的要求。它多是讲谋略和权变，被那些正统文人视为异端。

但是在这个充满谋略和权变，充满各种欺诈和陷害的世界上，不用点权谋是无法自保的。所以说，权谋的作用不是要人们互相倾轧，而是要人们通过了解它学会自保。郑同在这里就揭示了必须掌握权谋的深刻意义。

齐欲攻宋

※原文

齐欲攻宋，秦令起贾禁之。齐乃捄①赵以伐宋。秦王怒，属怨于赵。李兑约五国以伐秦无功，留天下之兵于成皋，而阴构于秦。又欲与秦攻魏，以解其怨而取封焉。

魏王不说。之齐，谓齐王曰：“臣为足下谓魏王曰：‘三晋皆有秦患。今之攻秦也，为赵也。五国伐赵，赵必亡矣。秦逐李兑，李兑必死。今之伐秦也，以救李子之死也。今赵留天下之甲于成皋，而阴鬻②之于秦，已讲，则令秦攻魏以成其私封，王之事赵也何得矣？且王尝济于漳，而身朝于邯郸，抱阴、成，负蒿、葛、薜，以为赵蔽，而赵无为王行也。今又以何阳、姑密封其子，而乃令秦攻王，以便取阴。

※注释

①捄：挟持。②阴鬻：私下里出卖。

※译文

齐国打算进攻宋国，秦国派起贾阻止这件事。齐国联合赵国来一起进攻宋国。秦昭襄王为此很生气，就把一腔怨恨都归结到赵国方面。赵国的李兑联合了赵、韩、魏、燕、齐五国的军队去攻打秦国，但没有成功，就把诸侯的军队驻扎留守在成皋，而自己暗中和秦国讲和。李兑又想要和秦国联合进攻魏国，来消除秦昭襄王的怨恨，并以此来为自己取得封地。

魏王对此很不高兴。苏秦来到齐国，对齐王说："我为您对魏王说：'赵、魏、韩三国都曾以秦国为忧患，这次联合起来进攻秦国，是为了赵国。如果秦、齐、燕、韩、魏这五个国家联合起来进攻赵国，那么赵国就必定会灭亡。如果秦国驱逐了李兑，那么李兑必定要死。现在去进攻秦国，其实是在救李兑。如今赵国把诸侯联军驻扎留守在成皋，背地里却出卖诸侯，和秦国勾结媾和，还订立了和约，想联合秦国进攻魏国，图谋取得封地，这样，大王您尊崇赵国又得到了什么好处呢？更何况，大王您曾经亲自往北渡过漳水，到邯郸去拜访赵王，献出了阴、成两地，割让了葛、薛，用来当作赵国的屏障，而赵国却一点也不替大王效力。现在又把河阳、姑密两地分给李兑的儿子，而李兑又勾结秦国来进攻魏国，想要由此来夺取阴邑。

※原文

'人比然而后知贤不①，如王若用所以事赵之半收齐，天下有敢谋王者乎？王之事齐也，无入朝之辱，无割地之费。齐为王之故，虚国于燕、赵之前，用兵于二千里之外，故攻城野战，未尝不为王先被矢石也。得二都，割河东，尽效之于王。自是之后，秦攻魏，齐甲未尝不岁至于王之境也。请问王之所以报齐者可乎？韩呡处于赵，去齐三千里，王以此疑齐，曰有秦阴。今王又挟故薛公以为相，善韩徐以为上交，尊虞商以为大客，王固可以反疑齐乎？'于魏王听此言也甚诎，其欲事王也甚循。甚怨于赵。臣愿王之日闻魏而无庸②见恶也，臣请为王推其怨于赵，愿王之阴重赵，而无使秦之见王之重赵也。秦见之且亦重赵。齐、秦交重赵，臣必见燕与韩、魏亦且重赵也，皆且无敢与赵治。五国事赵，赵从亲以合于秦，必为王高矣。臣故欲王之偏劫天下，而皆私甘之也。王使臣以韩、魏与燕劫赵，使丹也甘之；以赵劫韩、魏，使臣也甘之；以三晋劫秦，使顺也甘之；以天下劫楚，使呡也甘之。则天下皆偪秦以事王，而不敢相私也。交定，然后王择焉。"

※注释

①比：比较。不：否。②无庸：不用。

※译文

'人贤能与不贤能只有通过比较然后才能知道，如果大王有侍奉赵国的一半诚意去联合齐国，那么天下诸侯谁敢图谋大王呢？大王如果帮助齐国，就不会有朝贡称臣的屈辱了，也就没有割让土地的损失了。齐国因为大王帮忙的缘故，就会在燕、赵两国出兵之前出动军队，到两千里以外的地方作战，因此无论是攻城还是野战，齐国的军队都会为大王冲锋在前。攻下两座城邑，割取河东，全都拿来献给大王。从此，秦兵进攻魏国，齐国的军队没有一次不会越过边境前来援救的。请问大王您报答齐国的做法又是什么呢？韩对于赵国来说，距离齐国有三千里，大王因此来怀疑齐国，说齐国和秦国暗地里有私交。如今大王又扶持齐国原来的相国薛公来做相国，把赵将韩徐当作上宾，把虞商作为贵客，大王竟然可以因此怀疑齐国吗？'魏王听了这话感到自己非常理亏，所以他就很想侍奉大王，而非常怨恨赵国。我希望大王逐渐地了解魏国而不要厌恶它。请让我为大王把秦国对魏国的怨恨转移到赵国去。希望大王您能在暗地里尊重赵国，并且不要让秦国知道大王您尊重赵国。如果秦国知道了齐国尊重赵国的话，那么我想燕、韩、魏三国也一定会尊重赵国，而且都不敢与赵国相对抗。这样一来，五个国家共同来侍奉赵国，赵国又和秦国结成了联盟；赵国的地位一定会在齐国之上。所以，我想让大王使诸侯之间互相冲突，然后您暗地里在中间调停。大王可派我使韩、魏、燕三国与赵国发生矛盾，派公玉丹暗中调解；让赵国和韩、魏两国发生矛盾，派我去从中进行调解；让韩、赵、魏三国和秦国发生矛盾，派顺子从中调解；让所有诸侯和楚国发生矛盾，派韩呡从中调解。这样，诸侯都会背弃秦国而来投靠大王，而且都不敢暗地里和秦国交往。大王的邦交稳定以后，看和五国中的哪个国家关系好对大王有利，然后大王再选择。”

※读解

秦国和齐国可以说是战国时期的两个实力雄厚的大国，所以他们凭借着经济和军事实力，都想成就霸业。但相比之下，还是秦国的力量和影响要超过齐国。

在苏秦的游说和努力联合之下，六国联合起来和秦国相对抗。但这种情形是不会长期存在下去的。各个国家都只考虑自己的国家利益，它们之间是没有信义可言的，国家与国家之间的亲近和对抗变幻莫测，正所谓“朝秦暮楚”，无法形成合力。而且秦国的张仪等也在六国之间奔走，为分散合纵联盟而努力，所以说秦国统一六国是情理中的事情。

五国伐秦无功

※原文

五国伐秦无功，罢于成皋。赵欲构①于秦，楚与魏、韩将应之，秦弗欲。苏代谓齐王曰：“臣以为足下见奉阳君矣。臣谓奉阳君曰：‘天下散而事秦，秦必据宋。魏冉必妒君之有阴也。秦王贪，魏冉妒，则阴不可得已矣。君无构，齐必攻宋。齐攻宋，则楚必攻宋，魏必攻宋，燕、赵助之。五国据宋，不至一二月，阴必得矣。得阴而构，秦虽有变，则君无患矣。若不得已而必构，则愿五国复坚约。愿得赵，足下雄飞，与韩氏大吏东免，齐王必无召泯也。使臣守约，若与有倍约[②]者，以四国攻之。无倍约者，而秦侵约，五国复坚而宾之。今韩、魏与齐相疑也，若复不坚约而讲，臣恐与国之大乱也。齐、秦非复合也，必有踦重者矣。后合与踦重者，皆非赵之利也。且天下散而事秦，是秦制天下也。秦制天下，将何以天下为？臣愿君之蚤计也。

※注释

①构：媾和，和解。②倍约：违背盟约。

※译文

赵、魏、韩、燕、齐五国联合攻打秦国，没有成功，停止了作战，军队驻扎在成皋。赵国想和秦国讲和，楚、魏、韩三国打算跟从，但齐国不想这样。苏代对齐王说："我已经为您会见了奉阳君李兑。我对奉阳君说：'各诸侯国解散合纵联盟而去侍奉秦国，秦国一定会占据宋国。魏冉必然会妒忌您得到了陶邑。秦王贪婪，魏冉妒忌，因此您不可能得到陶邑了。如果您不和秦国和解的话，齐国必然要进攻宋国。齐国一旦进攻宋国，楚、魏两国也必然会进攻宋国，燕、赵两国出兵帮助它。五国军队联合起来进攻宋国，用不了一两个月，一定会攻下陶邑。攻取了陶邑之后，就和秦国和解，秦国即使有什么变故，那么您也没有什么可忧虑的。如果不得已一定要和秦国和解的话，那么就希望五国能够坚守约定。希望能由赵国和您来担任联盟的领袖，和韩国的重臣勉励齐王，齐国就必然无所召回。您就让我来监守执行盟约，如果盟国中有违背盟约的，就让其他四个国家攻打它。如果五国没有违背盟约，而是秦国侵略同盟的国家，五国就坚守盟约，共同来抵抗秦国。如今韩、魏两国和齐国互相猜疑，如果五国不坚守盟约，而与秦国讲和的话，我恐怕盟国之间会发生大乱。齐秦两国如果重新联合起来，那么各诸侯国要么倚重秦国，要么倚重齐国，无论怎样，都对赵国不利。而且诸侯国解散了合纵联盟去侍奉秦国，那么秦国就能控制天下。秦国一旦控制了天下，那么还有什么各诸侯国呢？我请您尽早考虑这件事。

※原文

"天下争秦有六举[①]，皆不利赵矣。天下争秦，秦王受负海内之国[②]，合负亲之交，以据中国，而求利于三晋，是秦之一举也。秦行是计，不利于赵，而君终不得阴，一矣。

“天下争秦，秦王内韩珉于齐，内成阳君于韩，相魏怀于魏，复合衍交两王，王贲、韩他之曹，皆起而行事，是秦之一举也。秦行是计也，不利于赵，而君又不得阴，二矣。

※注释

①六举：六种方案。②负海内之国：指的是齐国。

※译文

“天下各诸侯国争着来侍奉秦国，共有六种可能的方案，都是对赵国不利的。各诸侯国竞相侍奉秦国，秦国会和齐国结成盟国，和以前背叛连横的诸侯国也恢复交往，来控制中原地区，而且会向赵、魏、韩三国索要利益，这是秦国采取的第一个方案。秦国如果实行这个方案，对赵国不利，您也最终得不到陶邑，这是其一。

“各诸侯国竞相侍奉秦国，秦王就会让韩珉去齐国做大臣，让成阳君到韩国做大臣，让魏怀去魏国做相国，恢复和赵、燕两国的连横。王贲、韩他这样的人都会被起用，执掌大权，这是秦国采取的第二个方案。秦国如果实行这个方案，对赵国不利，而您还是得不到陶邑，这是其二。

※原文

“天下争秦，秦王受齐受赵，三强三亲，以据魏而求安邑，是秦之一举也。秦行是计，齐、赵应之，魏不待伐，抱安邑而信秦，秦得安邑之饶，魏为上交，韩必入朝秦，过赵已安邑矣，是秦之一举也。秦行是计，不利于赵，而君必不得阴，三矣。

“天下争秦，秦坚燕、赵之交，以伐齐收楚，与韩呡而攻魏，是秦之一举也。秦行是计，而燕、赵应之。燕、赵伐齐，兵始用，秦因收楚而攻魏，不一二月，魏必破矣。秦举安邑而塞女戟，韩之太原绝，下轵道、南阳、高，伐魏，绝韩，包二周，即赵自消烁①矣。国燥②于秦，兵分于齐，非赵之利也。而君终身不得阴，四矣。

※注释

①消烁：烁通“铄”。销熔，熔化。②燥：烧。比喻威胁。

※译文

“各诸侯国竞相侍奉秦国，秦王就会接受齐国和赵国，三个强国结成同盟国，来控制魏国，索要安邑，这是秦国采取的又一个方案。秦国如果实行这个方案，齐、赵两国都会跟从，魏国不会等到秦军来进攻，就会献出安邑来和秦国和解。秦国取得安邑这样富饶的地方，和魏国的关系得到改善，那么韩国必然也会向秦国朝贡，秦国就会以魏国已经献出安邑为借口，要求赵国也割让土地。这是秦国采取的又一个方案，秦国这样做，会对赵国不利，您最终也得不到陶邑，这是其三。

“各诸侯国争相侍奉秦国，秦国就会加强和燕、赵两国的交往，来联合楚国进攻齐国，联合韩国进攻魏国，这是秦国的又一个举措。秦国如果实行这个方案，燕国和赵国跟从。燕赵两国去进攻齐国，战争刚开始的时候，秦国就会趁机联合楚国进攻魏国，出不了一两个月，魏国必定会被灭掉。秦国占领安邑，阻塞女戟，韩国的太原就会暴露在外面。秦军经轵道、南阳、高，进攻魏国，断绝韩国的退路，包围东周和西周，那么赵国就自然也被削弱了。国家被秦国威胁，军队又被拉去攻打齐国，这对赵国不利，您也最终得不到陶邑，这是其四。

※原文

“天下争秦，秦坚三晋之交攻齐，国破财屈，而兵东分于齐，秦按兵攻魏，取安邑，是秦之一举也。秦行是计也，君按救魏，是以攻齐之已弊，救与秦争战也；君不救也，韩、魏焉免西合？国在谋之中，而君有终身不得阴，五矣。

“天下争秦，秦按为义，存亡继绝，固危扶弱，定无罪之君，必起中山与胜焉。秦起中山与胜，而赵、宋同命，何暇言陶？六矣。故曰君必无讲，则阴必得矣。奉阳君曰：‘善。’乃绝和于秦，而收齐、魏以成取阴。”

※译文

“各诸侯国竞相侍奉秦国，秦国加强与赵、魏、韩三国的交往来进攻齐国，使国力削弱财力损耗，而军队又被拉到东边的齐国，秦国派出军队来进攻魏国，夺取安邑，这是秦国采取的一个方案。秦国如果实行这个方案，您去援救魏国，这样就是派出进攻齐国后已经疲惫的军队，来和秦国作战；您如果不去援救魏国，那么怎样避免韩、魏两国和秦国的联合呢？您的国家正在别国的谋划之中，您也最终得不到陶邑，这是其五。

“各诸侯国竞相侍奉秦国，秦国于是假装在天下施行仁义，来复兴已经灭亡的国家，延续已经断绝祭祀的国家，巩固面临危亡的国家，扶持已经衰弱的国家，审定没有罪行的国君，这是秦国采取的又一个方案。秦国如果实行这一方案，一定会恢复中山国和胜国。秦国复兴中山国和胜国，赵国和宋国就有了同样的命运，哪里还有时间考虑得到陶邑？这是其六。所以说您一定不能和秦国讲和，那么陶邑就一定能够到手。奉阳君说：‘很好。’于是就放弃了与秦国讲和的策略，而是联合齐国和魏国，来取得陶邑。”

※读解

苏秦的合纵政策第一次成了事实，五国联合起来，和秦国打了一仗。但由于各个国家各怀鬼胎，所以五国联军也没有能够打败秦国一个国家的军队，遭到失败。

这次对秦战争之所以失败，是因为赵国想暗中单独和秦国媾和。堡垒最容易从内部攻破，所以苏秦要实现自己的理想，依然任重而道远。

面对赵国的临阵脱逃，苏秦对奉阳君展开了说服工作。他先列举了各个诸侯国侍奉秦国的六种可能出现的结果，通过对这六种情况的逐条分析，他使奉阳君看到，无论在哪种情况下都无法捞到任何的好处，从而推翻了奉阳君和秦国讲和的策略，打破了奉阳君侥幸得到陶邑的幻想。

客见赵王

※原文

客见赵王①曰："臣闻王之使人买马也，有之乎？"王曰："有之。""何故至今不遣？"王曰："未得相马之工也。"对曰："王何不遣建信君乎？"王曰："建信君有国事，又不知相马。"曰："王何不遣纪姬乎？"王曰："纪姬，妇人也，不知相马。"对曰："买马而善，何补于国？"王曰："无补于国。""买马而恶，何危于国。"王曰："无危于国。"对曰："然则买马善而若恶，皆无危补于国。然而王之买马也，必将待工。今治天下，举错非也，国家为虚戾，而社稷不血食，然而王不待工，而与建信君，何也？"赵王未之应也。

客曰："燕郭之法，有所谓桑雍者，王知之乎？"王曰："未之闻也。""所谓桑雍者，便辟左右之近者，及夫人、优爱孺子也。此皆能乘王之醉昏，而求所欲于王者也。是能得之乎内，则大臣为之枉法于外矣。故日月晖于外，其贼在于内，谨备其所憎，而祸在于所爱。"

※注释

①赵王：指的是赵孝成王。

※译文

有个说客来拜见赵孝成王，说："我听说大王打算派人去买马，有这样的事情吗？"赵孝成王说："有这事。"说客说："那么是什么原因使您到现在还没派人去买呢？"赵孝成王说："没有找到擅长相马的人。"说客回答说："大王为什么不派建信君去呢？”赵孝成王说：“建信君要处理国家大事，再说他也不懂相马的事。”说客说：“大王为什么不派纪姬去呢？”赵孝成王说：“纪姬是个女人，不知道相马的事。”说客说：“如果买来了马并且非常好，对国家有什么好处？”赵孝成王说：“对国家没有什么好处。”说客说：“那么买来不好的马，对国家又会造成什么危害呢？”赵孝成王说：“对国家没有什么危害。”说客说：“既然买来的马无论好还是不好，都对国家没有什么益处或坏处。大王您买马却必定要等待一个擅长相马的人。现在大王治理国家的措施不恰当，国家将要成了废墟，而且社稷不稳，但是大王不等待善于治理国家的人，还把大权交给建信君，这是为什么？”赵孝成王没有什么话来回答了。

说客说：“郭偃之法有所谓桑雍的说法，大王您知道这个说法吗？”赵孝成王说：“我没听说过这个说法。”说客说：“所谓桑雍，就是指您左右受宠幸的亲近之臣以及您的夫人、优伶和美女这些人。这些人都是趁您饮酒至酣、头脑发昏的时候，向您提出自己的非分要求的人。这些人的欲望如果被大王在宫中满足，那么大臣就会在外面贪赃枉法了。因此，太阳和月亮光照外面的世界，但它们内部仍然有黑点，要谨慎地防备自己憎恶的人，但是祸患往往发生在自己溺爱的人身上。”

※读解

领导可以随意地批评下属，并且可以不讲究方式。反过来下属要批评领导的时候，就不得不讲究方式了。且看这位说客对赵孝成王所提出的批评，可以用艺术二字来形容。

这位说客先从买马的事情说起，用买马要寻求懂得相马的人来类比治理国家要任用贤能的人，来一步步启发赵孝成王正在犯的错误。最后指出的“谨备其所憎，而祸在于所爱”，有很深刻的道理，值得我们深思。

赵太后新用事

※原文

赵太后[①]新用事，秦急攻之。赵氏求救于齐。齐曰：“必以长安君[②]为质，兵乃出。”太后不肯，大臣强谏。太后明谓左右：“有复言令长安君为质者，老妇必唾其面。”

左师触龙[③]言愿见太后。太后盛气而揖之。入而徐趋，至而自谢，曰：“老臣病足，曾不能疾走，不得见久矣。窃自恕，而恐太后玉体之有所郄也，故愿望见太后。”太后曰：“老妇恃辇而行。”曰：“日食饮得无衰乎？”曰：“恃粥耳。”曰：“老臣今者殊不欲食，乃自强步，日三四里，少益耆食，和于身也。”太后曰：“老妇不能。”太后之色少解。

※注释

①赵太后：赵孝成王的母亲。②长安君：赵太后的小儿子。③左师触龙：左师，官名。触龙，人名，赵国大臣。

※译文

赵太后刚刚主持国政，秦国就加紧进攻赵国。赵国向齐国请求救援。齐国说：“必须让长安君来做质子，我们才会派兵。”赵太后不肯，大臣们都极力劝谏她。赵太后明确地告诫左右侍臣说：“谁要是再提起让长安君做质子的事情，我一定吐他一脸唾沫。”

左师触龙说自己想拜见赵太后。赵太后怒气冲冲地等他。触龙进宫后慢慢小步走上前，走到赵太后跟前向她谢罪，说：“老臣的脚有毛病，一直无法快步行走，所以很久没有拜见您了。虽然我私下里宽恕自己，但仍然担心太后玉体欠安，因此希望能拜见太后。”赵太后说：“我只能乘坐车子行走了。”触龙问道：“您每天的饮食没有减少吧？”赵太后说：“靠喝点粥来维持罢了。”触龙说：“老臣最近特别不想吃东西，就勉强散散步，每天走上三四里，就逐渐想吃吃东西了，身体也舒服了。”赵太后说：“我是做不到的。”赵太后的脸色稍微缓和了一些。

※原文

左师公曰：“老臣贱息舒祺，最少，不肖。而臣衰，窃爱怜之，愿令得补黑衣①之数，以卫王宫，没死②以闻。”太后曰：“敬诺。年几何矣？”对曰：“十五岁矣。虽少，愿及未填沟壑而托之。”太后曰：“丈夫亦爱怜其少子乎？”对曰：“甚于妇人。”太后笑曰：“妇人异甚。”对曰：“老臣窃以为媪之爱燕后贤于长安君。”曰：“君过矣，不若长安君之甚。”左师公曰：“父母之爱子，则为之计深远。媪之送燕后也，持其踵为之泣，念悲其远也，亦哀之矣。已行，非弗思也，祭祀必祝之，祝曰：‘必勿使反。’岂非计久长，有子孙相继为王也哉？”太后曰：“然。”左师公曰：“今三世以前，至于赵之为赵，赵主之子孙侯者，其继有在者乎？”曰：“无有。”曰：“微独赵，诸侯有在者乎？”曰：“老妇不闻也。”“此其近者祸及身，远者及其子孙。岂人主之子孙则必不善哉？位尊而无功，奉厚而无劳，而挟重器多也。今媪尊长安君之位，而封之以膏腴之地，多予之重器，而不及今令有功于国。一旦山陵崩，长安君何以自托于赵？老臣以媪为长安君计短也，故以为其爱不若燕后。”太后曰：“诺。恣③君之所使之。”于是为长安君约车百乘，质于齐，齐兵乃出。

子义闻之曰：“人主之子也，骨肉之亲也，犹不能恃无功之尊，无劳之奉，而守金玉之重也，而况人臣乎？”

※注释

①黑衣：这里以卫兵穿的衣服颜色来指代卫兵。②没死：冒着死罪。③恣：任凭。

※译文

左师触龙说：“老臣我有个儿子叫舒祺，年龄最小，没什么出息。我已经年老体衰了，私下里很疼爱他。我希望他能当一名王宫的卫士，来保卫王宫，因此我趁着还没有死就来向太后提出请求。”赵太后说：“好吧。他今年多大了？”触龙回答说：“十五岁了。虽然年纪尚小，老臣还是想趁着自己没有埋到沟壑里之前把他托付给您。”赵太后说：“男子汉也疼爱自己的小儿子吧？”触龙回答说：“比妇人还要严重。”赵太后笑着说：“妇人疼爱小儿子才特别厉害呢。”触龙回答说：“老臣私下里还认为您疼爱燕后要超过长安君呢。”太后说：“您错了，我疼爱燕后远不如疼爱长安君厉害。”触龙说：“为人父母的疼爱子女，就应该替他们做长远打算。您送别燕后的时候，在车下握着她的脚后跟，为她掉眼泪，因为您想到她要离开家了，嫁到远方去。这就是爱她啊！燕后走了以后，您并不是不想念她，祭祀时总是要替她祷告说：‘一定不要让她回来。’这难道不是替她做长远打算，希望她的子孙世代为王吗？”赵太后说：“正是这样。”

左师触龙问道：“从现在起，向前推到三代以前，甚至推到赵氏建立国家的时候，赵王子孙被封侯的，他们的后代还有在侯位的吗？”赵太后回答说：“没有。”触龙又问：“不只是赵国，就是其他诸侯的子孙，他们的后代还有在侯位的吗？”赵太后回答说：“我没有听说过。”触龙说：“这些国君们，有些是自己取祸而亡；有些是祸患波及子孙身上而亡。难道说国君的子孙们都不会有好结果吗？只是因为他们地位尊贵但对国家没有什么功劳，俸禄丰厚但没有为国出力，只是拥有大量的金玉珍玩罢了。现在您让长安君的地位很尊贵，又封给他肥沃的土地，给他很贵重的金玉珍玩，但是不让他趁着现在为国立功。有朝一日太后您不幸去世，长安君将依靠什么在赵国安身立命呢？老臣认为您替长安君打算太短了，所以说疼爱长安君不如疼爱燕后。”赵太后说：“好吧，那就任凭您怎样安排他吧！”于是触龙为长安君准备一百辆随行的车辆，送他到齐国充当人质，齐国这才派出军队援救赵国。

子义听说了这件事，说：“国君的儿子，是骨肉至亲，尚且不能享受没有功勋的尊位，没有功劳的俸禄，来长期守住金玉珍玩，更何况做臣子的呢？”

※读解

公元前266年，赵惠文王去世，其子赵孝成王继位，因他年幼，故赵太后执政。新老交替，又加上太后新政，国内动荡不安。当时的赵国虽有廉颇、蔺相如、平原君等人辅理朝政，但国势大不如前。秦国认为有机可乘，便发兵东下，一举攻下赵国的三座城池，赵国危在旦夕，不得不向齐国求救兵，齐王虽然答应出兵，但按当时的惯例，提出了一个条件：以幼子长安君为人质。一向颇为开明的赵太后，却由于溺爱幼子，一时糊涂，甚至蛮不讲理，对于大臣的强谏，她恼怒已极，公开下令警告群臣：“有复言令长安君为质者，老妇必唾其面！”

老臣触龙为了国家的利益，前来说服赵太后。他是这样来说服的：他先来和赵太后拉家常套近乎，再假说自己要请求赵太后开后门托付幼子，用旁敲侧击谈燕后作为陪衬，然后大谈历史展望未来。他先用三寸不烂之舌来变相地让赵太后息怒缓和气氛，再用反证法“老臣窃以为媪之爱燕后贤于长安君”来巧设鱼饵，引鱼上钩，推出“为长安君计短也”的结论。通过迂回曲折的游说使得赵太后最终答应了让幼子入齐。

魏策

知伯索地于魏桓子，魏桓子弗予。任章曰：“何故弗予？”桓子曰：“无故索地，故弗予。”任章曰：“无故索地，邻国必恐；重欲无厌，天下必惧。君予之地，知伯必憍，憍而轻敌，邻国惧而相亲。以相亲之兵，待轻敌之国，知氏之命不长矣！”

知伯索地于魏桓子

※原文

知伯索地于魏桓子①，魏桓子弗予。任章曰："何故弗予？"桓子曰："无故索地，故弗予。"任章曰："无故索地，邻国必恐；重欲无厌，天下必惧。君予之地，知伯必憍，憍而轻敌，邻国惧而相亲。以相亲之兵，待轻敌之国，知氏之命不长矣！《周书》曰：'将欲败之，必姑辅之；将欲取之，必姑与之。'君不如与之，以骄知伯。君何释以天下图知氏，而独以吾国为知氏质乎？"君曰："善。"乃与之万家之邑一。知伯大说，因索蔡、皋梁于赵，赵弗与，因围晋阳。韩、魏反于外，赵氏应之于内，知氏遂亡。

※注释

①魏桓子：春秋末晋国六卿之一。魏侈之孙。与范氏、中行氏、知伯、赵襄子、韩康子同为晋六卿。范氏、中行氏灭后，四卿之中，知伯最强。

※译文

知伯向魏桓子索要土地，魏桓子不给他。任章问他说："为什么不给他呢？"魏桓子说："无缘无故来索要土地，因此不给他。"任章说："没有缘由就来索要土地，邻国一定会感到害怕；胃口太大又不知道满足，天下的诸侯就一定感到害怕。如果你把土地给了他，知伯必定变得骄横。变得骄横就会轻敌，邻国感到害怕就会互相亲近联合。用互相亲近联合的军队来抵抗轻敌的国家。知伯的性命就不会长久了！《周书》说：'要想打败他，必须先来帮助他；要想夺取他，必须先要给予他。'您不如把土地给他，来使知伯变得越来越骄横。您怎么能放弃和天下诸侯图谋知伯的机会，而使我国成为知伯进攻的对象呢？"魏桓子说："好。"于是就把一个有万户百姓的城邑送给了知伯。知伯非常高兴，于是就又向赵国索取蔡、皋梁，赵国不给他，于是知伯就围攻晋阳。这时韩、魏从国外反击，赵氏从国内接应，知伯于是很快就灭亡了。

※读解

公元前 454 年，知伯强行向魏、韩索地，又向赵襄子索地遭拒绝。于是知伯胁魏、韩举兵攻赵，围赵襄子于晋阳（今山西太原）。不久，魏桓子惧赵亡后祸及自身，联合韩、赵攻灭知伯，并三分其地。此后，形成了"三家分晋"的局面。

人的贪欲总是把人推入万劫不复的深渊，但可惜当事人却往往不知道自己所处的危险境地，反而扬扬自得，殊不知沟渠早为之挖好，只等“请君入瓮”了。面对知伯的贪欲，魏桓子起初采取断然拒绝的态度，在其谋士任章的“将欲败之，必姑辅之；将欲取之，必姑与之”劝诫下，采用“欲擒故纵”的策略，最终消灭了无限私欲膨胀的知伯。正如一个充气的气球，适当的气体能够满足自己畅游天空的愿望，当过于贪婪，以便于飞得更高，等待的也许只是粉身碎骨。

在生活当中，我们也经常会见到许多飞扬跋扈的人，不知道自己到底有几斤几两重，对此我们大可不必采取硬碰硬的方法，而要采取迂回曲折的方法，既能够保全自己获得众人的支持，又能够使这些贪婪者自己露出他们的狐狸尾巴。多行不义必自毙。事情的发展总会让我们明白世间自有公道在。

乐羊为魏将而攻中山

※原文

乐羊①为魏将而攻中山。其子在中山，中山之君烹其子而遗之羹，乐羊坐于幕下而啜之，尽一杯。文侯谓睹师赞曰：“乐羊以我之故，食其子之肉。”赞对曰：“其子之肉尚食之，其谁不食？”乐羊既罢中山，文侯赏其功而疑其心。

※注释

①乐羊：中山国人，战国时魏国的大将，是乐毅的先祖。

※译文

乐羊作为魏国的大将来攻打中山国。当时他的儿子在中山国，中山国的国君把他的儿子煮成了人肉羹送给他。乐羊就坐在军帐内端着肉羹喝了起来，一下就将一杯喝完了。魏文侯对睹师赞说：“乐羊因我的缘故，吃了他儿子的肉。”睹师赞说：“自己儿子的肉都可以吃了，还有谁的肉他不敢吃呢？”乐羊攻取了中山国之后，魏文侯赏赐了他的战功，但是怀疑他的用心。

※读解

那些为了个人自身价值的实现，竟置亲情与天伦不顾的人，活在人世间的趣味到底何在？虎毒尚且不食子，而乐羊却安然食用其儿子做成的肉羹，难道为了向君主证明自己的忠心就只有运用这一条残忍的途径才能够实现？聪明反被聪明误，乐羊正是由于自己的聪明取得了自己个人的成功，但这恰恰又证明了他的不成功。魏文侯虽赏其功劳，却怀疑起他的心地来。的确，乐羊的成功经过了自己艰苦不懈的努力，好不容易快要看到胜利的曙光，是绝不容许别人挡住自己的道路的，包括自己的亲生儿子也会对其格杀勿论。古人总喜欢博得个封妻荫子来实现自己的人生目的，但不明白乐羊的目的是为了什么，仅仅是为成功而成功吗?

在平常的生活之中，我们也要警惕那些为了实现自己的目的而穿着美丽的外衣，却有着蛇蝎心肠的衣冠禽兽。如齐桓公的庖厨易牙为了讨好自己的君主，只因君主一句话“不知道人肉的滋味如何”，就把自己的幼子蒸来做成肉羹献给君主，从而使齐桓公认为其爱己之甚。幸亏齐桓公还是一个明君，不然易牙想要陷害管仲的计谋就得逞了，而历史上就多了一个奸臣，少了一位贤相。

有德有才是谓贤人，有才无德是谓小人，有德无才是谓庸人。倘若得到贤才则幸甚，但在庸人和小人之间挑选的话，宁要庸人，也不可取小人。为什么呢?庸人倘若作乱只因其能力有限很容易露出马脚，被制伏于正义之下，而有才无德的小人只因其智力超出常人，所以作恶手段也愈见高明，等到发觉其危害一方的时候，已经遗祸无穷了。

魏武侯与诸大夫浮于西河

※原文

魏武侯与诸大夫浮于西河，称曰：“河山之险，岂不亦信固哉!”王钟侍王，曰：“此晋国之所以强也。若善修之，则霸王之业具矣。”吴起①对曰：“吾君之言，危国之道也；而子又附之，是危也。”武侯忿然曰：“子之言有说乎?”

吴起对曰：“河山之险，信不足保也；是伯王之业，不从此也。昔者三苗之居，左彭蠡之波，右有洞庭之水，文山在其南，而衡山在其北。恃此险也，为政不善，而禹放逐之。夫夏桀之国，左天门之阴，而右天溪之阳，庐、睪在其北，伊、洛出其南。有此险也，然为政不善，而汤伐之。殷纣之国，左孟门而右漳、釜，前带河，后被山。有此险也，然为政不善，而武王伐之。且君亲从臣而胜降城，城非不高也，人民非不众也，然而可得并者，政恶故也。从是观之，地形险阻，奚足以霸王矣!”

武侯曰：“善。吾乃今日闻圣人之言也!西河之政，专委之子矣。”

※注释

①吴起：战国时期著名的政治改革家，卓越的军事家、统帅、军事理论家、

军事改革家。卫国左氏（今山东省定陶）人。后世把他和孙子连称“孙吴”，著有《吴子》,《吴子》与《孙子》又合称《孙吴兵法》，在中国古代军事典籍中占有重要地位。

※译文

魏武侯和大臣们一起乘船漂浮在西河上，魏武侯称赞说：“河山险峻，难道边防不坚固吗！”大臣王钟在旁边陪坐，说：“这就是晋国强大的原因所在。如果再修明政治，那么我们魏国称霸天下的条件就具备了。”吴起回答说：“我们国君所说的，是危害国家的话；但是你又附和他，这就更加危险了。”魏武侯气愤地说：“你说的话有什么说道吗？”

吴起回答说：“河山险峻，其实是不足以保全国家的；霸业是从来不会在河山险峻的地方建立的。过去三苗所居住的地方，左边有彭蠡湖，右边有洞庭湖，文山在它的南面，衡山在它的北面。虽然有这些天险来依靠，但是国家的政事治理不好，结果大禹赶走了他们。夏桀的国家，左面是天门山的北麓，右边是天溪山的南边，庐山和峄山在它的北面，伊水和洛水流经它的南面。虽然有这些天险来依靠，但是国家的政治没有处理好，结果被商汤取代了。殷纣的国家，左边有孟门山，右边有漳水和釜水，前面是黄河，后面依靠着大山。虽然有这样的天险可以依靠，但是国家的政治处理不好，结果武王攻破了它。而且您曾经亲自率领我们攻取了多少城邑，那些城邑的城墙并不是不高，城里的百姓也并不是不多，然而依然能够攻破它们，都是他们政治治理得不好的缘故。由此看来，依靠地形的险峻，哪里足以成就霸业呢？”

魏武侯说：“很好。我今天终于听到圣人的高论了！西河的政务，全都交给你了。”

※读解

魏武侯看到山河险峻就忘乎所以了，而他身边的臣子也都随声附和，当众人的观点都相同的时候，那也就是最危险的时候了。当有了反对意见，那就有了更好的选择，更何况是像吴起这样的忠言相告。

孟子早就提出，“天时不如地利，地利不如人和”，一语道破天机。而贾谊的《过秦论》认为一统天下的强秦在戍卒之众的高呼之下一命呜呼，得出了“仁义不施而攻守之势异也”的结论。从古至今，国家兴衰之道并不是取决于地形的险要与否，而在于人心的向背。

自诩为“天朝上国”的清朝，不屑于同国外的蛮夷互通有无，实行陈腐没落的“闭关锁国”政策，以至于中国被西方的列强用枪炮攻开了大门，就是这方面的反例。

苏子为赵合从说魏王

※原文

苏子为赵合从，说魏王曰："大王之地，南有鸿沟、陈、汝南，有许、鄢、昆阳、邵陵、舞阳、新郪；东有淮、颍、沂、黄、煮枣、海盐、无踈；西有长城之界；北有河外、卷、衍、燕、酸枣，地方千里。地名虽小，然而庐田庑舍，曾无所刍牧牛马之地。人民之众，车马之多，日夜行不休已，无以异于三军之众。臣窃料之，大王之国不下于楚。然横人①谋王，外交强虎狼之秦，以侵天下，卒有国患，不被其祸。夫挟强秦之势，以内劫其主，罪无过此者。且魏，天下之强国也；大王，天下之贤主也。今乃有意西面而事秦，称东藩，筑帝宫，受冠带，祠春秋，臣窃为大王愧之。

※注释

①横人：为秦国推行连横政策的人，指的是张仪。

※译文

苏秦为了赵国的合纵政策来游说魏襄王说："大王的国土，南边有鸿沟、陈地、汝南，有许地、鄢地、昆阳、邵陵、舞阳、新郪；东边有淮水、颍水、沂水、外黄、煮枣、海盐、无踈；西有长城的边界；北有河外、卷地、衍地、燕地、酸枣，土地方圆千里。地方名义上虽然狭小，但房屋田舍十分密集，以至于没有放牧牛马的地方。百姓为数众多，车马也非常多，日夜奔驰不绝，和三军士兵的声势相比几乎没有什么区别。我私下里估计，大王的国家实力不亚于楚国。然而那些主张连横的人，却劝说大王结交如虎狼一样残暴的秦国，来和它一起侵犯天下各国，最终如果国家遭遇到了祸患，他们又不肯为您分担祸患。他们倚仗着强秦的势力，在国内胁迫他的君主，所犯下的罪过没有比这更大的了。而且魏国是天下的强国；大王是天下贤明的君主，如今却有意投靠西方而去侍奉秦国，称自己是秦国在东方的附属国，筑造秦国国君的行宫，接受秦国的赏赐，春秋两季还向它朝贡祭祀，我因此私下里为大王感到惭愧。

※原文

"臣闻越王勾践①以散卒三千，禽夫差于干遂；武王卒三千人，革车三百乘，斩纣于牧之野。岂其士卒众哉？诚能振其威也。今窃闻大王之卒，武力二十余万，苍头二千万，奋击二十万，厮徒十万，车六百乘，骑五千匹。此其过越王勾践、武王远矣。今乃劫于辟臣之说，而欲臣事秦。夫事秦必割地效质，故兵未用而国已亏矣。凡群臣之言事秦者，皆奸臣，非忠臣也。夫为人臣，割其主之地以求外交，偷取一旦之功而不顾其后。破公家而成私门，外挟强秦之势以内劫其主，以求割地，愿大王之熟察之也。《周书》曰：'绵绵不绝，缦缦奈何？毫毛不拔，将成斧柯。'前虑不定，后有大患。将奈之何？大王诚能听臣，六国从亲，专心并力，则必无强秦之患。故敝邑赵王使使臣献愚计，奉明约，在大王诏之。"魏王曰："寡人不肖，未尝得闻明教。今主君以赵王之诏诏之，敬以国从。"

※注释

①勾践：春秋末越国国君（前 497—前 465）。又称菼执。曾败于吴，屈服求和。后卧薪尝胆，发愤图强，重用范蠡、文种等治国，十年生聚，十年教训，使越国终成强国。公元前 482 年灭吴。

※译文

"我听说越王勾践凭借着三千军纪不整的士兵，在干遂生擒了夫差；周武王只有三千名士兵，三百辆战车，而在牧野斩杀了商纣王。难道他们的士兵很多吗？其实是他们能振奋自己的雄威啊！现在我听说大王的兵力，有训练有素的士兵二十万，用青布裹头的士兵二十万，精兵二十万，后备军队十万，战车六百辆，战马五千匹。这要远远超过了越王勾践和武王的兵力。现在迫于谗佞之臣的论调，却要臣服秦国。侍奉秦国必须要割让土地送去人质，因此军队还没有派上用场，国家的元气就已经亏损了。群臣中凡是主张侍奉秦国的，都是奸臣，而不是忠臣。作为人臣，却主张割让君主的土地，来和外国勾结，私下里得到一时的功名和好处，却不顾将来的忧患，损害国家的利益，满足一己的私利，在国外仰仗强秦的威势，在国内胁迫自己的君主，来请求割让国家土地，希望大王对此详细地加以审查。《周书》说：'微弱时如不及早斩断，等到长大了还能拿它怎么办？幼苗的时候如果不抓住时机将它铲除，等到将来长大了就要用斧头砍。'事先不能当机立断，事后就会有大祸等着，到那时不知该怎么办？如果大王真的能听从我的建议，六国合纵相亲，齐心合力，那么必然不会遭受强秦的侵犯。因此敝国国君赵王派我来进献愚计，奉上盟约，听凭大王诏令。"魏王说："我不贤能，以前从未听过这样高明的指教。今天您用赵王的诏令来教导我，我愿意以我的国家来听信你的建议。"

※读解

苏秦游说魏王，首先指出魏国在地理位置、土地的出产等方面的优势来为魏王树立信心，增强其作为一个主权国家的自尊心，在此基础上来劝说魏王不要卑躬屈膝地去侍奉秦国。继而引用无可辩驳的历史史实，来说明参加连横、侍奉秦国的不可取，如在劝说魏王的时候引用了越王勾践三千越甲吞并吴国和周武王三百辆战车就推翻商纣王的残暴统治，来说明秦国并不可怕，但是需要六国联合起来，共同对抗它。苏秦的劝说似乎落于俗套，他到六国劝说，基本上都是采取这样的路数。但他的劝说往往起到立竿见影的效果，让面前的国君立刻就树立了信心，决定要参加苏秦的合纵政策联盟，和其他的国家一起来对抗虎狼秦国。

苏秦的劝说，旁征博引，气势浩大。他切实站在对方的立场上考虑问题，为对方指出一条既有尊严又有实际好处的光明大道来，而且他的设想往往给人一种可以实现的前景，使对方不得不进入他的主题，接受他的劝说。

张仪为秦连横说魏王

※原文

张仪为秦连横，说魏王①曰："魏地方不至千里，卒不过三十万人。地四平，诸侯四通，条达辐辏，无有名山大川之阻。从郑至梁，不过百里；从陈至梁，二百余里。马驰人趋，不待倦而至梁。南与②楚境，西与韩境，北与赵境，东与齐境，卒戍四方。守亭障者参列。粟粮漕庾，不下十万。魏之地势，故战场也。魏南与楚而不与齐，则齐攻其东；东与齐而不与赵，则赵攻其北；不合于韩，则韩攻其西；不亲于楚，则楚攻其南。此所谓四分五裂之道也。

※注释

①魏王：即魏襄王。②与：接壤。

※译文

张仪为秦国推行连横政策，游说魏襄王说："魏国的土地方圆不到一千里，士兵不超过三十万人。四周的地势平坦，和四方的诸侯来往便利，就像车轮辐条都集聚在车轴上一样，也没有高山大川的阻塞。从郑国到魏国，路程不超过一百里；从陈国到魏国，只有二百余里。马驰人随，不等疲倦就到了魏国。南边和楚国接壤，西边和韩国接壤，北边和赵国接壤，东边和齐国接壤，魏国士兵守卫四方国境。守境的小亭和屏障都连接成排。运粮的河道和储米的粮仓，不少于十万。魏国的地势，本来就是适合作战的地方。如果魏国向南亲近楚国而不亲近齐国，那齐国就会进攻你们的东面；

向东亲近齐国而不亲近赵国，赵国就会由北面来进攻你们的北面；如果不与韩国联合，那么韩国就会攻打你们的西面；如果不和楚国亲近，它就会攻打你们的南面。这就是所说的四分五裂的地势。

※原文

“且夫诸侯之为从者，以安社稷、尊主、强兵、显名也。合从者，一天下，约为兄弟，刑白马以盟于洹水①之上，以相坚也。夫亲昆弟，同父母，尚有争钱财。而欲恃诈伪反覆苏秦之余谋，其不可以成亦明矣。大王不事秦，秦下兵攻河外，拔卷、衍、燕、酸枣，劫卫取晋阳，则赵不南；赵不南则魏不北，魏不北，则从道绝。从道绝，则大王之国欲求无危，不可得也。秦挟韩而攻魏，韩劫于秦，不敢不听。秦、韩为一国，魏之亡可立而须也，此臣之所以为大王患也。为大王计，莫如事秦，事秦则楚、韩必不敢动；无楚、韩之患，则大王高枕而卧，国必无忧矣。

※注释

①洹水：今名安阳河，从林县隆虑山向东流，经安阳到内黄附近入卫河。

※译文

“再说各国的诸侯联合组成合纵联盟，来使社稷安定、国君尊贵、兵力强大、名声显赫。各国诸侯联合组成合纵联盟，约定结成兄弟，在洹水之滨宰杀白马，歃血为盟，来表示信守盟约。但是，即使是同一父母所生的亲兄弟，尚且还有为争夺钱财而打斗的。而您却想依靠欺诈虚伪、反复无常的苏秦所残留下来的计策，这不可能成功是很明显的了。如果大王不侍奉秦国，秦国就要派出军队来进攻河外，攻占卷、衍、燕、酸枣等地，胁迫卫国夺取晋阳，那么赵国无法南下支援魏国；赵国不能南下，那么魏国也就不能北上联合赵国；魏国不能联络赵国，那么合纵的盟约就中断了。合纵盟约一中断，那么大王想要自己的国家不危险，那就不可能了。秦国如果挟制韩国来攻打魏国，韩国迫于秦国的压力，一定也不敢不听从。秦、韩两国联合，那魏国离灭亡就不远了，这就是我为大王担心的原因。我为大王考虑，您不如侍奉秦国，那么楚、韩两国一定不敢轻举妄动；没了楚、韩两国的扰乱，大王就可以高枕无忧了，国家也一定不会有忧患了。

※原文

“且夫秦之所欲弱莫如楚，而能弱楚者莫若魏。楚虽有富大之名，其实空虚；其卒虽众，多言而轻走，易北，不敢坚战。魏之兵南面而伐，胜楚必矣。夫亏楚而益魏，攻楚而适秦，内嫁祸安国，此善事也。大王不听臣，秦甲出而东，虽欲事秦而不可得也。且夫从人多奋辞而寡可信，说一诸侯之王，出而乘其车；约一国而反，成而封侯之基。是故天下之游士，莫不日夜搤腕瞋目切齿以言从之便，以说人主。人主览其辞，牵其说，恶得无眩哉？臣闻积羽沉舟，群轻①折轴，众口铄金，故愿大王之熟计之也。”魏王曰：“寡人蠢愚，前计失之。请称东藩，筑帝宫，受冠带，祠春秋，效河外。”

※注释

①群轻：质量轻的东西。

※译文

“再说秦国想要削弱的就是楚国，而能抑制楚国的也就是魏国了。楚国虽然有富足强大的名声，但实际上是很空虚的；它的士兵虽然很多，但大部分很容易逃跑，容易败北，是不敢打硬仗的；如果出动魏国军队向南讨伐，必定能战胜楚国。这样让楚国吃亏而使魏国得到好处，攻打楚国来取悦秦国，把灾祸转嫁给别的国家，安定自己的国家，这是件很好的事情。大王如果不听我的意见，秦军出动，即使想再来侍奉它也是不可能的了。况且那些推行合纵政策的人大都是夸大其词，是不可以信赖的，他们游说哪一个国君，出来就乘坐哪个国君赏赐给他的车子，联合成功一个诸侯然后返回故国，就能被封为公侯。所以天下的游说之士，每天都握着手腕，瞪着眼睛，咬牙切齿来谈论合纵联盟的好处，来游说国君。国君们接受他们的游说，为他们的空话所动，哪里会不头昏目眩呢？我听说羽毛多了也能够压沉船只，轻的东西装多了也可以压断车轴，众口一词也能够熔化金属，所以请大王仔细考虑这个问题。”魏王说：“我很愚笨，以前所采取的策略是错误的。我愿意做秦国东方的藩臣，为秦王修筑行宫，接受秦国的封赏，春秋两季朝贡祭祀，割让河外。”

※读解

苏秦所争取的对象，也正是张仪所要拉拢的对象。但苏秦往往是增强六国国君的自信心，但张仪却在瓦解六国作为一个独立的主权国家的自信心。他虽然也在最开始的时候指出对方的有利条件，但随后就转入从各个方面进行瓦解，破坏对方国家的信心，指出对方的国家不参加连横就无法自保，只有依靠强大的秦国才能求得生存的权利。

由此看来，这两个昔日的同窗在互相拆台，为了不同的国家利益和政治理想，用同一个老师所给予的思想武器互相攻击。而各个国家之间的力量牵制和政策倾向是张仪劝说魏王所经常提及的，他的预测使面前的游说客体看到的不是自己作为一个有尊严的国家所应该具有的前景，而是建立在卑躬屈膝侍奉秦国的基础上才能享有的生存权利。

张仪以秦相魏

※原文

张仪以秦相魏，齐、楚怒而欲攻魏。雍沮谓张子曰：“魏之所以相公者，以公相则国家安，而百姓无患。今公相而魏受兵，是魏计过也。齐、楚攻魏，公必危矣。”张子曰：“然则奈何？”雍沮曰：“请令齐、楚解攻。”

雍沮谓齐、楚之君曰：“王亦闻张仪之约秦王乎？曰：‘王若相仪于魏，齐、楚恶仪，必攻魏。魏战而胜，是齐、楚之兵折，而仪固得魏矣；若不胜魏，魏必多①秦以持其国，必割地以赂王。若欲复攻，其敝不足以应秦。’此仪之所以与秦王阴相结也。今仪相魏而攻之，是使仪之计当与秦也，非所以穷仪之道也。”齐、楚之王曰：“善。”乃遽②解攻于魏。

※注释

①多：称赞，这里是投靠的意思。②遽：立刻。

※译文

张仪凭借秦国的势力出任魏国的相国，齐、楚两国对此很恼怒，想要联合进攻魏国。雍沮对张仪说：“魏国之所以让您做相国，是他们认为您做相国国家就能够得以安宁，而且百姓不会遭受战祸。现在您做相国，魏国却遭受战祸，这表明魏国的计策是错误的。如果齐、楚两国进攻魏国，您的处境就危险了。”张仪说：“这样的话，那该怎么办呢？”雍沮说：“请让我去劝说齐、楚两国放弃进攻魏国。”

雍沮对齐、楚两国的国君说：“大王也曾经听说过张仪和秦惠文王订立密约的事吗？张仪说：‘大王如果能让我到魏国做相国，齐、楚两国的国君恨我，必然会进攻魏国。如果魏国战胜了，齐、楚两国的兵力就会遭受损失，我就自然出任魏相；如果魏国战败，魏国必定投靠秦国来保全自己的国家，必然割地来贿赂大王。如果齐、楚两国再来进攻魏国，它们的军队已经十分疲惫，怎么能与秦国对抗呢！’这就是张仪和秦王暗中勾结的原因。现在你们因为张仪做了魏国的相国而去进攻魏国，这就会促使张仪的计谋实现，而不是使张仪陷于困境的好办法。”齐、楚两国的君主都说：“对。”于是立即停止进攻魏国。

※读解

张仪的连横政策遭到了普遍的反感，这可能是因为秦国所推行的连横政策在本质上是要灭亡六国。本篇也是反战的篇目，但它的主观目的并不是反战，而是张仪为了保全自己，只是在客观了达到了免去战争的效果。

犀首田盼欲得齐魏之兵伐赵

※原文

犀首①、田盼欲得齐、魏之兵以伐赵，梁君与田侯不欲。犀首曰："请国出五万人，不过五月而赵破。"田盼曰："夫轻用其兵者，其国易危；易用其计者，其身易穷。公今言破赵大易，恐有后咎。"犀首曰："公之不慧也。夫二君者，固已不欲矣，今公又言有难以惧之，是赵不伐，而二士之谋困也。且公直言易，而事已去矣。夫难搆②而兵结③，田侯、梁君见其危，又安敢释卒不我予乎？"田盼曰："善。"遂劝两君听犀首。犀首、田盼遂得齐、魏之兵。兵未出境，梁君、田侯恐其至而战败也，悉起兵从之，大败赵氏。

※注释

①犀首：公孙衍，战国魏国阴晋人，曾经为秦大良造，后相魏，又以"五国相王"故事佩五国相印，史书多以犀首称之。②搆：通"构"，建立，组织。③兵结：两军开始交战。

※译文

犀首和田盼想要率领齐、魏两国的军队来进攻赵国，魏王和齐王不想把军队交给他们。犀首说："请两国各出五万人的兵力，用不了五个月我就能灭亡赵国。"田盼说："轻易用兵的国家，容易遭遇危难；轻易使用计谋的人，容易陷入危险。今天您说的攻破赵国也太容易了，恐怕会有后患。"犀首说："您这就不聪明了。那两位国君，本来就已经不想将军队派出了。现在您又说出困难来吓唬他们，这样不但赵国无法攻打，而且我们两人的谋划也要无法实现了。如果您直接说很容易，那么两位国君的顾虑也就消除了。到了双方军队交战，士兵厮杀在一起，齐王和魏王看到他们所处的危险，又怎么敢放着军队不交给我们使用呢？"田盼说："对。"于是就一起劝说两位国君听从犀首的建议。犀首、田盼于是得到齐、魏两国军队的军权。军队还没有开出国境，魏王和齐王就已经担心他们到了赵国要打败仗，就调集全部的军队跟随在后面，结果彻底攻破了赵国。

※读解

借兵就如同借东西一样，要考虑人家想不想借给你。如果不想借给你，那么就需要考虑话该怎么说才能借到你所需要的东西。

田盼的说辞无异于吓退两个国君，这样是不会达到目的的。犀首就棋高一着，消除了两位国君的顾虑，轻轻松松就将军队借来，不仅如此，还将齐王和魏王的全部军队都调集过来。这都是他了解两位国君的心理的缘故。

魏惠王死

※原文

魏惠王死，葬有日①矣。天大雨雪，至于牛目，坏城郭，且为栈道而葬。群臣多谏太子者，曰："雪甚如此而丧行，民必甚病之。官费又恐不给，请弛期②更日。"太子曰："为人子，而以民劳与官费用之故，而不行先王之丧，不义也。子勿复言。"群臣皆不敢言，而以告犀首。犀首曰："吾未有以言之也，是其唯惠公乎！请告惠公。"

※注释

①有日：有了确定的日期，也就是将日期确定好了。②弛期：延缓日期。

※译文

魏惠王死了，举行葬礼的日子已经确定下来了。但是那天天上下起了大雪，地上的积雪深得几乎能没到了牛的眼睛，城郭的路无法通行，太子准备用木板修成栈道来送葬。群臣大都谏阻太子，说："雪下得这么大还要送葬，百姓必定会感到痛苦。国家的开支又恐怕不够，请延期举行葬礼吧。"太子说："做儿子的因为百姓辛苦和国家开支不够，就不按期举行先王的葬礼，这是不符合道义的。你们就不要再说了。"大臣们都不敢再劝说，就把这件事告诉了犀首。犀首说："我也没有办法劝说他，这事只有惠公能够办到，让我去告诉惠公。"

※原文

惠公曰："诺。"驾而见太子曰："葬有日矣？"太子曰："然。"惠公曰："昔王季历葬于楚山之尾，亦水啮①其墓，见棺之前和②。文王曰：'嘻！先君必欲一见群臣百姓也夫，故使栾水见之。’于是出而为之张于朝，百姓皆见之，三日而后更葬。此文王之义也。今葬有日矣，而雪甚，及牛目，难以行，太子为及日之故，得毋嫌于欲亟葬乎？愿太子更日。先王必欲少留而扶社稷、安黔首也，故使雪甚。因弛期而更为日，此文王之义也。若此而弗为，意者羞法文王乎？”太子曰：“甚善。敬弛期，更择日。”惠子非徒行其说也，又令魏太子未葬其先王而因又说文王之义。说文王之义以示天下，岂小功也哉！

※注释

①啮：咬，这里是侵蚀的意思。②和：棺材两头的木板。

※译文

听了犀首的话，惠公说：“好吧。”他驾着车去见太子，说：“举行葬礼的日期已经定下来了吗？”太子说：“已经定下来了。”惠公说：“过去周王季历埋葬在终南山的山脚下，从地下渗漏出来的水侵蚀了他的坟墓，露出棺材前面的横板。周文王说：‘啊！先王一定是想再看看群臣和百姓吧，所以才让渗漏的水把棺木露了出来。’于是就把棺木挖了出来，在上面搭起个灵棚，百姓都见到了，过了三天之后才改葬。这是文王的义举啊！现在举行葬礼的日期虽然已经定了下来，但是外面雪下得太大，甚至没到牛的眼睛了，灵车无法行走，太子为了能按期下葬就不顾困难，这是不是有些急于将先王安葬了事的嫌疑啊？希望太子改期安葬。先王一定是想稍微停留一下，再来扶持一下他的国家，安抚一下他的百姓，所以才让雪下得这么大。据此推迟葬期，来另外选择吉日，这是和文王一样的大义啊！遇到像这样的情况还不改日安葬，想来是把效法文王当作羞耻了吧？”太子说：“你说得非常好。那就延期安葬，再择吉日吧。”惠公不仅仅是实践了自己的主张，并且还让魏太子不匆忙安葬先王，而借此机会宣扬了周文王的义举。将周文王的仁仪昭示于天下，这难道是很小的功劳吗？

※读解

自然界的变化影响着人类的活动。虽然惠公劝说魏太子的话，在现代的我们看来，是唯心的、荒诞的，但魏太子听信了他的劝说，惠公巧妙地借用天与人的感应，达到了自己的目的。在劝说别人的实践中，其实所有的事物都是我们可以借鉴的，只要能够达到我们的目的，我们就可以拿来为我所用。

劝说别人，应最大限度地揣测对方的心理，以积极的话语来激励对方，让对方看到他所愿意看到的景象。这样就更加有利于我们劝说成功。有时候，说些恭维的话，并不一定就是拍马屁，而是能够让对方接受我们的劝谏，达到我们的目的，又有什么不可以的呢？

庞葱与太子质于邯郸

※原文

庞葱[1]与太子质于邯郸，谓魏王曰："今一人言市有虎，王信之乎？"王曰："否。""二人言市有虎，王信之乎？"王曰："寡人疑之矣。""三人言市有虎，王信之乎？"王曰："寡人信之矣。"庞葱曰："夫市之无虎明矣，然而三人言而成虎。今邯郸去大梁也远于市，而议臣者过于三人矣。愿王察之矣。"王曰："寡人自为知。"于是辞行，而谗言先至。后太子罢质，果不得见。

※注释

①庞葱：魏国大臣。

※译文

庞葱要陪太子到邯郸去做质子，他对魏王说："现在如果有一个人说市场上有老虎，您相信吗？"魏王说："不信。"庞葱说："如果有两个人说市场上有老虎，大王相信吗？"魏王说："那我就感到疑惑了。"庞葱又说："如果三个人都说市场上有老虎，大王相信吗？"魏王说："那我就要相信了。"庞葱说："市场上不会有老虎那是很明显的，但是三个人说有老虎，那就听起来真有老虎了。现在邯郸离大梁，比我们到市场的距离还要远，而非议我的人也不止三个。愿大王能明察那些非议我的人所说的话。"魏王说："我知道该怎么做。"于是庞葱告辞而去，而非议他的话就事先传到了魏王那里。后来太子完成了做质子的任务，庞葱果然就不能再见魏王了。

※读解

谎言重复千遍，就会被当成真理，要调查研究，防止上当受骗。

市场上是人群集中的地方，当然不会有老虎。说市场上有老虎，显然是造谣、欺骗，但许多人这样说了，如果不从事物真相上看问题，也往往会信以为真。这个故事后来被引申为"三人成虎"这句成语，用来比喻有时谣言可以掩盖真相。判断一件事情的真伪，必须经过细心考察和思考，不能道听途说。否则三人成虎，有时会误把谣言当成是真实的。

梁王魏婴觞诸侯于范台

※原文

梁王魏婴觞①诸侯于范台。酒酣，请鲁君举觞。鲁君兴，避席②择言曰："昔者帝女令仪狄作酒而美，进之禹，禹饮而甘之，遂疏仪狄，绝旨酒，曰：'后世必有以酒亡其国者。'齐桓公夜半不嗛，易牙乃煎敖燔炙，和调五味而进之，桓公食之而饱，至旦不觉，曰：'后必有以味亡其国者。'晋文公得南之威，三日不听朝，遂推南之威而远之，曰：'后世必有以色亡其国者。'楚王登强台而望崩山，左江而右湖，以临彷徨，其乐忘死，遂盟强台而弗登，曰：'后世必有以高台陂池亡其国者。'今主君之尊，仪狄之酒也；主君之味，易牙之调也；左白台而右闾须，南威之美也；前夹林而后兰台，强台之乐也。有一于此，足以亡其国。今主君兼此四者，可无戒与！"梁王称善相属。

※注释

①觞：宴请。②避席：离开坐席。

※译文

魏惠王魏婴在范台宴请各国的诸侯。喝到酣畅的时候，魏惠王向鲁君敬酒。鲁君站起身来，离开自己的坐席，正色说："过去舜帝的女儿仪狄酿的酒味道醇美。仪狄把酒献给了禹帝，禹帝喝了之后也觉得味道醇美。但因此就疏远了仪狄，戒绝了美酒，并且说道：'后代一定有因为美酒而使国家灭亡的。'齐桓公有一天半夜里觉得肚子饿了，想吃点东西。易牙就煎熬烧烤，做出美味可口的菜肴给他送上，齐桓公吃得很饱，睡到天大亮了还不醒，到醒了之后说：'后代一定有因贪食美味而使国家灭亡的。'晋文公得到了美女南之威，三天都没有上朝理政，于是就把南之威打发走了，说：'后代一定有因为贪恋美色而使国家灭亡的。'楚灵王登上强台眺望崩山，左边是长江，右边是大湖，登上强台踱步，感到身临山水之间的乐趣而忘记了人还会死，于是在强台上发誓不再沉醉于山水，说：'后代一定有因为修高台和美池而使国家灭亡的。'现在您的酒杯里盛的如同仪狄酿的美酒；桌上放的如同易牙烹调出来的佳肴；您左边的白台，右边的闾须，都如同是南之威一样的美女；您的前边有夹林，后边有兰台，此刻所处的是强台一样的游乐之地。只要有一样在这里，就能够使国家灭亡，可是现在这四样您都有，能不警戒吗？"魏惠王听了，称赞鲁君的话说得非常好。

※读解

鲁君所说的话，是一个清醒的臣子所说的话。魏惠王宴请诸侯之时，正是欢乐忘忧的时刻。取得了一定的成绩，人们就容易志得意满起来，而这时最需要的就是如同鲁君这样的清醒之人，上前说一段清醒的话，使快意中人能够乐不忘忧，安不忘危，这样才能永保太平。

鲁君提到了四个帝王的四个细节。禹帝、齐桓公、晋文公、楚灵王都是比较有作为的帝王，鲁君以他们来作为例子加以印证自己的观点，是比较能够使魏王接受的。虽然他们的细节不一定是真实的，但这种清醒的认识却是真实的，是魏王切实能够做到的。四个帝王分别对应四个方面：美酒、美食、美色、美景。这是人世间所能够享受到的最快乐的四种乐事，鲁君的意思是在劝说魏王能够注意这四个方面，不要沉溺于此，以免被四个帝王的四句话所言中，造成国亡身死的下场。鲁君的忠诚之心，都在这拳拳之言中了。

秦败魏于华

※原文

秦败魏于华，魏王且入朝于秦。周䜣谓王曰："宋人有学者，三年反而名其母①。其母曰：'子学三年，反而名我者何也？'其子曰：'吾所贤者，无过尧、舜，尧、舜名。吾所大者，无大天地，天地名。今母贤不过尧、舜，母大不过天地，是以名母也。'其母曰：'子之于学者，将尽行之乎？愿子之有以易名母也。子之于学也，将有所不行乎？愿子之且以名母为后也。'今王之事秦，尚有可以易入朝者乎？愿王之有以易之，而以入朝为后。"

※注释

①名其母：称呼他母亲的名字。

※译文

秦军在华地打败了魏军，魏王准备到秦国去朝贡。魏国大臣周䜣对魏王说："宋国有个外出求学的人，三年后回到家里，却直呼他母亲的名字。他母亲说：'你外出求学三年，回来后却直呼我的名字，这是什么缘故？'这个人说：'我觉得圣贤没有能超过尧、舜的，可是对尧、舜都能直接称呼他的名字；我觉得最大的事物没有比天地最大的了，可是对天地也能直呼它的名字。如今母亲的贤德超不过尧舜，大不过天地，所以才直呼母亲的名字。’他母亲说：‘你所学的知识，准备全部都拿来实行吗？那就希望你换个名字称呼我，不要直呼名字。你所学的知识，打算有所保留吗？若有的知识不拿来实行的话，希望你以后再直呼我的名字。’现在大王要侍奉秦王，还有其他的能够代替朝贡秦王的办法吗？希望大王换一种办法，把朝贡秦王的事推后一些。”

※原文

魏王曰：“子患寡人入而不出邪？许绾为我祝①曰：‘入而不出，请殉寡人以头。’”周䜣对曰：“如臣之贱也，今人有谓臣曰，入不测之渊而必出，不出，请以一鼠首为女②殉者，臣必不为也。今秦不可知之国也，犹不测之渊也；而许绾之首，犹鼠首也。内王于不可知之秦，而殉王以鼠首，臣窃为王不取也。且无梁孰与无河内急？”王曰：“梁急。”“无梁孰与无身急？”王曰：“身急。”曰：“以三者，身，上也；河内，其下也。秦未索其下，而王效其上，可乎？”

王尚未听也。支期曰：“王视楚王。楚王入秦，王以三乘先之；楚王不入，楚、魏为一，尚足以捍秦。”王乃止，王谓支期曰：“吾始已诺于应侯矣，今不行者欺之矣。”支期曰：“王勿忧也。臣使长信侯请无内王，王待臣也。”

※注释

①祝：起誓，发誓。②女：同“汝”，你。

※译文

魏王说：“你担心我到了秦国就回不来了是吗？许绾曾经向我发誓，说：‘如果去秦国不能返回，就请砍掉我的脑袋为您殉葬。’”周䜣对魏王说：“像我这样低贱的人，如果有人对我说：‘你跳入不可测量的深渊，一定能出来；如果出不来，我就用一只老鼠的脑袋为你殉葬。’我必定是不跳的。秦国是无法猜测的国家，就像不可测量的深渊；而许绾的脑袋就像老鼠的脑袋一样。让大王进入不可猜测的秦国，却用一只老鼠的脑袋做担保，我私下里认为大王不能这样做。而且大王你认为丢掉大梁和丢掉河内哪个更要紧？”魏王说：“丢掉大梁要紧。”周䜣说：“丢掉大梁和丢掉性命哪个更要紧？”魏王说：“性命更要紧。”周䜣说：“河内、大梁、性命，这三者当中性命是最重要的，河内是次要的。秦国还没有索要次要的，而大王却主动送上最重要的，这可行吗？”

魏王没有采纳周䜣的建议。支期劝说魏王说：“大王可以静观楚王，如果楚王到秦国去的话，大王就带三辆战车先期到秦国去；如果楚王不去的话，楚、魏两国的军队联合在一起，还能抵抗秦国的军队。”魏王于是取消了去秦国的计划。魏王对支期说：“我当初已经答应秦国的应侯范雎了，现在不去的话就是欺骗应侯了。”支期说：“大王不用担心，我让长信侯去应侯那里，就能让大王不用去秦国，请大王等待我的消息。”

※原文

支期说于长信侯曰：“王命召相国。”长信侯曰：“王何以臣为？”支期曰：“臣不知也，王急召君。”长信侯曰：“吾内王于秦者，宁以为秦邪？吾以为魏也。”支期曰：“君无为魏计，君其自为计。且安死乎？安生乎？安穷乎？安贵乎？君其先自为计，后为魏计。”长信侯曰：“楼公①将入矣，臣今从。”支期曰：“王急召君，君不行，血溅君襟矣。”

长信侯行，支期随其后。且见王，支期先入谓王曰：“伪病者乎而见之，臣已恐之矣。”长信侯入见王，王曰：“病甚奈何？吾始已诺于应侯矣，意虽道死，行乎？”长信侯曰：“王毋行矣！臣能得之于应侯，愿王无忧。”

※注释

①楼公：即楼缓，前后侍奉赵武灵王和秦昭襄王两位著名的君王，活动时间跨度有四五十年，多次损害赵国。

※译文

支期对长信侯说：“大王下令要召见您。”长信侯说：“你知道大王召见我是为了什么事吗？”支期说：“我不知道，只知道大王着急要召见你。”长信侯说：“我让大王去秦国，难道是为了秦国吗？我是为了魏国。”支期说：“您不要替魏国打算了，您还是先为自己打算吧。您是乐意死呢，还是乐意活？您是乐意贫穷呢，乐意富贵？您还是先为自己打算，然后再替魏国打算吧。”长信侯说：“楼缓将要来了，请让我和他一起去见大王。”支期说：“大王紧急召见您，您不去的话，恐怕鲜血就要溅在您衣襟上了！”

长信侯这才动身去见魏王，支期跟在他身后。就要见到魏王的时候，支期先进去对魏王说：“您装成有病的样子来接见长信侯，我已经将他吓住了。”长信侯进来拜见魏王。魏王说：“我病得很重，怎么办呢？我当初已经许诺给应侯了，所以我即使死在路上也要去秦国，还要去吗？”长信侯说：“大王不要去了！我能让应侯免召您到秦国去，请大王不要担忧。”

※读解

还记得饿死在共地松柏间的齐王建吗？齐王建不听众人的劝阻，执意要去秦国，结果得到了那么悲惨的下场。本篇里的魏王也受到了邀请，执意要去秦国。但魏王还算能够听进去不同意见的国君，所以他免受了悲惨的下场。

战国时代的国际政治，充满了尔虞我诈。国家和国家之间是没有诚信可言的，如果轻信了那虚假而动听的政治套语，那就只能作茧自缚，自食其果。

周䜣的劝谏是很有说服力的，他通过一个小故事来劝阻魏王，使魏王逐渐看清楚了孰轻孰重，看清了事态的真相。但魏王此时脑袋还在发热，是无法听进去不同的意见的。后来在支期的积极参与之下，用装病的方法骗过了长信侯，才免去了自己的灾祸。

齐欲伐魏

※原文

齐欲伐魏，魏使人谓淳于髡①曰："齐欲伐魏，能解魏患，唯先生也。敝邑有宝璧二双，文马二驷，请致之先生。"淳于髡曰："诺。"入说齐王曰："楚，齐之仇敌也；魏，齐之与国也。夫伐与国，使仇敌制其余敝，名丑而实危，为王弗取也。"齐王曰："善。"乃不伐魏。

客谓齐王曰："淳于髡言不伐魏者，受魏之璧、马也。"王以谓淳于髡曰："闻先生受魏之璧、马，有诸？"曰："有之。""然则先生之为寡人计之何如？"淳于髡曰："伐魏之事不便，魏虽刺髡，于王何益？若诚不便，魏虽封髡，于王何损？且夫王无伐与国之诽，魏无见亡之危，百姓无被兵之患，髡有璧、马之宝，于王何伤乎？"

※注释

①淳于髡：(约公元前386年—前300年)，齐国赘婿，齐国稷下学士，齐威王用为客卿，被赐列第为上大夫，不治政而议论，著书立说，成家成派，对战国时的思想、文化有一定贡献。

※译文

齐国想要攻打魏国，魏国派人游说齐国大臣淳于髡说："齐国想要攻打魏国，能解除魏国祸患的，只有先生您一个人。敝国有宝璧两双，四马拉的纹彩马车两辆，请让我送给先生。"淳于髡说："好吧。"于是淳于髡就进宫劝说齐威王，说："楚国是齐国的仇敌，魏国是齐国的盟国。现在要攻打盟国，给仇敌机会来进攻我国作战之后疲惫的军队，这样做的话，不但名声不好，而且还会招来危险，我认为大王不应该这样做。”齐威王说：“好。”于是齐王就取消了攻打魏国的计划。

有个说客对齐威王说：“淳于髡劝您不要攻打魏国，是因为他接受了魏国的璧玉和宝马啊，”齐威王于是问淳于髡说：“听说先生接受了魏国的璧玉和宝马，有这样的事情吗？”淳于髡说：“有这回事。”齐威王说：“这样的话，先生为我所出的主意是为了什么呢？”淳于髡说：“如果攻打魏国有利于我国的话，魏国就是杀死我，对大王又有什么好处呢？如果知道攻打魏国确实对齐国没有好处，魏国就是赏赐我，对大王又有什么损失呢？而且不攻打魏国，大王就没有攻打盟国的坏名声，而魏国也没有被灭亡的危险，百姓也不会遭受战乱忧患，我接受了璧玉和宝马，对大王来说又有什么损伤呢？”

※读解

齐国要攻打魏国，魏国贿赂淳于髡宝璧两双，四马拉的纹彩马车两辆，请求他劝说齐威王取消攻打魏国的计划。淳于髡接受了财物，为了魏国的利益去劝说齐威王取消战争。但他绝对没有站在魏国的立场上说话，而是在齐国发动对魏国的战争这件事上，巧妙地为齐国说话，所以能够有效地说服齐威王。

虽然事情的真相还是暴露了，但能言善辩的淳于髡以三个反问将齐王的责问给顶了回去，显出他机敏睿智的一面。

秦攻韩之管

※原文

秦攻韩之管，魏王发兵救之。昭忌曰：“夫秦强国也，而韩、魏壤梁。不出攻则已，若出攻，非于韩也必魏也。今幸而于韩，此魏之福也。王若救之，夫解攻者，必韩之管也；致攻者，必魏之梁也。”魏王不听，曰：“若不因救韩，韩怨魏，西合于秦，秦、韩为一，则魏危。”遂救之。秦果释管而攻魏。魏王大恐，谓昭忌曰：“不用子之计而祸至，为之奈何？”昭忌乃为之见秦王曰：“臣闻明主之听也，不以挟私为政，是参行①也。愿大王无攻魏，听臣也。”秦王曰：“何也？”昭忌曰：“山东之从，时合时离，何也哉？”秦王曰：“不识也。”曰：“天下之合也，以王之不必也；其离也，以王之必也。今攻韩之管，国危矣，未卒而移兵于梁，合天下之从，无精于此者矣。以为秦之求索，必不可支也。故为王计者，不如齐赵，秦已制赵，则燕不敢不事秦，荆、齐不能独从。天下争敌于秦，则弱矣。”秦王乃止。

※注释

①参行：“参”通“三”。这里是共同决定再实行。

※译文

秦国攻打韩国的管城，魏王派出军队援救韩国。昭忌对魏王说：“秦国是强国，而韩、魏两国和秦国接壤。秦国不去进攻也就算了，一旦派军队进攻，所进攻的不是韩国，就是魏国。现在幸亏攻打的是韩国，这是魏国的幸运。大王如果救援韩国，那么解除包围的，一定是韩国的管城；招来进攻的，一定是魏国的大梁。”魏王不听信昭忌的建议，说：“如果不借这个机会去营救韩国的话，韩国就会怨恨魏国，它向西和秦国联合起来，这样一来，魏国不就危险了吗？”于是就去援救韩国，秦国果然扔下管城来攻打魏国。魏王非常害怕，对昭忌说：“我没有采用你的计策，结果招来大祸，这该怎么办呢？”昭忌就代表魏王去拜见秦王说：“我听说贤明的国君听政的时候，是不会用一己的偏见来治理国家的，希望大王不要进攻魏国，听一听我的意见吧。”秦王说：“你的意见是什么？”昭忌回答说：“请问大王，崤山以东的六国，时而联合，时而分离，是什么原因呢？”秦王说：“不知道是什么原因。”昭忌说：“天下各国的诸侯之所以联合，是因为大王进攻的国家还没有明确；它们之所以又分裂，是因为大王进攻的国家已经确定了。如今秦国攻打韩国的管城，韩国危险，可是还没有个结果就转而攻打魏国，这样一来，各国的诸侯组织合纵联盟的愿望，没有比这个时候更为强烈了。各国都认为秦国这样攻打索取，肯定不会来支持您。所以我为大王考虑，不如先去制伏赵国。如果制伏了赵国，那燕国也就不得不服从您，楚和齐就无法合纵。如果各国诸侯都争着和秦国对抗的话，那么秦国就要衰弱了。”秦王于是停止了攻打魏国。

※读解

有些人就是不愿意听取不同的意见，结果造成被动的局面。但实践是检验真理的标准，等到事情的发展已经不是自己所认为的那样，这时候就会慌了神。事情没有变得那么坏还好，如果一下子就不可逆转，那么这些不愿意听取不同意见的人就要自食其果了，只有事实才能够使这些人警醒。

好在魏国还有像昭忌这样的大臣，所以能够暂时免遭战争的祸乱。昭忌劝说秦王，一语道明了战国时期崤山以东六国之间分分合合的原因所在。无论是合纵政策还是连横政策，起到根本作用的还是秦国的一举一动。而六国说客的努力奔走，也对秦国的对外方针起到了一定的作用。只是文中的赵国，如果遭到秦国的攻打，还不知道是昭忌为秦国出的主意呢！

魏王欲攻邯郸

※原文

魏王欲攻邯郸，季梁闻之，中道而反，衣焦①不申，头尘不去，往见王曰："今者臣来，见人于大行②。方北面而持其驾，告臣曰：'我欲之楚。'臣曰：'君之楚，将奚为北面？'曰：'吾马良。'臣曰：'马虽良，此非楚之路也。'曰：'吾用多。'臣曰：'用虽多，此非楚之路也。'曰：'吾御者善。''此数者愈善，而离楚愈远耳！'今王动欲成霸王，举欲信于天下。恃王国之大，兵之精锐，而攻邯郸，以广地尊名，王之动愈数，而离王愈远耳。犹至楚而北行也。"

※注释

①焦：衣服起皱纹或卷曲。②大行：大路。

※译文

魏王将要进攻邯郸，季梁听说了这件事，半路上就返回来，顾不上舒展开衣服的褶皱，也顾不得洗去头上的尘土，就急忙去拜见魏王，说："今天我回来的时候，在大路上碰见一个人。他正在向北赶他的车，他告诉我说：'我想到楚国去。'我说：'您既然要到楚国去，为什么要往北面走呢？'他说：'我的马好。'我说：'马即使再好，但是这不是去楚国的路。'他说：'我带的盘缠多。'我说：'盘缠即使再多，但这不是去楚国的路。'他又说：'我的车夫擅长赶车。'这几个方面越好，反而就会离楚国越远了！'现在大王每次行动都想要建立霸业，每次行动都想要在天下取得威信。然而凭借着魏国国力强大，军队精良，而去进攻邯郸，来扩张国家的土地，得到尊贵的名声，大王这样的行动越多，就离大王所追求的霸业越远。这和那个想到楚国去却向北走的人是一样的。"

※读解

本篇记载了一个成语：南辕北辙。辕向南，辙向北，比喻行动与目的相反，结果离目标越来越远。季梁所讲述的这个故事，最早形成的成语是"北辕适楚"，后来在流传过程中，人们习惯称之为"南辕北辙"，并引申出另一个成语"背道而驰"，意义是相同的。

季梁用南辕北辙的道理来劝说魏王要想“成霸王，举欲信于天下”，就不应该“恃王国之大，兵之精锐，而攻邯郸，以广地尊名”，指出魏王这样采用穷兵黩武的方法，就如同南辕北辙的那个人一样，越是努力，反而离目标越远。

季梁为了打动魏王，来了个现身说法，以自己的经历，带出了南辕北辙的故事，形象地说明了魏王的行动与自己的目的背道而驰的道理。其实这个故事并不一定就发生在季梁身上，他之所以与自己的亲身经历相联系，是为了让故事显得生动和真实，从而更具有说服力。我们在说服他人时不妨也用这种说法，将一些故事、案例融入自己的亲身经历，这样就更容易打动人。

季梁劝说魏王，也是切实站在对方的立场上，设身处地地为对方的利益考虑，而没有透露出自己的真实目的，这是战国时期那些谋臣策士为了反战而经常采用的游说策略。

信陵君杀晋鄙

※原文

信陵君①杀晋鄙②，救邯郸，破秦人，存赵国，赵王③自郊迎。唐雎谓信陵君曰：“臣闻之曰，事有不可知者，有不可不知者；有不可忘者，有不可不忘者。”信陵君曰：“何谓也？”对曰：“人之憎我也，不可不知也；吾憎人也，不可得而知也。人之有德于我也，不可忘也；吾有德于人也，不可不忘也。今君杀晋鄙，救邯郸，破秦人，存赵国，此大德也。今赵王自郊迎，卒然见赵王，臣愿君之忘之也。”信陵君曰：“无忌谨受教。”

※注释

①信陵君：名魏无忌，战国时代魏国人，是魏昭王的儿子，魏安釐王同父异母的弟弟；著名的政治家、军事家，魏安釐王时期官至魏国上将军；和平原君赵胜、孟尝君田文、春申君黄歇合称为“战国四公子”。②晋鄙：秦国大将，率军围困邯郸，信陵君窃来兵符假传王命救赵，晋鄙不听命被壮士朱亥锤杀。③赵王：赵孝成王。

※译文

信陵君杀死了晋鄙，救下了邯郸，打败了秦国的军队，保全了赵国，赵孝成王亲自到郊外迎接他。唐雎对信陵君说：“我听人说，事情有不能让别人知道的，有不能不让别人知道的；有不能忘记的，有不能不忘记的。”信陵君说：“你所说的是什么意思呢？”唐雎回答说：“别人憎恨自己，自己不能不知道；而自己憎恨别人，就不能让人知道。别人对自己有恩德，自己不能忘记；自己对人家有恩德，就不可不忘记。现在您杀了晋鄙，救下邯郸，打败了秦军，保全了赵国，这对赵王来说是很大的恩德，现在赵王亲自到郊外迎接您，我们仓促拜见赵王，我希望您能忘掉曾经救下邯郸、保全赵国这件事情。”信陵君说：“我谨遵你的教诲。”

※读解

信陵君窃符救赵，这对信陵君来说是一件大功劳，而对赵国来说是一个大恩德，所以赵王亲自到郊外去迎接得胜而来的信陵君。大功大恩都发生了，但如何自处，却需要很高的智慧。老子说：“功成而弗居，是以不去。”在大的功劳面前，确实需要我们保持清醒的头脑，用正确的方式来处理。

唐雎在关键的时机给信陵君提了一个醒：“事有不可知者，有不可不知者；有不可忘者，有不可不忘者。”他希望信陵君能够忘掉自己为赵国所立下的汗马功劳，保持清醒的头脑，不要以为自己立下了功劳就可以怎么样了。信陵君虚心接受了他的良言相劝。

唐雎所说的话，也是我们在现实生活中所需要践行的。该知道的一定要知道，而不该知道的就不要想方设法去打听，否则就会对自己不利；而该忘记的就要忘记，该记住的也一定要记住，否则也会对自己产生不利的影响。这其中有个标准的问题，什么样的事情该怎么处理，这就需要我们靠智慧来加以分辨。

救了邯郸之围之后，信陵君知道自己盗取魏安釐王的兵符，假传君令击杀晋鄙，魏安釐王一定会非常恼怒，所以信陵君让将领们带着魏军返回了魏国，而信陵君和他的门客留在了赵国。赵孝成王感激信陵君窃符救赵的义举，把汤沐邑封赏给信陵君；魏安釐王也原谅了信陵君的罪过，仍然让信陵君享有信陵；而魏无忌一直留在赵国，十年没有回去。

秦王使人谓安陵君

※原文

秦王①使人谓安陵君②曰：“寡人欲以五百里之地易安陵，安陵君其许寡人。”安陵君曰：“大王加惠，以大易小，甚善。虽然，受地于先王，愿终守之，弗敢易。”秦王不说。安陵君因使唐雎使于秦。

秦王谓唐雎曰："寡人以五百里之地易安陵，安陵君不听寡人，何也？且秦灭韩亡魏，而君以五十里之地存者，以君为长者，故不错意也。今吾以十倍之地请广于君，而君逆寡人者，轻寡人与？"唐雎对曰："否，非若是也。安陵君受地于先王而守之，虽千里不敢易也，岂直五百里哉？"

※注释

①秦王：即秦始皇。②安陵君：魏国分封的小国的君主。安陵，在今河南省鄢陵县西北。

※译文

秦王派使者对安陵君说："我想拿方圆五百里的土地来换安陵，安陵君一定要答应我。"安陵君说："大王给我恩惠，用面积大的土地来换我面积小的土地，这非常好。即使如此，我从先王那里继承了这块土地，愿意始终守护着它，不敢拿来和大王交换。"秦王很不高兴。安陵君因此派唐雎出使秦国。

秦王对唐雎说："我拿方圆五百里的土地来交换安陵，安陵君却不答应我，这是什么原因啊？而且秦国消灭了韩国和魏国，只有安陵君凭着方圆五十里的土地生存下来，那是因为我认为他是位忠厚的长者，所以没有在心里错看他。现在我拿出十倍的土地，希望和安陵君做个交换，但是他敢拒绝我，这不是看不起我吗？"唐雎说："不，不是这样的。安陵君从先王手里继承了封地并保有它，即使是方圆一千里的土地也是不敢拿来交换的，何况只是五百里？"

※原文

秦王怫然怒，谓唐雎曰："公亦尝闻天子之怒乎？"唐雎对曰："臣未尝闻也。"秦王曰："天子之怒，伏尸百万，流血千里。"唐雎曰："大王尝闻布衣之怒乎？"秦王曰："布衣之怒，亦免冠徒跣①，以头抢地尔。"唐雎曰："此庸夫之怒也，非士之怒也。夫专诸之刺王僚也，彗星袭月；聂政之刺韩傀也，白虹贯日；要离之刺庆忌也，苍鹰击于殿上②。此三子者，皆布衣之士也，怀怒未发，休祲降于天，与臣而将四矣。若士必怒，伏尸二人，流血五步，天下缟素，今日是也。"挺剑而起。秦王色挠，长跪而谢之曰："先生坐，何至于此！寡人谕矣。夫韩、魏灭亡，而安陵以五十里之地存者，徒以有先生也。"

※注释

①徒跣：赤脚。②专诸：春秋时吴国堂邑（今江苏六合西北）人。吴国公子光

(即吴王阖闾)欲杀王僚自立，伍子胥把专诸推荐给公子光。公元前515年，公子光乘吴国内部空虚，与专诸密谋，以宴请吴王僚为名，藏匕首于鱼腹之中进献，当场刺杀吴王僚，专诸也被吴王僚的侍卫杀死。要离：吴王阖闾登上王位之后，吴王僚的儿子庆忌要为父亲报仇。阖闾用苦肉计将要离断臂，杀了他的家人。要离到卫国刺杀了庆忌，后不受阖闾的赏赐，自刎于堂上。

※译文

秦王勃然大怒，对唐雎说："你曾经听说过天子的愤怒吗？"唐雎说："我没有听说过。"秦王说："天子发起怒来，就要杀人一百万，流血一千里。"唐雎说："大王您曾经听说过平民的愤怒吗？"秦王说："平民的愤怒，不过是摘下帽子，光着脚，拿脑袋撞地罢了。"唐雎说："这是庸人的愤怒，并不是士人的愤怒。当初专诸刺杀王僚的时候，彗星撞向月亮；聂政刺杀韩傀的时候，白虹穿过太阳；要离刺杀庆忌的时候，苍鹰扑击到宫殿上。这三个人，都是平民中的士人，满腔的愤怒还没有发泄出来，天上就出现了征兆，加上我的，将是四个人了。所以士人一旦发起怒来，两具尸体就要倒下，血流淌在五步之内，天下人都穿上白色的孝衣，今天就是这样了。"说完，唐雎就拔出剑站了起来。秦王脸色大变，挺着身跪在那里，对唐雎道歉说："先生请坐下说话，哪里至于这样呢？我明白了。韩、魏两国灭亡，但是安陵凭借着方圆五十里的土地安然无恙，只是因为有先生在。"

※读解

我们从这段文字中看到了一个忠诚于国家、敢于面对豪强的外交官。唐雎不辱使命，用自己的智慧和勇气捍卫了国家的主权和尊严。

秦王要用交换土地的方式来吞并安陵。面对秦王的无理要求，唐雎断然回绝。在这种涉及主权和尊严的问题上，唐雎丝毫没有让步。秦王遭到拒绝之后，发现只用平常的手段是无法达到目的的，所以就用暴力来使面前的外交官屈服，用天子之怒来恐吓唐雎。但唐雎不吃他那一套，还之以布衣之怒，使秦王知道自己是不会被暴力吓住的。秦王看见唐雎不好惹就立刻让步，不再向魏国要求交换土地。

唐雎之所以能够使秦王做出让步，除了他誓死捍卫国家主权的强硬态度之外，他用语言所描绘的刺客行刺的场面也起了很大的作用。"夫专诸之刺王僚也，彗星袭月；聂政之刺韩傀也，白虹贯日；要离之刺庆忌也，苍鹰击于殿上"，三个排比句式不仅将刺客刺杀国君的事情和盘托出，还将行刺的事件和与之相伴随的诡异现象相提并论，从而强化了自己保卫国家主权的立场和决心，给秦王的心理带来了很强的震慑力。

韩策

申子请仕其从兄官，昭侯不许也。申子有怨色。昭侯曰："非所谓学于子者也。听子之谒，而废子之道乎？又亡其行子之术，而废子之谒乎？子尝教寡人循功劳，视次第。今有所求，此我将奚听乎？"申子乃辟舍请罪，曰："君真其人也！"

申子请仕其从兄官

※原文

申子①请仕其从兄官，昭侯不许也。申子有怨色。昭侯曰：“非所谓学于子者也。听子之谒，而废子之道乎？又亡其行子之术，而废子之谒乎？子尝教寡人循功劳，视次第。今有所求，此我将奚听乎？”申子乃辟舍请罪，曰：“君真其人也！”

※注释

①申子：申不害，战国时期法家的代表人物。

※译文

申不害请求为堂兄谋一个官职，韩昭侯不同意。申不害脸上流露出埋怨的神情。韩昭侯说：“这不就是从您那里学来的吗？您是让我答应您的请求，而抛弃您的教导呢，还是推行您的主张，而拒绝您的请求呢？您曾经教导我要按照功劳的大小来决定官职的等级。今天您来请求，这将让我听从哪一种教导呢？”申不害于是就离开客舍前去请罪，对韩昭侯说：“您真的是论功授官的人啊！”

※读解

申不害是战国时期法家的著名代表人物。他主张按照功劳的大小来加官晋爵和赏赐财物，即使是有宗室关系，如果没有功劳的话也不能授予官职。但是在当时人情大于法律，这样的主张是很难得到真正实行的。就连一直主张这种人才选拔机制的人，也不免进行破坏。真不知这样的制度即使提出来大加宣扬又有什么作用！

许多时候人都会犯这样自相矛盾的错误，或许一个时期主张这个理论，而到了另一个时候，又会自己推翻自己所坚持的信念。

韩昭侯是韩国改革派代表人物之一，曾经就学于申不害，接受和传承的是法家学派的衣钵。申不害教导他要按照功劳的大小来决定官职的等级，不可随意授予官职。本来是光明正大的主张，但到了另外一个时候就被自己所推翻。

随着社会的不断发展，我国的制度也逐渐健全。近几年的人才招考机制，就在一定程度上实现了人才引进和选拔的公开、公平和公正。虽然拉关系走后门的还大有人在，但相信随着各种制度的发展和完善，申不害所主张的官职晋升的理想一定会实现，公平和正义也终将大行其道。

从学者的角度来说，现代社会也不乏像申不害这样的学者，一方面主张学术公正，坚持自己在学生面前高谈阔论的正义和理想。但另一方面又大搞学术腐败，自己往自己的脸上抹黑。

苏秦为楚合从说韩王

※原文

苏秦为楚合从，说韩王曰："韩北有巩、洛、成皋之固，西有宜阳、常阪之塞，东有宛、穰、洧水，南有陉山，地方千里，带甲数十万。天下之强弓劲弩，皆自韩出。溪子、少府、时力、距来，皆射六百步之外。韩卒超足而射，百发不暇止，远者达胸，近者掩心。韩卒之剑戟，皆出于冥山、棠溪、墨阳、合伯、邓师、宛冯、龙渊、大阿，皆陆断马牛，水击鹄雁，当敌即斩坚。甲、盾、鞮、鍪、铁幕、革抉、㕹芮，无不毕具。以韩卒之勇，被坚甲，跖①劲弩，带利剑，一人当百，不足言也。夫以韩之劲，与大王之贤，乃欲西面事秦，称东藩，筑帝宫，受冠带，祠春秋，交臂而服焉，夫羞社稷而为天下笑，无过此者矣。是故愿大王之熟计之也。

※注释

①跖：用脚踏。

※译文

苏秦为楚国推行合纵政策，游说韩王说："韩国北面有巩地、洛邑、成皋等坚固的城池，西面有宜阳、常阪等险要的关塞，东面有宛地、穰地和洧水，南面有陉山，土地方圆千里，士兵有几十万。天下的强弓劲弩，都是韩国所出产的。溪子、少府、时力和距来等这些上等的弓箭，都能射到六百步以外。韩国士兵抬脚踏地射箭，可以连续发射很多次，远处的能射中胸膛，近处的能射穿心脏。韩国的士兵所使用的剑和戟都出自冥山、棠溪、墨阳、合伯、邓师、宛冯、龙渊、大阿等地，在陆地上能砍杀牛马，在水里能截击天鹅和大雁，和敌人决战能击溃强敌。铠甲、头盔、臂衣、扳指、系盾的丝带等，韩国更是无所不备。凭借着韩国士兵的勇敢，身穿坚固的铠甲，脚踏强劲的弩弓，佩带锋利的宝剑，一个人抵挡上百人不在话下。凭借着韩国的强大和大王的贤明，却想要投向西方侍奉秦国，自称是秦国东方的藩臣，要给秦王修筑行宫，接受秦王的封赏，春秋两季还要向秦国朝贡祭祀，拱手臣服于它，使整个国家蒙受耻辱来招致天下人的耻笑，没有比这更严重的问题了。所以我希望大王能够慎重考虑这个问题。

※原文

“大王事秦，秦必求宜阳、成皋①。今兹效之，明年又益求割地。与之，即无地以给之；不与，则弃前功而后更受其祸。且夫大王之地有尽，而秦之求无已。夫以有尽之地而逆无已之求，此所谓市怨而买祸者也，不战而地已削矣。臣闻鄙语曰：‘宁为鸡口，无为牛后。’今大王西面交臂而臣事秦，何以异于牛后乎？夫以大王之贤，挟强韩之兵，而有牛后之名，臣窃为大王羞之。”韩王忿然作色，攘臂按剑，仰天太息曰：“寡人虽死，必不能事秦。今主君以楚王之教诏之，敬奉社稷以从。”

※注释

①宜阳、成皋：韩国的城邑，都是军事要地。

※译文

“如果大王侍奉秦国，秦国必定索要宜阳、成皋这两个地方。今年把土地割让给它，明年它又会得寸进尺，索要更多的土地。如果给它，却没有那么多的土地来割让给它；如果不给，就前功尽弃，以后还要遭受秦国带来的灾祸。况且大王的土地是有穷尽的，而秦国却贪得无厌。拿有限的土地来迎合无止境的贪欲，这就是所说的求取怨恨和灾祸啊！用不着交战，土地已经削减了。我听有句俗语说：‘宁肯当鸡嘴，也不要做牛尾。’如今大王投向西方，像藩臣一样来侍奉秦国，这跟做牛尾又有什么区别呢？凭借着大王的贤能，又拥有这么强大的军队，却落了个做牛尾的恶名，我私下里真为您感到惭愧。”韩王顿时气得变了脸色，胳膊一扬，按住宝剑，仰天叹息说：“我即使是死了，也一定不会去侍奉秦国。今天先生拿楚王的诏示来教诲我，就请允许我拿我的国家来听从。”

※读解

苏秦又来到韩国，为推行合纵联盟、实现他的政治理想，开始对韩王进行一番富有激情的劝说。他周游六国，劝说各国的帝王，所采用的游说策略是大体相同的。首先为眼前的帝王分析国家所具有的强大实力和各方面的优势，其中不乏夸张的虚美之词，他的目的在于取得对方的好感，增强对方的信心，树立起一个国家的形象和尊严来，而不去低三下四地侍奉秦国，不放弃国家的自主权而甘心做秦国的附属国。然后就谈到对方所实行的政策，指出其中的得失，很自然地引入合纵联盟的问题，用富有感染力的语言为对方展望参加合纵联盟的美好前景，以及不参加合纵联盟而西面侍奉秦国的悲惨结局，在立论和驳论中强调自己所主张的合纵联盟是对方最好的选择，从而说服对方。

值得一提的是苏秦在最后提出的“宁为鸡口，无为牛后”的俗语，恰到好处地说明了合纵联盟在当时的意义。这句话也成为人们面对选择的时候所经常依据的一个原则。作为一个人，抑或是一个国家，都要有“宁为鸡口，无为牛后”的志气。一个人要在社会上自立，一个国家要在国际社会中自立，在这个多彩的世界中发出自己的声音，志气是立人立国的基本要求，否则就无法得到尊严和尊重。

张仪为秦连横说韩王

※原文

张仪为秦连横说韩王曰：“韩地险恶，山居，五谷所生，非麦而豆；民之所食，大抵豆饭藿羹①；一岁不收，民不餍糟糠；地方不满九百里，无二岁之所食。料大王之卒，悉之不过三十万，而厮徒负养在其中矣，为除守徼亭鄣塞，见卒不过二十万而已矣。秦带甲百余万，车千乘，骑万匹，虎挚之士，跿跔科头、贯颐奋戟者，至不可胜计也。秦马之良，戎兵之众，探前趹后，蹄间三寻者，不可称数也。山东之卒，被甲冒胄以会战，秦人捐甲徒裎以趋敌，左挈人头，右挟生虏。夫秦卒之与山东之卒也，犹孟贲之与怯夫也；以重力相压，犹乌获之与婴儿也。夫战孟贲、乌获之士，以攻不服之弱国，无以异于堕千钧之重，集于鸟卵之上，必无幸矣。

“诸侯不料兵之弱，食之寡，而听从人之甘言好辞，比周以相饰也，皆言曰：‘听吾计则可以强霸天下。’夫不顾社稷之长利，而听须臾之说，诖误②人主者，无过于此者矣。大王不事秦，秦下甲据宜阳，断绝韩之上地；东取成皋、宜阳，则鸿台之宫，桑林之苑，非王之有已。夫塞成皋，绝上地，则王之国分矣。先事秦则安矣，不事秦则危矣。

“夫造祸而求福，计浅而怨深。逆秦而顺楚，虽欲无亡，不可得也。故为大王计，莫如事秦。秦之所欲，莫如弱楚，而能弱楚者莫如韩。非以韩能强于楚也，其地势然也。今王西面而事秦以攻楚，为敝邑，秦王必喜。夫攻楚而私其地，转祸而说秦，计无便于此者也。是故秦王使使臣献书大王御史，须以决事。”

韩王曰：“客幸而教之，请比郡县，筑帝宫，祠春秋，称东藩，效宜阳。”

※注释

①藿羹：藿，豆叶，嫩时可食用。羹：汤。②诖误：贻误。

※译文

张仪为秦国推行连横战略游说韩王说："韩国地势险恶，处于山区，出产的粮食不是麦子就是大豆；老百姓吃的，大部分是豆做的饭和豆叶做的汤；如果哪一年收成不好，百姓就连酒糟和谷皮都吃不上；土地纵横不到九百里，粮食储备也不够吃两年。估计大王的兵力总共不到三十万，其中连杂役和苦力也算在内了，如果除去守卫边境哨所的人，现有的士兵不过二十万罢了。而秦国的军队有百余万，战车千辆，战马万匹。奔腾跳跃，高擎战戟，甚至不带铠甲冲入敌阵的战士不可胜数。秦国战马优良，士兵众多。战马探起前蹄蹬起后腿，两蹄之间一跃可达三寻，这样的战马不在少数。崤山以东的诸侯军队，披盔戴甲来会战，秦军却可以不穿铠甲赤身露体地冲锋陷阵，左手提着人头，右手抓着俘虏凯旋。由此看来，秦国的士兵与崤山以东六国的士兵相比，犹如勇士和懦夫相比；用重兵压服六国，就像大力士乌获对付婴儿一般容易。用孟贲和乌获这样的勇士去攻打不驯服的弱国，无异于把千钧重量压在鸟蛋上，鸟蛋肯定无一幸免。

"各国诸侯根本不考虑自己兵力弱、粮食少的现状，却听信鼓吹合纵者的花言巧语，合纵家们互相勾结，互相欺骗说：'听从我的计谋就可以雄霸天下了。'他们却并不顾及国家的长远利益，只听信一时的空话，贻误君主，没有比这更严重的了。大王如果不归顺秦国，秦国必定发兵占领宜阳，断绝韩国上党的交通；东进夺取成皋和宜阳，那大王就将失去鸿台宫、桑林苑。秦军封锁成皋、截断上党，那大王的国土岂不是被分割开来了？先归顺秦国就能安全，否则就会招来祸患。

"那种正在制造灾祸却又想得到好报，计谋浅陋而结怨太深，违背秦国去顺从楚国的做法，哪能不灭亡呢？所以替大王您考虑，不如归顺秦国。秦国所希望的，不过是削弱楚国，而能使楚国削弱的，莫过于韩国了。不是因为韩国比楚国强大，而是韩国在地势上占有优势。如今大王可到西方归顺秦国，为敝国攻打楚国，秦王一定会很高兴。这样，攻打楚国而占有它的土地，不但转祸为福，而且取悦了秦王，没有比这更有利的计策了。因此秦王派使臣献书信一封给大王的御史，但愿大王能有明智的裁决。"

韩王说："有幸承蒙你的教诲，我愿意让韩国做秦国的一个郡县，并修建秦王的行宫，用于春秋祭祀，做东方的藩臣，并将宜阳献给秦国。"

※读解

张仪也来到韩国对韩王进行连横政策的游说。他不像苏秦那样通过语言来增强韩王的自信心，树立起一个国家的尊严，而是对韩国进行国弱民贫的分析，着力削弱韩国的自尊心。他的游说策略还是一如既往地威逼利诱，用咄咄逼人的气势来压倒对方，使对方不得不屈服，不得不答应推行他的连横政策，这就是张仪。

而对于韩国来说，为了国家的利益，也是在张仪所代表的强大秦国的威胁之下，在答应了苏秦参加合纵联盟之后，又改弦更张，倒向了张仪这一方。综观战国时期的各个国家，对合纵连横取舍不定，频繁更改国家的对外政策，这也许是它们都走向灭亡的一个原因。

五国约而攻秦

※原文

五国①约而攻秦，楚王为从长②，不能伤秦，兵罢而留于成皋。魏顺谓市丘君曰："五国罢，必攻市丘，以偿兵费。君资臣，臣请为君止天下之攻市丘。"市丘君曰："善。"因遣之。

魏顺南见楚王曰："王约五国而西伐秦，不能伤秦，天下且以是轻王而重秦，故王胡不卜交乎？"楚王曰："奈何？"魏顺曰："天下罢，必攻市丘以偿兵费。王令之勿攻市丘。五国重王，且听王之言而不攻市丘；不重王，且反王之言而攻市丘。然则王之轻重必明矣。"故楚王卜交而市丘存。

※注释

①五国：赵、楚、魏、燕、韩五国。②从长：合纵联盟的头领。

※译文

赵、楚、魏、燕、韩五国联合进攻秦国，楚考烈王做了五国合纵联盟的头领。但这次进攻没有挫伤秦国，于是五国联军停止了进攻，驻扎在成皋。魏顺对市丘的长官说："五国停止进攻后，必然会来攻打市丘，来弥补军费。您如果资助我，请让我为您阻止诸侯来进攻市丘。"市丘长官说："好吧。"于是派他出使。

魏顺往南去拜见楚考烈王，说："大王约集了五个国家的军队往西进攻秦国，但是没有能够挫伤秦国，天下人将因此轻视大王而尊重秦国，因此大王为什么不考验一下诸侯对您的态度呢？"楚考烈王说："怎么考验呢？"魏顺说："这次进攻秦国的战争停止以后，五国军队必然会进攻市丘来弥补战争中的损失。大王何不命令他们不要进攻市丘。五国如果尊重您，就会听从您的命令不攻打市丘；如果他们不尊重您，就会违抗您的命令而进攻市丘。这样的话，大王是被轻视还是被重视肯定一目了然了。"楚考烈王按照魏顺的方法来考验五国的态度，而市丘也因此得以保全。

※读解

魏顺不仅是个富有忧患意识和前瞻眼光的大臣，也是个很聪明的谋臣。他毫不费力就解除了市丘的隐患。其实，世间的事情并不一定非要大动干戈不可。当然，保全市丘也可以采用战争的形式，但这一定是下下策。而最好的解决问题的方法是不需要自己亲自去做，而是靠别人的力量来完成。

我们在做事情的时候，要多多动脑筋，从成本和效益上来考虑。花费最少的成本带来最大的效益，是我们应该时刻遵循的一条原则。

秦韩战于浊泽

※原文

秦、韩战于浊泽①，韩氏急。公仲明谓韩王曰："与国不可恃。今秦之心欲伐楚，王不如因张仪为和于秦，赂之以一名都，与之伐楚。此以一易二之计也。"韩王曰："善。"乃儆公仲之行，将西讲于秦。

楚王闻之大恐，召陈轸而告之。陈轸曰："秦之欲伐我久矣，今又得韩之名都一而具甲，秦、韩并兵南乡，此秦所以庙祠而求也。今已得之矣，楚国必伐矣。王听臣，为之儆四境之内，选师，言救韩，令战车满道路；发信臣，多其车，重其币，使信王之救己也。纵韩为不能听我，韩必德王也，必不为雁行②以来。是秦、韩不和，兵虽至，楚国不大病矣。为能听我绝和于秦，秦必大怒，以厚怨于韩。韩得楚救，必轻秦。轻秦，其应秦必不敬。是我困秦、韩之兵，而免楚国之患也。"楚王大说，乃儆四境之内，选师，言救韩，发信臣，多其车，重其币。谓韩王曰："敝邑虽小，已悉起之矣。愿大国遂肆意于秦，敝邑将以楚殉韩。"

※注释

①浊泽：位于韩国，在今河南省长葛西。②雁行：跟随。

※译文

秦、韩两国在浊泽交战，韩国告急。公仲明对韩王说："盟国不能依靠。现在秦国的意图是想要攻打楚国，大王不如通过张仪来和秦国和解，割让给秦国一座大城池，然后和秦国联合攻打楚国。这是以一换二的计策。"韩王说："好。"就紧急准备让公仲明出使秦国，打算到西方和秦国讲和。

楚王听说这个消息，大为恐慌，召来陈轸，把这件事告诉了他。陈轸说："秦国图谋攻打我国已经很久了，现在又得到韩国的一座大城池，它的军费又可以增加了，秦、韩两国联合起来向南进攻，这是秦国很多年以前就梦想着要实现的。如今它的目的已经达到，楚国必然要遭到进攻了。大王要听从我的意见，在全国范围内戒严，挑选军队，对外宣布要援救韩国，将战车布满道路；派遣使者，增加出使的车辆，加重出使的礼品，让韩国相信大王将要去援救它。即使韩国没有听从我们，一定会感激大王，绝对不会和秦国联合攻打我国。这样一来，秦、韩两国就会不和，秦军即使来到，楚国也不会遭受很大的损失。韩国如果能够听从我们，和秦国决裂的话，秦国必然会大为恼怒，因此怨恨韩国。韩国得到了楚国的援救，必定会轻视秦国；轻视秦国，它和秦国交往必然不恭敬。这样我们就困住了秦、韩两国的军队，从而解除了楚国的忧患。”楚王听了非常高兴，就在全国范围内戒严，挑选军队，宣布要援救韩国，派遣使者，增加出使的车辆，加重出使的礼品。让使者对韩王说：“敝国虽然很小，但是已经全部动员起来了，希望贵国从容对付秦国，敝国将愿意为韩国付出一切来和贵国共存亡。”

※原文

韩王大说，乃止公仲。公仲曰：“不可，夫以实告我者，秦也；以虚名救我者，楚也。恃楚之虚名，轻绝强秦之敌，必为天下笑矣。且楚、韩非兄弟之国也，又非素约而谋伐秦矣。秦欲伐楚，楚因以起师言救韩，此必陈轸之谋也。且王以使人报于秦矣，今弗行，是欺秦也。夫轻强秦之祸，而信楚之谋臣，王必悔之矣。”韩王弗听，遂绝和于秦。秦果大怒，兴师与韩氏战于岸门，楚救不至，韩氏大败。韩氏之兵非削弱也，民非蒙愚也，兵为秦禽，智为楚笑，过听于陈轸，失计于韩明也。

※译文

韩王听了大为高兴，于是就不再让公仲明出使秦国。公仲明说：“不行，用实际的军事行动使我国陷入困境的是秦国，用虚伪的好话来援救我国的是楚国。凭借楚国虚伪的好话，轻易停止和强秦讲和，必定会被天下人耻笑。而且楚、韩两国并不是兄弟盟国，也不是事先就约好共同谋划攻打秦国的。秦国想要攻打楚国，楚国这才派出军队扬言援救韩国的，这一定是陈轸的阴谋。再说大王已经决定派人通知秦国了，如今又不让使者动身了，这是在欺骗秦国。轻视强秦将要带来灾祸，而听信楚国的谋臣，大王必定会因此后悔。”韩王不听，就停止了和秦国讲和。秦国果然大怒，派军队和韩国军队在岸门交战。楚国的援兵也没有来到，韩国军队大败。韩国的军队并不弱小，百姓并不愚昧，但军队被秦军俘虏，谋略为楚国所耻笑，是因为错误地听信了陈轸的计策，没有采纳公仲明的计策啊！

※读解

在局势错综复杂的战国时期，各国之间时而联合、时而对抗，而决定各国之间关系状况的是各国利益和各国力量。当面对突如其来的困难，各国就会改变对外政策。没有永远的朋友，也没有永远的敌人，这句话可以说是战国时期各国关系风云变幻的真实写照。

韩国与秦国之间发生战争，两国之间就是矛盾运动的最高形式。但这种形式随时都会因为一方的让步而发生根本性的变化。韩国做出让步，牵涉到的不仅是当事双方。当楚国发现韩、秦两国关系的变化对自己产生不利影响的时候，采取了积极的对策，立刻宣布改变原来的对韩政策，转而要支持韩国。陈轸的聪明在于通过假象将韩国争取过来，使之由利益相对的关系变成了利益一致的关系，从而分化了敌对力量，扭转了事态的发展。

而可悲的是韩王没有认识到楚国的真实动向，又听不进良言，结果只能成为三个国家之间矛盾斗争的受害方。

楚围雍氏五月

※原文

楚围雍氏①五月。韩令使者求救于秦，冠盖②相望也，秦师不下殽。韩又令尚靳使秦，谓秦王曰："韩之于秦也，居为隐蔽，出为雁行。今韩已病矣，秦师不下殽。臣闻之，唇揭者其齿寒，愿大王之熟计之。"宣太后曰："使者来者众矣，独尚子之言是。"召尚子入。宣太后谓尚子曰："妾事先王也，先王以其髀加妾之身，妾困不支也；尽置其身妾之上，而妾弗重也，何也？以其少有利焉。今佐韩，兵不众，粮不多，则不足以救韩。夫救韩之危，日费千金，独不可使妾少有利焉。"

※注释

①雍氏：韩国城邑。②冠盖：车盖，车上用来遮阳避雨的伞形篷子。这里用来指代使车。

※译文

楚军包围韩国雍氏城五个月。韩襄王派很多使者向秦国请求援救，使者的车辆来往不断，在路上就能互相看见冠盖，但秦国还是不派出军队来援救韩国。韩国又派尚靳出使秦国，对秦昭襄王说："韩国对于秦国来说，在平时就是个屏障，发生战事时就是先锋。现在韩国已经面临亡国，秦国却不派军队援救。我听说过这样的话，如果嘴唇没有了，那么牙齿就会感到寒冷，希望大王您仔细考虑这个问题。”秦宣太后说：“韩国的使者来了那么多，只有尚先生的话说得在理。”于是就召尚靳进宫。秦宣太后对尚靳说：“我服侍秦惠文王的时候，秦惠文王把大腿压在我的身上，我感到不舒服，无法支撑，他把整个身子都压在我身上时，而我却不感觉很重，这是为什么呢？因为这样对我来说稍微有些好处。如今秦国帮助韩国，如果兵力不足、粮食不多的话，那么就不足以解救韩国。解救韩国的危难，每天要耗费千斤银两，难道就不能让我稍微得到一些好处吗？”

※原文

尚靳归书报韩王，韩王遣张翠。张翠称病，日行一县。张翠至，甘茂曰：“韩急矣，先生病而来。”张翠曰：“韩未急也，且急矣。”甘茂曰：“秦重国知王也，韩之急缓莫不知。今先生言不急，可乎？”张翠曰：“韩急则折而入与楚矣，臣安敢来？”甘茂曰：“先生毋复言也。”

甘茂入言秦王曰：“公仲柄①得秦师，故敢捍楚。今雍氏围，而秦师不下殽，是无韩也。公仲且抑首而不朝，公叔且以国南合于楚。楚、韩为一，魏氏不敢不听，是楚以三国谋秦也。如此，则伐秦之形成矣。不识坐而待伐，孰与伐人之利？”秦王曰：“善。”果下师于崤以救韩。

※注释

①柄：持，执掌。

※译文

尚靳回国后，将秦宣太后的要求书面报告给韩襄王，韩襄王又派张翠出使秦国。张翠称自己有病，每天只能走一个县。张翠到了秦国，甘茂说：“韩国已经很危急了，你还抱病前来。”张翠说：“韩国还没有到危急的时刻，只是将要危急了。”甘茂说：“秦国是一个大国，秦王也智慧贤明，韩国危急与否，秦国不是不知道。今天先生却说韩国不危急，这样说合适吗？”张翠说：“韩国一旦危急就要依附于楚国了，我哪里还敢来秦国呢？”甘茂说：“先生不要再说了。”

甘茂进宫对秦昭襄王说：“公仲以为能够得到秦军的援救，所以才敢抵抗楚国。现在雍氏被围攻，而秦军不肯去援救，这就会失去韩国。公仲因为得不到秦国的援救而忧郁不上朝，公叔就会趁机让韩国向南去跟楚国讲和。楚国和韩国联合起来，魏国就不敢不听从，这样一来楚国就能够凭借这三个国家的力量来进攻秦国。这样，它们共同进攻秦国的形势就形成了。不知是坐着等待别国的军队前来进攻有利，还是主动进攻别国的军队有利？”秦昭襄王说：“很好。”秦国果然派出军队从崤山出发，去解救韩国。

※读解

本篇揭示了在我们遭到困难的时候如何求得第三方帮助的命题，从中我们可以得到一些有益的启示。

求人办事在这个以利益为取向的社会中是要有条件的，如果不存在既得利益，没有几个傻瓜愿意无条件地伸出援助之手。

秦国在尚靳提出请求的时候，条件是想要从援助韩国的军事行动中获得一些利益，但张翠用高超的辩才使秦国的想法落空，无条件地为韩国出了一把力。张翠的求人方法值得我们加以研究，并从中引出有益的方法加以借鉴。

一般使者出使别的国家，都是一副谦卑的姿态。而张翠来到秦国的朝廷却不卑不亢，巧妙地利用秦国、楚国和韩国之间的关系，用富有威慑力的辩论点住了秦国的死穴，让它不得不做一次好人，尽一点义务。这都要得力于张翠对国际关系的准确把握。

我们在现实生活中肯定会碰到很多求人办事的情况，这时候，我们就要学习张翠的做法。巧妙地利用各种利害关系，在关键的地方将对方一军，使对方乖乖地为我们做义工，来达到我们的目的。

齐令周最使郑

※原文

齐令周最[①]使郑，立韩扰而废公叔。周最患之，曰：“公叔之与周君交也，令我使郑，立韩扰而废公叔。语曰：‘怒于室者色于市。’今公叔怨齐，无奈何也，必周君而深怨我矣。”史舍曰：“公行矣，请令公叔必重公。”

周最行至郑，公叔大怒。史舍入见曰：“周最故不欲来使，臣窃强之。周最不欲来，以为公也；臣之强之也，亦以为公也。”公叔曰：“请闻其说。”对曰：“齐大夫诸子有犬，犬猛不可叱[②]，叱之必噬[③]人。客有请叱之者，疾视而徐叱之，犬不动；复叱之，犬遂无噬人之心。今周最固得事足下，而以不得已之故来使，彼将礼陈其辞而缓其言，郑王必以齐王为不急，必不许也。今周最不来，他人必来。来使者无交于公，而欲德于韩扰，其使之必疾，言之必急，则郑王必许之矣。”公叔曰：“善。”遂重周最。王果不许韩扰。

※注释

①周最：东周公子，奔走于列国。②叱：呵斥。③噬：咬。

※译文

齐国派周最出使韩国，胁迫韩国任韩扰做相国，还要罢免公叔。周最对这个任务感到苦恼，说："公叔和周君的关系很好，却派我出使韩国，让韩国废掉公叔而任用韩扰做相国。俗话说：'人在家里生气，一定会把生气的样子在大庭广众之下流露出来。'如果公叔怨恨齐国，那是没有办法的事情，公叔一定会和周君断绝关系，并且会非常怨恨我。"史舍说："您就去吧，我有办法让公叔尊重您。"

周最来到韩国，公叔大为恼怒。史舍进见公叔说："周最本来是不想出使韩国的，是我私下里强迫他来的。周最不想来，是因为您的缘故；我强迫他来，也是因为您的缘故。"公叔说："请你说说你的道理。"史舍回答说："齐国的一个大夫养了一条狗，这条狗非常凶猛，因此不能呵斥它，如果呵斥它必然会咬人。有一位客人想要尝试呵斥它，先小心地看着它，小声地呵斥，狗没有反应；又大声呵斥它，狗竟然没有咬人的意思了。现在周最有幸能够侍奉您，这次是不得已才出使韩国的。他将会礼貌地慢慢陈述齐国的要求，韩王一定以为齐王并不急于这样做，必定不会答应这个要求。如果周最不来的话，齐国也必定会派别人来出使的。派来的人和您没有交情，又想要讨好韩扰，出使肯定会很快，说话的口气一定很急切，那么韩王一定会答应他。"公叔说："很好。"于是就很敬重周最。韩王果然没有让韩扰代替公叔做相国。

※读解

中国是一个人情社会，在人们的交往过程中很多场合都要把人情放在第一位。史舍深谙此道，用其出色的辩才来为周最说话，将公叔争取过来，缓和了他们之间的关系。其实，再不讲人情的人，只要话说得妥当，他就会很爱听，而人情就是在话语的交流中得以拉近，要办事情就很容易了。

史舍用狗的习性来做比，恰如其分地说明了他们之间的关系，表明了周最对公叔的真实态度，得到了公叔的理解，因此周最就得到了敬重。

公叔且杀几瑟

※原文

公叔且①杀几瑟也，宋赫为谓公叔曰："几瑟之能为乱也，内得父兄，而外得秦、楚也。今公杀之，太子无患，必轻公。韩大夫知王之老而太子定，必阴事之。秦、楚若无韩，必阴事伯婴。伯婴亦几瑟也。公不如勿杀。伯婴恐，必保于公。韩大夫不能必其不入也，必不敢辅伯婴以为乱。秦、楚挟几瑟以塞伯婴，伯婴外无秦、楚之权，内无父兄之众，必不能为乱矣。此便于公。”

※注释

①且：将要，打算。

※译文

公叔准备杀掉几瑟，宋赫为几瑟对公叔说：“几瑟能发动叛乱，是因为他在国内得到了大王和公仲的支持，在国外得到了秦、楚两国的支持。现在您要杀了他，太子没有了后患，必然会轻视您。韩国的大臣们看到韩王年事已高，如果太子确定下来了，他们必定会在暗中讨好太子。秦、楚两国如果不依靠几瑟得到韩国，必定会暗中再去支持伯婴来争夺太子的位子。这样一来伯婴和几瑟就处在同样的情况之下了。您不如不杀几瑟。伯婴感到恐惧，必定会请求您的保护。韩国的大臣们对几瑟返回韩国不能肯定，因此也就不敢帮助伯婴发动叛乱，秦、楚两国就会帮助几瑟来堵塞伯婴争权的道路。伯婴既得不到秦、楚两国的援助，又得不到韩国大臣们的支持，就一定无法发动叛乱。这样做有利于您。”

※读解

宋赫的观点主要是劝公叔看清各方力量之间的制衡，用理性的措施来保持各个方面的均势，这样就能使局面处于自己的控制之下。公叔要杀掉几瑟，在宋赫看来显然是没有经过理性思考的率性行为。一个人的存在，就代表着一种力量，必定对其他各方力量产生吸引或排斥的影响，其实，人际关系的变化和事态的运动发展，就是各种力量的消长增减。要把握这其中的奥妙，要能够看出其中各种力量之间微妙的制衡作用，再决定采取什么样的措施。

在世袭制的古代社会，兄弟关系最差的要数皇宫里的那一家了。虽然传统的思想规定了“修身、齐家、治国、平天下”的修炼课程，但最不能将“齐家”做好的也恰恰是称孤道寡的这一家。究其原因，仍然是当事者对权力和利益的控制欲望在作祟。手足相残、亲子相残的事情，屡屡从皇宫里传来，可见那些有机会得到权力和利益的人们，在机会面前是不会顾及仁义道德的，他们的眼里只有权力和利益。

史疾为韩使楚

※原文

史疾为韩使楚，楚王问曰："客何方所循？"曰："治列子圉寇①之言。"曰："何贵？"曰："贵正。"王曰："正亦可为国乎？"曰："可。"王曰："楚国多盗，正可以圉盗乎？"曰："可。"曰："以正圉②盗，奈何？"顷间有鹊止于屋上者，曰："请问楚人谓此鸟何？"王曰："谓之鹊。"曰："谓之乌，可乎？"曰："不可。"曰："今王之国有柱国、令尹、司马、典令，其任官置吏，必曰廉洁胜任。今盗贼公行，而弗能禁也，此乌不为乌，鹊不为鹊也。"

※注释

①列子圉寇：列子，名御寇，战国前期思想家，郑国人。属道家学派，有《列子》一书流传。②圉：牢狱。

※译文

史疾为韩国出使楚国，楚王问他说："您在研究谁的学说？"史疾说："我在研究列御寇的学说。"楚王说："列御寇主张什么学说？"史疾说："他主张正名。"楚王说："正名也可以用来治理国家吗？"史疾说："可以。"楚王说："楚国有很多盗贼，用正名能够防范盗贼吗？"史疾回答说："可以。"楚王说："用正名来防范盗贼，该怎么做？"正说话间，有一只喜鹊飞过来，落在屋顶上，史疾说："请问大王楚国人把这种鸟称做什么？"楚王说："叫它喜鹊。"史疾说："叫它乌鸦，可以吗？"楚王说："不行。"史疾说："现在大王的朝廷里设有柱国、令尹、司马、典令，您在任命这些官吏的时候，必定要求他们廉洁奉公，并且还要他们胜任所任的职位。现在盗贼公然在国内横行，但是不能禁止，就因为各个官员不能胜任他们的官职，这就是：'乌鸦不成其为乌鸦，喜鹊不成其为喜鹊啊！'"

※读解

概念是人们赋予事物的名称，之所以形成各种各样的概念，主要是因为在人们的认识中将这个世界确定下来，便于人们认识世界和改造世界。

概念的形成有它自身的规律和方法。但有个原则就是要使概念和它所指称事物的本质相符合，也就是我们常说的名实相符。这样人们才能统一思想和认识，在认识世界和改造世界的过程中明白各种指令，正确地进行工作。

战国时期，以公孙龙为代表的名家也发出了自己的声音，表达了他们这一派对世界的见解。面对各个诸侯国之间的混战，他们明确提出要为这个世界正名，否则就“名不正，言不顺”。他们提出的一个著名的观点就是“白马非马”论。

由此推广到人们的各个活动领域，都要面对名和实的问题。就拿设置政府机构的职位来说，那就要求职位的设置要符合社会发展的需要，职位的人选要符合该职位的要求。如果一个职位根本就不需要设置，那么就是一个摆设，浪费国家的资源，导致机构臃肿，政府效能低下。如果占据该职位的人员不符合职位的要求，那么就会产生混乱腐败、效能低下、损害人民利益等一系列的问题。

韩傀相韩

※原文

韩傀相韩，严遂重于君，二人相害也。严遂政议直指，举韩傀之过。韩傀以之叱之于朝。严遂拔剑趋之，以救解。于是严遂惧诛，亡去游，求人可以报韩傀者。至齐，齐人或言：“轵深井里聂政①，勇敢士也，避仇隐于屠者之间。”严遂阴交于聂政，以意厚之。聂政问曰：“子欲安用我乎？”严遂曰：“吾得为役之日浅，事今薄，奚敢有请？”于是严遂乃具酒，觞聂政母前。仲子奉黄金百镒，前为聂政母寿。聂政惊，愈怪其厚，固谢严仲子。仲子固进，而聂政谢曰：“臣有老母，家贫，客游以为狗屠，可旦夕得甘脆以养亲。亲供养备，义不敢当仲子之赐。”严仲子辟人，因为聂政语曰：“臣有仇，而行游诸侯众矣。然至齐，闻足下义甚高，故直进百金者，特以为夫人粗粝之费，以交足下之欢，岂敢以有求邪？”聂政曰：“臣所以降志辱身，居市井者，徒幸而养老母。老母在，政身未敢以许人也。”严仲子固让，聂政竟不肯受。然仲子卒备宾主之礼而去。

※注释

①聂政：战国时侠客，韩国轵（今河南济源东南）人，以任侠著称，为战国时期四大刺客之一。

※译文

韩傀任韩国的相国，严遂也受到韩哀侯的器重，因此两人互不容忍、相互忌恨。严遂仗义执言，直言不讳地指责韩傀的过失。韩傀因此在韩廷上怒斥严遂，严遂气得拔剑直刺韩傀，旁边的人将他们解劝下来。从那以后，严遂担心韩傀报复，就逃离韩国，游历各国，四处寻找可以向韩傀报仇的人。严遂来到齐国，有人对他说："轵地深井里的聂政，是个勇敢的侠士，因为躲避仇人才混迹在屠户中间。"严遂就和聂政暗中交往，以深情厚谊相待。聂政问严遂："您想让我干什么呢？"严遂说："我为您效劳的时间还不长，我们的交情还这样薄，怎么敢对您有所求呢？"于是，严遂就准备了一桌酒席向聂政的母亲敬酒，又拿出百镒黄金，为聂政的母亲祝寿。聂政很吃惊，越发为他厚待自己感到奇怪，就坚决辞谢严遂的赠金，但严遂坚决要赠送。聂政推辞说："我家有老母，生活贫寒，只得离乡背井，做个杀狗的屠夫，现在我能够早晚买些甜美香软的食物来奉养母亲，母亲的供养已经足够了，就不敢再接受您的赏赐。"严遂避开周围的人，对聂政说："我要报仇，我游历过很多诸侯国。然后来到齐国，听说足下高义，所以特地送上百金，只是想作为老夫人粗茶淡饭的费用罢了，同时也让您感到高兴，哪里敢有什么请求呢？"聂政说："我降低志向，辱没身份，隐居在市井当中，只是为了奉养老母。只要老母还活着，我的生命就不敢轻易托付给别人。"严遂坚持让聂政收下赠金，聂政始终不肯接受。然而严遂还是尽了宾主之礼才离开。

※原文

久之，聂政母死，既葬，除服。聂政曰："嗟乎！政乃市井之人，鼓刀以屠，而严仲子乃诸侯之卿相也，不远千里，枉车骑而交臣，臣之所以待之至浅鲜矣，未有大功可以称者，而严仲子举百金为亲寿，我虽不受，然是深知政也。夫贤者以感忿睚眦之意，而亲信穷僻之人，而政独安可嘿然而止乎？且前日要政，政徒以老母。老母今以天年终，政将为知已者用。"

遂西至濮阳，见严仲子曰："前所以不许仲子者，徒以亲在。今亲不幸，仲子所欲报仇者为谁？"严仲子具告曰："臣之仇韩相傀。傀又韩君之季父也，宗族盛，兵卫设，臣使人刺之，终莫能就。今足下幸而不弃，请益具车骑壮士，以为羽翼。"政曰："韩与卫，中间不远，今杀人之相，相又国君之亲，此其势不可以多人。多人不能无生得失，生得失则语泄，语泄则韩举国而与仲子为仇也，岂不殆哉！"遂谢车骑人徒，辞，独行仗剑至韩。

韩适有东孟之会，韩王及相皆在焉，持兵戟而卫者甚众。聂政直入，上阶刺韩傀。韩傀走而抱哀侯，聂政刺之，兼中哀侯，左右大乱。聂政大呼，所杀者数十人。因自皮面抉眼，自屠出肠，遂以死。韩取聂政尸于市，县购之千金。久之莫知谁子。

政姊闻之，曰："弟至贤，不可爱妾之躯，灭吾弟之名，非弟意也。"乃之韩。视之曰："勇哉！气矜之隆。是其轶贲、育而高成荆矣。今死而无名，父母既殁矣，兄弟无有，此为我故也。夫爱身不扬弟之名，吾不忍也。"乃抱尸而哭之曰："此吾弟轵深井里聂政也。”亦自杀于尸下。

晋、楚、齐、卫闻之曰：“非独政之能，乃其姊者，亦列女也。”聂政之所以名施于后世者，其姊不避菹醢之诛，以扬其名也。”

※译文

过了很长时间，聂政的母亲去世了，聂政守孝期满，脱去丧服，感叹地说：“可叹啊！我不过是市井平民，动刀杀狗的屠夫，而严遂却是诸侯的卿相。他不远千里，屈驾前来与我结交，我对他情谊很淡，没有做出什么可以和他待我相称的事情来，而他却拿百金为我母亲祝寿，我虽然没有接受，但这表明他很赏识我。贤德的人因为心中的激愤而来亲近穷乡僻壤的人，我怎么能够默然不动呢？再说以前他邀请我，我因老母亲还健在而拒绝了他。如今母亲已享尽天年，我应该为赏识我的人效力了！”

于是聂政往西到了濮阳，见到严遂说：“以前之所以没有答应您，只是因为母亲还在，如今老母已经去世。请问您想报仇的人是谁？”严遂将情况详细告诉聂政：“我的仇人是韩国相国韩傀，他又是韩哀侯的叔父。他的家族很大，守卫设置严密，我曾派人刺杀他，始终没能成功。如今有幸兄弟你没有忘记我，让我为你多准备些车马和壮士作为你的助手。”聂政说：“韩国和卫国相隔不远，如今去刺杀韩国的相国，他又是韩哀侯的亲人，这种情况下不能带很多人去。人多了难免出差错，出了差错就难免会泄露机密，泄露了机密就会使韩国上下都仇视您，那岂不是太危险了吗？”于是聂政谢绝了车马和随从，只身一人带了剑到韩国去。

正好韩国在东孟举行盛会，韩哀侯和相国都在，他们身边有很多的侍卫。聂政直冲上台阶刺杀韩傀，韩傀一边逃跑一边抱住韩哀侯。聂政来刺韩傀，也刺中了韩哀侯，左右的人一片混乱。聂政大吼一声冲上去，杀死了几十人，随后自己用剑划破脸皮，挖出眼珠，又割腹挑肠，就此死去。韩国把聂政的尸体摆在街市上，以千金悬购他的姓名。过了很久也没人知道他究竟是谁。

聂政的姐姐听说这事后，说：“我弟弟非常贤能，我不能因为吝惜自己的性命，而埋没弟弟的名声，埋没名声，这不是弟弟所想要的。”于是她来到韩国，看着尸体说：“勇士啊！壮怀激烈！你的行为胜过孟贲、夏育，高过了成荆！如今死了却没有留下姓名，父母已不在人世，又没有其他兄弟，你这样做都是为了不牵连我啊。因为吝惜我的生命而不显扬你的名声，我不忍心这样做！”于是就抱住尸体痛哭道：“这是我弟弟轵邑深井里的聂政。”说完便在聂政的尸体旁自杀而死。

三晋、楚、齐、卫等国的人听说这件事，都赞叹说：“不单聂政勇敢，他的姐姐也是个刚烈的女子！”聂政之所以名垂后世，就是因为他的姐姐不怕被剁成肉酱以显扬他的名声！

※读解

与谋臣策士一起活跃在战国社会政治舞台上的还有另一种人，他们为了心中的正义和理想，敢于仗义拔剑，怒发冲冠，做出壮怀激烈、惊天动地的事迹来；他们将道义看作人生的最高意义，为了道义他们可以随时随地不惜放弃生命。他们就是侠士或者说是刺客。和那些谋臣策士不同的是，他们不是用语言的力量来改变社会实现自己的政治理想，他们用勇猛强壮的血肉之躯所蕴含的力量参与社会政治，达到那些靠语言的游说所达不到的目标。

刺客和说客一样，都是社会政治的积极参与者，都具有让现代人所无法比拟的人格力量。或许在现代人看来，这些刺客太过激进，轻视生命，但他们的人格精神是我们现代人早已不再具有的。现代人太过看重现实的利益，与那些仗义拔剑的刺客相比显得猥琐而实际，在人格力量和精神上逊色了许多。

或谓韩公仲

※原文

或①谓韩公仲曰："夫孪子②之相似者，唯其母知之而已；利害之相似者，唯智者知之而已。今公国，其利害之相似，正如孪子之相似也。得以其道为之，则主尊而身安；不得其道，则主卑而身危。今秦、魏之和成，而非公适束之，则韩必谋矣。若韩随魏以善秦，是为魏从也，则韩轻矣，主卑矣。秦已善韩，必将欲置其所爱信者，令用事于韩以完之，是公危矣。今公与安成君为秦、魏之和，成固为福，不成亦为福。秦、魏之和成，而公适束之，是韩为秦、魏之门户也，是韩重而主尊矣。安成君东重于魏，而西贵于秦，操右契而为公责德于秦、魏之主，裂地而为诸侯，公之事也。若夫安韩、魏而终身相，公之下服，此主尊而身安矣。秦、魏不终相听者也。齐怒于不得魏，必欲善韩以塞魏；魏不听秦，必务善韩以备秦，是公择布而割也。秦、魏和，则两国德公；不和，则两国争事公。所谓成为福，不成亦为福者也。愿公之无疑也。"

※注释

①或：有人。②孪子：孪生的孩子，即双胞胎。

※译文

有人对韩国的公仲说："双胞胎长得很相似，只有他们的母亲才能将他们分辨出来；利与害看起来也很相似，只有明智的人才能将它们分辨出来。现在您的国家利、害相似，就如同双胞胎长得相似。用正确的方法来治理国家，就能让君主尊贵，自身安稳；不用正确的方法来治理国家，就会让君主卑贱，身陷危难境地。如果秦、魏两国联合成功，却不是您来促成的，那么韩国一定会遭到秦、魏两国的谋算。假如韩国跟随魏国去讨好秦国，韩国就成了魏国的附庸，一定会受到轻视，国君的地位就降低了。秦国和韩国交好，秦国一定会安置它亲信的人，让他在韩国执掌政权，来巩固秦国的势力。如果这样的话，您就危险了。假使您和安成君帮助秦、魏两国联合起来，联合成功固然是好事，不成功也是好事。秦、魏两国联合成功，而且是您促成的，这样一来，韩国就成了秦、魏两国交往的通道，韩国的地位一定会提高，国君也会更受尊重。安成君在东面受到魏国的重视，在西面得到秦国的尊崇，掌握着这样的优势，可以为您向魏、秦两国的国君索要好处，以后分封土地，成为诸侯，这是您最大的功绩。如果韩、魏两国能够相安无事的话，您就能终身做相国，这是较次一等的功绩。这都能使国君尊贵自身安稳。况且秦、魏两国是不可能长期交好的，秦国怨恨得不到魏国，必定会亲近韩国来遏制魏国，魏国也不会永远听从秦国的命令，必定设法与韩国改善关系来共同防范秦国，这样您就可以如同选择布匹，然后随意剪裁一样轻松地应对了。如果秦、魏两国联合，两国就都会感激您；如果不能联合，又都会争相讨好您。这就是我所说的成功是好事，不成功也是好事的道理，希望您就不要再犹豫了。”

※读解

韩国、魏国和秦国是三个相互接壤的国家，他们之间的关系矛盾最为突出。国家之间的关系状况决定了国家在国际上的地位，进一步也决定了国家大臣的荣辱安危。国家是最危险的利器，它就像一把双刃剑。如果掌握好了，那么上至国君、大臣，下至黎民百姓都会从中得到好处；但如果掌握不好，那么无论是谁都可能丧生于战争灾祸之中。韩公仲作为韩国的相国，肩负着重大的政治责任，每一个政策措施的制定和实行都举足轻重，所以对于其中的利害关系，不能不小心求证，细细权衡。因为这不仅关系国家和百姓的安危，更实际的是关系自己的安危。

这个说客为韩公仲提供了四种可能实现的国际关系，这样就把问题条分缕析，描述得非常清晰，韩公仲可以从中权衡利弊，进行优中选优的抉择。

或谓韩王曰

※原文

或谓韩王曰：“秦王欲出事于梁，而欲攻绛、安邑，韩计将安出矣？秦之欲伐韩，以东窥①周室，甚唯寐忘之。今韩不察，因欲与秦，必为山东大祸矣。秦之欲攻梁也，欲得梁以临韩，恐梁之不听也，故欲病之以固交也。王不察，因欲中立，梁必怒于韩之不与己，必折为秦用，韩必举矣。愿王熟虑之也。不如急发重使之赵、梁，约复为兄弟，使山东皆以锐师戍韩、梁之西边，非为此也，山东无以救亡，此万世之计也。秦之欲并天下而王之也，不与古同。事之虽②如子之事父，犹将亡之也。行虽如伯夷，犹将亡之也。行虽如桀、纣，犹将亡之也。虽善事之，无益也。不可以为存，适足以自令亟亡也。然则山东非能从亲，合而相坚如一者，必皆亡矣。”

※注释

①窥：留意侦探。②虽：即使。

※译文

有人对韩王说：“秦王想要征讨魏国，并且想攻打绛、安邑，韩国打算采取什么样的对策呢？秦国打算进攻韩国，是为了图谋周王室，这是它所梦寐以求的。现在韩国不明察真相，就贸然想要和秦国结为盟国，这一定会给崤山以东的各国诸侯带来灾祸。秦国进攻魏国，主要是为了从魏国经过，将大军开进韩国境内，但恐怕魏国不听命令，所以才决定痛击魏国来确保秦、魏两国之间的交往。但是大王没有明察事实的真相，竟然想要保持中立，魏国必然为韩国不和自己联合而恼怒，并屈服于秦国，为秦国所用，到那个时候，韩国必然会灭亡。希望大王慎重地考虑这件事。所以大王不如派人到赵国和魏国去，与赵、魏两国结为盟国，使崤山以东的各国诸侯派精兵来镇守韩、魏两国的西边；如果不采取这种紧急措施，那么崤山以东的各国诸侯将无法救亡，这是涉及千秋万代的大计。秦国想要吞并天下各国诸侯，来称王天下，这已经不同于古时候了。侍奉秦国即使像儿子侍奉父亲一样，父亲最后还是要把儿子消灭掉。行为即使像手足兄弟一样的伯夷让位给叔齐，但是最后两兄弟却都饿死在首阳山下。言行即使像夏桀王和殷纣王一样，也仍然被商汤王和周武王灭亡。所以说，无论怎样侍奉秦国都是没有任何作用的，不但不能靠侍奉秦国来保持国家的命运，反而将加速国家的灭亡。崤山以东的各国诸侯如果不结成合纵联盟，联合起来团结一致，最终必然会走向灭亡。”

※读解

这个说客从分析韩国的对外政策当中发现了玄机，从而看透了秦国的真实意图和崤山以东六国的命运。他也许并不是一个像苏秦一样主张合纵联盟的谋略家，但他具有同苏秦一样的眼光，对战国时期的各国关系有十分准确把握。

即使韩王听取了这个说客的建议，但仍然无法改变命运。在秦国强大并且有吞并六国的野心的情况下，六国只有联合起来才能改变它们的命运。但由于它们各自打着自己的如意算盘，合纵联盟只是它们国家利益的暂时性选择，无法长期坚定地坚持下去，所以遭遇灭亡的宿命是必然的。

秦大国

※原文

秦，大国也。韩，小国也。韩甚疏秦。然而见①亲秦，计之，非金无以也，故卖美人。美人之贾贵，诸侯不能买，故秦买之三千金。韩因以其金事秦，秦反得其金与韩之美人。韩之美人因言于秦曰："韩甚疏秦。"从是观之，韩亡美人与金，其疏秦乃始益明。故客有说韩者曰："不如止淫用，以是为金以事秦，是金必行，而韩之疏秦不明。美人知内行者也，故善为计者，不见内行②。"

※注释

①见：表面上表现出。②见：显现，露出。内行：内在的作为的意图。

※译文

秦国是大国，韩国是小国。韩国对秦国非常疏远。但是在表面上又不得不表现出对秦国很亲近，仔细考虑，不用金钱是不行的，所以就出售美女。美女的价钱昂贵，诸侯都买不起，后来秦王花了三千金把美女买了回去。韩国于是用这三千金来侍奉秦国，秦国反而又得到了那三千金，还得到了韩国的美人。韩国的美人因此对秦王说："韩国对秦国很疏远。"由此来看，韩国不仅失去了美女和金钱，还使它实际上疏远秦国的态度更加明显。所以有人游说韩国说："不如停止奢侈的生活，积累钱财来侍奉秦国，只要有金钱就必定会起到作用，而韩国疏远秦国的意图也不会暴露出来。美女是了解国家的实际意图的。因此善于谋划的人，不能让国家的实际意图泄露出去。"

※读解

战国时期，弱小的国家在夹缝中生存，为了保持不被大国灭掉，它们只有通过各种方式来讨好和侍奉大国，来求得一时的苟且偷安。

韩国通过出卖美女的方式来讨好秦国，本来以为使秦国既得到美女又得到钱财，是很好的讨好方式。但殊不知美女是会说话的礼物，她自己的命运尚且得不到掌握，韩国出卖了她，她不出卖韩国才怪。所以，韩国是赔了夫人又折兵，人财两空。不仅如此，还将自己的真实意图暴露无遗。究其原因，主要是韩国没有计划周全，一方面是讨好秦国的策略失当，另一方面所选派的美女政治上不过关。闹出这样的笑话，实在是咎由自取。

段干越人谓新城君

※原文

段干越人①谓新城君②曰："王良之弟子驾，云取千里马，遇造父之弟子。造父之弟子曰：'马不千里。'王良弟子曰：'马，千里之马也；服，千里之服也。而不能取千里，何也？'曰：'子纆牵③长。故纆牵于事，万分之一也，而难千里之行。'今臣虽不肖，于秦亦万分之一也，而相国见臣不释塞者，是纆牵长也。"

※注释

①段干越人：姓段干，名越人。魏国人。②新城君：秦相。③纆牵：马的缰绳。

※译文

段干越人对新城君说："王良的弟子驾车，说能超过千里马，他遇见了造父的弟子。造父的弟子说：'您的马一天跑不了一千里。'王良的弟子说：'我的边马是千里马，辕马也是千里马，你却说我的马一天跑不了一千里，为什么呢？'造父的弟子说：'您的缰绳拉得太长了。缰绳的长短对于驾车来说，其作用不过万分之一，但是它妨碍千里之行。'现在我即使不贤能，但对秦国的作用多少也有那么万分之一吧，您见到我却不高兴，这是缰绳拉得太长了吧。"

※读解

这是一个比较高超的毛遂自荐、自我推销的方法。希望晋升职位增加薪金的人应该借鉴。

段干越人通过千里马驾车和缰绳长短的关系，向新城君委婉地表达了自己的心迹：如果不重用自己，秦国就很难有好的发展。他运用了类比方法，生动形象地说明了自己的想法。如果新城君知晓他的心思，两人心照不宣，新城君重用段干越人，而段干越人施展才能是此次自我推销很好的结果。

燕策

苏秦将为从，北说燕文侯曰："燕东有朝鲜、辽东，北有林胡、楼烦，西有云中、九原，南有呼沱、易水。地方二千余里，带甲数十万，车七百乘，骑六千匹，粟支十年。南有碣石、雁门之饶，北有枣粟之利，民虽不由田作，枣粟之实，足食于民矣。此所谓天府也。夫安乐无事，不见覆军杀将之忧，无过燕矣。大王知其所以然乎？"

苏秦将为从北说燕文侯

※原文

苏秦将为从，北说燕文侯曰："燕东有朝鲜、辽东，北有林胡、楼烦，西有云中、九原，南有呼沱、易水。地方二千余里，带甲数十万，车七百乘，骑六千匹，粟支①十年。南有碣石、雁门之饶，北有枣粟之利，民虽不由田作，枣粟之实，足食于民矣。此所谓天府也。夫安乐无事，不见覆军杀将之忧，无过燕矣。大王知其所以然乎？"

※注释

①支：支撑，维持。

※译文

苏秦打算推行合纵策略，到北方去游说燕文侯说："燕国东有朝鲜和辽东，北有林胡和楼烦，西有云中和九原，南有呼沱河和易水。土地方圆两千多里，士兵有几十万，战车有七百辆，战马有六千匹，粮食能食用十年。南边有碣石和雁门的丰饶物产，北边有枣和粟的有利收成，老百姓即使不从事田间耕作，只靠枣和粟也够吃了。这就是所谓的天府之国。百姓安居乐业，没有战事，没有军队破败、将军被杀的忧伤，这种情况没有哪个国家比燕国更好的。大王知道为什么会这样吗？

※原文

"夫燕之所以不犯寇被兵者，以赵之为蔽于南也。秦、赵五战，秦再胜而赵三胜。秦、赵相弊，而王以全燕制其后，此燕之所以不犯难也。且夫秦之攻燕也，逾云中、九原，过代、上谷，弥地踵道数千里，虽得燕城，秦计固不能守也。秦之不能害燕亦明矣。今赵之攻燕也，发兴号令，不至十日，而数十万之众军于东垣矣。度呼沱，涉易水，不至四五日，距国都矣。故曰，秦之攻燕也，战于千里之外；赵之攻燕也，战于百里之内。夫不忧百里之患，而重千里之外，计无过于此者。是故愿大王与赵从亲，天下为一，则国必无患矣。"

燕王曰："寡人国小，西迫①强秦，南近齐、赵。齐、赵，强国也，今主君幸教诏之，合从以安燕，敬以国从。"于是赍②苏秦车马金帛以至赵。

※注释

①迫：接近。②赍：（把东西）送给（人）。

※译文

“燕国之所以不遭受战祸，是因为有赵国在南面做屏障。秦国和赵国之间打了五次，秦国胜利了两次而赵国胜利了三次。秦赵互相削弱，而大王却保全燕国，控制后方，这就是燕国不受侵犯的原因所在。而且秦国攻打燕国，要越过云中和九原，经过代郡和上谷，长途跋涉几千里，即使能够攻下燕国的城池，也知道根本无法守护它。秦国无法侵犯燕国是很明显的。如果赵国进攻燕国，它只要一声令下，过不了十天，几十万大军就能进驻到东垣一带了。再渡过呼沱河和易水，用不了四五天就能够到达燕国的都城了。因此说秦国攻打燕国，必须在千里之外交战；而赵国攻打燕国，是在百里之内交战。不担心百里之内的祸患而看重千里以外的战祸，没有比这更加失误的策略了。所以愿大王和赵国结成合纵盟国，天下各国诸侯联合为一，那么燕国就一定没有忧患了。”

燕文侯说：“我的国家弱小，西面接近赵国，南面靠近齐国。齐、赵两国都是强大的国家，今日有幸听到你的教导，参加合纵联盟，来使我燕国安宁，我愿意拿我的国家来参加合纵。”于是资助苏秦车马和金银布帛，让他到赵国去联合合纵。

※读解

苏秦游说燕文侯，首先为燕文侯分析了燕国的基本情况，指出燕国优越的地理位置。赵国居于燕国和秦国之间，为燕国竖立了一个天然的屏障，确保了燕国很难被秦国侵犯。苏秦所指出的燕国的这一特点是符合实际情况的，也是燕国在地理位置上优越于韩国、魏国和赵国的地方。所以苏秦的游说紧紧抓住这一根本点不放，进而指出了燕国参加合纵联盟的重大意义，并为燕文侯描述了参加合纵联盟之后的美好前景。他的论说有理有据，客观真实，让人不得不接受他的观点。

燕文公时

※原文

燕文公时，秦惠文王以其女为燕太子妇。文公卒，易王立。齐宣王因燕丧攻之，取十城。武安君苏秦为燕说齐王，再拜而贺，因仰而吊①。齐王案戈而却曰：“此一何庆吊相随之速也？”对曰：“人之饥所以不食乌喙者，以为虽偷充腹，而与死同患也。今燕虽弱小．强秦之少婿也。王利其十城，而深与强秦为仇。今使弱燕为雁行，而强秦制其后，以招天下之精兵，此食乌喙之类也。”齐王曰：“然则奈何？”

※注释

①吊：念悼词凭吊。

※译文

燕文公在位的时候，秦惠文王把女儿嫁作燕国太子的妻子。燕文公死后，易王继位。齐宣王于是乘燕国举行葬礼的机会进攻燕国，攻取了燕国的十座城池。武安君苏秦代表燕国去游说齐宣王。苏秦见到齐宣王，先拜了两拜表示祝贺，然后就仰起头来念悼词。齐宣王手按铁戈向后退了几步，说：“你为什么庆贺之后就马上念起悼词来？”苏秦回答说：“人饿的时候，之所以不吃乌喙这种毒药，是知道吃了它即使能暂时填饱肚子，但是马上就会死去。如今燕国虽然弱小，但和强大的秦国也是翁婿关系。大王贪图这十个城邑，却和强大的秦国结下了仇恨。假如让弱小的燕国做先锋，而强大的秦国跟随在它的后面，来联合天下各国的精兵进攻齐国，这和吃乌喙这种毒药来充饥是同样的道理。”齐宣王说：“既然已经这样了，我该怎么办呢？”

※原文

对曰：“圣人之制事①也，转祸而为福，因败而为功。故桓公负妇人而名益尊，韩献开罪而交愈固，此皆转祸而为福，因败而为功者也。王能听臣，莫如归燕之十城，卑辞以谢秦。秦知王以己之故归燕城也，秦必德王。燕无故而得十城，燕亦德王。是弃强仇而立厚交也。且夫燕、秦之俱事齐，则大王号令天下皆从。是王以虚辞附秦，而以十城取天下也。此霸王之业矣。所谓转祸为福，因败成功者也。”齐王大说，乃归燕城。以金千斤谢其后，顿首涂中，愿为兄弟而请罪于秦。

※注释

①制事：做事情。

※译文

苏秦回答说：“圣人做事情，能够将灾祸转化为幸运，将失败转化为成功。所以说齐桓公即使受女色的牵连，却使自己的名声更加尊贵，韩献子即使因为杀了人而使自己被判了罪，却使自己的地位更加稳固，这些都是将灾祸转化为幸运，将失败转化为成功的例子。大王如果能听从我的意见，不如归还燕国的十座城池，并用谦卑的言辞来向秦国道歉。秦王知道大王是因为他的缘故才归还了燕国的十座城池，必定会感激大王。燕国无缘无故收回了它的十座城池，也会感激大王。这样一来，大王就避开了强敌，并和两个国家都交往更深了。而且燕、秦两国都会侍奉齐国，那么大王发号施令，天下诸侯都会听从。大王只用言辞来附和亲近秦国，又用十座城池来取得天下诸侯的支持，这可是霸主的事业，也是所说的将灾祸转化为幸运、将失败转化为成功的好办法。”齐宣王听后大为高兴，于是就归还了燕国的十座城池。随后，齐宣王又送千金道歉，并在半路上叩头，希望结为兄弟盟国，并向秦国请罪。

※读解

用威吓和利诱的手段，苏秦轻而易举地就为燕国收回了被齐国夺取的十座城池。他首先在齐国的王宫里念悼词，先声夺人，使齐宣王陷入了恐惧的情绪里。然后又指出齐宣王就要面临秦燕联军的攻打，这就从根本上否定了齐宣王夺取十座城池的意义，到此时，这十座城池已经可能不是齐宣王的了。但这还不足以说服齐宣王，也不足以就将城池要回。

接下来，苏秦援引历史上的例子，为齐宣王指出了一条光明大道。这就采取了利诱的方法，使齐宣王乐意将十座城池交出来。视三寸不烂之舌强于百万雄兵。从策略上来说，采取文伐要比使用武力攻夺划算得多。

人有恶苏秦于燕王者

※原文

人有恶①苏秦于燕王者，曰：“武安君，天下不信人也。王以万乘下之，尊之于廷，示天下与小人群也！”武安君从齐来，而燕王不馆也。谓燕王曰：“臣东周之鄙人也，见足下身无咫尺之功，而足下迎臣于郊，显臣于廷。今臣为足下使，利得十城，功存危燕，足下不听臣者，人必有言臣不信，伤臣于王者。臣之不信，是足下之福也。使臣信如尾生，廉如伯夷②，孝如曾参，三者天下之高行，而以事足下，不可乎？”燕王曰：“可。”曰：“有此，臣亦不事足下矣。”

※注释

①恶：说某人的坏话，诋毁中伤。②伯夷：商臣，西周攻陷朝歌后，不食周粟，后来饿死在首阳山。尾生：古代传说中坚守信约的男子。他和一女子相约在桥下见，但她没有来，后来发起大水，他一直抱着桥柱不放被淹死。

※译文

有人向燕王诽谤苏秦说："苏秦是天下最不讲信用的人。大王凭着万乘之尊来谦恭地对待他，在朝廷上推崇他，这是向天下人表明您和小人为伍啊！"苏秦从齐国归来，燕王竟然不给他住的地方。苏秦对燕王说："我本是东周的一个平庸之辈，见到大王的时候没有一丁点儿功劳，但大王亲自到郊外去迎接我，使我在朝廷上地位显赫。如今我为您出使齐国，取得了收复十座城池的利益，立下了挽救燕国危亡的功劳，可是您却不再信任我，一定是有人说我不守信用，在大王面前中伤了我。我不守信用，这是大王的福气。假使我像尾生那样讲信用，像伯夷那样廉洁，像曾参那样孝顺，有这三种天下人所公认的高尚品德，来侍奉大王，难道不可以吗？"燕王说："可以。"苏秦说："如果我真的具备了这三种品德的话，我也就不会来侍奉大王了。"

※原文

苏秦曰："且夫孝如曾参，义①不离亲一夕宿于外，足下安得使之之齐？廉如伯夷，不取素餐，污武王之义而不臣焉，辞孤竹之君，饿而死于首阳之山。廉如此者，何肯步行数千里，而事弱燕之危主乎？信如尾生，期而不来，抱梁②柱而死。信至如此，何肯扬燕、秦之威于齐而取大功乎哉？且夫信行者，所以自为也，非所以为人也。皆自覆之术，非进取之道也。且夫三王代兴，五霸迭盛，皆不自覆③也。君以自覆为可乎？则齐不益于营丘，足下不逾楚境，不窥于边城之外。且臣有老母于周，离老母而事足下，去自覆之术，而谋进取之道，臣之趣固不与足下合者。足下皆自覆之君也，仆者进取之臣也，所谓以忠信得罪于君者也。"燕王曰："夫忠信，又何罪之有也？"

※注释

①义：按照道义来说。②梁：桥。③自覆：自我固执，故步自封。

※译文

苏秦道："我如果像曾参那样孝顺，按照孝道来说就不能离开父母在外面住宿一夜，您又怎么能让我出使齐国呢？我如果像伯夷那样廉洁，不吃白食，认为周武王不义，不做他的臣子，又拒绝做孤竹国的国君，饿死在首阳山上。廉洁到这种程度，我又怎么愿意步行几千里，而侍奉弱小燕国的危难国君呢？如果我像尾生那样讲信用，和女子相约在桥下见面，那女子没来，就抱着桥梁柱子被水淹死也不离开。讲信用到了这种地步，我怎么愿意到齐国去宣扬燕、秦两国的威力，并立下这么大功劳呢？况且讲信义道德的人，都是用来自我完善，而不是用来帮助他人的。所以那都是安于现状的做法，不是进取的做法。何况，三王之所以交替兴盛，五霸之所以相继称雄，都是因为他们不满足现状。如果满足现状的话，那么齐国就不会进兵到营丘，您也不会越过楚国的边境，也就不可能窥探边城之外了。况且我在周地还有老母，离开老母来侍奉大王，抛开安于现状的念头，来谋求进取的做法，我的目标，本来和大王是不同的。大王是安于现状的国君，而我是谋求进取的臣子，这就是我因为忠信而得罪大王的原因。”燕王说：“忠信又有什么可责怪的呢？”

※原文

对曰：“足下不知也。臣邻家有远为吏者，其妻私人。其夫且归，其私之者忧之。其妻曰：‘公勿忧也，吾已为药酒以待之矣。’后二日，夫至。妻使妾奉卮酒进之。妾①知其药酒也，进之则杀主父，言之则逐主母。乃阳僵②弃酒。主父大怒而笞之。故妾一僵而弃酒，上以活主父，下以存主母也。忠至如此，然不免于笞，此以忠信得罪者也。臣之事，适不幸而有类妾之弃酒也。且臣之事足下，亢义益国，今乃得罪，臣恐天下后事足下者，莫敢自必也。且臣之说齐，曾不欺之也。使之说齐者，莫如臣之言也，虽尧、舜之智，不敢取也。”

※注释

①妾：女仆。②僵：仰面倒下。

※译文

苏秦回答说：“大王不知道，我的邻居中有个在远地方做官的人，他的妻子跟别人私通。她的丈夫眼看就快要回来了，和她私通的人很忧虑。他妻子对情夫说：‘你不用担心，我已经准备好毒酒等着他了。’过了两天，丈夫回到家，妻子让女仆捧着毒酒送给她的丈夫。女仆知道那是毒酒，如果送上去就要毒死男主人，如果说出实情女主人就不可避免要被赶走。于是她假装跌倒，泼掉了毒酒。男主人很生气，就用竹板打她。那女仆这一跌倒，一方面救了男主人，另一方面保住了女主人。忠心到了这种地步，然而仍然避免不了挨打，这就是因为忠信反而受到责罚的人。现在我的处境，正好不幸和那个女仆泼掉毒酒反而挨打是一样的处境。而且我侍奉大王，尽量高扬信义，有利于国家，今日却受到责罚，我担心以后天下来侍奉大王的人，没有哪个人能够做到这样。更何况我劝说齐王，并没有使用欺诈的手段，只不过游说齐国的其他使者，没有谁如同我所说的那样。即使他们有尧、舜一样的智慧，齐国也不会相信的。”

※读解

苏秦为了合纵连横的政策奔波于六国之间，但在国内却遭到了别有用心的人的诬陷。那些诬陷的人体现出了人性的丑恶，人最大的悲哀莫过于此。面对这样的不公平遭遇，苏秦一定心寒，但自己的清白只有靠自己来辩白。他向燕王列举了尾生、伯夷、曾参的事迹，驳斥了那些假道学对他的指责，表明了自己好心没有好报的处境。假道学实际上不懂政治科学，而一味地按照道德的表层准则对苏秦进行横加指责。政治科学和道德应该是分离的，苏秦指出政治行为不能用普通的仁义道德来评价。如果政治行为接受仁义道德的制约，那么政治上将无所作为。国家和个人是不一样的，国家之间只有利益和力量的区别，而没有仁义道德可讲，所以在外交场合必须用实力、策略来争取利益。权谋如果用在个人的私利争夺上，那是需要用道德标准来加以评价的，如果用在国家利益的争夺和维护上，那就是值得肯定的。

张仪为秦破从连横

※原文

张仪为秦破从连横，谓燕王曰："大王之所亲，莫如赵，昔赵王以其姊为代王妻，欲并代，约与代王遇于句注之塞。乃令工人作为金斗，长其尾，令之可以击人。与代王饮，而阴①告厨人曰：'即酒酣乐，进热歠，即因反斗击之。'于是酒酣乐进取热歠。厨人进斟羹，因反斗而击之，代王脑涂地。其姊闻之，摩笄②以自刺也。故至今有摩笄之山，天下莫不闻。

※注释

①阴：暗中。②笄：古代男女盘头发用的簪子。

※译文

张仪为秦国破坏合纵策略推行连横政策，对燕王说："大王最亲近的，莫过于赵国了。过去赵襄子把他的姐姐嫁给代君做妻子，想要吞并代国，就和代君约好在句注的关塞见面。他让工匠制作一个铁斗，把铁斗的柄做得很长，使它可以用来打人。赵襄子在和代君喝酒之前，暗中告诉厨夫说：'等到酒喝得正酣畅的时候，就送上热汤，然后就找机会掉过铁斗打死代君。'当时酒喝得正畅快，赵襄子要热汤，厨夫进来盛汤，趁机掉过铁斗打在代君的头上，代君的脑浆流了一地。赵襄子的姐姐听说这件事后，就用磨尖的金簪自杀了。所以说到现在还有摩笄山，天下人没有不知道的。

※原文

“夫赵王之狼戾①无亲，大王之所明见知也。且以赵王为可亲邪？赵兴兵而攻燕，再围燕都而劫大王，大王割十城乃却以谢。今赵王已入朝渑池，效河间以事秦。大王不事秦，秦下甲云中、九原，驱赵而攻燕，则易水、长城非王之有也。且今时赵之于秦，犹郡县也，不敢妄兴师以征伐。今大王事秦，秦王必喜，而赵不敢妄动矣。是西有强秦之援，而南无齐、赵之患，是故愿大王之熟计之也。”燕王曰：“寡人蛮夷辟处，虽大男子，裁②如婴儿，言不足以求正，谋不足以决事。今大客幸而教之，请奉社稷西面而事秦，献常山之尾五城。”

※注释

①狼戾：凶残暴戾。②裁：决断，主事。

※译文

“赵王凶狠暴戾，六亲不认，这是大王很清楚的。难道您认为赵王可以亲近吗？赵国曾经派军队攻打燕国，围困燕都，要挟大王，大王割让十座城池来向他道歉，赵国才退兵。现在赵王已经到渑池去朝见秦王，献出河间来侍奉秦国。如果大王不侍奉秦国的话，秦国派军队到云中、九原，驱使赵国的军队进攻燕国，那么易水和长城就不会为大王所有了。而且现在赵国对于秦国来说，就如同是秦国的郡县，不敢妄自发动军队来攻打别的国家。如果大王侍奉秦国，秦王一定会很高兴，赵国也就不敢轻举妄动了。这样燕国西面有强大的秦国援助，南边没有了齐、赵两国的侵扰，所以希望大王能慎重考虑这件事。”燕王说：“我身居野蛮荒僻的地方，这里即使是成年男子，也就和小孩一样，他们所说的话不能强求正确，他们的智慧不足以判断事情。今日有幸得到贵客的教诲，我愿意献上燕国，来向西投靠、侍奉秦国，并献出恒山西面的五座城池。”

※读解

张仪的游说依然是以血腥的事例来恐吓燕王。他列举了代君被赵襄子打得脑浆迸裂的事例来劝告燕王不要和赵国联合起来抗击秦国，并搬出赵国曾经要挟燕国的历史事件来加以佐证。归根到底，还是要燕王依附于秦国，以求得国家的安全。事实胜于雄辩。张仪所列举的事例真的起到了现实的作用，使燕王乖乖地献出了五座城池，并答应投靠和侍奉秦国。说到底，张仪之所以能够将燕王吓住，还是因为他背后的秦国力量强大，所以他才能挺直了腰杆说话，恩威并施，大力推行秦国的霸权主义和强权政治。这无疑增加了他得胜的筹码，所以张仪所到之处，游说各国的国君，往往能够起到立竿见影的效果，为秦国取得实际的利益。

燕昭王收破燕后即位

※原文

燕昭王收破燕①后即位，卑身厚币，以招贤者，欲将以报仇。故往见郭隗②先生曰："齐因孤国之乱，而袭破燕。孤极知燕小力少，不足以报。然得贤士与共国，以雪先王之耻，孤之愿也。敢问以国报仇者奈何？"郭隗先生对曰："帝者与师处，王者与友处，霸者与臣处，亡国与役处。诎指③而事之，北面而受学，则百己者至。先趋而后息，先问而后嘿，则什己者至。人趋己趋，则若己者至。冯几据杖，眄视指使，则厮役之人至。若恣睢奋击，呴籍叱咄，则徒隶之人至矣。此古服道致士之法也。王诚博选国中之贤者，而朝其门下，天下闻王朝其贤臣，天下之士必趋于燕矣。"

※注释

①收破燕：燕国被齐国所破，燕昭王公元前 3 年回国收复燕国，准备报仇。②郭隗：燕国的贤能之士。③诎指：屈己下人。

※译文

燕昭王整顿了残破的燕国之后登上了王位，他通过礼贤下士、厚待贤才的举措来招纳贤能的人，想要依靠他们来报齐国攻破燕国杀害父王的国仇家恨。因此他去见郭隗先生，说："齐国乘我国混乱的机会，攻破了我们燕国，我深知燕国势单力薄，不足以报仇。然而如果能得到贤士与我共同谋划，来雪洗先王的耻辱，这是我的愿望。请问先生要报国家的大仇应该怎么办？"郭隗先生回答说："成就帝业的国君拜贤者为师，成就王业的国君把贤者当作朋友，成就霸业的国君任用贤能的人做臣子，即将亡国的国君将贤能的人当作仆役来使用。如果能够谦卑地侍奉贤能的人，屈居下位来接受教诲，那么才能高过自己百倍的人就会到来。早些学习晚些休息，先去求教别人然后再默思，那么才能高过自己十倍的人就会到来。别人怎么做，自己也跟着做，那么才能与自己相当的人就会来到。如果身体靠着几案，手里拿着手杖，蔑视着指使别人，那么供人驱使跑腿当差的人就会来到。如果放纵骄横，行为暴戾，呵骂训斥，那么奴隶和犯人就要到来了。这就是古往今来实行王道而招徕人才的方法。大王如果真想广泛选用国内的贤者，就应该亲自登门拜访，天下的贤人听说大王礼让天下贤能的人，那么天下的贤能的人就必然要争着到燕国来了。"

※原文

昭王曰："寡人将谁朝而可？"郭隗先生曰："臣闻古之君人，有以千金求千里马者，三年不能得。涓人①言于君曰：'请求之。'君遣之。三月得千里马，马已死，买其首五百金，反以报君。君大怒曰：'所求者生马，安事死马而捐②五百金？'涓人对曰：'死马且买之五百金，况生马乎？天下必以王为能市马，马今至矣。'于是不能期年，千里之马至者三。今王诚欲致士，先从隗始；隗且见事，况贤于隗者乎？岂远千里哉？"

于是昭王为隗筑宫而师之。乐毅自魏往，邹衍自齐往，剧辛自赵往，士争凑燕。燕王吊死问生，与百姓同甘共苦。二十八年，燕国殷富，士卒乐佚轻战。于是遂以乐毅为上将军，与秦、楚、三晋合谋以伐齐，齐兵败，闵王出走于外。燕兵独追北，入至临淄，尽取齐宝，烧其宫室宗庙。齐城之不下者，唯独莒、即墨③。

※注释

①涓人：在国君身边提供服务的侍从。②捐：丢弃。③莒、即墨：齐国城邑。

※译文

燕昭王说："我应该拜访谁呢？"郭隗先生说："我听说古代有一位想用千金买千里马的国君，但是三年也没有买到。宫中有个近臣对他说：'请您让我去买吧。'国君就派他去了。三个月后他终于找到了千里马，可惜马已经死了，但是他仍然用五百金买了那匹马的脑袋，回来向国君复命。国君大怒说：'我要的是活马，死马有什么用，还白白扔掉了五百金？'这个近臣回答说：'买死马尚且愿意花五百金，更何况是活马呢？天下人一定都以为大王您擅长买马，千里马很快就会有人送来了。'于是不到一年，就买到了三匹千里马。如果现在大王真的想要招徕人才，就请先从我开始吧；我尚且能够被重用，何况那些胜过我的人呢？他们难道还会嫌千里的路程太遥远了吗？"

于是燕昭王为郭隗专门修建了宫室，并拜他为师。此后，乐毅从魏国赶来，邹衍从齐国赶来，剧辛从赵国赶来，贤能的士人争先恐后聚集到了燕国。燕昭王又祭奠了死者，慰问幸存的生者，和百姓同甘共苦。燕昭王二十八年的时候，燕国殷实富足，国力强盛，士兵们心情舒畅不怕牺牲。于是燕昭王任用乐毅做上将军，和秦、楚、韩、赵、魏五国联合谋划来攻打齐国，齐国大败，齐闵王逃到国外。燕军又单独追击齐国逃亡的军队，攻打到齐国的都城临淄，抢掠了齐国的全部宝物，焚烧了齐国的宫殿和宗庙。没有被攻取的齐国城邑，只剩下莒和即墨了。

※读解

燕昭王为了报复齐国，千方百计招徕人才，他的这一方针无疑是正确的。大凡要成就一番大事业，最为重要的是人才，因为凡事都是由人做成的。所以要以人为本，只要有了人才，其他的所有问题都会迎刃而解。

当燕昭王询问想报仇雪恨该怎么做的时候，郭隗向他强调了人才的重要性。随后，郭隗列举了人才的几种类型。“帝者与师处，王者与友处，霸者与臣处，亡国与役处”，这样的道理反复地为后代的历史所证明。“诎指而事之，北面而受学，则百己者至。先趋而后息，先问而后嘿，则什己者至。人趋己趋，则若己者至。冯几据杖，眄视指使，则厮役之人至。若恣睢奋击，呴籍叱咄，则徒隶之人至矣”，这些睿智之语为我们做一番大事业提供了一面人才任用的镜子。

接下来，郭隗为燕昭王讲述了一个买千里马的故事，情节未免有些牵强，但强调了要想招徕人才，必须让人们知道你是爱惜人才和善待人才的，这个小故事值得正在招纳贤才准备干一番大事业的人深思和借鉴。

苏代为燕说齐

※原文

苏代为燕说齐，未见齐王，先说淳于髡曰：“人有卖骏马者，比三旦立市，人莫之知。往见伯乐曰：‘臣有骏马，欲卖之，比三旦立于市，人莫与言，愿子还而视之，去而顾之，臣请献一朝之贾。’伯乐乃还而视之，去而顾之，一旦而马价十倍。今臣欲以骏马见于王，莫为臣先后者，足下有意为臣伯乐乎？臣请献白璧一双，黄金千镒，以为马食。”淳于髡曰：“谨闻命矣。”入言之王而见之，齐王大说苏子。

※译文

苏代代表燕国去游说齐国，没有见齐威王之前，先对淳于髡说：“有一个卖骏马的人，一连三个早晨都站在集市里，但也没有人知道他的马是匹骏马。卖马的人很着急，于是就去见伯乐说：‘我有一匹骏马，想要卖掉它，可是连续三个早晨，也没有人来询问一下，希望先生您能绕着我的马看一圈，离开的时候再回头看一眼，这样我愿意给您一天的费用。’伯乐于是就照着卖马人所说的，绕着那匹马看一圈，离开的时候又回头看了一眼，结果马的身价一早上涨了十倍。现在我想把骏马送给齐威王看，可是没有替我前后周旋的人，先生有意做我的伯乐吗？我愿送给您白璧一双、黄金千镒，来作为给您的费用。”淳于髡说：“愿意听从您的吩咐。”于是淳于髡进宫向齐威王引荐苏代，齐威王接见了苏代，而且非常喜欢他。

※读解

这是一篇苏秦的弟弟苏代向齐国推荐自己的文章。苏秦死后，他的弟弟继承了他的事业，但初出茅庐的他需要一个平台来实现他的哥哥没有实现的合纵联盟理想。于是他来到齐国，巧妙地向淳于髡推荐自己，得到了淳于髡的认可，并经过淳于髡的引荐，得到了齐威王的重用。

在竞争日益激烈的今天，我们都要树立自我推销的意识，来获得更多实现抱负的机会。要推销自己，必须讲究方式和方法。苏代仅仅是为淳于髡讲述了一个小故事，就得到了认可，可见他对淳于髡有一定的了解，并自信地将自己比作千里马，给人精明能干的印象。另一方面他还巧妙地将淳于髡抬举为伯乐，无形中拍了对方一个马屁，使对方愿意帮助他引荐。这个例子值得那些想要有更多发展机会的人借鉴。

燕饥赵将伐之

※原文

燕饥①，赵将伐之。楚使将军之燕，过魏，见赵恢。赵恢曰：“使除患无至，易于救患。伍子胥、宫之奇不用，烛之武、张孟谈受大赏。是故谋者皆从事于除患之道，而先使除患无至者。今予以百金送公也，不如以言。公听吾言而说赵王曰：‘昔者吴伐齐，为其饥也，伐齐未必胜也，而弱越乘其弊以霸。今王之伐燕也，亦为其饥也，伐之未必胜，而强秦将以兵承②王之西，是使弱赵居强吴之处，而使强秦处弱越之所以霸也。愿王之熟计之也。’”使者乃以说赵王，赵王大悦，乃止。燕昭王闻之，乃封之以地。

※注释

①饥：遭到饥荒。②承：通“乘”。趁着，利用。

※译文

燕国发生了饥荒，赵国打算趁这个时机攻打它。楚国派遣一名将军作为使者去燕国，从魏国境内经过，遇见了赵恢。赵恢对这个楚国使者说：“预防灾祸不让它发生，比灾祸发生后再去解救要容易。伍子胥和宫之奇的劝谏都不被国君采纳，烛之武和张孟谈的谋略得到了国君的赏识。所以谋臣们都在想方设法防患于未然，来消除灾祸。今日我与其送您百金，还不如送您几句话。您如果能听从我所说的话，就去劝说赵王说：'过去吴国讨伐齐国，是因为齐国国内发生了饥荒，可是没有等到伐齐取得成功，弱小的越国就趁着吴国疲惫的机会打败了吴国而称霸一方。现在大王要攻打燕国，也是因为它们国内发生了饥荒，我看攻打燕国未必就能获胜，并且强大的秦国可能从西边派出军队借这个机会进攻赵国。这是让弱赵处在当年强吴的不利地位，而让现在的强秦处在当年弱越的有利地位啊！希望大王能够慎重地考虑这件事。'"楚国使者于是就用赵恢的话去游说赵王，赵王听后非常高兴，取消了攻打燕国的行动。燕昭王听说了这件事后，就将土地封赏给这个楚国的使者。

※读解

赵恢通过楚国的使者说服赵王停止趁火打劫的军事行动，挽救了燕国即将遭遇的战祸。赵恢列举了春秋时期吴国趁着齐国国内发生饥荒的机会讨伐齐国，而越国趁机进攻军备空虚的吴国，使吴国得不偿失、一败涂地的史实，有效地说服了赵王。可见用历史事实说话具有无可辩驳的说服力量，所以最能打动人的内心，起到最有效的说服效果。

"螳螂捕蝉，黄雀在后"，趁火打劫的行为是不符合道义的，往往遭到意想不到的打击，这样的道理也反复为历史所证明。

昌国君乐毅

※原文

昌国君乐毅①为燕昭王合五国之兵而攻齐，下七十余城，尽郡县之以属燕。三城未下，而燕昭王死。惠王即位，用齐人反间，疑乐毅，而使骑劫代之将。乐毅奔赵，赵封以为望诸君。齐田单欺诈骑劫，卒败燕军，复收七十城以复齐。燕王悔，惧赵用乐毅乘燕之弊以伐燕。燕王乃使人让②乐毅，且谢之曰："先王举国而委将军，将军为燕破齐，报先王之仇，天下莫不振动，寡人岂敢一日而忘将军之功哉！会先王弃群臣，寡人新即位，左右误寡人。寡人之使骑劫代将军者，为将军久暴露于外，故召将军且休计事。将军过听，以与寡人有郄，遂捐燕而归赵。将军自为计则可矣，而亦何以报先王之所以遇将军之意乎？"

※注释

①乐毅：中山国灵寿（今河北平山东北）人，赵国灭掉中山国，成为赵国人，后来逃到燕国，成为燕国名将。②让：责问，责备。

※译文

昌国君乐毅为燕昭王联合五国的军队进攻齐国，攻下了七十多座城邑，并把这些地方全部作为燕国的郡县。还有三座城池没有攻下，燕昭王死了。燕惠王继承了王位，齐人使用反间计，使乐毅受到怀疑，燕惠王派骑劫代替了乐毅的将军职务。乐毅逃亡到赵国，赵王封他为望诸君。后来，齐国大将田单设计欺骗了骑劫，最终打败了燕国，收复了被燕国掠取的七十多座城池，恢复了齐国。燕惠王后来深感后悔，又害怕赵国任用乐毅趁燕国疲惫的时候来攻打燕国。于是燕惠王派人责备乐毅，并向乐毅表示歉意说："先王把整个燕国托付给将军，将军不负重托，为燕国打败了齐国，替先王报了仇，天下人无不为之震动，我怎么敢忘记将军的功劳呢！现在，先王不幸离开人世，我又刚刚即位，结果被左右侍臣蒙蔽。我之所以让骑劫代替将军的意思，是因为将军长期在外奔波辛劳，于是召请将军回来，暂且休整一下，以便共议国家大事。然而，将军误解了我，认为和我有了隔阂，就丢下燕国归附赵国。如果将军为自己这样打算还可以，可您又拿什么来报答先王对将军您的知遇之恩呢？"

※原文

望诸君乃使人献书报燕王曰："臣不佞①，不能奉承先王之教，以顺左右之心，恐抵斧质之罪，以伤先王之明，而又害于足下之义，故遁逃奔赵。自负以不肖之罪，故不敢为辞说。今王使使者数之罪，臣恐侍御者之不察先王之所以畜幸臣之理，而又不白于臣之所以事先王之心，故敢以书对。

"臣闻贤圣之君，不以禄私其亲，功多者授之；不以官随其爱，能当之者处之。故察能而授官者，成功之君也；论行而结交者，立名之士也。臣以所学者观之，先王之举错，有高世之心，故假节于魏王，而以身得察于燕。先王过举，擢之乎宾客之中，而立之乎群臣之上，不谋于父兄，而使臣为亚卿。臣自以为奉令承教，可以幸无罪矣，故受命而不辞。

"先王命之曰：'我有积怨深怒于齐，不量轻弱，而欲以齐为事。'臣对曰："夫齐霸国之余教也，而骤胜之遗事也，闲于兵甲，习于战攻。王若欲攻之，则必举天下而图之。举天下而图之，莫径于结赵矣。且又淮北、宋地，楚、魏之所同愿也。赵若许，约楚、魏、宋尽力，四国攻之，齐可大破也。'先王曰：'善。'臣乃口受令，具符节，南使臣于赵。顾反命，起兵随而攻齐。以天之道，先王之灵，河北之地，随先王举而有之于济上。济上之军，奉令击齐，大胜之。轻卒锐兵，长驱至国。齐王逃遁走莒，仅以身免。珠玉财宝，车甲珍器，尽收入燕，大吕陈于元英，故鼎反于历室，齐器设于宁台。蓟丘之植，植于汶皇。自五伯以来，功未有及先王者也。先王以为惬其志，以臣为不顿命，故裂地而封之，使之得比乎小国诸侯。臣不佞，自以为奉命承教，可以幸无罪矣，故受命而弗辞。

※注释

①不佞：不才，不敏。自谦的说法。

※译文

于是乐毅派人送去书信回答燕惠王说："我庸碌无能，不能遵行先王的教诲，来顺从左右人的心思，又唯恐遭杀身之祸，这样既损伤了先王用人的英明，又使大王蒙受不义的名声，所以我才逃到赵国。我背着不忠的罪名，所以也不敢为此辩解。大王派使者来列举我的罪过，我担心大王不能明察先王任用我的理由，并且也不明白我之所以侍奉先王的心情，所以才斗胆写封信来回答您。

"我听说贤惠圣明的君主，不把爵禄轻易送给自己亲近的人，而是赐给功劳大的人；不把官职随便授给自己喜爱的人，而是让称职的人干。所以，先考察才能再授予相应的官职，这才是能够建功立业的君主；能够衡量一个人的德行再结交朋友，这才是能显身扬名的人。我用我的所学来看，先王选拔人才，有超越当代君主的胸襟，所以我借着为魏王出使的机会，才能亲自到燕国接受考察。先王过高地抬举我，在宾客之中把我选拔出来，安排的官职在群臣之上，不与宗室大臣商量，就任命我为亚卿。我自以为接受命令秉承教导，可以有幸不受处罚，所以就接受了任命而没有推辞。

"先王曾对我说：'我和齐国有深仇大恨，顾不得国力弱小，也要向齐国报仇。'我回答说：'齐国有先代称霸的遗教，并且留下来几次大胜的功业。精于用兵，熟习攻守。大王若想攻打齐国，就一定要联合天下的诸侯共同对付它。要联合天下诸侯来对付齐国，最便捷的就是先和赵国结交。再说，齐国占有的淮北和宋国故地，是楚国和魏国都想要得到的。赵国如果答应，再联合楚魏和被齐占领的宋国共同出动兵力，四国联合攻齐，就一定可以大败齐国。'先王说：'好。'于是亲口授命，准备好符节，让我出使到南边的赵国。待我回国复命以后，各国随即起兵攻齐。靠着上天的保佑和先王的精明，河北之地全部被先王所占有。我们驻守在济水边上的军队，奉命进击齐军，获得全胜。我们以轻便精锐的部队又长驱直入齐都，齐闵王仓皇逃到莒地，才得以免于一死。齐国的珠玉财宝、车马铠甲、珍贵器物，全部被收入燕国的府库，齐国制定乐律的大钟被陈放在元英殿，燕国的大鼎又回到了历室宫，齐国的各种宝器摆设在宁台里，燕都蓟丘的植物移种在汶水的竹田里。从春秋五霸以来，没有一个人的功业能赶得上先王。先王认为满足了心愿，也认为我没有辜负使命，因此划分一块土地封赏我，使我的地位能够比得上小国的诸侯。我没才能，但自认为奉守命令秉承教诲，就可以万幸无罪了，所以接受了封赏而毫不推辞。

※原文

“臣闻贤明之君，功立而不废，故著于春秋；蚤知①之士，名成而不毁，故称于后世。若先王之报怨雪耻，夷万乘之强国，收八百岁之畜积，及至弃群臣之日，余令诏后嗣之遗义，执政任事之臣，所以能循法令，顺庶孽者，施及于萌隶，皆可以教于后世。臣闻善作者，不必善成；善始者，不必善终。昔者伍子胥说听乎阖闾，故吴王远迹至于郢。夫差弗是也，赐之鸱夷而浮之江。故吴王夫差不悟先论之可以立功，故沉子胥而不悔。子胥不蚤见主之不同量，故入江而不改。夫免身全功，以明先王之迹者，臣之上计也。离②毁辱之非，堕先王之名者，臣之所大恐也。临不测之罪，以幸为利者，义之所不敢出也。臣闻古之君子，交绝不出恶声；忠臣之去也，不洁其名。臣虽不佞，数奉教于君子矣。恐侍御者之亲左右之说，而不察疏远之行也。故敢以书报，唯君之留意焉。”

※注释

①蚤知：蚤，通“早”。能够预先知道事情的发展结果的人，也就是有先见之明的人。②离：经历。

※译文

“我听说贤明的君王，功业建立后就不能半途而废，因而才能名垂青史；有先见之明的人，获得名誉后就不可毁弃，因而才能被后人所称颂。像先王那样报仇雪恨，征服了拥有万辆车的强国，收取它们八百年的积蓄。等到离开人世，先王仍不忘发布旨令，向后代宣示遗嘱。执政管事的大臣，凭着先王的旨义并按照法令，谨慎对待王族子孙，施恩于平民百姓，这些都可以成为后世的典范。我听说，善于开创的不一定善于完成，有好的开端未必有好的结局。从前，伍子胥的计谋被吴王阖闾采用，所以吴王的足迹能远踏楚国郢都。相反，吴王夫差对伍子胥的意见不以为然，赐死伍子胥，装在皮口袋里，投入江中。可见吴王夫差始终不明白贤人的主张对吴国建立功业的重要性，所以把伍子胥沉入江中也不后悔。伍子胥不能及早预见君主和自己的度量不同，所以即使被投入大江里也不改变诚挚的初衷。能免遭杀戮，保全功名，以此彰显先王的业绩，这是我的上策。自身遭受诋毁侮辱，因而毁坏先王的名声，这是我最害怕的事情。面对不可估量的大罪，还企图和赵国图谋燕国以求取私利，从道义上讲，这是我所不能做的。我听说，古代的君子在交情断绝时也不说对方的坏话；忠臣离开本国时，也不为自己的名节辩白。我虽不才，也曾多次接受有德之人的教诲，我担心大王听信左右的话，而不体察我这个被疏远的人的行为。所以才斗胆以书信作答，只请大王您三思。"

※读解

历史上最让人寒心的莫过于忠臣遭到杀戮，而这样的冤案几乎历朝历代都不同程度地存在。无论是共同创业后的帝王卸磨杀驴式的屠杀，还是继承者因对老臣的不理解而进行的屠杀，都是人间最大的冤狱。

乐毅是一代名将，取得了连夺齐国七十多座城池的绝世战功。但由于王权交替，新继任的燕惠王听信了谗言，中了齐国的离间计，临阵换了将帅，因此乐毅蒙受了空前的生命危险，逃亡到了赵国。

燕惠王害怕乐毅会帮助赵国攻打燕国，所以就写信责备乐毅，说他背叛了先王对他的知遇之恩。乐毅在回信中委婉地对燕惠王听信谗言、用人不当提出批评。他有很高尚的人格修养，所以在信中并没有对燕惠王表示自己的怨恨。最后他强调指出"古之君子，交绝不出恶声；忠臣之去也，不洁其名"，还表明自己终生不会谋取燕国。他的书信表达了一个被冤枉的忠臣的拳拳之心，读来让人动容。

赵且伐燕

※原文

赵且伐燕，苏代为燕谓惠王①曰："今者臣来，过易水，蚌方出曝，而鹬②啄其肉，蚌合而拑其喙。鹬曰：'今日不雨，明日不雨，即有死蚌。'蚌亦谓鹬曰：'今日不出，明日不出，即有死鹬。'两者不肯相舍，渔者得而并禽之。今赵且伐燕，燕、赵久相支，以弊大众，臣恐强秦之为渔父也。故愿王之熟计之也。"惠王曰："善。"乃止。

※注释

①惠王：赵惠文王。②鹬：一种鸟的名称。

※译文

赵国准备讨伐燕国，苏代代表燕国对赵惠文王说："我这次来，经过易水，看见一只河蚌正从水里出来晒太阳，一只鹬飞来啄它的肉，河蚌立即合拢了，夹住了鹬的嘴。鹬说：'今天不下雨，明天不下雨，你肯定要死了。'河蚌对鹬说：'今天不放你，明天不放你，你就成了死鹬。'它们都不肯放开对方，一个渔夫走过来，把它们一块捉走了。现在赵国将要攻打燕国，燕、赵两国如果长期相持不下，就会使百姓疲惫不堪，我担心强大的秦国就要成为那不劳而获的渔翁了。所以希望大王能够慎重考虑攻打燕国的事。"赵惠文王说："好。"于是就停止派军队攻打燕国。

※读解

本篇讲述了一个著名的寓言故事：鹬蚌相争，渔人得利。

苏代仅借用一个寓言故事就为燕国消除了一场战争，不能不叹服语言当中所蕴含的巨大力量。苏代之所以能够以一个寓言故事就使赵王取消一场对外战争，从根本上来说还是他揣摩透了赵王趋利避害的心理。

我们在竞争中要善于做那个渔翁，善于发现有利的时机，实行疲劳战术，使对手陷入疲劳和危险的不利境地，从而轻而易举地打败对手。另一方面，我们还要慎重提防，以免成为鹬和蚌中的任何一方，防止自己处于被别人不劳而获，这样的下场是最可悲的。

燕太子丹质于秦亡归

※原文

燕太子①丹质于秦②，亡归。见秦且灭六国，兵以临易水，恐其祸至，太子丹患之。谓其太傅鞠武曰："燕、秦不两立，愿太傅幸而图之。"武对曰："秦地遍天下，威胁韩、魏、赵氏，则易水以北，未有所定也。奈何以见陵之怨，欲排其逆鳞哉？"太子曰："然则何由？"太傅曰："请入，图之。"

居之有间，樊将军亡秦之燕，太子容之。太傅鞠武谏曰："不可。夫秦王之暴，而积怨于燕，足为寒心，又况闻樊将军之在乎！是以委肉当饿虎之蹊，祸必不振③矣！虽有管、晏，不能为谋。愿太子急遣樊将军入匈奴以灭口。请西约三晋，南连齐、楚，北讲于单于，然后乃可图也。"太子丹曰："太傅之计，旷日弥久，心惛然恐不能须臾。且非独于此也。夫樊将军困穷于天下，归身于丹，丹终不迫于强秦，而弃所哀怜之交置之匈奴，是丹命固卒之时也。愿太傅更虑之。"鞠武曰："燕有田光先生者，其智深，其勇沉，可与之谋也。"太子曰："愿因太傅交于田先生，可乎？"鞠武曰："敬诺。"出见田光，道太子曰："愿图国事于先生。"田光曰："敬奉教。"乃造焉。

※注释

①燕太子丹：战国末燕王喜太子。秦灭韩前夕，燕国送其入秦为质，以结好于秦。因不受礼遇，他怒而逃归。后来秦军大举攻燕，克燕都蓟城。燕太子丹和燕王喜逃至辽东。秦将李信率大军随后追击。燕王喜听从代王嘉计策，杀太子丹，将头献秦军以求和。②质于秦：到秦国做质子。③振：拯救，挽救。

※译文

在秦国做人质的燕太子丹逃回了燕国。他看到秦国将要吞并六国，如今秦军已逼近易水，唯恐灾祸来临，心里十分忧虑，于是对他的太傅鞫武说："燕、秦两国势不两立，希望太傅帮忙想想办法才好。"鞫武回答说："秦国的势力遍布天下，地盘广大，如果它们再用武力胁迫韩、赵、魏三国，那么易水以北的燕国局势就不稳定了。何必因在秦遭受凌辱的怨恨，就去触犯秦国呢？"太子说："那可怎么办好呢？"太傅说："请让我好好考虑考虑。"

过了一段时间，樊将军从秦国逃到燕国，太子收留了他。太傅进谏劝告太子说："不能这样做啊。秦王残暴，又对燕国一直怀恨在心，如此足以让人胆战心惊了，更何况他知道樊将军在这里！这就好比把肉丢在饿虎经过的路上，灾祸难以避免了。我想，即使管仲和晏婴再世，也无力回天。太子您还是赶紧打发樊将军到匈奴去，以防泄露风声。请让我到西边去联合魏、赵、韩三国，到南边去联合齐、楚两国，到北边去和匈奴讲和，然后就可以对付秦国了。"太子丹说："太傅的计划旷日持久，我心里昏乱忧虑，恐怕一刻也不能等了。况且问题还不仅仅在这里，樊将军穷途末路，才来投奔我，我怎么能因为秦国的威胁，就抛弃朋友，把他打发到匈奴去呢？这该是我拼命的时候了，太傅你得另想办法才好。"鞫武说："燕国有一位田光先生，此人深谋远虑勇敢沉着，您不妨跟他商量商量。"太子丹说："希望太傅你代为介绍，好吗？"鞫武说："好吧。"于是鞫武去见田光，说："太子希望和先生一起商议国家大事。"田光说："遵命。"于是就去拜见太子。

※原文

太子跪而逢迎，却行为道，跪而拂席①。田先生坐定，左右无人，太子避席而请曰："燕、秦不两立，愿先生留意也。"田光曰："臣闻骐骥盛壮之时，一日而驰千里。至其衰也，驽马先之。今太子闻光壮盛之时，不知吾精已消亡矣。虽然，光不敢以乏②国事也。所善荆轲，可使也。"太子曰："愿因先生得交于荆轲，可乎？"田光曰："敬诺。"即起，趋出。太子送之至门，曰："丹所报，先生所言者，国大事也，愿先生勿泄也。"田光俛而笑曰："诺。"

偻行见荆轲，曰：“光与子相善，燕国莫不知。今太子闻光壮盛之时，不知吾形已不逮也，幸而教之曰：‘燕、秦不两立，愿先生留意也。’光窃不自外，言足下于太子，愿足下过太子于宫。”荆轲曰：“谨奉教。”田光曰：“光闻长者之行，不使人疑之，今太子约光曰：‘所言者，国之大事也，愿先生勿泄也。’是太子疑光也。夫为行使人疑之，非节侠士也。”欲自杀以激荆轲，曰：“愿足下急过太子，言光已死，明不言也。”遂自刭而死。

※注释

①拂席：擦拭坐席。②乏：废，荒废。

※译文

太子跪着迎接田光，倒退着走为他引路，又跪下来替田光拂拭坐席。等田光坐好，左右人都退下后，太子就离席，向田光请教道：“燕、秦两国势不两立，希望先生能尽量想个办法来解决这件事。”田光说：“我听说好马在年轻力壮的时候，一天可以飞奔千里。可到它衰老力竭的时候，连劣马也能跑在它的前面。太子现在听说的是我壮年的情况，却不知道如今我的精力已经衰竭了。虽然这么说，我不敢因此耽误国事。我的好朋友荆轲可以担当这个使命。”太子说：“希望能通过先生与荆轲结识，可以吗？”田光说：“好的。”说完起身就走了出去。太子把他送到门口，告诫他说：“我告诉你的和先生刚才说的，都是国家大事，希望先生不要泄露出去。”田光低头一笑，说：“好。”

田光弯腰曲背地去见荆轲，对他说：“我和您交情很深，燕国没有人不知道。现在太子只听说我壮年时的情况，却不知道我的身体已大不如当年了。有幸得到他的教导说：‘燕、秦两国势不两立，希望先生尽力想想办法。’我从来就没把您当外人，于是把您举荐给太子，希望您能到太子的住处走一趟。”荆轲说：“遵命。”田光又说：“我听说，忠厚老实之人的所作所为，不使人产生怀疑，如今太子却告诫我说：‘我们所讲的，都是国家大事，希望先生不要泄露出去。’这是太子他怀疑我啊！为人做事让人怀疑，就不是有气节的侠客。”田光这番话的意思是想用自杀来激励荆轲，接着又说道：“希望您马上去拜见太子，说我已经死了，以此表明我没有把国家大事泄露出去。”说完就自刎而死。

※原文

轲见太子，言田光已死，明不言也。太子再拜而跪，膝下行流涕，有顷而后言曰：“丹所请田先生无言者，欲以成大事之谋，今田先生以死明不泄言，岂丹之心哉？”荆轲坐定，太子避席顿首曰：“田先生不知丹不肖，使得至前，愿有所道，此天所以哀燕不弃其孤也。今秦有贪饕[①]之心，而欲不可足也，非尽天下之地，臣海内之王者，其意不餍。今秦已虏韩王，尽纳其地，又举兵南伐楚，北临赵。王翦将数十万之众临漳、邺，而李信出太原、云中。赵不能支秦，必入臣。入臣，则祸至燕。燕小弱，数困于兵，今计举国不足以当秦。诸侯服秦，莫敢合从。丹之私计，愚以为诚得天下之勇士，使于秦，窥以重利，秦王贪其贽，必得所愿矣。诚得劫秦王，使悉反诸侯之侵地，若曹沫之与齐桓公，则大善矣；则不可，因而刺杀之。彼大将擅兵于外，而内有大乱，则君臣相疑。以其间诸侯，诸侯得合从，其偿破秦必矣。此丹之上愿，而不知所以委命，惟荆卿留意焉。”久之，荆轲曰：“此国之大事，臣驽下，恐不足任使。”太子前顿首，固请无让。然后许诺。于是尊荆轲为上卿，舍上舍，太子日日造问，供太牢异物，间进车骑美女，恣荆轲所欲，以顺适其意。

※注释

①贪饕：贪婪，饕即贪。《汉书·礼乐志》：贪饕险。颜师古注：“贪甚曰饕。”特指贪食。常饕餮连用，饕餮是传说中的贪食的恶兽。古代钟鼎彝器上多刻其头部形状作为装饰。

※译文

荆轲见到太子，告诉他田光已经死了，转达了田光的临终之言。太子拜了两拜，双腿跪行，泪流满面，过了好一会儿才说道：“我之所以告诫田光先生不要泄密，是想实现重大的计划罢了。现在田先生用死来表明他没有泄密，这哪里是我的本意呢？”荆轲坐定后，太子离席，给荆轲叩头，说：“田先生不知我是个无能的人，让您来到我面前，愿您有所指教。这真是上天可怜燕国，不抛弃他的后代。如今秦国贪得无厌，野心十足，如果不把天下的土地全部占为己有，不使各诸侯全部成为自己的臣下，它是不会满足的。现在秦国已经俘虏韩王，占领了韩地，又发兵向南攻打楚国，向北进逼赵国。王翦的大军已逼近漳水、邺城，而李信又出兵太原、云中。赵国哪里能抵抗秦国的攻势，一定会投降。赵国向秦称臣，大祸就落到燕国头上了，燕国国小力弱，多次遭受兵祸，现在就算征发全国力量也不可能抵挡住秦军。各诸侯国都屈服于秦国，没有谁敢和燕国联合。我私下考虑能得到天下最勇敢的人出使秦国，用重利引诱秦王，秦王贪图这些厚礼，我们就一定能如愿以偿了。如果能劫持秦王，让他将侵占的全部诸侯土地归还，就像当年曹沫劫持齐桓公那样，那就更好了；如果秦王不答应，那就杀死他。秦国的大将在国外征战，而国内又大乱起来，那么君臣必定会相互猜疑。趁这个机会各诸侯国就可以联合起来，势必击破秦国。这是我最大的愿望。但不知道把这个使命托付给谁，希望先生您给想个办法。”

过了一会儿，荆轲才说：“这是国家大事，我才能低下，恐怕不能胜任。”太子上前叩头，坚决请求荆轲不要推辞。荆轲这才答应下来。于是，太子尊荆轲为上卿，让他住在上等的宾馆，太子每天前去问候，供给他丰盛的宴席，备办奇珍异宝，不断地进献车马和美女，尽量满足荆轲的欲望，以便让他称心如意。

※原文

久之，荆轲未有行意。秦将王翦①破赵，虏赵王，尽收其地，进兵北略地，至燕南界。太子丹恐惧，乃请荆卿曰：“秦兵旦暮渡易水，则虽欲长侍足下，岂可得哉？”荆卿曰：“微太子言，臣愿得谒之。今行而无信，则秦未可亲也。夫今樊将军，秦王购之金千斤，邑万家。诚能得樊将军首，与燕督亢之地图献秦王，秦王必说见臣，臣乃得有以报太子。”

太子曰：“樊将军以穷困来归丹，丹不忍以己之私，而伤长者之意，愿足下更虑之。”荆轲知太子不忍，乃遂私见樊於期曰：“秦之遇将军，可谓深矣。父母宗族，皆为戮没。今闻购将军之首，金千斤，邑万家，将奈何？”樊将军仰天太息流涕曰：“吾每念，常痛于骨髓，顾计不知所出耳。”

轲曰：“今有一言，可以解燕国之患，而报将军之仇者，何如？”樊於期乃前曰：“为之奈何？”荆轲曰：“愿得将军之首以献秦，秦王必喜而善见臣，臣左手把其袖，而右手揕抗其胸，然则将军之仇报，而燕国见陵之耻除矣。将军岂有意乎？”

樊於期偏袒扼腕而进曰：“此臣日夜切齿拊心也，乃今得闻教。”遂自刎。太子闻之，驰往，伏尸而哭，极哀。既已，无可奈何，乃遂收盛樊於期之首，函封之。

※注释

①王翦：频阳东乡（今陕西省富平县东北）人，秦国杰出的军事家，是继白起之后秦国的又一位名将。与其子王贲在辅助秦始皇统一六国的战争中立有大功，除韩之外，其余五国均为王翦父子所灭。

※译文

过了很久，荆轲还没有动身的意思。这时，秦将王翦攻破赵国，俘虏了赵王，占领了赵地。又挥军北进，掠夺土地，一直打到燕国南部边境。太子丹非常恐惧，就向荆轲请求说：“秦国军队早晚要渡过易水，我虽然愿意长久地侍奉您，又哪里可能呢？”荆轲说：“即使太子不说，我也想向您请求行动了。现在去了如果没有信物，那就无法接近秦王。现在秦王正用千两黄金和万户封邑来悬赏缉拿樊将军。如果能得到樊将军的首级和燕国督亢的地图献给秦王，秦王一定乐于接见我，这样我才能有报效太子的机会。”

太子丹说：“樊将军因为走投无路来投奔我，我又怎么忍心为了自己的私事而伤害忠厚老实的人的心，还望您另想个办法。”荆轲知道太子不忍心，于是就私下里去见樊於期说：“秦王对您可以说太狠毒了，父母和同家族的人都被杀害了。现在又听说秦王悬赏千两黄金和万户封邑来求您的头颅，您打算怎么办呢？”樊将军仰天长叹，泪流满面地说：“我每次想到这些，就恨入骨髓，考虑再三，只是不知道如何才能报仇罢了。”

荆轲说：“我现在有一个建议，不但可以解除燕国的祸患，而且还可以为您报仇，您看怎么样？”樊於期走上前说：“您究竟想怎么办？但说无妨。”荆轲说：“希望能得到将军的首级，进献秦王，秦王必定很高兴，就会接见我。到那时，我左手抓住他的衣袖，右手用匕首刺进他的胸膛。这样，您的大仇可报，燕国遭受的耻辱也可以洗刷了。将军可有这番心意呢？”

樊於期袒露出一条臂膀，握住手腕，走近一步说：“这是我日夜咬牙切齿、痛彻心扉的事情，居然在今天能听到您的指引。”说完就自杀了。太子听说后，赶紧驾车奔去，趴在樊於期的尸体上痛哭起来，极其悲伤。事情既然无可挽回，于是就只好收敛樊於期的头颅，用匣子封存起来。

※原文

于是，太子预求天下之利匕首，得赵人徐夫人之匕首，取之百金，使工以药淬之，以试人，血濡缕，人无不立死者。乃为装遣荆轲。燕国有勇士秦武阳，年十二，杀人，人不敢与忤视。乃令秦武阳为副。荆轲有所待，欲与俱，其人居远未来，而为留待。顷之未发。太子迟之，疑其有改悔，乃复请之曰：“日以尽矣，荆卿岂无意哉？丹请先遣秦武阳。”荆轲怒，叱太子曰：“今日往而不反者，竖子也！今提一匕首入不测之强秦，仆所以留者，待吾客与俱。今太子迟之，请辞决矣。”遂发。

太子及宾客知其事者，皆白衣冠以送之。至易水上，既祖，取道。高渐离击筑，荆轲和而歌，为变徵之声，士皆垂泪涕泣。又前而为歌曰：“风萧萧兮易水[①]寒，壮士一去兮不复还。”复为忼慨羽声，士皆瞋目，发尽上指冠。于是荆轲遂就车而去，终已不顾。

既至秦，持千金之资币物，厚遗秦王宠臣中庶子蒙嘉。嘉为先言于秦王曰：“燕王诚振畏慕大王之威，不敢兴兵以拒大王，愿举国为内臣，比诸侯之列，给贡职如郡县，而得奉守先王之宗庙。恐惧不敢自陈，谨斩樊於期头，及献燕之督亢之地图，函封，燕王拜送于庭，使使以闻大王。唯大王命之。”

※注释

①易水：位于河北省易县境内，分南易水、中易水、北易水。

※译文

这时候，太子已经预先寻到天下最锋利的匕首，那是从赵国徐夫人手里用一百金才买到的匕首。太子让工匠用毒药水淬染匕首，拿它在人身上试验，只要流出一点儿血，那人就会立刻死去。于是准备行装，送荆轲动身。燕国有个勇士叫秦武阳，十二岁时就杀过人，别人都不敢正眼看他。于是太子就派秦武阳做荆轲的助手。荆轲正等着另一个人，想跟他一起去，那人住得远，还没有赶到，荆轲为此滞留等他。过了好几天还没有出发。太子嫌他行动缓慢，怀疑他要反悔，于是又去请求他说："时间已经不多了，您难道不打算去了吗？请让我先派秦武阳去吧。"荆轲生气了，呵斥太子说："我今天去了如果不能回来，就可能因为秦武阳这小子！如今我拿着一把匕首到吉凶难测的秦国去，之所以还不动身，是要等我的朋友一起走。现在您既然嫌我行动迟缓，那就诀别吧！"于是就出发了。

太子以及知道这件事的宾客，都身穿白衣，头戴白帽来为荆轲送行。到了易水岸边，祭祀完路神，就要上路。这时，高渐离击起了筑乐，荆轲和着曲调唱起歌来，歌声凄厉悲怆，人们听了都流下眼泪，暗暗地抽泣。荆轲又踱上前唱道："风萧萧啊易水寒，壮士一去啊不复还！"接着乐音又变作慷慨激昂的羽声，人们听得虎目圆瞪，怒发冲冠。于是荆轲登上马车飞驰而去，始终没有回头看一眼。

一行人到秦国以后，荆轲带上价值千金的玉帛等礼物，去见秦王的宠臣中庶子蒙嘉。蒙嘉替他事先在秦王面前美言道："燕王确实畏惧大王的威势，不敢发兵和大王对抗，情愿让国人做秦国的臣民，和各方诸侯同列，像秦国郡县一样进奉贡品，只求能够奉守先王的宗庙。燕王非常害怕，不敢亲自来向大王陈述，特地斩了樊於期，并献上燕国督亢的地图，都封装在匣子里，燕王又亲自在朝廷送行，派来使者向大王禀告。请大王指示。"

※原文

秦王闻之，大喜。乃朝服，设九宾，见燕使者咸阳宫。荆轲奉樊於期头函，而秦武阳奉地图匣，以次进。至陛下。秦武阳色变振恐，群臣怪之，荆轲顾①笑武阳，前为谢曰："北蛮夷之鄙人，未尝见天子，故振慴②，愿大王少假借之，使毕使于前。"秦王谓轲曰："起，取武阳所持图。"轲既取图奉之，发图，图穷而匕首见。因左手把秦王之袖，而右手持匕首揕抗之。未至身，秦王惊，自引而起，绝袖。拔剑，剑长，掺其室。时怨急，剑坚，故不可立拔。荆轲逐秦王，秦王还柱而走。群臣惊愕，卒起不意，尽失其度。而秦法，群臣侍殿上者，不得持尺兵。诸郎中执兵，皆陈殿下，非有诏，不得上。方急时，不及召下兵，以故荆轲逐秦王，而卒惶急无以击轲，而乃以手共搏之。是时侍医夏无且，以其所奉药囊提③轲。秦王之方还柱走，卒惶急不知所为，左右乃曰："王负剑！王负剑！"遂拔以击荆轲，断其左股。荆轲废，乃引其匕首提秦王，不中，中柱。秦王复击轲，被八创。轲自知事不就，倚柱而笑，箕踞以骂曰："事所以不成者，乃欲以生劫之，必得约契以报太子也。"左右既前斩荆轲，秦王目眩良久。而论功赏群臣及当坐者，各有差。而赐夏无且黄金二百镒，曰："无且爱我，乃以药囊提轲也。"

于是，秦大怒燕，益发兵诣赵，诏王翦军以伐燕。十月而拔燕蓟城。燕王喜、太子丹等，皆率其精兵东保于辽东。秦将李信追击燕王，王急，用代王嘉计，杀太子丹，欲献之秦。秦复进兵攻之。五岁而卒灭燕国，而虏燕王喜，秦兼天下。其后荆轲客高渐离以击筑见秦皇帝，而以筑击秦皇帝，为燕报仇，不中而死。

※注释

①顾：回头看。②振慴：恐惧。③提：投掷。

※译文

秦王听了这番话后十分高兴。于是穿上朝服，设置九宾之礼，在咸阳宫接见燕国使者。荆轲捧着封藏樊於期头颅的匣子，秦武阳捧着装地图的匣子，按顺序走上前去。走到宫殿前的台阶下，秦武阳脸色陡变，浑身发抖，秦国大臣们感到奇怪，荆轲回过头朝秦武阳笑了笑，走上前去向秦王谢罪说："他是北方荒野之地的粗人，没有见过世面，今日得见天子，所以害怕，希望大王稍加宽容，让他能在大王面前完成使命。"

秦王对荆轲说："起来，把拿的地图取过来。"荆轲就取过地图奉献上去，打开卷轴地图，地图完全展开时露出了匕首，说时迟那时快，荆轲左手拉住秦王的衣袖，右手抓过匕首就刺向秦王，可惜没能刺中。秦王大吃一惊，抽身而起，挣断衣袖。秦王赶忙伸手拔剑，剑身太长，卡在剑鞘里了。当时情况紧急，剑又竖着卡得太紧，所以不能立刻拔出来。荆轲追赶秦王，秦王只好绕着柱子逃跑。群臣都惊慌失措，由于突然发生了出人意料的事，一个个都失去了常态。而且按照秦国的法律，大臣在殿上侍奉君王时不得携带任何兵器，守卫宫禁的侍卫虽然带着武器，但都站在殿外，没有秦王的命令不能进入殿内。正在危急的时候，秦王来不及召殿下卫兵，因此荆轲追赶秦王的时候，大臣们在仓促之间惊慌失措，没有什么东西拿来还击荆轲，只好一起用手抓他。这时御医夏无且用他身上带着的药袋向荆轲投去。秦王正绕着柱子跑，不知怎么办好，趁这个机会大臣们才对他大喊："大王把剑背过去！快推到背后！"秦王这才拔出剑来砍荆轲，一下子砍断了他的左腿。荆轲重伤跌倒在地，于是举起匕首向秦王投去，没有击中，扎在柱子上。秦王又砍荆轲，荆轲八处受伤。荆轲自知事情失败，就靠着柱子大笑起来，叉开两腿大骂道："事情之所以没有成功，无非是想活捉你，得到归还侵占土地的凭证去回报太子。"两旁的人赶过来把荆轲杀了，秦王头昏目眩了好久，才回过神来。后来秦王对群臣论功行赏，处罚也根据情况，分别对待。秦王赏赐夏无且黄金二百镒，说："无且爱护我，才用药袋投击荆轲啊！"

于是秦对燕十分愤恨，增派军队赶往赵国旧地，命令王翦的部队去攻打燕国，十月攻陷燕都蓟城。燕王喜、太子丹等率领精锐部队退守辽东。秦将李信追击燕王，燕王急了，只好采用代王赵嘉的主意，杀了太子丹，打算献给秦王。但秦军仍旧继续进攻，五年之后终于灭掉了燕国，俘虏了燕王喜，秦国统一天下。后来，荆轲的好友高渐离利用击筑的机会见到秦始皇，他用筑投击秦始皇，想为燕国报仇，结果也没有击中，反而被杀死。

※读解

战国末期，经过长期的诸侯割据战争，诸侯各国盛衰格局发生了很大变化，而变化最大的莫过于秦国。自公元前 359 年，秦孝公任用商鞅施行变法，为秦国的富强打下了良好基础，并逐步向东扩展。而在秦惠文王、秦昭襄王时期，秦国继续扩张，并继续推行军功爵制，按军功颁赐爵位，以爵位赏赐土地和隶农，使秦人"怯于私斗而勇于公战"，军事实力大增。同时，秦国物产丰富，地理条件优越。经过由秦孝公至秦庄襄王六世百余年的苦心经营，秦国的经济和军事力量都远胜于其他六国。

公元前 247 年，秦庄襄王死去，其年仅十三岁的儿子嬴政继位为秦王，但当时的国政大权为相国吕不韦所把持。公元前 238 年，秦王嬴政铲除了丞相吕不韦和长信侯嫪毐集团，开始亲政，同时也开始周密部署统一六国的战争。秦王嬴政十七年（公元前 230 年），秦军攻占韩国都城阳翟（今河南禹州市），俘虏韩王安，在韩地设置颍川郡，韩国灭亡。接着便攻打赵国。公元前 229 年，秦大举攻赵，名将王翦率军由上党出井陉，端和由河内进攻赵都邯郸。于公元前 228 年秦军攻占了邯郸，俘虏赵王迁，赵国灭亡。之后，秦军临易水，威胁燕国。

燕国在七国当中，是比较弱小的一个，但也有其辉煌的时期。公元前 284 年，燕昭王任命名将乐毅为上将军，统率燕、秦、楚、韩、赵、魏六国军队攻齐，在济水之西大败齐军，攻克临淄。之后燕军仅在六个月的时间内，就攻取了齐国七十余城，只剩下莒和即墨两城，使齐国几乎亡国。燕昭王死后，对乐毅不满的燕惠王继位，齐臣田单乘机使反间计，使燕惠王撤换了乐毅，派骑劫代替乐毅。田单用火牛阵一仗击溃燕军主力，并一举将燕军逐出国境，收复沦陷的七十余城，使齐国复国。自此，燕国便一蹶不振，国势日衰。至燕王喜时期，国力更加衰落，由他的儿子太子丹主持朝政。

燕太子丹曾在秦国为人质，秦王待太子丹并不友善。后太子丹逃归燕国。大臣们劝他跟齐、楚、魏三国再组合纵对抗联盟，太子丹认为那已不切实际，而且缓不济急。他决心采取左道旁门的手段，派遣刺客去胁迫嬴政，命他承诺退还侵略的土地，并保证不再继续侵略。如果他拒绝，就把他刺死，以此来阻挡秦国的兼并之势。燕太子丹首先找到田光，经过田光先生的引见而结识了著名的侠士荆轲。

荆轲，卫国人。卫亡，他曾经游历赵国的榆次、邯郸等地，最后来到燕国，整日在市井放歌纵酒，酒醉之后常与好友高渐离等相对而泣，旁若无人。荆轲“好读书击剑”，“虽游于酒人乎，然其为人沉深好书”，也就是说，荆轲更是一个有学问的沉稳之士，而非一介山野莽夫。太子丹向荆轲袒露腹心，“诚得劫秦王，使悉反诸侯之侵地，若曹沫之与齐桓公，则大善矣；则不可，因而刺杀之”。荆轲开始婉拒太子丹让他刺秦的要求，但太子丹将他尊为上卿，给予他极为优厚的礼遇，从而荆轲答应了他的请求。

“风萧萧兮易水寒，壮士一去兮不复返。”荆轲的刺秦之行似乎应了这句话，他到了秦国，见到了秦王，但刺秦行动并不顺利。最后荆轲悲壮地死在秦王宫殿里，成了千百年来的悲剧故事。

宋卫策

公输般为楚设机，将以攻宋。墨子闻之，百舍重茧，往见公输般。谓之曰："吾自宋闻子。吾欲藉子杀王。"公输般曰："吾义固不杀王。"墨子曰："闻公为云梯，将以攻宋。宋何罪之有？义不杀王而攻国，是不杀少而杀众。敢问攻宋何义也？"公输般服焉，请见之王。

公输般为楚设机

※原文

公输般①为楚设机，将以攻宋。墨子②闻之，百舍重茧，往见公输般。谓之曰："吾自宋闻子。吾欲藉子杀王。"公输般曰："吾义固不杀王。"墨子曰："闻公为云梯，将以攻宋。宋何罪之有？义不杀王而攻国，是不杀少而杀众。敢问攻宋何义也？"公输般服焉，请见之王。

※注释

①公输般：名般，字若，春秋末期鲁国（今曲阜）人。因为是鲁国人，而且般与班同音通假，人称鲁班。他出身于木匠世家，年轻时就成了鲁国著名的能工巧匠。②墨子：姓墨名翟，战国时期墨家学派的创始人。主张"兼爱""非攻"。《史记·孟子荀卿列传》的末尾提道："盖墨翟宋之大夫，善守御，为节用。或曰并孔子时，或曰在其后。"

※译文

公输般为楚国制造攻城的云梯，准备用来攻打宋国。墨子听到这件事，就步行万里，脚底磨出了厚厚的茧，到楚国去见公输般。到了楚国，见到了公输般，墨子对他说："我在宋国就听说过先生。我想请您去杀人。"公输般说："我是讲道义的，绝不会去杀人。"墨子说："我听说您在制造云梯，用来攻打宋国，宋国有什么罪？您刚才说您是讲道义的人，按照道义不会去杀人，但您如今要攻打宋国，这分明是不杀少数人而杀多数人啊！请问您攻打宋国是什么道义呢？"公输般被说服，墨子请他为自己引见楚王。

※原文

墨子见楚王曰："今有人于此，舍其文轩，邻有弊舆①而欲窃之；舍其锦绣，邻有短褐而欲窃之；舍其粱肉，邻有糟糠而欲窃之。此为何若人也？"王曰："必为有窃疾矣。"

墨子曰："荆之地方五千里，宋方五百里，此犹文轩之与弊舆也。荆有云梦，犀兕麋鹿盈之，江、汉，鱼、鳖、鼋鼍，为天下饶，宋所谓无雉、兔、鲋鱼者也，此犹粱肉之与糟糠也。荆有长松、文梓、楩、柟、豫樟，宋无长木，此犹锦绣之与短褐也。恶以王吏之攻宋，为与此同类也。”王曰：“善哉！请无攻宋。”

※注释

①舆：车。

※译文

墨子见到楚王，说道：“假如这儿有一个人，放着自己华美的彩车不坐，却想去偷邻居家的一辆破车；放着自己锦绣衣服不穿，却想去偷邻居的粗布短衫；放着自己家里的美味不吃，却去偷邻居的糟糠粗饭。这是个什么样的人呢？”楚王说：“这个人必定有偷东西的毛病。”

墨子说：“楚国的土地方圆五千里，而宋国方圆不过五百里，这就如同用华美的彩车和破车相比。楚国有云梦泽，有丰富的犀牛和麋鹿出产，长江和汉水的鱼鳖、大鼋和鳄鱼，是天下最丰饶的，而宋国却是连野鸡、兔子、鲫鱼都不产的地方，这就如同用美味和糟糠粗饭相比。楚国有高大的松树，带花纹的梓树、楩树、楠树、豫樟等名贵树种，而在宋国连大树都没有，这就如同用锦绣衣服和粗布短衫相比。因此我认为大王去攻打宋国，和那个有偷东西毛病的人是一样的。”楚王说：“说得好啊！我不再攻打宋国了。”

※读解

公输般就是鲁班，被木工尊称为木工事业的鼻祖。然而就是这样受人尊敬的木工鼻祖，其精湛的木工技术却被用于制作“杀人”的工具。

墨子是墨家的代表人物，墨家主张“兼爱”“非攻”，这种主张在攻伐不息的战国时期是劳动人民最为渴望的。墨家还主张过清苦节约的生活，来磨炼自己的意志。所以当墨子听说了公输般要为楚国制造攻城的云梯的时候，他就不远千里，步行来到楚国，制止公输般的助纣为虐的行为。

墨子劝说公输般，首先明确指出公输般的行为是在杀人。他引诱公输般，要让他去杀人，但公输般说自己是讲道义的，不会去杀人的。于是墨子直接指出了公输般讲道义和制作杀人工具的矛盾，从而驳倒了公输般的荒谬和无知。但下令制造云梯的是楚王，要想制止一场战争的爆发，还必须说服楚王，让他放弃攻打宋国的念头。

墨子要求公输般引荐自己拜见楚王。他为楚王打了一个比方，用家有华美的彩车的人来类比拥有广阔土地和丰富物产的楚王，拥有华美彩车的人却想去偷邻居家的破车，就如同拥有大国的楚王还要去攻打贫穷弱小的宋国。一个比方让楚王意识到了自己的荒谬，也就取消了攻打宋国的念头。

智伯欲伐卫

※原文

智伯欲伐卫，遗卫君野马四百，白璧一。卫君大悦。群臣皆贺，南文子①有忧色。卫君曰："大国大欢，而子有忧色何？"文子曰："无功之赏，无力之礼，不可不察也。野马四，白璧一，此小国之礼也，而大国致之。君其图之。"卫君以其言告边境。智伯果起兵而袭卫，至境而反曰："卫有贤人，先知吾谋也。"智伯欲袭卫，乃佯亡其太子，使奔卫。南文子曰："太子颜为君子也，甚爱而有宠，非有大罪而亡，必有故。"使人迎之于境，曰："车过五乘，慎勿纳也。"智伯闻之，乃止。

※注释

①南文子：卫国大臣。

※译文

智伯想要攻打卫国，就送给卫国国君四百匹野马和一块白璧。卫君大为高兴。群臣都来庆贺，南文子却满面愁容。卫王说："全国上下都在欢庆，而你却愁眉苦脸，这是为什么呢？"南文子说："没有功劳就受到赏赐，没费力气就得到礼物，不能不慎重审察。四百匹野马和一个白璧，这是小国应该送给大国的礼物，但是现在大国却将这样的礼物送给我们这样一个小国，您最好还是慎重考虑。"卫王把南文子的话告诉边防人员，让他们加以戒备。果然不出南文子所料，智伯出兵偷袭卫国，到了边境又返回去了。智伯说："卫国有贤能的人，预先知道了我的计谋。"智伯想要袭击卫国，于是假装逐出他的太子，让他逃奔到卫国。南文子说："太子颜是个好人，智伯又很宠爱他，他没有犯什么大罪却逃亡出来，这其中必定有什么阴谋。"南文子让人到边境迎接他，并对前去迎接的人说："如果太子的兵车超过五辆，就要慎重，不让他入境。"智伯听说这个情况之后，只好打消了攻打卫国的念头。

※读解

天下没有免费的午餐，当突然无缘无故地接受别人馈赠的时候，就要多长个心眼了。令人垂涎的诱饵下面往往是个大陷阱。

在竞争激烈的市场经济大环境中更是如此。所以，作为竞争的主体，要时刻保持忧患意识和警惕心，在无缘无故得到利益的时候，要三思而后行，这利益的后面必定有文章。

在这个方面，南文子为我们树立了一个很好的榜样。正当国君和那些头脑简单的大臣们欢呼雀跃的时候，南文子从中看到的却是危机的降临。所以他劝谏国君加强边疆的戒备。果不其然，智伯要攻打卫国，但早有防备的卫国轻而易举地就粉碎了智伯的阴谋。

智伯一计不成又生一计，造出太子逃亡到卫国的假象来迷惑卫国，从而寻机攻打卫国。但卫国有高人，所以智伯的阴谋再次泡汤。

卫嗣君时胥靡逃之魏

※原文

卫嗣君时，胥靡①逃之魏，卫赎之百金，不与。乃请以左氏。群臣谏曰："以百金之地，赎一胥靡，无乃不可乎？"君曰："治无小，乱无大。教化喻于民，三百之城，足以为治；民无廉耻，虽有十左氏，将何以用之？"

※注释

①胥靡：战国时代对一种家内男性奴隶的称谓，因被用绳索连着强制劳动，故名。

※译文

卫嗣君在位的时候，有个奴隶犯了罪逃到魏国，卫国想用百金把他赎回来判罪，魏国不同意。于是卫王想用左氏城邑换回胥靡。群臣都劝告说："用这样贵重的土地，交换一个小小的罪犯，恐怕不太合适吧？"卫君说："国家得到很好的治理，就无所谓小国；国家如果混乱，就无所谓大国。用教化来引导百姓，即使是只有三百户人家的城邑也能治理好；如果百姓没有廉耻的规范，即使有十座左氏城池，那又有什么用呢？"

※读解

现在许多人崇尚西方国家的法治精神，同时又慨叹我国没有像西方国家那样的法治精神。这篇文字就说明我们国家是不缺乏法治精神的。

卫嗣君可以说是崇尚法治的国君。在他的治国理念中，法治精神是至高无上的。他的理想就是要使百姓也树立起法治观念来，并做到有法必依、执法必严。在战国时代就有这样的当政者，真是难能可贵。而他所说的"治无小，乱无大。教化喻于民，三百之城，足以为治；民无廉耻，虽有十左氏，将何以用之"，一语道破了法律、道德、治国之间的关系。寥寥数语，就足以看到卫嗣君的理想和境界。

中山策

阴姬与江姬争为后。司马憙谓阴姬公曰："事成，则有土子民；不成，则恐无身。欲成之，何不见臣乎？"阴姬公稽首曰："诚如君言，事何可豫道者。"司马憙即奏书中山王曰："臣闻弱赵强中山。"中山王悦而见之，曰："愿闻弱赵强中山之说。"司马憙曰："臣愿之赵，观其地形险阻，人民贫富，君臣贤不肖，商敌为资，未可豫陈也。"中山王遣之。

阴姬与江姬争为后

※原文

阴姬与江姬①争为后。司马憙谓阴姬公曰："事成，则有土子民；不成，则恐无身。欲成之，何不见臣乎？"阴姬公稽首曰："诚如君言，事何可豫道者。"司马憙即奏书中山王曰："臣闻弱赵强中山。"中山王悦而见之，曰："愿闻弱赵强中山之说。"司马憙曰："臣愿之赵，观其地形险阻，人民贫富，君臣贤不肖，商敌为资，未可豫陈也。"中山王遣之。

※注释

①阴姬与江姬：中山王的两个妃子。

※译文

阴姬和江姬争着要做中山王的王后。司马憙对阴姬的父亲说："争当王后的事如果能成功，那么您就可以得到封地，管理万民；如果不能成功，恐怕您连性命也保不住呀！想要办成这件事，为什么不让阴姬来见我呢？"阴姬的父亲对司马憙叩头，说："事情如果真像你说的那样，我要好好地报答你。"司马憙于是向中山王上书说："我已得知削弱赵国、强大中山国的办法。"中山王高兴地接见了他，说："我想听听你所说的削弱赵国、强大中山国的办法。"司马憙说："我希望先到赵国去，观察那里的地理形势，关塞的险要，百姓的贫富，君臣的贤能和不肖，敌我力量的对比，考察之后作为凭据，现在还不能说出。"于是，中山王就派他到赵国去。

※原文

见赵王曰："臣闻赵，天下善为音，佳丽人之所出也。今者臣来至境，入都邑，观人民谣俗，容貌颜色，殊无佳丽好美者。以臣所行多矣，周流无所不通，未尝见人如中山阴姬者也。不知者，特以为神，力言不能及也。其容貌颜色，固已过绝人矣。若乃其眉目准①頞权衡，犀角偃月，彼乃帝王之后，非诸侯之姬也。"赵王意移，大悦曰："吾愿请之，何如？"司马憙曰："臣窃见其佳丽，口不能无道尔。即欲请之，是非臣所敢议，愿王无泄也。"

※注释

①准：鼻子。

※译文

司马憙见到赵王，说："我听说，赵国是擅长音乐、美女众多的国家。今天我来到贵国，走城过邑，观赏民间的歌谣风俗，也看见了形形色色的人，却根本没有见到天姿国色的美女。我曾经周游各地，没有我不曾到过的地方，但从没有见过像中山国的阴姬那样漂亮的女子。不知道的人，还以为是仙女下凡，她的美貌根本无法用语言来形容。她的容貌姿色实在超出一般的美女，至于说她的眉眼、鼻子、脸蛋、额角，那头形，那天庭，那真是帝王之后，而不是诸侯的嫔妃。"赵王被说得心动了，高兴地说："我希望能得到她，怎么样？"司马憙说："我私下里见她那么美丽，嘴里就不知不觉地说出来了。您如果要想得到她，这可不是我敢随便说的，希望大王不要泄露出去。"

※原文

司马憙辞去，归报中山王曰："赵王非贤王也，不好道德，而好声色①；不好仁义，而好勇力。臣闻其乃欲请所谓阴姬者。"中山王作色不悦。司马憙曰："赵强国也，其请之必矣。王如不与，即社稷危矣；与之，即为诸侯笑。"中山王曰："为将奈何？"司马憙曰："王立为后，以绝赵王之意。世无请后者。虽欲得请之，邻国不与也。"中山王遂立以为后，赵王亦无请言也。

※注释

①声色：美乐和美色。

※译文

司马憙告辞离去，回来向中山王报告说："赵王不是个贤明的君主。他不喜欢修养道德，却追求淫声美色；不喜欢仁义，却追求勇武暴力。我听说他竟然还想得到阴姬。"中山王听后变了脸色，非常不高兴。司马憙说："赵国是个强国，他要得到阴姬的心思是肯定的了。大王如果不答应，那么国家就危险了；如果把阴姬给了他，就要被诸侯耻笑。"中山王说："该怎么办呢？"司马憙说："大王将阴姬立为王后，来断了赵王的念头。世上还没有要别国王后的事情。即使他想来要，邻国也不会答应。"中山王于是立阴姬为王后，赵王也就没有再提要阴姬的事了。

※读解

阴姬想当王后，但江姬和自己竞争，成为通往王后之位的绊脚石。如何才能当上王后？阴姬得到了司马憙的帮助，于是展开了一场迂回曲折的王后竞争。

在这场为了王后之位的竞争中，司马憙是总导演。有了他的策划，阴姬已经处于绝对的优势。司马憙知道要想让阴姬当上王后，就必须设法打动中山王，因为册立王后的权力在中山王的手中。

为了打动中山王，他采取了迂回曲折的策略。他没有仅仅在国内或王宫里活动，更没有直接给中山王建议册立阴姬为王后，因为阴姬和江姬双方的力量是大致相当的，这样做的话只会将事情办砸。他将努力的方向转向了国外，利用外来的力量加快中山王册立阴姬做王后的步伐。

他假托出使赵国，用富有感染力的夸张语言为赵王描述了阴姬的魅力，挠得赵王心里痒痒，并在司马憙的撺掇之下说出要娶阴姬的想法，于是就造成了相对强大的赵国对中山国的威胁。

司马憙计策的第一步完成了，就回到国内将赵王的想法向中山王做了汇报，并假装为中山王出谋划策，逐步将中山王引入套中，促使他马上就册立阴姬为王后，达到了原来的目的。赵王空欢喜一场，结果也没有得到自认为非常美丽的阴姬。

司马憙的计谋走了迂回曲折的路线，巧妙地利用了外来的力量。由此可见，我们在做事情的时候，要善于找出事物之间的内在联系，就是没有联系，也可以通过我们的努力建立起联系来，善于走曲折的路，来达到我们的目的。

中山君飨都士

※原文

中山君飨①都士，大夫司马子期在焉。羊羹②不遍，司马子期怒而走于楚，说楚王伐中山，中山君亡。有二人挈戈而随其后者，中山君顾谓二人：“子奚为者也？”二人对曰：“臣有父，尝饿且死，君下壶餐饵之。臣父且死，曰：‘中山有事，汝必死之。’故来死君也。”中山君喟然而仰叹曰：“与不期众少，其于当厄；怨不期深浅，其于伤心。吾以一杯羊羹亡国，以一壶餐得士二人。”

※注释

①飨：乡人在一起饮酒。引申为用酒食款待，宴享。②羊羹：羊肉汤。

※译文

中山王宴请国都里的士人，大夫司马子期也在被宴请之列。由于羊羹没有分给自己，司马子期一气之下就跑到了楚国，还劝说楚王攻打中山国。楚国攻打中山国，中山王逃亡，有两个人提着武器跟在他身后。中山君回头对这两个人说：“你们是干什么的？”两人回答说：“我们的父亲有一次饿得快要死了，您赏给一壶汤饭给他吃。他临死时说：‘中山王有了危难，你们一定要为他而死。’所以我们来保护您。”中山王仰天长叹，说：“施与不在多少，而在于正当人家困难的时候；仇怨不在深浅，而在于是否伤了别人的心。我因为一杯羊羹亡了国，却因为一壶汤饭得到了两个勇士。”

※读解

一杯羊羹，灭亡一个国家。这真是应了孔子所说的那句话：“不患寡而患不均。”仅仅因为一杯羊羹，却使中山王国家覆灭，自己被迫逃亡，真令人不禁扼腕长叹。但更加令人慨叹的是，一壶同样微不足道的汤饭，却能让人拿着武器舍命保护自己，两相比较，世态炎凉，人心叵测，怎能不让人喟叹呢！

一杯羊羹折射出的不仅是“寡”与“不均”所导致的截然不同的结果，也折射出人性的暗淡和悲哀。而一壶汤饭所折射出的却是人性的光明和希望。世态如此，人性如此！

这件事情让人很容易联想到“二桃杀三士”的故事。这些故事给我们的启发是，作为一个组织的领导者，在给组织成员分发财物或给予精神奖励的时候，千万要注意谨慎和兼顾。实际上，不仅仅是几件简单的财物、几句奖励或一纸奖状，哪怕一个简单的表示赞许的眼神和动作，领导者在分发或给予的时候都要慎之又慎。

也许这样说显得太谨慎、太啰唆，其实这也是一种无奈。人性太微妙、太复杂了，要想把事情做好，不够谨慎是无法达到目的的，甚至会带来如中山王一样可悲的下场。物质和精神的奖励是为了激励组织成员更好地发挥自己的作用，为组织更好地创造价值和业绩。这种物质和精神奖励如果全员有份，那就等于没有奖励，无法达到所期望的激励作用，但如果有所区别，就要十分地谨慎，否则就会适得其反。

从这些故事可以更进一步得出，根本的问题不是人性的微妙和复杂，而是人性的本来属性。领导者要了解人性的微妙和复杂，了解自己的组织成员，了解他们各自不同的人性，而这全在于领导者自己的把握，正所谓“运用之妙，全在一心”。